谨以此书献给辽宁社会科学院建院50周年

辽宁社会科学院学者文库

清史暨史学理论管窥

廖晓晴 著

社会科学文献出版社
SOCIAL SCIENCES ACADEMIC PRESS (CHINA)

图书在版编目(CIP)数据

清史暨史学理论管窥·廖晓晴文集/廖晓晴著.—北京：社会科学文献出版社，2015.12

（辽宁社会科学院学者文库）

ISBN 978-7-5097-8221-7

Ⅰ.①清… Ⅱ.①廖… Ⅲ.①中国历史-清代-文集
Ⅳ.①K249.07-53

中国版本图书馆CIP数据核字（2015）第250769号

·辽宁社会科学院学者文库·

清史暨史学理论管窥·廖晓晴文集

著　者／廖晓晴

出 版 人／谢寿光
项目统筹／丁　凡
责任编辑／高振华

出　　版／社会科学文献出版社·皮书出版分社(010)59367127
　　　　　地址：北京市北三环中路甲29号院华龙大厦　邮编：100029
　　　　　网址：www.ssap.com.cn

发　　行／市场营销中心（010）59367081　59367090
　　　　　读者服务中心（010）59367028

印　　装／三河市东方印刷有限公司

规　　格／开 本：787mm×1092mm　1/16
　　　　　印 张：27.75　字 数：463千字

版　　次／2015年12月第1版　2015年12月第1次印刷

书　　号／ISBN 978-7-5097-8221-7

定　　价／128.00元

本书如有破损、缺页、装订错误，请与本社读者服务中心联系更换

▲ 版权所有 翻印必究

辽宁社会科学院学者文库编委会

主　任　孙洪敏
副主任　梁启东　牟　岱
编　委（以姓氏笔画为序）
　　　　　王　丹　王凯旋　孙　航　李天舒　李劲为　张天维
　　　　　张思宁　张洪军　张献和　陈　萍　陈　爽　高　翔
　　　　　韩　红　廖晓晴

作者简介

廖晓晴，1958年9月生于辽宁省沈阳市，祖籍四川省成都市。出身史学世家，受家庭影响，自幼立志史学事业。1983年毕业于北京师范大学历史系，获学士学位；1990年毕业于复旦大学历史系中国历史文献学专业，获硕士学位。现任辽宁社会科学院历史研究所所长、研究员。辽宁省重点学科——明清史学术带头人，院学术委员会委员，院学术带头人。长期以来，主要从事清史和史学理论方面的研究。主要社会兼职：中国史学会理事、辽宁省史学会副理事长、辽宁省辽金契丹女真史研究会副理事长、辽宁省哲学社会科学基金项目学科评审组专家、辽宁省哲学社会科学成果评审组专家、辽宁省社会科学联合会基金项目学科评审组成员和成果评审组专家、沈阳市历史学会副理事长。

近年来，参加了国家清史工程的写作工作，所撰《王鉴传》成为传记组十二篇样稿之一。此外还撰写了《顺治康熙卷》人物传记九篇。主要著作：《史林巨匠——章学诚与史著》《畸形人生——中国历代宦官》《线条里的神韵——中国历代书法》。主编《清代帝王》《清史鉴知录》《清代文化名人传略》。

除学术著作之外，还在《光明日报》（理论版）、《辽宁日报》、《明清论丛》、《文史哲》、《社会科学战线》、《社会科学辑刊》、《满族研究》、《辽宁大学学报》、《满学论丛》和日本日中文化交流刊物《曙光》等学术报刊上发表论文40余篇。主要有《入关前清统治者的文化政策》《满族崛起的文化因素》《辽宁清文化的概念、精神及保护开发》《清代辽宁流人与流人文化述论》《试论清初统治者的重武轻文意识》《清朝碑学的崛起》《清朝科举制之"馆阁体"》《清代文化史研究之我见》《章学诚"史意"说考辨》《清入关前实行科举制考论》《清前期文化领域里的复古主义倾向》《清代考据学与"四王"画派》《清代考据学与篆刻艺术的复兴》《杜佑与〈通典〉》《两汉"任子"问题之探讨》等。

总　序

时值壬辰，辽宁社会科学院走过了波澜壮阔的五十年征程。经过精心策划和编排，"辽宁社会科学院学者文库"终呈其面，令人欣喜，从中不难窥见中国学术传统的映像和传承，感知社会科学工作者栉风沐雨、砥砺研磨的艰辛劳苦，雄立潮头、凯歌行进的激情与欢乐。

社会科学研究事业于人类的生存发展意义重大。自有人类社会起，就开始了各种方式的对社会规律的探索，以叩问社会之道，寻求社会的良性发展。这些探索已成为人类探索自身的一部分。社会是人的活动域，有关这一场域的属性、构造、关系、机能等的规律性的研讨构成了社会科学的内容。康德生动、精准而有趣地表述了自然、人、社会的关联："大自然迫使人类去加以解决的最大问题，就是建立起一个普遍法治的公民社会。"（《历史理性批判文集》）人类结成社会以解决来自大自然的威胁，或者说人类以社会的方式告别了自己的自然之属。从那一刻起，社会就作为人的结构的一部分而存在，它和人的关系是那样的密切，以至于建设社会就是建设人自身，研究社会就是研究人自己，在对社会的研究中寄托着人类的希望。一个充满活力和希望的社会关联着人类的未来，在马克思的理想中，"人的社会"将"代替那存在着阶级和阶级对立的资产阶级旧社会"，理想社会"将是这样一个联合体，在那里，每一个人的自由发展是一切人的自由发展的条件"（《共产党宣言》）；社会"创造着具有人的本质的这种全部丰富性的人，创造着具有丰富的全面而深刻的感觉的人作为这个社会的恒久的现实"（《1844年经济学哲学手稿》）。对人类未来的期许成就了社会科学研究充类至尽的学术积淀，成就了社会科学研究事业的光昌流丽、兴旺发达。

社会科学研究事业有着不可忽视的学理传统，即要着眼于基础理论的研究。人类社会代有其变，但有着基本的规律贯穿其间，对这些基本规律的研究延续在数千年来对人类社会的体认之中，其成果构成了社会科学理论的深厚传统，凝聚为人类文明的珍贵积淀，影响着各个时代、各种体制下的社会建设。"天有显道，厥类惟彰。"（《尚书·泰誓》）分门别类，彰显根本，对社会之道的追问是社会科学工作者的职责；对人类文明成果的积淀与守护，探索人类社会的运行法则和进步理念，是繁荣发展哲学社会科学研究的题中应有之义。

社会科学研究事业是与时俱进的，这是它的时代性，它由此建立起有差异的合法性、权威性，建立起与所处时代的血脉关联，并以此回应时代之问。时代精神赋予了哲学社会科学分析现实的视角和解决问题的能力，它必须与时代一同发展，葆有向新而在的敏锐性、先锋性，敏锐地在学理传统中整合进时代的质素，以此推进社会的积极发展。对于当下的中国社会科学研究工作者而言，要处理好八种关系，即学术与政治的关系、继承与创新的关系、求真与务实的关系、动机与效果的关系、调查与研究的关系、科研与科普的关系、有为与有位的关系、治学与修身的关系，在全面建设小康社会、开创中国特色社会主义事业新局面的伟大历史进程中，做好本职工作，积极推进哲学社会科学事业发展。

社会科学研究又是一项脚踏实地的事业，它的理论不是面向空中筑楼阁，而是朝向坚实大地的实践结晶，呈具象于大地上繁衍生息的各个人类共同体之中，与具体的生活、建设、发展相联结。它的应用性体现在作为社会管理、政策制定的智库，为具体的社会发展服务。由此，社会科学研究要继续"大兴调查研究之风"的光荣传统。事实上，倡导调查研究是现代中国社会科学研究固有的学术传统，早在20世纪初，中国大地上开展的一系列社会调查孕育了现代形态的中国社会科学研究事业，其卓越的成果不仅构架了中国社会科学的基架，而且为中国社会的大变革提供了学理上的合法性依据。当下，中国社会科学研究机构也必须在调查研究中切实致力于发现、认识并解决中国社会的现实问题，把自己打造成党和政府的智囊团。这是它安身立命的价值所在，任何一种脱离了社会现实和应用的社会科学都是没有作为、没有生命力的。

辽宁社会科学院起步于新中国社会主义建设时期的1962年，其前身是辽宁省哲学社会科学研究所；迅速发展于改革开放之后，进而蔚为大观。五十春秋，筚路蓝缕，薪火传承，为中国哲学社会科学事业奉献了弥足珍贵的学术成果，并作为辽宁省委、省政府的智囊团，为推动辽宁的经济建设、社会发展和文化繁荣做出了应有的贡献，并在此过程中，造就了一支学有专攻、术有所长的学者队伍，涌现出一批学术精英人才。以我国全面建设小康社会关键的"十一五"时期为例。辽宁社会科学院共完成学术成果3500项，出版著作104部，发表论文、研究报告3266篇，有236项成果获胡锦涛、李长春、刘云山等国家领导人及省部级领导批示，总字数达5056万字。诸多成果不仅显示了特有的学术价值，而且被转化为新政策、新举措付诸实施，带来可观的社会经济效益。有关专家成为辽宁省重点学科——马克思主义哲学、世界经济、金融学、社会学、民俗学、中国语言文学、东北边疆史地史、明清史、东北近现代史、区域经济学的学术带头人。

展望未来，刚刚踏入"十二五"时期的辽宁社会科学院，志在通过五年的努力，建成体制完善、机制灵活、人才聚集、学科布局合理、在国际上有一定影响、在国内位居上游水平、在辽宁省内具有权威地位的哲学社会科学综合性研究机构，成为马克思主义中国化最新成果研究和传播中心、经济社会文化发展战略咨询服务中心、哲学社会科学学术和信息交流中心、地方党委与政府名副其实的思想库和智囊团。

辽宁社会科学院因时而生，为民而谋；孜孜以求，唯兴国以为宏志。共襄五秩盛典，无不鼓舞欢欣，豪情满怀。往事可追，前程在望。感慨系之，谨以为序。

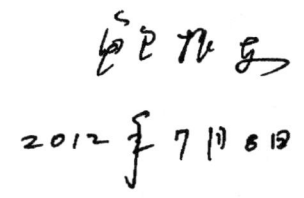

2012年7月6日

自　序

　　我出生在书香门第，今生能够与史学结缘，主要受家庭影响。父亲廖德清，成都人，早年毕业于四川大学史地系，曾听过徐中舒教授讲授的课程。新中国成立后就读于中国人民大学中国古代史研究生班，导师是尚钺，辅导员是戴逸。毕业后到辽宁大学历史系任教，讲授的基础课程是《秦汉、魏晋南北朝史》，专业课程是《中国古代思想史》。曾任中国古代史教研室主任，教授职称。母亲刘敏洁，毕业于东北师范大学历史系，在辽宁大学历史系任资料员，职称是副研究馆员。

　　记得小时候家里的书架上摆满了微微泛黄的古书，或是清末的线装书，或是大部头的《四部备要》，或是王云五编辑的薄薄的小书，父亲经常翻阅这些书。出于好奇，我也偶尔偷看，然而当时根本看不懂，好似天书一般，有些书的内封上还绘有古人射箭的图案，更觉神秘。正因为感觉神秘，心里反而十分向往，很想知道里面究竟写些什么！既然这些古书暂时看不懂，我就转而看一些历史故事，如蔡东藩撰写的《前汉演义》《后汉演义》，以及明清小说《西游记》《三国演义》《水浒传》等。当时读这些历史故事书也不是很顺利的，主要是不认识繁体字，但经过一番艰苦的磨炼之后，在小学毕业之前基本过了这一关。

　　我小学是在沈阳市宁山路小学就读的，班主任老师郑玉琦，这是我要一生铭记的第一位老师。记得在小学四年级一次作文中，郑老师批改后唯独没有把作文本返还给我，我正困惑间，郑老师却把我的作文作为范文在全班宣读，此后我信心倍增，益加努力，作文在全班乃至全年级宣读成为常例，于是在同学间便有了个绰号——"大学生"。家中尚未来得及翻看的《写作知识》一书，因此也被同学的家长借去，错失阅读机会。现在看来，小学作文毛病多多，与其说我在小学四年级时开始显露了一些写作方面的天赋，不如说受到老师的激励作用更大。我至今认为，孩子教育不但需要批评，更需要鼓励。

上了中学之后，我开始自学古诗词，当时能够见到的就是《毛主席诗词》。在一次作文中，我就模仿毛主席的《西江月》词律写了一首，结果被年级组长老师叫到办公室，问我是在哪儿抄的，我说是我自己写的，年级组长老师竟然说我不诚实，认为这样的诗词不是这个年龄段孩子能写的。我有口难辩，心里是又好气又好笑。还有一次在儒法斗争宣讲会上，我因偷看《辩证唯物主义和历史唯物主义（简本）》，被老师发现，说我是走"白专"道路，入团时间延缓一期，说是考验。在中学期间唯一能令我聊以自慰的是，在母亲工作的资料室找到了王力撰写的《古代汉语》，得到这部书真是如获至宝，我当时想这是读懂家中古书的津梁，因此每天早上都反复背诵，终于在中学毕业之前，我背熟了四册中的前三册，这为我日后阅读古文献奠定了初步的基础。

1977 年 8 月 9 日，作为最后一批知青，我来到辽宁省开原县三家子公社南英城子大队插队。知青的劳动和生活是十分艰苦的，为了好好干，早日抽调回城，晚上收割归来之后，经常都顾不上洗脚，便去磨镰刀，镰刀磨得飞快，甚至可以刮胡子，以便明天收割时不落后。冬天要戴着棉帽子睡觉，第二天清晨起来，眉毛上都结了白霜。对于这段经历，我现在的看法是：它是用多少金钱也买不来的，因为这使我真正认识了社会，使我有了思考问题的深度，在后来的治学和社会交往中皆受益匪浅，然而再回到农村的那个日子里也是不肯的，因为毕竟是学非所用。

1977 年恢复高考招生制度之后，我知道自己能考上，在乡下经过近两年的努力，终于在 1979 年以全省文科第 66 名的成绩考上了北京师范大学历史系。

北京师范大学虽名为"师范"，但实际上是以培养研究人才为宗旨的。入校后，刘家和老师给我们讲授世界古代史，开始的第一句话便是："北京师范大学历史系是培养历史学家的，而不是一般的历史教师。"让我们同学都以成为历史学家为终身追求目标。黎虎老师讲授先秦史，期末考试时，不采取传统的以背书为主要内容的闭卷形式，而是实行撰写论文的考试方法，着重培养同学们综合研究能力。唐赞功老师讲授秦汉史，期末亦实行撰写论文的考试方法，他曾说："大学主要培养同学们的分析问题和解决问题的能力，至于历史知识内容，书架上的书写得最为详细，我们根本没有必要去背。"何兹全老师是我国魏晋封建说的代表学者，讲授中国经济史，

自 序

当时还有一些北京大学历史系的教师来听课。何老师在课上每人发一篇《史记·货殖列传》的打印稿,要求在阅读十五分钟之后,提出问题。何老师解释说,这主要是考查同学们的独立思考能力,在同等的时间和同一篇文章中力争看到别人看不到的问题。现在想起来,真是循循善诱,获益匪浅。

1983年大学毕业之后,我被分配到大连辽宁师范大学历史系工作,四年之后,也就是1987年,我又考入上海复旦大学历史系,攻读中国历史文献学方向的硕士研究生,导师黄苇教授。

以上这些老师,都是我终生不能忘记的人。父母生育了我身,老师却塑造了我的灵魂。我平生最敬重的就是我的老师。

1990年研究生毕业后,我被分配到辽宁人民出版社古籍编辑室工作,1992年调入辽宁社会科学院,先是在党史研究所工作,1996年又调入历史研究所工作。进入历史研究所工作之后,所长关嘉禄老师积极培养我,使我在政治和学术上都有了很大的进步,张玉兴老师也十分关心我,经常鼓励我要刻苦治学,并给了我很多的清史资料。

时光荏苒,屈指一算,来辽宁社会科学院工作已有23年。这部《文集》就是在这23年期间取得的主要科研成果。从内容上看,这部《文集》收录的40余篇文章可以分为四部分,即清史、史学理论、其他史论和书评。

在清史文章部分中,又可以细分为两类,即清代东北史和清代文化史。

关于清代东北史研究的文章主要有《入关前清统治者的文化政策》《清入关前实行科举制考论》《满族崛起的文化因素》《试论清初统治者的重武轻文意识》《辽宁清文化的概念、精神及保护开发》《清代辽宁流人与流人文化述论》《清初著名爱国文化流人——函可和尚》《郝浴及其银冈书院》《清代盛京、吉林、宁古塔官参局设立时间考》《清朝参务管理制度的嬗变》《急功近利的清朝参务》《清代盛京上三旗包衣采参事略》《乾隆五十九年参务案》《清朝在东北地区实行的参务政策》和《清朝对偷参活动的惩治》等。

众所周知,清朝崛起于辽宁,即所谓"龙兴之地"。为了凸显地方特色,辽宁社会科学院历史研究所自建院和建所以来,一直把清代东北史,或称清前史,作为自己的主要研究方向。笔者自1996年进入历史研究所以来,继承了本所老一辈学者的学科传统,从事这一领域的课题研究。上述文章又可分为三个问题,即关于打造辽宁清文化品牌的问题,关于清代辽宁文化流人的问题和关于清朝参务管理制度的问题。

关于清代文化史研究的主要文章有《清代文化史研究之我见》《清代碑学的崛起》《清代科举制之"馆阁体"》《清代前期文化领域里的复古主义倾向》《清代考据学与"四王"画派》《清代考据学与篆刻艺术的复兴》等。

选择这一研究领域主要基于以下两点考虑：其一，清代文化史是目前中国文化史研究中的薄弱环节，亟待加强。自20世纪80年代改革开放之后，全国范围内兴起了文化热，在史学界也兴起了中国文化史研究热。在这场文化史研究的热潮之中，中国文化通史与各断代文化史如雨后春笋，纷纷问世。从各断代文化史的研究来看，迄今为止，几乎各个朝代的文化史均已出版，唯独清代文化史尚付阙如。因此笔者亦选择了这一研究领域，争取有所建树。其二，笔者认为：如将清代政治史、经济史、军事史与文化史联系起来，进行综合性考察，必将推动清史研究的进一步深入。例如，清朝在以武力统一全国之后，为了消除在汉族知识分子中存在的反清复明意识，采取了高压与怀柔相结合的两面政策。一方面搞"文字狱"，以残酷的手段镇压知识分子；另一方面开"博学鸿词科"和明史馆，编纂《四库全书》和《古今图书集成》等大型图书，吸纳知识分子参加，给他们以出路。同时清朝还利用清初启蒙思想家顾炎武开创的考据学，泯灭其"经世致用"的宗旨，倡导为考据而考据的复古主义学风，最终将考据学派转变成为清朝粉饰太平的工具。对于这样的问题，如果我们不做文化领域里的考察，就很难知道清朝统治者实行的高压与怀柔相结合的两面政策是否得到落实？如果确实得到落实，那么落实的程度如何？在落实的过程中，具体情形如何？皆无从得知。本人撰写的《清代前期文化领域里的复古主义倾向》《清代考据学与"四王"画派》和《清代考据学与篆刻艺术的复兴》三篇文章，便回答了这个问题。通过这三篇文章，我们就会对清朝统治者实行的高压与怀柔相结合的两面政策有了更为具体明确的认识，同时在清代绘画领域、书法领域、篆刻领域，以及自然科学领域，也找到了影响它们发生和发展的政治原因，从而深化了这些文化领域的主题，正所谓彼此促进，相得益彰。

关于史学理论部分，有关的文章主要有《章学诚"史意"说考辨》《论章学诚的"贵专家之学"》《刘知几与章学诚》《杜佑与〈通典〉》《民国时期方志学理论述评》等。

由于笔者攻读硕士研究生期间的研究方向是中国历史文献学，因而在这一研究领域亦有所涉猎。章学诚及其《文史通义》是本领域里研究的重点。章学诚是清代最伟大的史学理论家和方志学家。他的史学理论和方志学理论主要反映在《文史通义》一书中，《文史通义》的内容很丰富，但其基本精神是主张"史意"一说。章氏虽然一生力主"史意"之说，但对"史意"的概念从未做过说明，因此引起史学界的纷争，迄今没有达成共识。如果概念不明确，便会直接影响对章氏史学理论和方志学理论的理解和解释。鉴于此，笔者撰写的《章学诚"史意"说考辨》一文，突破前人就章氏的某段有关语句进行推断"史意"的办法，采取认真考察章氏在史学理论和方志学理论上的各项具体主张的方式，诸如："史意"与历史编纂学、"史意"与校雠、"史意"与史评和"史意"与修志等各个方面，由下至上地综合分析出章氏的史意内涵与外延，最终得出"史意"乃是探索事物发展过程中规律性认识的结论。应当说这为推动史学理论和方志学理论的研究做出了一点贡献。

关于其他部分的史学论文主要有《两汉"任子"问题之探讨》《抗日战争的起点与抗日战争时期的上限应当分开》《"不抵抗"政策是蒋家王朝走向衰亡的重要原因之一》《沈阳审判与纽伦堡、东京、南京审判比较研究》《日本在东北地区实施的鸦片侵略政策——以抚顺千金寨地区鸦片毒品贩卖活动为中心》《辽海文化之我见》等。在这些论文中，《两汉"任子"问题之探讨》是本人的大学毕业论文，也是最早发表的论文。其他几篇论文都是本人由于特殊机缘而撰写的论文。

关于书评部分的论文主要有《中国区域史的一部扛鼎之作——评〈中国东北史〉》《清代东北满族史的一部拓荒之作——〈清代东北边疆的满族〉评介》《一部亚文化专题史的填补空白之作——评曲彦斌著〈中国乞丐史〉》《人书俱老　德艺双馨——记我的书法老师祁毓麟先生》。以上这些书评，大都是受人之邀、应人之请而撰写的文章，有必要一提的是，最后的一篇文章是为介绍我的书法老师祁毓麟先生而写的。我平生只做了两件事，一是史学，二是书法。我的史学老师较多，而书法老师只此一位。祁毓麟先生是辽宁省书法界的元老，自1991年初有缘结识祁老师并成为弟子，至今已有24年矣！是祁老师把我引入学习书法艺术的正途，使我在书法艺术上有了很大的进步，故借此文集一角，以铭记师恩。

除了以上收入《文集》的文章之外，笔者还参加了国家清史工程的工作，撰写了《王鉴传》《沙尔虎达传》《尼堪传》《李国翰传》《屯齐传》

《罗托传》《豪格传》《林起龙传》《阎应元、陈明遇传》和《龚鼎孳传》共10篇传记，其中《王鉴传》被列为撰写画家传记的样稿。因为清史工程至今尚未结项，故没有收入《文集》之中。

没有收入《文集》之中的还有著作。本人共撰写三部著作，即《史林巨匠——章学诚与史著》（辽宁人民出版社、辽海出版社，1997）、《畸形人生——中国历代宦官》（辽海出版社，2001）、《线条里的神韵——中国历代书法》（辽海出版社，1998）。主编了三部著作，即《清代帝王》（辽宁民族出版社，2004）、《清史鉴知录》（辽海出版社，2010）、《清代文化名人传略》（辽海出版社，2015）。

值此《文集》出版之际，自己并无太多的欣喜之情，相反更多的是感到汗颜和遗憾，因为这和我年轻时代的期望相去较远。我是学习清史的，记得当初读到清代的考据学风时，认为那个时代的学者实在是太僵化和愚痴了，做了一生舍本逐末的学问。然而我们这一代学者又当如何呢？浮躁之风充斥着整个学术界，追逐高额利润的课题成了人们治学的动力和风向标，由此催生了一批擅长课题论证的"专业户"，结项时发表的成果质量却很差；每年一度的量化打分成了衡量人们科研成果的主要评价体系和评职定级的主要依据，将学者们的时间一段一段地人为分割开来，结果只能是出现一大批科研成果的早产儿，庸品多而精品少。有人说：科研就是将白纸变成废纸的过程，此言虽是调侃，但并非一点道理没有。以此与清代的考据学风相较，考据尚能得到一些真知，而浮躁则一无可取。笔者生当此世，亦不得不为稻粱谋，面对现实，因此应时之作多而沉潜之作少。不要说与古代学者相比，就是与上一辈学者相比，也是功底浅薄，自愧不如。虽然如此，但这些文章毕竟是自己的一生心血所注和精神轨迹所在。清初画家王鉴暮年时，曾在自己的画上题曰："倘遇知己不鄙弃而收之，余魂魄犹依依于旁也。"我虽不能与王鉴相比，但此刻的心情却有些许相通之处。值此辽宁社会科学院为本单位学者资助出版文集，亦属难能可贵之善举，使我得以借此载体，将几十年的史学研究所得寄存于世间，也算是心有所寄，意有所慰吧。

目录
CONTENTS

清史篇

清代文化史研究之我见……………………………………… 3
清代前期文化领域里的复古主义倾向……………………… 11
清代碑学的崛起……………………………………………… 21
任职勤勉、持己清洁的"贤相"吴琠…………………………… 34
清代科举制之"馆阁体"……………………………………… 38
清初考据学与"四王"画派…………………………………… 68
清代考据学与篆刻艺术的复兴……………………………… 86
入关前清统治者的文化政策………………………………… 98
满族崛起的文化因素………………………………………… 101
试论清初统治者的重武轻文意识…………………………… 111
清代辽宁流人与流人文化述论……………………………… 122
辽宁清文化的概念、精神及保护开发……………………… 135
试析清代东北流人文化的内涵……………………………… 140
清初著名爱国文化流人
　　——函可和尚…………………………………………… 149
郝浴及其银冈书院…………………………………………… 154
清入关前实行科举制考论…………………………………… 164
清代盛京、吉林、宁古塔官参局设立时间考……………… 177
清朝参务管理制度的嬗变…………………………………… 179
乾隆五十九年参务案………………………………………… 198

· 1 ·

急功近利的清朝参务 …… 219
清代盛京上三旗包衣采参事略 …… 223
清朝在东北地区实行的参务政策 …… 227
清朝对偷参活动的惩治 …… 232
论龚鼎孳 …… 246

史学理论篇

杜佑与《通典》 …… 259
刘知几与章学诚 …… 267
民国时期方志学理论述评 …… 295
论章学诚的"贵专家之学" …… 311
章学诚"史意"说考辨 …… 318

其他史论篇

两汉"任子"问题之探讨 …… 341
抗日战争的起点与抗日战争时期的上限应当分开 …… 348
"不抵抗"政策是蒋家王朝走向衰亡的重要原因之一 …… 359
沈阳审判与纽伦堡、东京、南京审判比较研究 …… 371
日本在东北地区实施的鸦片侵略政策
　　——以抚顺千金寨地区鸦片毒品贩卖活动为中心 …… 384
辽海文化之我见 …… 395
东北人观念落后的历史成因 …… 398

书评篇

中国区域史的一部扛鼎之作
　　——评《中国东北史》 …… 405
清代东北满族史的一部拓荒之作
　　——《清代东北边疆的满族》评介 …… 409
一部亚文化专题史的填补空白之作
　　——评曲彦斌著《中国乞丐史》 …… 414
人书俱老　德艺双馨
　　——记我的书法老师祁毓麟先生 …… 419

清史篇

清代文化史研究之我见*

中国文化史涵盖面过宽，一直是制约其发展的主要原因之一。清朝因时间距离现代较近，不仅留下了丰富的文化史资料，而且也直接影响着现代的各种文化现象，所以笔者主张首先选择清代文化史，作为研究整个中国文化史的开端。

一 关于清代文化史的范围

清代文化史的范围，主要应包括纵横两个方面。这里"纵"指时间，"横"指文化史内部的各个门类。既然限定为清代文化史，笔者认为时间当然就是1644～1911年这268年。此处无须多言，需要深入探讨的是清代文化史内部应包含各个门类范围的问题。近年来，中国文化史在本学科的构建过程中，就此问题已做了相当多的探讨，这对于我们确定清代文化史的范围很有参考价值。

关于如何划分中国文化史研究范围的问题，近年来国内的学者大都采取通过探求"文化"一词的本意，从而推出文化史所应包括范围的办法而展开的。诸家为了搞清"文化"一词的准确含义，穷本溯源，层层深入，"据不完全统计，截至现今，关于文化的定义几近两百"。① 而史学界对"文化"一词的含义阐发得越深入，文化定义出现的种类就越多。他们多是采取"以名求实"的方法，用"文化"的语文意义来作为划分文化史范围的标准。

笔者认为这种研究方法并不合适。按照《辞海》对"文化"的定义：

---

* 原载《社会科学辑刊》1996年第1期。
① 冯天瑜、何晓明、周积明：《中华文化史》，上海人民出版社，1990，第15页。

"（文化）通常指人民群众在社会历史实践过程中所创造的物质财富和精神财富的总和。也专指社会的意识形态。……作为意识形态的文化，则是一定社会的政治和经济的反映，又给予巨大影响和作用于一定社会的政治和经济。"① 由此可见，"文化"一词的基本含义本身就存在歧义，具体来说，有广狭之分：广义的文化是指物质财富和精神财富的总和；狭义的文化仅包括社会的意识形态。这便是产生以上问题的症结所在。既然"文化"的基本含义有歧义，就无怪乎诸家循此推究得愈深，距离也就越远了。

那么以何种原则来划分文化史范围才是正确的呢？我认为，正确的做法是应在尊重"文化"基本词义的基础上，以历史学内部的实际需要为原则来划分文化史的研究范围。

目前，史学界有的同志把文化概括为"人类实践的能力、方式及成果之总称"。② 实际上是认为文化包括物质和精神两个方面。这个观点如果从文化的语文意义上解释尚可，但如把它运用到划分文化史范围上就不适了。文化史如果以研究人类整个物质文明和精神文明为范围，那就等于全史，而从历史学的发展需要上看，并没有必要再建立这么个无所不包、无所不统的学科，否则就会重复历史学的劳动，这显然是不妥的。

如此，物质文明便从文化史的研究范围中划分出去。

值得注意的是，胡世庆、张品兴二位先生在《中国文化史》一书中将政治、经济的内容列入其中，而他们自己也公开承认"已超出了一般的狭义文化史"③。平心而论，他们这样做也不是一点道理没有。不可否认，在政治、经济和军事领域中，实践性的活动固然占主导地位，但政治思想、政治制度、社会政治心理、经济思想、军事理论等部分，都带有明显的文化学性质，它们又恰好处在政治史、经济史、军事史与文化史的交叉点上。那么这部分内容放在哪一学科更为合适呢？我认为还是把它们分别归入政治史、经济史和军事史领域中为好。因为长期以来，政治史、经济史和军事史凭借其特殊地位，业已成为历史学的独立分支学科，常被人们认为"政治、经济、军事、文化为四大块"④。作为政治史、经济史和军事史有机

---

① 《辞海·语词分册》，上海辞书出版社，1979，第1626页。
② 商戈令：《文化与传统》，《复旦学报》1986年第3期。
③ 胡世庆、张品兴：《中国文化史》，中国广播电视出版社，1991，第9页。
④ 陈植锷：《北宋文化史述论》，中国社会科学出版社，1992，第1页。

组成部分的政治思想、政治制度、社会政治心理、经济思想和军事理论,与之势不能分,否则便会影响其独立的学科地位。如果在政治史、经济史、军事史、文化史四个学科领域里同时展开政治思想、政治制度、社会政治心理、经济思想、军事理论这五部分的研究,从历史学的总体要求上看,又是重复劳动,因而是没有必要的。在这种客观形势下,权衡利弊,这五部分内容只能划归到政治史、经济史和军事史当中去,文化史只能忍痛割爱了。

如此,政治思想、政治制度、社会政治心理、经济思想和军事理论便从文化史的研究范围中划分出去了。

社会生活长期以来被认为是理所当然的文化史内容。1937年商务印书馆出版的《文化史丛书》就包括这方面的内容。但近十年来,社会史学科与文化史学科几乎同时并起,因此社会生活部分只能属于更具亲缘关系的社会史范围,文化史的范围最终便大致剩下了以教、科、文为主的那部分意识形态领域。

其实,教、科、文部分最终能够成为文化史的主要内容也不是偶然的。新中国成立以来,尤其是"文化大革命"以来,在"以阶级斗争为纲"的错误理论指导下,历史教科书几乎成了政治史的代称;历史唯物主义强调生产力决定生产关系,经济基础决定上层建筑,所以经济史的研究也很深入;军事史因与政治、农民起义和农民战争相联系,也有一定的学术地位。它们很早便建立了自己的独立学科地位。与此相反,以教、科、文为主的意识形态领域的学术研究则相当薄弱,人们担心过多的涉猎这个研究领域,会被沾上"为反动精神贵族树碑立传"之嫌,加之"文化大革命"的洗礼,更是雪上加霜,所以多年以来,文化史是有其名而无其实。20世纪80年代初,党中央针对社会上刮起的"全盘西化"和"民族虚无主义"之风,提出了精神文明与物质文明一手抓的口号,弘扬民族文化便成为时代的需求,文化史学科正是在这一社会背景下重新崛起的。刘敬发先生在《试论社会科学新学科的产生和发展趋势》一文中指出:"发现与创立社会科学的新学科要以客观现实为基础……寻找社会科学某一方面的新的生长点,是发现与创立新学科的首要原则。"① 综上所述,以教、科、文为主的意识形态研究领域,正是创建文化史这门新学科的客观现实基础,而历史学的发展需

---

① 刘敬发:《试论社会科学新学科的产生和发展趋势》,《北方论丛》1990年第3期。

要和时代要求则最终使这一潜在的客观现实基础成为学科创建的"新的生长点"。

至此，清代文化史的横向范围亦已明了，横向范围以图1说明便是。

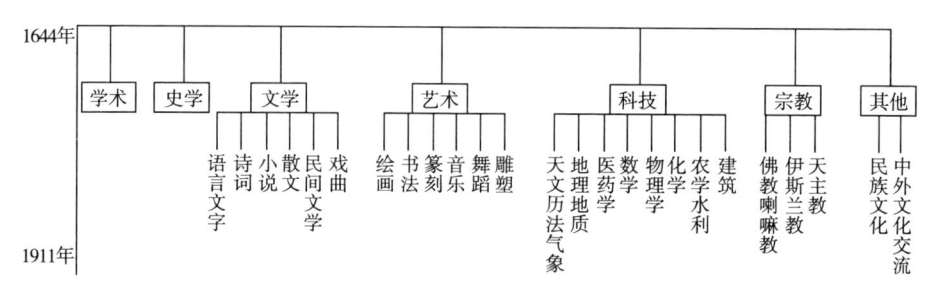

```
1644年
  ├─ 学术 ── 语言文字
  ├─ 史学
  ├─ 文学 ── 诗词、小说、散文、民间文学、戏曲
  ├─ 艺术 ── 绘画、书法、篆刻、音乐、舞蹈、雕塑
  ├─ 科技 ── 天文历法气象、地理地质、医药学、数学、物理学、化学、农学水利、建筑
  ├─ 宗教 ── 佛教喇嘛教、伊斯兰教、天主教
  └─ 其他 ── 民族文化、中外文化交流
1911年
```

图1　清代文化史的横向范围

二　清代文化史的性质和研究方法

关于清代文化史的性质和研究方法，同中国文化史的相关问题一样，亦同属于文化史学的基本理论，故亦有借鉴探讨中国文化史关于这一问题之必要，以便我们了解其利弊得失，从而寻找到一种较好的研究清代文化史的方法。

纵观新近的中国文化史研究论著，在关于文化史性质的问题上，尽管叙述的文字略有不同，但就其本质来看，大都承认应把文化史作为一门研究其自身历史发展规律的学科来看待。对于这一点，似无再讨论之必要。然而在著述的形式上及其与之相关的研究方法上，却很不相同，归纳起来主要有两种类型。

第一种是专著类型。这种类型的专著又分两种体例。第一种专著体例可称之为纵向结构，即以历史朝代为经，以文化史各门类为纬。如刘蕙孙的《中国文化史稿》、冯天瑜等著的《中华文化史》就属于这种体例；第二种专著体例可称之为横向结构，即以文化史各门类为经，以历史朝代为纬。如胡世庆、张品兴的《中国文化史》就属于这种体例。第二种是丛书类型。如1937年商务印书馆出版的《文化史丛书》和目前上海人民出版社正在陆续出版的《文化史丛书》，便是这种性质。这种类型实际上是集有关专史之众书而成一书，质言之，仍非一书。

第一种类型的专著，尽管存在着两种体例，但在撰写内容和研究方法上，本质差异不大。它们的共同优点是：能够将内容庞大的文化史各门类囊括于一书，成一系统完整之学术著作。但它们也存在共同的缺点，就是毕竟一书包容量有限，分配到各门类项下的篇幅就更少。结果各门类仿佛成了各相关文化专史的缩写、简写。

可能正是由于目前的文化史著作有难以摆脱的"缩写本合集"的致命缺点，上海人民出版社继1937年商务印书馆出版的《文化史丛书》之后，再次推出了以周谷城先生为主编的新《文化史丛书》。该丛书的最大优点是：包容量大，加之历朝上下相连，易于体现某一特殊文化门类本身的历史发展规律。但它也有缺点：其一，没有文化各门类之间的横向联系；其二，从总体看，它不是一部完整意义上的学术著作。

既然《文化史丛书》本属丛书性质，自然不在我们深入探讨之列。至于"缩写本合集"式的文化史专著，因其篇幅和写作方法所限，很难反映文化各要素内部深层次、规律性的东西，因而便缺乏生命力，当然这也是与诸位学者力图把文化史写成一门反映其自身发展规律的学科的初衷相违背的。

目前史学界之所以出现这两类特点截然不同的文化史著述，究其根本，恐怕都是文化史这门学科范围广、门类多这一客观事实造成的。

看来若要真正解决文化史学科这一固有的难点，就必须正面对待它。要使之能够充分地体现出文化史发展中某些具有规律性的东西，而要达到这一目的，笔者认为，可以通过加强每一文化部门纵横比较的途径来实现。

笔者的具体设想：首先，在确定每一文化门类的内容时，由于篇幅有限，选材须精，一是选择基本史实，以成线索，但须简明扼要；二是选择有新意、有特点的内容，而以后者为重。其次，根据该门类的某些具有新意、具有特点的文化现象，进行纵横比较，比较的方法至少可以有以下三种方式：①某一文化现象同当时的政治、经济、军事的比较，这是文化史同外部各学科的横向比较；②文化史内部此门类同彼门类的文化现象的比较，这是文化史内部各门类之间的比较；③某一文化现象，上溯求其原因，下推寻其影响的比较，这是个别文化现象本身的纵向比较。最后，以上的多项比较的研究方法，不过是手段，不一定要完全落实到写作的文字上，重要的是要借助这一手段。第一深化我们对该文化现象的认识，第二在这个基础上尽可能地总结出文化发展的规律性的东西来。

鉴于这种以"比较"为本质特征的研究方法对改变那种孤立、呆板的写作风气具有重要意义，故拟举清代文化史中的一些比较重要的文化现象为例，试用此法以进一步发明之。

"扬州画派"和"海派"是清代美术史上出现的特殊文化现象，而新近的文化史著作，有的仅因叙述基本内容的需要，一二笔带过①，有的竟付诸阙如，从而使其"微言大义"，隐而不显，盖皆因研究方法不当所致。

中国历代画坛，尤其是晚明以来，山水画一直占有主要地位，其格调上一般追求"淡雅""高逸"的林泉文人韵致，而清代的"扬州画派"和"海派"无论在创作题材还是创作风格上皆与之迥然不同。首先在创作题材上，他们"偏重于花卉翎毛"②，"其次是人物画"，"而山水画则不景气"③。其次在创作风格上，狂怪恣肆，有时甚至是粗野艳俗。例如，"海派"画家代表任熊，在其传世作品《仙女图》中，设色大胆，红绿对比度极其强烈，笔势屈铁盘丝，方棱见角，"鲜爆活跳"，"更强调了装饰趣味"④。

那么清代画坛上为什么会出现这种在格调上似乎有些倒退的画风呢？其实这与中国古代社会内部的生产关系变化有关。

清初曾一度中断了的江南地区具有资本主义因素的手工作坊，到了"康熙以后，逐渐恢复发展起来，资本主义生产关系的萌芽，也随之得到恢复和发展"。⑤资本主义生产关系萌芽的出现，势必伴随着商品市场的高度发展。这样"画"便有了成为商品的可能，市民阶层由于同士大夫、文人在欣赏艺术品方面不同，有雅俗之分，所以在画的题材上，更喜爱日常生活中常见的花鸟、人物，而对于"林泉高致"的山水画意境却难以接受。在画风上，浓施粉黛、姹紫嫣红的火爆色调更易于跳入一般市民和商人的眼中，闲逸恬淡风格的作品则不为一般人所注意。当时的民谚说："金脸，银花卉；要讨饭，画山水。"⑥正是这种情形的形象写照，所以这些以卖画谋生的画家就不能不迎合当时的流俗。

提起清代文化界的复古现象，人们就会联想起乾嘉时期的考据学和编纂大型古典文献丛书、类书。其实这一复古文化现象的范围远比这广泛，

---

① 胡世庆、张品兴：《中国文化史》，中国广播电视出版社，1991，第163页。
② 薛永年：《论扬州八怪艺术之新变》，《中国绘画研究论文集》，上海书画出版社，1992，第604页。
③ 徐建融：《中国美术史标准教程》，上海书画出版社，1992，第314页。
④ 《女仙图》，《中国名画鉴赏辞典》，上海辞书出版社，1993，第1029页。
⑤ 刘泽华等著《中国古代史》，人民出版社，1979，第415页。
⑥ 钱大昕：《潜研堂集》卷六。

例如在书法界,"碑学取代了帖学,唐碑、魏碑相继盛行"。① 秦篆、汉隶化腐朽为神奇,大放异彩。在美术界,"以摹仿古人为能事"②。在科技界,"刻意复古,致力整理古代算书"。③ 在语言文字方面,"有清一代,可谓古文字学始发展之期"。④

清代前中期在文化领域的各个部门里,为什么会几乎同时出现这样大规律的文化复古现象呢?其深层的原因是什么?新近诸家文化史著既未曾联系起来看,更没有做进一步的探讨,最多只满足于以上基本史实的简单叙述。

有人认为,乾嘉时期,人们逃避现实,热衷于考据之学,是因为"慑于文字狱的淫威"⑤,这是对的,但不全面。清代前中期之所以能够出现如此大范围的文化复古现象,是与康、雍二朝逐渐发展,至乾隆朝基本成熟的"宽严相济"基本国策分不开的。乾隆帝曾说:"从来为政之道,损益随时,宽猛互济。"⑥ 他认为雍正帝屡兴文字狱,有过严之处,故"谕令向后政务,应从宽者,悉从宽办理"。⑦ 所以才有"乾隆时期,社会安宁,国力充实,有了比较优裕的条件,学者可以钻进象牙塔潜心去整理、考订古籍"⑧。清代的"宽严相济"政策,"从形式上看好像是矛盾的,但是,目的却是一个……使一般读书人都埋头故纸堆,不敢议论时政了"⑨。

通过以上的比较,我们至少可以认识到以下几点:①在政治高度集中的国度里,易于集中大批人力物力,成就大部头著述。②从总体看,这类著述少创见,更乏经世之作。③作品形式单一,面目类同,易于形成一花独放的文化局面。

这是先对文化史内部各门类间进行微观比较,然后再从总体上进一步同政治进行宏观比较的综合性方法。

上面所举二例,多为文化与政治、经济相较以发明文化自身者。其实,

---

① 胡世庆、张品兴:《中国文化史》,中国广播电视出版社,1991,第168页。
② 戴逸主编《简明清史》,第2册,人民出版社,1985,第294页。
③ 刘蕙孙:《中国文化史稿》,文化艺术出版社,1990,第497页。
④ 胡朴安:《中国文字学史》,中国书店,1983,第601页。
⑤ 郭成康、林铁钧:《清朝文字狱》,群众出版社,1990,第58页。
⑥ 《清高宗实录》卷二十三,乾隆元年七月辛酉条。
⑦ 《清高宗实录》卷二十三,乾隆元年七月辛酉条。
⑧ 郭成康、林铁钧:《清朝文字狱》,群众出版社,1990,第58页。
⑨ 清史简编写组:《清史简编》,辽宁人民出版社,1980,第302页。

文化现象亦可以反向说明政治、经济。例如，太平天国运动，我们以往都认为具有强烈的反帝反封建性质，但是在目前发现的太平天国壁画中，有许多"描绘了金龙大凤、天王洪日"的内容，太平天国的领袖们"作为'草头王'的封建性质更加清楚不过"①。壁画一端虽小，但却形象生动地反映了当时太平天国的内部政治。

综上所述，不过是为了进一步说明这种以"比较"为本质特征的文化史研究方法，其本旨期望借此使清代文化史真正成为一门反映文化发展规律的历史科学。

---

① 徐建融：《中国美术史标准教程》，上海书画出版社，1992，第314页。

清代前期文化领域里的复古主义倾向[*]

一 清代前期在整个文化领域里普遍存在着复古主义倾向

在清代前期的文化领域里产生了一种强烈的复古主义倾向，其范围之广，几乎遍及当时的整个思想文化界；其影响之深，一直延续到1842年之后，构成清代前期文化史上最显著的特征。研究这种复古主义倾向的特点、成因，不仅具有文化史意义，而且对深入理解清代前期的政治亦具有十分重要的作用。

事实上，人们对清代前期的复古主义倾向已经有了初步的认识，并且指出清初的考据学派明显具有这种特征。如郭成康、林铁钧先生的《清朝文字狱》和来新夏先生的《清代考据学述论》等许多有关论著都有这类表述。王俊义先生还就考据学派的这种复古主义倾向所波及的范围做了进一步的研究，指出是以经学为中心，旁及文字学、音韵学和史学等①。由此可以得出如下结论：其一，清代考据学派确有明显的复古主义倾向；其二，清代考据学所涉及的范围包括经学、史学、语言文字学等领域。这就是目前史学界对清代考据学派和清代前期文化领域里的复古主义倾向的基本认识。

然而如果我们从文化史的角度，对这一时期整个文化领域做一横向的剖析，就会发现不仅在经学、史学、语言文字学等哲学社会科学领域出现了这种复古主义倾向，而且在自然科学和文学艺术领域里也普遍存在这种情况。

在艺术领域里，这种复古主义倾向首先反映在画坛上，其具体表现是

---

* 原载《辽宁大学学报》（哲学社会科学版）1996年第2期。
① 王俊义：《论乾嘉学派的学术成就与历史局限》，《社会科学辑刊》1991年第2期。

"唯古是尚"画风的盛行和复古画派正宗地位的确立。此种"尚古"画风主要盛行于清初，首倡者就是画史上所谓的"清初四王"，即王时敏、王鉴、王翚和王原祁。他们认为：古人已把中国画的传统技法发挥到了极致，习画的过程实质上就是师古的过程，舍此就会坠入魔道，因此对古代画家及其传世作品倍加推崇，奉为不世之圭臬。他们在理论上是这样主张的，在绘画实践中也是这样一丝不苟进行的。王时敏"尝择古迹之法备气至者，二十四幅，为缩本，装成巨册，载在行笥，出入与俱，以时模楷"[1]。把临摹古画作为提高画技的唯一津渡。王鉴"精通画理，摹古尤长"[2]。当时即以善于临摹古画而知名当世。王翚则说："以元人笔墨，运宋人邱壑，而泽以唐人之气韵，乃为大成。"[3] 毫不掩饰自己的作品就是把各朝不同风格的画法拼合到一起，并以此而自豪。王原祁作画时，甚至直接把仿摹古画当成他的创作，因而留下了大量的仿古作品，如"《麓台题画稿》，内题画五十三则，全部仿古之作"[4]。纵观清初画坛，基本上为仿古画风所笼罩，以清初"四王"为代表的复古画派也因此"在美术史上号称'正统派'"[5]。到了新文化运动时期，"四王"画派几乎成了"复古""保守"的代名词，陈独秀就曾斥责"四王"画派说："用那临、摹、仿、抚四大本领复写古画，自家创作的简直可以说没有。这就是四王流派在画界的最大恶影响。""像这样的画学正宗、像这样社会上盲目崇拜的偶像，若不打倒，实是输入写实主义、改良中国画的最大障碍"[6]。

其次，在书坛上这种复古主义倾向的具体表现是碑学的崛起和篆隶书的复兴。碑学是相对帖学而言的。一般来说，人们直接书丹上石，并将其镌刻在石上，称之为"碑"。碑主要盛行于汉魏、北朝之间，人们临摹古人书法，并将其镌刻于石上，称之为"帖"。帖主要盛行于六朝之后。从晋、唐至清初千余年间，中国书坛基本是帖学的天下。"远追晋唐，近法两宋"，被认为是天经地义的学书途径，这种情形直到清初仍是如此。乾隆年间，阮元著《南北书派论》，对帖学首发其难，力主学习比帖学更为古老的碑

---

[1] 叶瀚：《中国美术史》，《诸家中国美术史著选汇》，吉林美术出版社，1992，第539页。
[2] 叶瀚：《中国美术史》，《诸家中国美术史著选汇》，吉林美术出版社，1992，第540页。
[3] 吴聿明编著《四王画论辑注》，浙江人民美术出版社，1994，第60页。
[4] 王伯敏：《"四王"在画史上的劳绩》，《清初"四王"画派研究论文集》，上海书画出版社，1993，第427页。
[5] 徐建融：《中国美术史标准教程》，上海书画出版社，1992，第322页。
[6] 陈独秀：《美术革命〈答吕澂来信〉》，见《新青年》第6卷第1号。

学，他说："界格方严，法书深刻，则碑据其胜。"如此，"庶几汉、魏古法不为俗书所掩"。包世臣著《艺舟双楫》，为推重北魏碑版，而不惜贬抑唐书："北魏碑字有定法，而出之自在，故多变态；唐人书无定势，而出之矜持，故形板刻。"① 康有为著《广艺舟双楫》，其尚古、尊碑、贬唐之意更加明确："学以法古为贵，故古文断至两汉，书法限至六朝。若唐后之书，譬之骈文至四杰而下，散文至曾苏而后，吾不欲观之矣。"② 由于以上三位书论家的极力倡导，有清一代碑学名家辈出，如吴熙载、李文田、徐三庚、赵之谦、杨沂孙等人，均以写北碑而擅名当世。此后碑学迅速崛起，而帖学日渐衰微。碑学代替帖学，并不是一般书法流派的简单轮替，而是反映了复古主义思潮已经占据了书坛的主导地位。今人王渊清先生在总结这段书史时说："碑学的崛起……开辟了书法的新天地。然而不可否认的是，碑学的精神仍然是古典主义的。它崇拜的偶像比帖学更'古'、更'旧'，而且碑学批判排斥帖学的理由并非帖学太旧、太古，而是帖学不古、假古，指责汇帖都是几经翻刻，面目全非，更无二王古法。"③

清代在书法领域复古倾向的另一表现是篆隶书的复兴。篆书是秦朝的通行文字，而隶书是汉朝的通行文字，即所谓"秦篆汉隶"。秦篆汉隶是比魏书更为古老的两种书体，这两种书体自秦汉以后，习者甚少，几成绝学，但到了清代，"学习汉魏以前篆隶书法的作者，则逐渐增长"④。其中尤著者，篆书当推邓石如，被康有为赞为"犹儒之孟子"⑤。隶书则"伊秉绶……最负盛名"⑥。二人于篆隶书用功极勤，到后来不但不逊色于古人，且多有超迈之处，使濒于湮灭的千年古书体，"化腐朽为神奇"，焕发了青春。

最后，在篆刻艺术领域里复古主义倾向的具体表现是篆刻艺术本身的复兴。篆刻盛行于秦汉，但后来与篆书的命运相伴随，篆刻艺术自汉至清，其间一千多年几成绝响。在清初文化领域里复古思潮的影响下，到清代中期，篆刻才进入了全盛时期，作者如云，名家辈出。值得注意的是，这些篆刻作者和名家，其技艺无不是从师法古印中得来，例如清代复兴篆刻艺

---

① 包世臣：《艺舟双楫》，《艺林名著丛刊》，中国书店，1983，第80页。
② 康有为：《广艺舟双楫》，《艺林名著丛刊》，中国书店，1983，第33～34页。
③ 王渊清：《清代碑学的成因及其文化意义的现代解释》（上），《书法研究》1994年第2期。
④ 张光宾：《中国书法史》，商务印书馆，1981，第272页。
⑤ 康有为：《广艺舟双楫》，《艺林名著丛刊》，中国书店，1983，第21页。
⑥ 单国强：《清代书法概论》，《清代行书》，光明日报出版社，1993，第4页。

术先驱丁敬，其篆刻胎息秦汉，且能师古出新，后来的清代篆刻大家邓石如、吴熙载、赵之谦、吴昌硕也无不如此。

在自然科学领域里，这种复古主义倾向主要反映在数学方面，其具体表现是整理与研究古算学之人渐多，并已蔚然成风。整理古算学书以戴震最为重要。《算经十书》是中国一部年代较早的稀珍算学丛书，唐代历算学家李淳风曾为之作注，宋代虽有刊本，至清已散佚，很难再见到全本了。戴震从《永乐大典》中辑出其中久已散佚的《九章算术》《海岛算经》《孙子算经》《五曹算经》《夏侯阳算经》五部，使古算学著作得窥全貌，并逐一认真校勘，还给《九章算术》补绘了许多业已散佚的图形，在整理数学古籍方面做出了重要贡献。研究古算学书以李潢、张敦仁、沈钦裴三人最为著名。李潢著《九章算术纲草图说》九卷、《海岛算经细草图说》一卷、《缉古算经考注》二卷，张敦仁著《缉古算经细草》三卷，沈钦裴著《重差图说》一卷，对古算书进行了比较深入的研究，并做了大量的注释，为后人研究古算学提供了方便。以上不过是举其要者，整理和研究古算学书籍的人还有很多，在当时的数学界确已形成一种复古风气，诚如李迪先生在其《中国数学史简编》一书中所说："从乾隆中期到十九世纪四十年代，数学界的注意力却转到了对传统数学的挖掘和校勘上，西方数学的输入和研究暂时中断……这是当时复古思潮在数学研究上产生的影响。"①

由此可见，清代前期文化领域里的复古主义倾向是十分广泛的。其实，不唯在以上所举的事例中，而且在"复古派主张文艺作品全在模仿"②的文学领域与"历算学及其它科学、乐曲学"③等其他自然科学和音乐艺术等领域，表现亦比较明显，因篇幅所限，此处只好从略了。

二 清代前期文化领域里复古主义倾向产生的原因

1. 政治原因

关于清代考据学派的成因，这是个老问题，以往的许多学者都曾对此做过研究。约言之，新中国成立以来，人们将其归咎于"文字狱"。打倒

---

① 李迪：《中国数学史简编》，辽宁人民出版社，1984，第299~300页。
② 清史简编写组：《清史简编》（上册），辽宁人民出版社，1980，第137页。
③ 梁启超：《中国近三百年学术史》，东方出版社，1996，第405页。

"四人帮"之后，人们又开始强调康雍乾时政治稳定和经济发展的作用，80年代中期，有些学者将两者合二为一，认为这是清朝"统治者采取高压和怀柔相结合的两手政策"①。应当说新中国成立以来对这个问题的研究是逐渐走向深入的，不过仍有进一步研究的余地。其实清政府推行这种"高压"与"怀柔"相结合的政策，实际上乃是康雍乾期间逐步形成的"执中思想"在文化领域里的反映。

"执中思想"，略言之，就是清政府努力追求的在施政过程中所采取的不偏不倚、不左不右的政治指导思想。其理论基础是儒家经典《中庸》的"中也者，天下之大本也"。其具体表现形式则为"宽严并济之道"。

这种"宽严并济"的思想在康熙时开始萌芽。这从康熙帝称赞宋儒朱熹的言论中即可以看出来，如他说："（朱熹）所著作及编纂之书……归于大中至正……朕以为孔孟之后，有裨斯文者，朱子之功，最为宏钜。"②康熙帝是这样说的，在他的施政实践中也是这样做的。例如在他执政期间，既命荐举山林隐逸，开博学鸿儒科和《明史》馆；又大兴"文字狱"，将当时的著名学者戴名世处死。当然与其他帝王相比，康熙帝没有株连其他人，已经算是"做了从宽处置"。③雍正帝即位后，为矫正康熙帝的过宽之弊，收紧文网，在位十三年中竟酿造近二十起"文字狱"大案，结果"又多有严峻之弊"。④乾隆帝即位后，这种以"宽严并济"为表现形式的"执中思想"已经完全成熟。乾隆帝曾明确地说："治天下之道，贵得其中，故宽则纠之以猛，猛则济之以宽。"⑤并鉴于乃父雍正帝有失严峻，故"谕令向后政务，应从宽者，悉从宽办理"。⑥可见，清初统治者不仅有"严"的一面，同时也辅之以"宽"；"宽严相济"的政治不仅体现在一朝之内，同时也体现在后朝对前朝宽严失度之处的调整上；无论朝内的微观调整，还是朝际的宏观调整，皆以"执中思想"为准则，使之终归于儒家的中庸之道。

这一时代的知识分子虽因慑于"文字狱"的淫威，不得不"埋头于故

---

① 葛荣晋：《明清社会的变迁与实学思潮的演化》，《晋阳学刊》1986年第3期。
② 《东华录》康熙朝五十一年二月。
③ 郭成康、林铁钧：《清朝文字狱》，群众出版社，1990，第16页。
④ 《清高宗实录》卷十二，乾隆元年二月癸酉条。
⑤ 《清高宗实录》卷四，雍正十三年十月甲戌条。
⑥ 《清高宗实录》卷二十三，乾隆元年七月辛酉条。

纸堆中",但由于康雍乾三朝以来实行的"宽严并济之道",所以"在学术文化方面,取得了令人瞩目的成就"①。这看似很矛盾的事情,却能够较好地统在一起。据此笔者认为:"文字狱",以至荐举山林隐逸,开博学鸿儒科和《明史》馆,编纂大型历史文献,以及所谓的促进社会安宁、经济繁荣等做法,无疑都是促成考据学派乃至整个文化领域里复古主义倾向的正反两个方面的因素,然而更深层次的本质原因乃是康雍乾三朝始终刻意追求的以"执中思想"为灵魂的"宽严并济之道"。

政治对艺术与自然科学的影响,虽然是间接的、曲折的,但却是深刻的。

清初统治者的"宽严相济"政策运用到文化领域,就是造成一种诱导人们脱离现实、把聪明才智投入到故纸堆中的宏观机制。在清初画坛,体现复古主义倾向最为典型的是"四王"画派,他们在学画的方法上,强调师古,并"以摹仿古人为能事"②;在绘画题材上,喜作"林泉高致"、遁身世外情调的山水画;在绘画精神上,力求"体现儒家'中和''中正'的理想"③。这恰恰与清政府的"执中思想"及其文化政策相冥合,于是清朝最高统治者康熙帝便有意扶持这一画派。他曾请王翚入宫,并御题"山水清晖"四字相赐,王翚"得此殊荣,声名益著,从者更多……遂成为在朝派"④。而王原祁则被封为清朝高官,"其画风在宫内更是风靡一时"⑤。于是主张复古的"四王"画派,在清政府的支持下,才成为清初最大的正统画派。

书法和数学领域里的复古主义倾向产生的政治原因,主要是通过清政府在文化领域里推行的"宽严相济"政策及其产儿——考据学间接体现出来的。如上所述,书法领域里的复古主义倾向主要表现为碑学的崛起和篆隶书的复兴,而在碑学代替帖学的过程中,考据学实起了重要的催化作用。乾嘉时期,金石碑版开始大量出土,学者们借此考经证史,把考据学的发

---

① 《1990年清史国际学术研讨会撮要》,《社会科学战线》1991年第1期。
② 戴逸主编《简明清史》,人民出版社,1983,第294页。
③ 刘纲纪:《"四王"论》,《清初"四王"画派研究论文集》,上海书画出版社,1993,第36页。
④ 单国强:《"四王"画派与"院体"山水》,《清初"四王"画派研究论文集》,上海书画出版社,1993,第350页。
⑤ 单国强:《"四王"画派与"院体"山水》,《清初"四王"画派研究论文集》,上海书画出版社,1993,第351页。

展推向了顶峰,"出碑既多,考证亦盛,于是碑学蔚为大国"①。至于篆隶书的复兴,则受"文字狱"的影响居多,"雍乾以降文字狱甚严,一时学述变而考古,学士通人究心篆隶,一代之文艺因由一代之功令推激而成,书道所系亦重矣哉!"② 数学领域里复古主义思潮的出现,亦与考据学有较大关系。在考据风盛行的大气候下,研究应世科学不但不被重视,反而会遭到冷遇,而雍正时又颁布了禁海令,关闭了刚刚开启的学习近代西方先进科技的大门,迫使数学家们只能重新回到整理中国古代数学典籍的老路上去,为清政府出版大型图书、粉饰太平服务。于是"在数学方面,就形成了复古思潮"③。

2. 学术原因

需要指出的是,如果把整个清代考据学产生的原因,统统归之于清政府推行的"执中思想",或"宽严相济"政策,那是不准确的,尤其是在考据学派产生的清初更是如此。

如上所述,史学界在关于清代考据学派的成因问题上,往往都强调"文字狱"一类的政治原因,然而考之这段历史,"文字狱"最初并未渗入到当时的经学领域,而是针对有所谓反清复明意识的诸家《明史》的,故时人称之为"史狱"或"史案",而不言"文字狱"。此外,史料上也无任何清政府诱导或强制考据学产生的记载。相反,这时期清政府却对喜谈"心性"的程朱理学颇感兴趣,决定科举"考四书五经要以朱熹的注释作为准则"④,把程朱理学作为官方哲学。

首倡考据学的乃是清初著名思想家顾炎武、黄宗羲等人。他们倡导考据学的最初动机是"惩(明代)空谈心性之足以亡,思以征实之学挽末俗"⑤。那么如何才能矫正明人的空泛学风呢?考据学派的先驱们认为这须借助"汉学"的力量。考据学者们之所以选择"汉学"作为武器,主要是出于学术上的原因。清朝之前,中国经学史上已经历过了三次大规模的总结和整理:自西汉武帝"罢黜百家,独尊儒术"之后,注经者日多,致使

---

① 康有为:《广艺舟双楫》,《艺林名著丛刊》,中国书店,1983,第5页。
② 震钧辑《国朝书人辑略》序,文史哲出版社,1983。
③ 北京师范大学科学史研究中心编著《中国科学史讲义》,北京师范大学出版社,1989,第144页。
④ 戴逸主编《简明清史》,人民出版社,1983,第229页。
⑤ 马宗霍:《中国经学史》,《中国文化史丛书》(第一辑),中国书店,1984,第140页。

世人不知所从。东汉硕儒郑玄乃"括囊大典，网罗众家""集古今学之大成"①。这是历史上对经学的第一次大规模整理和总结。南朝"尚清谈之风"，经义歧出。唐太宗乃命儒臣撰《五经》暨《五经正义》，"盖自汉以来，经学统一"②。这是历史上对经学的第二次大规模整理和总结。入宋，"学者解经，互出新意，视注疏如土苴"③。于是宋儒朱熹杂采众说，"集宋学之大成"④。这可视为经学的第三次整理与总结。至明，无本空谈之风飙升，"高谈性命，蹈于空疏，儒林之名，遂为空疏藏拙之地"⑤，"经学之废，实自此始"⑥。由此可见，经学至明末清初，已到了非彻底整理不可的境地。而整理经学应以何代为宗呢？从经学史的三次大规模整理上看，唐学本胎息于尚清谈的南朝经学，宋学且杂入佛老，唯独汉学不仅没有受到后世臆断经义、侈谈义理的烦扰，而且距离萌生经学的春秋战国时代较近，汉经虽朴实无华，然传信程度极高，恰是矫正明人无本空谈的最好良药，所以清初的考据学者们便选择了"汉学"作为向明人空泛学风进攻的"根据地"。然而由于汉朝已年代久远，经义简古难懂，文字多有讹误甚至脱落之处，与经义相关的史事也多有不明之处，所以还必须研究古文字学、古音韵学和史学等等，借此用以考经。于是不仅在经学，而且在史学、语言文字学等文化领域里也掀起了一场复古考据之风。

由此可见，清初考据学之兴，并非像许多学者所说的那样，完全是"文字狱"一类的政治原因造成的。除此以外，尚有其重要的学术原因，尤其在清初更是如此。只是考据学兴起之后，由最初的"经世致用"的治学宗旨，转变成后来实际工作中的单纯整理古籍，为考据而考据，政治原因才由次要地位跃居主要地位。当然，两者始终是相辅相成的。

与考据学产生的情形相似，在绘画领域形成的复古主义倾向亦有其重要的学术原因。由于中西方的民族文化背景不同，中西方的艺术特点也截然不同。在绘画领域里，西方是通过不断否定过去的方式发展起来的，而中国画则是通过不断肯定过去、不断积累、不断完善而发展起来的。中国

---

① 马宗霍：《中国经学史》，《中国文化史丛书》（第一辑），中国书店，1984，第54页。
② 马宗霍：《中国经学史》，《中国文化史丛书》（第一辑），中国书店，1984，第94页。
③ 马宗霍：《中国经学史》，《中国文化史丛书》（第一辑），中国书店，1984，第111页。
④ 马宗霍：《中国经学史》，《中国文化史丛书》（第一辑），中国书店，1984，第116页。
⑤ 马宗霍：《中国经学史》，《中国文化史丛书》（第一辑），中国书店，1984，第134页。
⑥ 马宗霍：《中国经学史》，《中国文化史丛书》（第一辑），中国书店，1984，第133页。

画的优点在于不像西画那样易走极端，缺点是愈积累、愈完善，可供人们创新的余地就越小，需要花一生精力去继承的东西就越多，因而"给后来的创作带来的困难就愈多"。①晋、唐、宋、元是中国画的发生发展时期，在这个阶段，画家的主要任务是师法大自然，不断丰富绘画的技法和内容。到了明代，中国画无论在构图的章法上、内容的意境上和笔墨的技巧上都日趋成熟，进而形成程式化、符号化的固定模式。晚明董其昌又提出了"南北宗"论，在理论上肯定了这种画路，使中国这种程式化、符号化的程度又进一步强化。至清，要保持中国传统画的脉系不至中断，所谓正统画家们面对"日趋符号化的中国画"，已"不可能具备宋元诸家已有的丰富实践过程，他们只能面对程式，走'沿袭'的道路，以确保绘画不变质"②。由此可见，"四王"画派之所以主张复古，也是有其学术原因和苦衷的。

碑学代替帖学是书法领域里复古主义倾向的一种表现，然而身为清代著名改革家的康有为竟也在其《广艺舟双楫》一书中，对此大加肯定，难道他的政治态度在文化领域里会有例外？然细加察究，并非如此。康有为在本书中即已声明："尊之者，非以其古也。"③康氏之所以力主碑学，原是出于书法自身发展需要的缘故，为此他在该书中进一步做了说明，指出碑学较帖学为优的五项理由，即"笔画完好，精神流露，易于临摹，一也；可以考隶楷之变，二也；可以考后世之源流，三也；唐言结构，宋尚意态，六朝碑各体皆备，四也；笔法舒长刻入，雄奇角出，应接不暇，实为唐宋之所无有，五也。有是五者，不亦宜尊乎"④。除了康氏所说的五项理由外，碑学代替帖学亦有书风方面的原因。帖学书风秀逸俊朗，系阴柔之丽；碑学书风雄强博大，属阳刚之美。但由于帖学已流行千年，阴柔美的书风已极尽其变，反渐露靡弱之态，于是"物极必反，明末书法的阴柔达到了极顶，清代又必然以壮美取代柔美——这也正是清代碑学崛起的因素之一"。⑤可见在碑学代替帖学的过程中，学术原因是更直接和更重要的。篆刻艺术的复兴，学术原因亦占有主要成分。篆刻艺术除了从书法这门姊妹艺术中

---

① 马洪：《浅谈明清两代的篆刻艺术》，《博物馆研究》1989年第3期。
② 陈振濂：《清初"四王"的程式与山水画发展主客观交叉诸问题》，《清初"四王"画派研究论文集》，上海书画出版社，1993，第316页。
③ 康有为：《广艺舟双楫》，《艺林名著丛刊》，中国书店，1983，第5页。
④ 康有为：《广艺舟双楫》，《艺林名著丛刊》，中国书店，1983，第5页。
⑤ 王渊清：《对清代碑学的成因及其文化意义的现代解释》（上），《书法研究》1994年第2期。

横向汲取营养外，还有其自身发展的原因。篆刻自汉代以后曾长期处于式微状态，直到清代中、晚期，才达到鼎盛阶段。然而取得这一切成就，并非仅仅出于政治上的原因，早在明代，文彭、何震等人便"倡导篆刻要恢复秦汉古玺印的优秀传统"。① 并开宗立派，鞭长所及，直接影响着清人的治印方法与治印风格，两者存在着明显的承继和因果关系。在数学领域里，经过历朝历代的知识积累，至清已进入全面总结阶段，这就需要将古代流传下来的数学古籍，做一次彻底的校勘、辑佚和分类整理，使几千年积淀起来的自然科学的精神财富得以重放光彩，并传诸后世。

由此可以看出，清初这种复古主义倾向不仅存在以经学为中心的考据学中，而且普遍存在于自然科学、社会科学和艺术等整个文化领域里，这远比以前我们对这个问题的认识要深刻和复杂得多。此外，从清代文化史的角度亦可以至少得出如下三点认识：其一，政治对文化的影响最为巨大。由上而知，政治决定文化的发展方向，学术等其他因素不过决定该文化的种种个别特征。其二，总体来看，清初文化发展是缓慢的，因而不宜肯定。尽管这一时期的文化取得了一些成绩，但这些有限的成绩也大都是总结、继承和传播性的，而非开拓、创新和进取性的，因而这期间中西文化的差距开始拉大。其三，促进文化的迅速发展，革新政治是根本。封建专制主义政治对文化的残害甚至超过中国分裂时期的政治。因此，推古及今，我们只有尽快地健全社会主义的民主和法制，形成真正"百花齐放"的学术氛围，才能使中国文化得到长足的发展，这就是我们从中国文化史的研究中总结出来的最根本经验。

---

① 马洪：《浅谈明清两代的篆刻艺术》，《博物馆研究》1989年第3期。

清代碑学的崛起*

碑学兴起于清代,这不仅是中国书法史上的一件大事,而且至今对书法艺术的发展产生着深刻的影响。探讨清代碑学崛起的原因、形成的过程、主要的特点和历史的贡献等,不仅能够使我们进一步了解中国书法发展史,更重要的是会启发我们对书法发展规律的认识,借此调整自己的学书思路,选择正确的学书方向,在书法实践活动中得以健康发展,迅速提高。可见研究这一问题,不仅具有较大的学术意义,而且具有较大的实际价值,这正是笔者撰写本文之初衷。

探讨碑学,便离不开帖学。时下人们往往将"碑""帖"并称为"碑帖",其实两者是有着严格区别的。一般来说,"帖"指旨在供人们学习书法而写于纸上或刻于石上的字迹,具体包括笔札、尺牍、拓片、汇帖等形式;"碑"指旨在将事迹流传后世而刻于石上的字迹,具体包括庙碑、墓碑、造像、刻石、摩崖等形式。

帖学出现的年代远比碑学为早。前者大致萌芽于西汉末年,形成于东汉末年,后者仅产生于清代中期,距今不过200余年。

碑学出现的历史虽短,但它却最终打破了帖学长达千余年一统天下的局面,不仅扩大了书法艺术的范围,而且引进了新的审美观念,可以说代表了清代书法艺术的最高成就。

那么,清代碑学产生的原因如何?其艺术价值如何?及其在整个中国书法史的地位又如何?这正是本文要具体讨论的问题。

一 碑学产生的原因

(一)考据学风之影响

清代碑学兴起之初,正当考据学风盛行。考据学派的创始人顾炎武系

---

* 原载《明清论丛》第2辑,紫禁城出版社,2001。

明末清初时人，他发起和倡导考据学的最初动机本是为了"惩（按：明代）空谈心性之足以亡，思以征实之学挽末俗"。① 可见，是具有一些反清复明的经世思想。对此，清政府不能容忍，于是在思想文化领域采取了软硬兼施的手段，即一方面大搞"文字狱"，另一方面向知识分子们广开仕途，并组织他们编纂大型历史文献，迫使知识界就范。在这种形势下，人们只能走上了单纯为考据而考据的学术道路。

至乾隆、嘉庆年间，考据学发展到顶峰，形成了文化史上所谓的"乾嘉学派"。风尚所及，影响到了社会的各个层面，甚至出现了"家家许郑，人人贾马"② 的情形，当此之时，"东汉学烂然如日中天矣"③。随着考据学的普及和深入，这种由唯汉是尊的乾嘉学风而衍生出来的复古主义倾向，实际上已经充斥到了清代的哲学社会科学、自然科学和文学艺术等几乎一切文化领域。④

书法艺术作为文化领域中的一个方面，也莫不受到考据学的影响。关于清代考据学与碑学书法的关系问题，许多书论家多有论述，例如牛克诚先生在《清代学术与碑派书法——以乾、嘉、道时期为中心》一文中说："研究清代碑学书法离不开清代学术"，"在书法家而言，其尚古则是在考据学之风吹送下的对沉实古朴风格的尝试。"⑤ 考察一部清代书法史，这一说法基本合乎事实。清代碑学的崛起，确是打着复古主义旗号进行的，而且首先是从书法理论界开始的。

（二）书法理论家之倡导

领导这场书坛复古主义运动的主要有三位碑学书法理论家，即阮元、包世臣和康有为。

阮元（1764～1849），官至云贵总督，著名考据学家，同时还是一位书法理论家，撰有《南北书派论》与《北碑南帖论》两篇著名书法论文。在

---

① 马宗霍：《中国经学史》，上海书店，1984，第140页。
② 梁启超：《清代学术概论》，东方出版社，1996，第29页。
③ 梁启超：《清代学术概论》，东方出版社，1996，第66页。
④ 见拙文《清代前期文化领域里的复古主义倾向》，《辽宁大学学报》（哲学社会科学版）1996年第2期。
⑤ 牛克诚：《清代学术与碑派书法——以乾、嘉、道时期为中心》，《第三届中国书法史论国际研讨会论文集》，文物出版社，1998，第37页。

《南北书派论》一文中,他说:"书法迁变,流派混淆,非溯其源,曷返于古?"①首先提出了书法界亦应走复古道路的主张。为此,他经过严密的考证后认定,自汉魏之际,中国书法便开始分为南北两个流派,"东晋、宋、齐、梁、陈为南派,赵、燕、魏、齐、周、隋为北派"。②在《北碑南帖论》一文中,他则更为明确地指出:南派为帖学,北派为碑学。这两个书法流派的各自艺术风格是:"短笺长卷,意态挥洒,则帖擅其长;界格方严,法书深刻,则碑据其胜。"③在此之前,中国书法史上从未闻有"帖学"和"碑学"之说,而阮元广征博引,考证出古代存在这两种书派,其意何在?作者在《南北书派论》一文的末尾处做了说明:"所望颖敏之士,振拔流俗,究心北派……庶几汉、魏古法不为俗书所掩,不亦袆欤!"可知阮氏这一做法的目的就在于倡导北派碑学,而倡导北派碑学也就是所谓的走复古之路。

包世臣(1775~1855),曾任新喻知县,著有《艺舟双楫》一书,前部分论文,后部分论书。他在这部书的《历下笔谭》一章中说:"北碑画势甚长,虽短如黍米,细如纤毫,而出入收放、偃仰向背、避就朝揖之法备具。起笔处顺入者无缺锋,逆入者无涨墨。每折必洁净,作点尤精深,是以雍容宽绰,无画不长。"④又说:"北碑字有定法,而出之自在,故多变态;唐人书无定势,而出之矜持,故形板刻。"⑤不但分别从笔法、结体和风格上给予北朝碑版以全面充分的肯定,而且对唐代帖学书风颇有微词。为了切实推动碑学的发展,包世臣在该书中还立有《国朝书品》一章,专门品评清初以来的书法家,其中共分神品、妙品上、妙品下、能品上、能品下、逸品上、逸品下、佳品上、佳品下,共计九等,把清代写碑大师邓石如的隶书和篆书列为神品一等,把他的分书和楷书列为妙品上二等⑥,旨在为当时的书坛推出一位碑学书法家的优秀代表,使人们在学碑时,有目标可寻,有榜样可学。可见,包氏在鼓吹碑学的过程中,态度更鲜明,目标更具体,并且开始对唐代的帖学书风提出了批评意见,因此可以说,包氏在阮元的基础上将碑学又推进了一步。

---

① 阮元:《南北书派论》,《历代书法论文选》,上海书画出版社,1979,第629页。
② 阮元:《南北书派论》,《历代书法论文选》,上海书画出版社,1979,第630页。
③ 阮元:《北碑南帖论》,《历代书法论文集》,上海书画出版社,1979,第637页。
④ 包世臣:《艺舟双楫》,《艺林名著丛刊》,中国书店,1983,第79页。
⑤ 包世臣:《艺舟双楫》,《艺林名著丛刊》,中国书店,1983,第80页。
⑥ 包世臣:《艺舟双楫》,《艺林名著丛刊》,中国书店,1983,第85页。

康有为（1858~1927），近代资产阶级改良主义运动的领袖、学者，同时也是一位书法家和书法理论家，撰有书法理论专著《广艺舟双楫》一书。康氏在这部书中首先指出，学书法与做学问一样，当以法古为贵。他说："学以法古为贵，故古文断至两汉，书法限至六朝。若唐后之书，譬之骈文至四杰而下，散文至曾、苏而后，吾不欲观之矣。"① 从这里还可以知道，康氏所谓的法古，具体指的是应当学习六朝以前（含六朝）的书法，然而从他整个书法思想看，最推崇的还是南北朝时期的碑版，用康氏自己的话说，这一时期的碑版具有十美，他说："古今之中，唯南碑与魏为可宗。可宗为何？曰有十美：一曰魄力雄强；二曰气象浑穆；三曰笔法跳越；四曰点画峻厚；五曰意态奇逸；六曰精神飞动；七曰兴趣酣足；八曰骨法洞达；九曰结构天成；十曰血肉丰美。"② 在南北朝碑中，康氏对北朝魏碑尤为推崇，甚至认为"魏碑无不佳者"③。可以说钟爱已极，简直到了无以复加的地步。

康氏在极力鼓吹碑学的同时，还贬抑帖学，他说："晋人之书流传曰'帖'，其真迹至明犹有存者，故宋、元、明人之为帖学宜也。夫纸寿不过千年，流及国朝，则不独六朝遗墨不可复睹，即唐人钩本，已等凤毛矣。故今日所传诸帖，无论何家，无论何帖，大抵宋、明人重钩屡翻之本，名虽羲、献，面目全非，精神尤不待论……流败既甚，师帖者绝不见工，物极必反，天理固然。"④ 在这里，康氏主要以帖学年久失真为理由，将以王羲之、王献之为代表的流行千余年的帖学，委婉而又全盘地予以否定，其目的当然是为树立碑学而扫清道路。

（三）出土金石器物之支持

入清以后，出于考据的需要，顾炎武撰《金石文字记》，金石的价值才逐渐为人们所认识。此后，钟鼎、玺印、碑碣、墓志、造像、瓦当、封泥等金石一族如雨后春笋般地大量出土，仅清人王昶所著《金石萃编》一书，搜集的金石器物就多达1500余种。而乾隆时大臣毕秋帆，为筹建西安碑林，亦汇集秦汉以降碑石千余块，可谓蔚为大观。

大量金石器物的出土和发现，不仅为考据所取资，亦为碑学的产生奠

---

① 康有为：《广艺舟双楫》，《艺林名著丛刊》，中国书店，1983，第33~34页。
② 康有为：《广艺舟双楫》，《艺林名著丛刊》，中国书店，1983，第41页。
③ 康有为：《广艺舟双楫》，《艺林名著丛刊》，中国书店，1983，第41页。
④ 康有为：《广艺舟双楫》，《艺林名著丛刊》，中国书店，1983，第4页。

定了必要的物质基础。康有为在《广艺舟双楫·尊碑》中说："碑学之兴，乘帖学之坏，亦因金石之大盛也。乾嘉之后，小学最盛，谈者莫不藉金石以为考经证史之资，专门搜辑、著述之人既多，出土之碑亦盛，于是山岩屋壁，荒野穷郊，或拾从耕父之锄，或搜自官厨之石，洗濯而发其光采，摹拓以广其流传。……出碑既多，考证亦盛，于是碑学蔚为大国。适乘帖微，入缵大统，亦其宜也。"康氏在这段话中，准确地阐述了金石、考据和碑学三者之间的密切关系，至于金石对碑学的具体作用如何，笔者以为主要有两个方面。

其一，寻找到了碑学所要表现的具有阳刚之美书风的最佳范本。由于大部分金石器物系新近出土，上面的字迹未经后人的反复拓印和损坏，保存完好，如刀新发于硎，碑学家们完全可以从其笔法、结体、章法，尤其是那种雄强刚健的特有书风中，直接得到借鉴。其二，为复兴篆书提供了第一手资料。篆书是清代碑学中的重要组成部分，在金石器物大量出土之前，人们只能依据一本《说文解字》。钟鼎碑版大量面世之后，不仅纠正了《说文解字》中的某些纰缪，还打开了人们的眼界，使习篆者能够直接感受到两三千年前古老文字所特有的浑厚质朴的艺术魅力，从而为清人复兴篆书提供了坚实的物质基础和广阔的发展空间。

二 碑学在笔法上的创新

侯开嘉先生在《碑学论辩三题》一文中说："清代碑学是中国书法史上最自觉的艺术阶段。它最明显的标志，首先表现在理论上，它是书法史上第一次理论走在艺术实践的前面——先创建一种理论来指导实践，然后形成艺术流派和艺术风格——改变了历史上长期理论落后于实践的被动局面。"[①] 正像他所说的那样，在以阮元、包世臣和康有为为代表的三位碑学大师的理论指导下，在钟鼎碑版等金石器物大量出土和发现的物质基础保证下，清代书坛开始了攻习篆隶、北碑的书法实践活动。

书法界的业内人士都知道，书法艺术主要是由笔法、结体和章法组成的，其中笔法最为重要，因为它既是书法艺术技巧的核心部分，也是表现书法家艺术风格的决定因素。然而碑学文字皆为金石镌刻之字，没有墨迹，

---

① 侯开嘉：《碑学论辩三题》，《书法研究》1992年第4期。

这样一来，结体和章法虽然举目可见，而笔法难求，诚如当时的书法家钱泳所说："盖古碑虽在，用笔不传。"① 然而清代碑学书法家们大胆地接受了这一挑战，分析和破译金石上的笔法就成了他们在书法实践中所要攻克的重点与难点。

当时投入到这场碑学书法实践中的书法家很多，其中取得较大成就的主要有邓石如、金农、傅山、郑簠、何绍基、郑板桥、伊秉绶、赵之谦、吴昌硕、桂馥、吴大澂、李瑞清、徐三庚、杨沂孙、张裕钊、沈增植、王鸿绪、钱伯垌等，总结他们在笔法创新方面的成就，约有以下几项。

（一）执笔上的创新

传统帖学通常使用的是五指执笔法，这种执笔法适合于表现具有书卷气的行草书，而不适合于表现具有金石气的秦篆、汉隶和魏碑等书体，因而很难为碑学书法家们所借鉴。于是他们只能另辟蹊径，根据自己对古碑笔法的理解，来探索相应的执笔方法。经过艰苦的努力，碑学书法家们终于探索和创造出来许多新的执笔法。

邓石如是清代著名的篆书大师，他根据自己书风的特点，创造出了"悬腕双钩"② 执笔法，即将手腕离案悬空，食指、中指作屈曲钩状，用双指的指尖搭在笔管的外侧，然后又用拇指指肚从内将笔管抵住。其优势是：手腕离案悬空则腕灵，食指、中指和拇指三指搦管则指活。这很适合表现篆书"婉而通"的特点。

何绍基最喜爱和擅长写魏碑，为此他摸索出"回腕悬臂"执笔法。据他自己说："每一临写，必回腕高悬，通身力到，方能成字。约不及半，汗浃衣襦矣。"③ 也就是说在写字时，腕肘并举，手掌反转，指背朝左，虎口朝上，四指与拇指相对握住笔管。这种执笔方式虽然看似笨拙，甚至有些违背人的生理机能，但却暗合书道。使用这种执笔姿态，运笔时的支点自然由手腕上移至肩肘。以肩肘运笔，手指手腕不动，毛笔必然垂直于纸面，笔锋也会保持常在笔画中行。另外，又由于选用长锋羊毫笔，笔毫柔软，在运行时势必上下振荡，左右错动，这样就使所书线条呈现书家梦寐以求

---

① 钱泳：《书法》，《历代书法论文选》，上海书画出版社，1979，第618页。
② 包世臣：《艺舟双楫》，《艺林名著丛刊》，中国书店，1983，第114页。
③ 何绍基：《东洲草堂书论·跋魏（张黑女墓志）拓本》，《明清书法论文选》，上海书店出版社，1994，第841页。

的"屋漏痕"状。

除了邓石如的"悬腕双钩"法和何绍基的"回腕悬臂"法比较著名之外,还有许多书家对传统执笔法也做了不少的改进。譬如王鸿绪为矫元、明以来枕腕作书的积习,以绳系肘,悬肘作书。钱伯坰以食指、中指和无名指屈曲搭在笔管外侧,以拇指从内相抵搦管,运笔时指腕不动,以肘往来。还有人为了追求掌虚,创造出了"以三指执笔,名、小指反掀起"和"以四指齐排管上"等多种执笔法。

(二) 用笔上的创新

执笔是用笔的前提,用笔是笔法的主要内容,两者相辅相成,关系十分密切。碑学书法家们既然探索出了许多新的执笔法,自然也就形成了许多相应的运笔法。

与"悬腕双钩"执笔法相对应,邓石如创造出了"管随指转"[①] 的运笔法。即在笔画的转折处,通过用手指捻动笔管的方式来调锋,使转折后笔锋仍然能够居于笔画中。中国古代书法历来讲究"中锋用笔",因为只有锋行笔画中,笔道才能做到不偏不枯而刚健有力,它是符合美学原理的。传统帖学在处理这个问题时,皆采取"换笔"法,即通过扭动手腕的方式,来达到转折后笔锋仍然居于笔画中的目的。邓石如的"管随指转"法,既符合中锋行笔这一书法美学规律,又与传统帖学的换笔方式有所不同,给书法的线条带来了许多"新理异态",从而丰富了运笔的方法。

扬州八怪之一的金农,所写"漆书"亦十分奇特。其字横画短粗,竖画狭长,撇画细劲,捺画宽扁。那么,金农的这种笔画是如何写出来的呢?史载他曾"截毫端,作擘窠大字"。[②] 今人却对此提出质疑,认为只要斜执笔(近似于执钢笔姿态),卧锋侧行,便可以表现出金农漆书的各种笔画形态。具体来说,写横画时,起笔处先由上向下写一尖锐的竖画,然后再翻毫卧笔横扫至右侧尾端作收;写竖画时,只要尖锋起笔后,不铺毫,裹锋下行即可;写捺画时,基本上与写横画同理,只是笔画由左上向右下斜行;写撇画时,基本上与写竖画同理,只是笔画由右上向左下斜行。由此可见,金农当年根本就没有截去毫端的必要。笔者认为,上述看法是有一定道理的。

[①] 包世臣:《艺舟双楫》,《艺林名著丛刊》,中国书店,1983,第114页。
[②] 《清史稿》卷五〇四,《金农传》,中华书局,1977,第13914页。

此外，如朱昂之用笔"笔笔断而后起"，何绍基"提笔绞笔"，沈增植侧管转指，行笔如飞等等，都为笔法创新做出了一定的贡献。

（三）以画入书

中国自古以来便有"书画同源"之说，书法和绘画既然同源，势必就会有相互可借鉴之处，可是这一道理多少年来总是停止在理论的认识上，几乎无人对此做实践上的进一步探索。碑学书法家们为探索新笔法是不遗余力的，终于走出了一条以画入书的新路。

在这方面取得突出成就的是郑板桥。郑板桥既是画家，又是书法家，他在书法上创立了著名的"六分半书"，而六分半书在笔法上最大的特点就是以画入书。他自己曾说："至吾作书，又往往取沈石田、徐文长、高其佩之画以为笔法，要知书画一理。"① 明确地表达他的六分半书是融入画法的。近代书画家李祖年对郑板桥这一做法至为赞赏，他说："板桥书法最工，皆见其务从怪肆，而不知初亦最工楷法也。后以其画法通于书法，遂至如是。……吾言八法通于六法，岂不益信？画兰近于草书，画梅近于真书，画竹近于隶书，画菊虽不似篆书，然其笔法或有转注，或有象形、会意，亦不无一二相近处也。"② 郑板桥以画入书的做法，不仅在笔法上大大加重了六分半书的分量，而且无论是对书法家还是对画家都有较大的启迪和示范作用。

此外，书画家金农、赵之谦、吴昌硕等人的书法也都在不同程度上融入了画法的成分。

（四）以印入书

同中国画一样，篆刻也是书法的姊妹艺术，有人说篆刻就是刻于石上的书法，是有一定道理的。隋唐至宋元时期，篆刻艺术曾一度式微。明清时期，尤其是入清之后，随着书法上碑学的崛起而复兴。篆刻艺术的复兴，反过来又促进了碑学书法的发展，其作用主要体现在以印入书。具有一般篆刻艺术常识的人都知道，与书法家在运笔时常常顺向而行不同，篆刻家在奏刀时大都逆向而进。这样刀锋与石面的阻力势必加大，于是刻出的线条自然沉着有力。受此启发，邓石如、吴昌硕、赵之谦、陈鸿寿、吴让之

---

① 南京市博物馆藏郑板桥墨迹。
② 李祖年：《翰墨丛谭》，《历代书法论文选续编》，上海书画出版社，1993，第849页。

等人在运笔时,开始注意在纸面上逆向涩进,将笔锋作刀锋,结果线条两边出现了粗糙起伏之状,古朴苍茫、屋漏虫蚀的金石气息被完美地再现。

三 碑学在书风上的创新

(一) 新书法审美观的引入

其实,碑学的创新还不仅仅是在笔法领域,更重要的是在风格上。如前所述,笔法是决定书法家艺术风格的基础,而艺术风格则是决定书法家作品的个人面目和品位高低的最主要标志。事实上,清代碑学与帖学的争论,其本质乃是与书风直接相联系的不同审美观的冲突与碰撞。

我们知道,帖一般都写得精工婉丽,技巧性很强;而碑却刻得粗率硬拙,技巧性相对较弱。这样一来,帖便成了艺术美和阴柔美的代名词,碑则成了自然美和阳刚美的代名词。因此,传统帖学的书家们大都主张和追求精工婉丽的艺术美和阴柔美书风,而碑学书家们大都主张和追求率真硬拙的自然美和阳刚美书风。

董其昌是主张和追求精工婉丽的艺术美和阴柔美书风最典型的帖学书家之一,他说:"书道只在'巧妙'二字,拙则直率而无化境矣。"① 在这里,他不但明确提出书法应着重表现技巧,主张艺术美风格,而且早在明代就对直率稚拙的书风表示出了异议。

鼓吹碑学最有力的清代著名书法理论家康有为,对此提出了针锋相对的观点,他说:"以帖观之,钟、王之书,丰强秾丽。宋、齐而后,日即纤弱,梁、陈娟好,无复雄强之气。"② 批评帖学自钟繇、王羲之之后,日趋纤弱,不再有一点雄强之象;同时对碑学书风大加褒扬,如上所述,指出南北朝时期的碑版具有"十美"。而这"十美",正如今人王渊清先生所说:"这'十美'中的每一美,都是壮美"③,而非柔美。

清初书法家傅山可谓是一位先觉者,在三位书法理论大师未提出碑学理论前,他在书法美学方面便已先行一步,提出了当时与众不同的独特见

---

① 董其昌:《画禅室随笔》,《中国书画全书》,第3册,上海书画出版社,1992,第1000页。
② 康有为:《广艺舟双楫》,《艺林名著丛刊》,中国书店,1983,第14页。
③ 王渊清:《对清代碑学的成因及其文化意义的现代解释》(上),《书法研究》1994年第2期。

解。傅山说:"写字无奇巧,只有正拙。正极奇生,归于大巧若拙已矣。"①明确否定刻意追求技巧,提出写字但须平正拙朴,平正拙朴到了极处,自然会出现人们意想不到之至美。傅山的这种审美观实际上来源于老、庄。老子说:"大巧若拙。"②庄子说:"天地有大美而不言。"③ 也就是说,道家崇尚的是自然美,即主张返璞归真,追求那种"清水出芙蓉,天然去雕饰"的境界。道家美学尽管亦属于中国传统文化的范畴,但为了转变当时书坛因过于讲究技巧而不惜矫揉造作的衰败书风,还是具有时代新意的。为了进一步申述自己的这个思想,以提醒后人千万不要误入帖学的歧途,傅山还提出了似乎有些偏激的"四宁四毋论",即写字要"宁拙毋巧,宁丑毋媚,宁支离毋轻滑,宁直率毋安排"④。当然,"宁丑毋媚"句中的"丑"字,是从帖学家们的角度而言,实际上正是傅山理想中拙朴率真之至美。

另一位清代书法理论家刘熙载可谓是傅山的知音,他在《艺概》一书中说:"丑到极处,便是美到极处。"⑤ 又说:"学书者始由不工求工,继由工求不工。不工者,工之极也。"⑥ 在这里,刘熙载把学书分为两个阶段,即第一阶段为讲究功夫技巧的初级阶段,第二阶段为讲究返璞归真的高级阶段,通过这种方式来说明自然美在美学中的至高无上地位。

清代碑学书法理论家们的自然美、阳刚美的审美观,赋予碑学书法家们以灵魂;碑学书法家们在临池实践中,经过脚踏实地的艰苦努力,分析、破译,甚至是创造了碑学笔法,写出了足以与帖学书卷气相匹敌的金石气书法作品,使碑学书法理论家们的理想变成现实,从而共同铸就了有清一代的质朴书风,即书法史家们所谓的"清人尚朴"⑦。

(二) 倡导自然美书风是碑学创新的灵魂

有清一代出现的质朴书风,虽然受到当时经学领域"朴学"的影响,

---

① 傅山:《霜红龛书论》,《明清书法论文选》,上海书店出版社,1994,第453页。
② 《老子》四十五章,《百子全书》,第8册,浙江人民出版社,1984,第5页。
③ 《庄子》外篇中,《知北游第二十二》,《百子全书》,第8册,浙江人民出版社,1984,第24页。
④ 傅山:《霜红龛书论》,《明清书法论文选》,上海书店出版社,1994,第452页。
⑤ 刘熙载:《艺概》,上海古籍出版社,1978,第168页。
⑥ 刘熙载:《艺概》,上海古籍出版社,1978,第168页。
⑦ 金开诚、王岳川主编《中国书法文化大观》目录,北京大学出版社,1995,第3~4页。该书将历代的书法风格分别概括为:汉人尚气、魏晋尚韵、南北朝尚神、隋唐尚法、宋人尚意、元人尚态、明人尚趣和清人尚朴。

但这种影响并不是主要的,主要原因还是源于书法自身发展规律。

众所周知,王羲之在中国书法史上被尊为"书圣",同时也是帖学的最主要代表人物。王羲之之所以在中国书法史上获得这样崇高的地位,除了他高超的书艺外,还有政治上的原因,那就是唐太宗十分喜爱他的书法,并御撰《晋书·王羲之传》,对王羲之书法大加褒扬。上有所好,下必效之。此后历朝,以王羲之为代表的帖学流派书家成为人们临摹取法的主要对象。赵孟頫是王派柔美书风在元代的主要代表,他写的字柔媚娟好,然而不免有失甜熟;董其昌是王派柔美书风在明代的主要代表,他写的字妍美凋疏,然而不免有失纤弱。对此,有人曾讥讽赵孟頫:"熟媚绰约,自是贱态。"① 有人批评董其昌:"董之纤弱,渐不厌人之望。"② 赵、董本为书法名家,他们之所以遭到后人的抨击,一是他们把帖学这种柔美的书风推向了极端,明显失度;一是帖学这种阴柔美的书风,千余年来一直是近亲繁殖,风格大同小异,看了自然让人感到厌烦。遗憾的是,帖学发展至明清而出现的这种颓势,最高统治者并未察觉,康熙帝执政后,"酷爱董其昌书,海内真迹,搜访殆尽"③。乾隆帝即位,"赵书又大为世贵"④。赵、董书本已甜熟、纤弱,又经康、乾二帝运用政治影响加以美化和拔高,帖学最终由极端走向僵化,从而衍生出了"馆阁体"书法——这个帖学的怪胎。关于"馆阁体"书法的特点,沙孟海先生曾说:"(字)要写得又乌、又光、又方(按:当时有"乌""光""方"三字诀)……一眼望去,好如铅字一样,笔画结构,完全僵化。"⑤ 这哪里配称书法,简直就是亵渎艺术!于是"碑学之兴,乘帖学之坏"⑥,也就成了情理中的事。

由此不难看出,清代碑学的崛起,其根本原因还是来自书法这种文化现象的内部,即在书法审美观上由艺术美、阴柔美向自然美、阳刚美的转变。在这场书法审美观转变的过程中,倡导自然美、阳刚美书风的碑学理论是根本、是灵魂,而以分析、破译和创造金石笔法为主的书法实践则是碑学理论的具体化。

---

① 傅山:《霜红龛书论》,《明清书法论文选》,上海书店出版社,1994,第454页。
② 马宗霍:《书林藻鉴》,文物出版社,1984,第192页。
③ 马宗霍:《书林藻鉴》,文物出版社,1984,第192页。
④ 马宗霍:《书林藻鉴》,文物出版社,1984,第192页。
⑤ 沙孟海:《沙孟海论书文集》,上海书画出版社,1997,第704页。
⑥ 康有为:《广艺舟双楫》,《艺林名著丛刊》,中国书店,1983,第5页。

碑学取代帖学，自然美取代艺术美，这无疑是个进步，因为它符合唯物辩证法的"否定之否定规律"。毋庸讳言，隋唐以前的钟鼎碑版，虽然客观上具备一定自然美的因素，但毕竟基本上是书法艺术萌芽阶段的产物。魏晋时期，以钟繇、王羲之为代表的书法巨匠，在继承前人已有成绩的基础上，开创了一种清丽妍美、蕴藉风流的书风，成为后来帖学的宗师。以艺术美否定了自然美，在钟、王所处的时代不能不说是个进步。然而这种柔美的帖学书风，发展到了极致，蜕变成靡弱之态，物极必反，自然美必然又重新取代了艺术美，完成了否定之否定的过程，这也不能不说是个进步。因为清代的碑学大师们所倡导的碑学，是在继承并且扬弃帖学的基础上回归自然美的，在本质上早已不同于书法洪荒时代的钟鼎碑版。

因此笔者认为，中国书法艺术的发展就是按照质文互变规律来进行的，即：一质，一文，循环往复，以至无穷。当然每一轮循环，都上升到了一个相对更高的层次，这就是发展。

四　清代碑学在中国书法史上的重要地位

清代碑学的崛起，在中国书法史上占有重要的地位。具体来说，主要表现在以下三个方面。

首先，扩展了书法艺术的领域。清代碑学崛起后，改变了原来帖学一枝独秀的孤寂状况，为中国书法艺术的发展开辟了广阔的天地。在书法审美上，于艺术美、阴柔美和优美的审美观之外，又增加了自然美、阳刚美和壮美的审美观；在书法风格上，于书卷气之外，又增加了金石气；在执笔法上，于"五指执笔法"之外，又增加了"悬腕双钩法""回腕悬臂法"等；在运笔法上，于中锋之外，又增加了"以画入书""以印入书"的成分；在学习书法的范本上，于笔札、尺牍、汇帖之外，又增加了甲骨、钟鼎、秦权、瓦当、简牍、封泥、碑碣、摩崖、造像和经幢等多种书法资料。

其次，对后世书学产生了巨大的影响。清朝虽已覆亡，但碑学却流传下来，并且在书法领域，乃至绘画、篆刻等领域都产生越来越深刻的影响。20世纪初，一些有见地的书画家、篆刻家，如近现代艺术大师李叔同、于右任、谢无量、齐白石、黄宾虹、张大千和潘天寿等人，无不曾从碑学这座艺术宝库中汲取过营养，借以形成个人风格，取得了卓越的成就。

最后，对海外书学亦产生了深远的影响。清代之碑学，不仅在国内书界产生了巨大的影响，而且远播海外，尤其是对日本的书学影响最大。光绪六年，碑学书法家杨守敬作为清政府的外交官员出使日本。此行，他不仅随身携带了大量汉魏、六朝、隋唐碑帖，而且还亲自向日本书法家岩谷一六、日下部鸣鹤和松田雪柯传授了碑学书法。据日本书法史家榊莫山先生说："日本朝野从此浸透了北朝的雄伟书风。"[①] 可见，清代碑学不仅传到日本，而且影响还是不小的。

综上所述，我们可以得出如下结论：清代之碑学，不仅仅是对以往历代书学的"总结"或"回顾"[②]，更是创新；这种创新，又不仅仅是对帖学体系内部的某一侧面在风格上的创新，更是建立在对统治中国书坛千余年来整个帖学体系否定基础上的创新！这种创新程度之大为中国书法史上所仅见，因此对振兴和发展中国的书法艺术，做出了不可磨灭的贡献。

---

① 〔日本〕榊莫山：《日本书法史》，陈振濂译，上海书画出版社，1985，第97页。
② 欧阳中石等著《书法与中国文化》，人民出版社，2000，第607~608页。该书中说："如果说清代文化带有中国古典文化大总结的性质，那么清代书法也如同其时的文化一样，对中国古代书法进行了全面的回顾。"这种说法可以说带有典型性，代表了相当一大部分书法史学者的意见。

任职勤勉、持己清洁的"贤相"吴琠[*]

在山西长治市附近的沁县坟上村的古原上，矗立着一座瓦上长满杂草、墙壁已经斑驳褪色的碑亭，石碑的正面镌刻着康熙帝亲书"皇清诰授资政大夫保和殿大学士兼刑部尚书谥文端吴公神道碑"27个大字，这就是清代康熙朝"宰相"吴琠的长眠之处。

比起清代的其他名臣们，吴琠留给人们的印象似乎并不很深。他既没有运筹帷幄、决胜千里的文臣儒雅风采，更没有驰骋沙场、叱咤风云的武将传奇经历，但是研究过吴琠的人都会毫不怀疑地确信：吴琠对国家的贡献实际上并不比这些历史转折时期的开国功臣们逊色。马上能得天下，马上却不能治天下。具有"太平宰相"之称的吴琠，为促进"康熙盛世"或"康熙之治"的早日到来，在平凡的工作中却做出了不平凡的重大贡献。

吴琠（1637～1705），字伯美，号铜川，山西沁州（今沁县）徐村人。明崇祯十年三月初一，吴琠降生在吴家的老屋——徐村东部的铁炉院。

童年时的吴琠，聪颖勤学，每日鸡鸣起床读书，至夜半方才合卷。十岁作文便有奇句，知名乡里。15岁，应童子试，学使张四教阅卷大惊，对其父道默说："尔子，公辅器也！"[①] 16岁中秀才，18岁中举人。此时的吴琠少年有为，立志不凡，常以匡救天下、谋福百姓为己任。

顺治十六年，23岁的吴琠中进士，康熙六年授河南确山知县。这时，明末清初战争带来的创伤还远远没有愈合，尤其是确山县居七省通衢，更兼土地贫瘠，到处是十室九空的苍凉景象。吴琠就任伊始，迅即采取了轻徭薄赋、与民休息的政策，积极吸引和招徕流民，恢复农业生产，促进社会秩序稳定，接着又设立义学，延请名师，发展教育。确山县旋即出现勃

---

[*] 原载于孙进己、支运亭主编《中国北方各族人物传》，清代卷，辽海出版社，2002。
① 乾隆《沁州志》卷七，《吴琠传》。

勃生机。

康熙二十一年，吴琠因政绩突出，擢为左副都御史，掌管国家监察和弹劾百官的事务。他针对当时官场"督抚于命下之日，即不许见客，而一方之民情土俗，鲜有闻矣"之弊病，上疏："请亟敕令直省各督抚，于所属地方，亲身巡历，体验民隐，采访舆情。凡所举劾，务期闻见不爽，名实相符。"以收"察吏安民之实效"①。

吴三桂在西南发动叛乱时，清政府曾在湖北招募了许多兵员，这些士兵在战斗中，出生入死，立下了汗马功劳。吴三桂之乱平定后，政府反而把他们视为负担，下令将其全部裁撤，并不予妥善安排，就是对那些在战斗中立有重大军功者，原来许诺的拜官封爵之事也不再兑现。这些被解雇的将士四处漂泊，无以为生，终成哗变。这次兵变起义虽然不久即被清政府用武力镇压下去，但由此引起的追查乱党活动却不能停止，且有愈演愈烈之势。政客们乘机造谣中伤，剪除异己；土豪们借此奔走告密，公报私仇。官府也不问青红皂白，兴大狱，株连不已，以向朝廷请功邀赏。造成政客土豪明争暗斗，平民百姓人人自危的动荡局面。当此之时，康熙帝授吴琠为湖北巡抚。康熙二十八年年底，吴琠抵达湖北治所武昌。他一反前任官员的做法，把主要力量放在严惩蓄意诬告者上，同时纠正了大批冤假错案，使政客土豪为之屏息，黎民百姓大为悦服，社会秩序很快恢复了往日的安定。

次年，楚地连年风调雨顺，接连获得大丰收。湖北各地从老翁到幼童，无不载歌载舞，到处是一片欢乐的气氛。人们把这及时雨亲切地称为"吴公雨"②。康熙三十年，陕西大旱，饥民们扶老携幼，大量涌入湖北。吴琠即与总督丁泰岩等人商议，号召属下各级官吏捐俸救灾，并率先垂范。这样共募得粮食八千五百多石，难民赖以存活者甚多。

当初，吴琠在赴任湖北巡抚的途中，曾绕道山西沁州老家，欲接辛劳大半生的母亲去任上奉养，母亲对他说："吾在家，有汝二弟、三弟奉养。汝夫妇到任勉做好官，使我身后得为清官之母足矣！"③康熙三十一年八月十一日，吴琠忽接到母亲病危的消息，心急如焚，立即备好车驾准备启程，

---

① 吴琠：《请复督抚巡历地方疏》，载江地主编《吴琠文集》，山西人民出版社，1990，第19～20页。
② 吴钤：《吴文端年谱》，康熙三十年。
③ 吴钤：《吴文端年谱》，康熙二十八年。

回乡探母。当时习俗：友人临别，必赠送一些礼物，称为"赆仪"或"贶仪"。吴琠却坚辞不受，友人和属下怪其不通人情事理，吴琠笑着说，接受礼物"非吾母志也"①，众人闻之，慨叹不已。

康熙三十五年，吴琠奉调入京任都察院左都御史。临行时，三楚人士争为撰碑、画像，以寄托思念之情，吴琠不能禁；湖北父老扶辕遮道，强欲挽留，至有泣不成声者。

康熙帝曾赐阁臣御膳。食毕，康熙帝用满语同诸大臣交谈，吴琠不懂满语，独自坐在一旁，康熙帝忽然转身问吴琠："天下方音，何处好听？"吴琠回答说自己家乡话好听。康熙帝平日只知他持重少言，未想到他竟如此直率坦诚，鼓掌大笑说："此老说得很是。"②

康熙三十七年，62岁的吴琠被任命为保和殿大学士兼刑部尚书。清朝的大学士相当于宰相，正一品官阶。吴琠做了这样的高官，不但没有丝毫得意之情，反而愈加勤谨。每遇到关系国计民生之大事，他知无不言，言无不尽，有时甚至面折廷争。平时他也很注意为国家引荐人才，以为应尽职责，经他举荐为官者，后来实践证明多为干练廉洁之士。

吴琠平生性喜读书，虽贵为大学士，稍有闲暇，便展卷而读，属下见其如此嗜书，便索求其平日所撰诗文，代为付梓。吴琠笑着对他们说："造物忌盈，我一生守拙，遭遇明主，出将入相，毫无坎坷，讵复与文学之士争名耶！"③

康熙四十一年，吴琠66岁，人老疾病随之而至，渐觉体力不支，于是上疏乞休。康熙帝不允，对大臣伊桑阿说："吴琠为人诚实，岂可听他去？"吴琠闻之，不好继续坚持，从此抱定为国鞠躬尽瘁、死而后已之念，在任职内，更加勤勉。康熙帝亦为他忘我之精诚所感动，亲赐其御书《千字文》一卷，并在其后题辞曰："朕临米芾千文数卷，此卷赐大学士吴琠。吴琠为人宽厚平和，持己清洁，先任封疆，文武军民受其实惠者，至今颂之。朝中之事，面折廷争，必得其正。朕甚重之。故书其后，以纪大臣之体。"④后又对大臣伊桑阿及阿兰泰说："如吴大学士与巡抚宋荦，居官亦善，若官

---

① 《清史列传》卷九，《吴琠传》，中华书局，1987，第634页。
② 吴钤：《吴文端年谱》，康熙三十八年。
③ 乾隆《沁州志》卷七，《吴琠传》。
④ 吴钤：《吴文端年谱》，康熙四十二年。

员尽如此等，百姓又有何苦，朕亦更无虑矣。"① 表明了康熙帝对吴琠一生业绩的充分肯定和对其人品的高度评价。

康熙四十四年四月二十四日，吴琠于内阁突然病发，几仆于地。归舍后，朝廷派御医前往诊治。闰四月十一日夜，吴琠自知病笃，命诸子近前，于枕边口授遗疏，而一语不及家事，言罢而终。终年69岁。

吴琠身后家无余财，室无二妇。讣闻，举朝震悼。康熙帝特遣内臣祭奠，并赐谥号为"文端"。

---

① 吴钤：《吴文端年谱》，康熙四十四年。

清代科举制之"馆阁体"*

一 "馆阁体"之诠释

所谓"馆阁体",简言之,即清代学子们在科举考试中用以答卷的独有小楷字体。其特点是,讲究"乌""光""方"三字诀,也就是说在墨法上字要写得乌黑,在笔法上字要写得光洁,在结体上字要写得方正,此外在章法上字与字之间还要排列整饬、大小一般。

馆阁体不仅应用于科举之中,同时也作为政府公文的载体,例如皇帝诏书、臣工奏折及官方组织编纂的大型图书等。

由于馆阁体主要应用于科举之中,所以这种字体最初称为"干禄书"。道光时著名思想家、文学家龚自珍所撰《干禄新书》,论述的就是这种字体。不久,又有人称其为"院体"。清末著名政治改革家兼书法理论家康有为在其《广艺舟双楫·本汉第七》一文中说:"今人日习院体。"指的也是这种字体。

"馆阁体"称谓是后来才出现的。至于为何名其为"馆阁",清人梁章钜所撰《浪迹丛谈》中的一段文字可供参考,其中说:

> 我朝天聪三年始设文馆于盛京,十年改文馆为内三院,一曰内国史院,掌记注、诏令,编纂史书及撰拟诸表章之属。一曰秘书院,掌撰外国往来书状及敕谕、祭文之属。一曰内弘文院,掌注释历代行事、善恶劝讲御前、侍讲皇子,并教诸亲王之属。各设大学士掌之。顺治二年,以翰林院官分隶内三院,称内翰林国史院、内翰林秘书院、内翰林弘文院。十五年改内三院为内阁。十八年复改内阁为内三院,裁

---

* 原载《明清论丛》,第 4 辑,紫禁城出版社,2003。

翰林院。康熙九年仍改内阁,另设翰林院,至今用之①。

由此可知,清初相继设立的文馆、内三院、翰林院和内阁,尽管名号不一,但其职掌大都为掌管和草拟皇帝诏令、臣工奏折和编纂国史等。这些职掌,如前所述,恰恰是以乌、光、方为特点的小楷字体做载体的,于是便有了"馆阁体"之名。

目前能够见到最早使用"馆阁体"一词的是洪亮吉《北江诗话》和王文治赞明代"台阁体"书家沈度、沈粲兄弟的绝句诗。洪氏云:

> 今楷书之匀圆丰满者,谓"馆阁体",类皆千手雷同。乾隆中叶后,《四库》馆开,而其风益盛②。

王氏云:

> 沈家兄弟直词垣,簪笔俱承不次恩。端雅正宜书制诰,至今馆阁有专门③。

洪亮吉是乾嘉时代的著名学者,王文治是乾嘉时代的著名书家,可见至少在乾嘉时代便已有这一名称了。

民国时期,又有马宗霍的《书林藻鉴》和丁文隽的《书法精论》沿用这种说法,"馆阁体"一词遂为后世所普遍接受。

实际上,"馆阁体"一词带有贬义,当时一般人不这样叫。因其于书体上属于小楷中的一种,故大都称之为"楷法"或"小楷",这样的称呼在晚清大臣的奏章和学者的文集中最为多见。

二 "馆阁体"之为不成文法

注重"馆阁体"楷法,是清代科举考试中的重要制度之一,该制度虽未见之于成文,但在实际中却起着不同寻常的作用,张之洞在其《妥议科举新章折》中说:

---

① 梁章钜:《浪迹丛谈》卷四,《翰林院缘起》,上海进步书局,第1页。
② 洪亮吉:《北江诗话》,人民文学出版社,1983,第66页。
③ 马宗霍:《书林藻鉴》,文物出版社,1984,第170页。

> 百年以来，试场兼重诗赋小楷，京官之用小楷者尤多，士人多逾中年，始成进士，甫脱八股之厄，又受小楷之困，以至通籍二十年之侍从，年逾六旬之京堂，各种考试，仍然不免其所谓小楷者……诏令并无明文，而朝野沿为痼习①。

这就是说，赴考学子即使试卷内容合格而行文不符"馆阁体"要求，也不予录用，直至以后楷法技艺过关为止。可见，清代科举考试，将"馆阁体"书法已经作为录取学子的必备条件之一了。对于一般不善"馆阁体"的学子不予录用，对于成绩十分优异而不善"馆阁体"的考生，限制虽可以适当放宽，但具体能够放宽到何种程度，则要看主考官和皇帝当时的心情了。

晚清思想家、文学家龚自珍，年轻时参加科举考试，成绩出类拔萃，但因写不好"馆阁体"，仅列三等，赐同进士出身，未能进入翰林。而清朝宰辅，几乎皆从翰林院官中选出。龚氏对此刻骨铭心，深以为憾，后来发愤攻习楷法，大有长进，并著《干禄新书》，以贻子孙，以免重蹈覆辙。他在该书的自序中说：

> 殿试，皇帝亲策之，简八重臣。……既试，八人者则恭遴其颂扬平仄如式、楷法尤光致者十卷，呈皇帝览。前三人赐进士及第。……先殿试旬日为覆试，遴楷法如之。殿试后五日，或六日、七日，为朝考，遴楷法如之。三试皆高第，乃授翰林院官。……其非翰林官，以值军机处为荣选。……保送军机处，有考试，其遴楷法如之。……考差入选，则乘轺车衡天下之文章。考差有阅卷大臣，遴楷法亦如之。部院官例许保送御史……保送后有考试，考试有阅卷大臣，其遴楷法亦如之。龚自珍中礼部试，殿上三试，三不及格，不入翰林，考军机处不入值，考差未尝乘轺车。乃退自讼，著书自纠……既成，命之曰《干禄新书》，以私子孙②。

在这篇《自序》中，龚氏具体描述了殿上三试及保送军机处、考差、保送御史考试之情形。对上述这些考试皆须一一另察楷法的过分做法，表

---

① 张之洞：《妥议科举新章折》，中国近代史资料丛刊《戊戌变法》，第2册，神州国光社，1953，第470页。
② 龚自珍：《干禄新书·自序》，《龚自珍全集》，上海人民出版社，1975，第237页。

露出讥讽和不满之意。此外还可从中知道，当时不仅科举考试须另察楷法，而且提拔某些官吏亦须另察楷法。

乾嘉时期著名学者法式善，历任左庶子、国子监祭酒、侍讲学士等官，并有《清秘述闻》《槐厅载笔》《陶庐杂录》和《存素堂诗集》等书传世，是一位著述颇丰的文职官员，然而据史料记载，他"列清班者二十载，而未一与文衡。两应大考，俱左迁，则以书法甚古拙故也"。① 由此可知，法式善官位两次左迁，并非不善书法，只是其书法在风格上属于"古拙"碑学一类，不符合"馆阁体"的乌、方、光"柔美"风格标准，才遭此厄运的。

与龚自珍和法式善相比，俞樾和毕沅可谓幸甚。

俞樾，晚清著名学者。曾任翰林院编修、河南学政等职。晚年讲学杭州诂经精舍，治经、子、小学，平生著述甚丰，有《春在堂全书》传世。年轻时俞樾参加科举考试，因不善馆阁体楷法，险些湮没。他在《春在堂全书》一书中谈到了这段经历：

> 余自幼不习小楷书，而故事殿廷考试尤以字体为重。道光三十年，余中进士，保和殿覆试获在第一，人皆疑焉，后知其由湘乡相公。湘乡得余卷，极赏其文，言于杜文正，必欲置第一。群公聚观，皆曰："文则佳矣，然仓促中安能办此？殆录旧文耳。"湘乡曰："不然，其诗亦相称，岂诗亦旧诗乎？"议遂定。由是得入翰林。
>
> 追念微名所自，每饭不敢忘也。时诗题为："淡烟疏雨落花天。"余首句云："花落春仍在。"湘乡深赏之曰："此与'将飞更作回风舞，已落犹成半面妆'相似。他日所至，未可量也。"……同治四年，余在金陵，寓书于公，述及前句，且曰："由今思之，'蓬山乍到，风引仍回。'洵符'花落'之谶矣。然比来杜门撰述，已及八十卷，虽名山坛坫万不敢望，而穷愁笔墨，倘有一字流传，或亦可言'春在'乎？"此则无聊之语，聊以解嘲。因颜所居曰："春在堂"。他日见吾师，当请为书此三字也②。

湘乡相公，即曾国藩。从这段文字中可以看出，若非曾氏深知俞樾，

---

① 徐珂：《清稗类钞》，第2册，中华书局，1984，第697页。
② 俞樾：《春在堂随笔》卷一，上海进步书局，第1页。

独赏其诗文，并敢于坚持己见，力排众议，否则俞樾早已沙汰。对此俞樾亦心知肚明，因此十分感激，每次吃饭都要忆起，并名其斋曰"春在堂"，待曾氏异日到此书写牌匾，终生不忘知遇之恩。

毕沅，字纕蘅，一字秋帆，号灵岩山人。乾嘉时封疆大吏兼学者，官至湖广总督。其治学范围颇广，由经史旁及小学、金石和地理，兼长诗文，有《灵岩山人文集诗集》传世。年轻应科举时，不善馆阁体楷法，然而也因为一个十分偶然的机遇，不但中举，而且得中高第。《书林纪事》记载了这段故事：

> 毕秋帆沅素不工书。乾隆庚辰会试，未揭晓前一日，公与同年诸君重光、童君凤三皆以中书值军机。诸当西苑夜值，日未昃，诸忽语公曰："今夕须湘（应为纕）蘅代直。"公问故，则曰："余辈尚善书，倘获隽，可望前列。须回寓偃息并候榜发耳。湘蘅书法中下，即中式讵有一甲望邪？"湘蘅者，公字也。语竟，二人者径出不顾，公不得已为代直。日晡，忽陕甘总督黄廷桂奏折发下，则言新疆屯田事宜，公无事熟读之。时新疆甫开，上方欲兴屯田，及殿试，发策试新贡士即及之。公经学、屯田二策条对独详核，遂由拟进第四人改为第一，诸君次之，童君名第十一①。

由此可知，若非诸、童二人别毕沅而去，使毕沅独得陕甘总督黄廷桂关于新疆屯田事宜之奏折；若非乾隆帝当时正关注屯田之事而遂出此题，毕沅不但不能成为状元，第四名恐怕也很难保住。比起俞樾，毕沅可以说更为幸运，即使用"侥幸"一词来形容也不为过。

然而侥幸者毕竟是极少数，由此不难想见，绝大多数学子因不善"馆阁体"而终生与仕途无缘，甚至可供后世考证的一点文字也未能流传下来，至可叹也！

不善"馆阁体"者既黜，善"馆阁体"者则进，这是自然的道理。戴有祺、张若霭就是"馆阁体"这一不成文法受益者中的两人。

戴有祺不但能文，更兼善"馆阁体"之法，会试原排名第二，全椒人吴昺排名第一。至殿试，皇帝喜其字，"以书法拔有祺状元，而昺次之"。②

---

① 马宗霍：《书林纪事》，文物出版社，1984，第332页。
② 俞樾：《茶香室续钞》卷十，《殿试以书法为重》，上海进步书局，第8页。

时在康熙三十年，清朝科举开始看重楷法，这是较早的一例。

张若霭，亦兼善属文与楷法。雍正十一年参加殿试。大学士尹泰等考官遴选十人试卷进呈，雍正帝阅至第五本，见"字画端楷"，遂留心察看答卷内容，又觉言词"极为恳挚，颇得古大臣之风"，"因拔置一甲三名"①。及拆封，乃张若霭之试卷。张若霭系大学士张廷玉之子，雍正帝非常高兴，可是张廷玉却十分谦逊，提出将一甲三名让与寒士，降己子为二甲一名。恳请再三，雍正帝方从其请，一时传为佳话。

由以上数人经历可知，不善"馆阁体"者黜之，善"馆阁体"者擢之，结果虽异，而结论则一，即"馆阁体"虽未著于明文，而在清代科举制中确曾起到不容忽视的重要作用。

三 "馆阁体"之成因

（一）"馆阁体"形成之标志

1644年，清朝定鼎北京，从此开始了长达近300年的统治。

清朝统治者以其较少之人口和相对落后之经济征服中原以后，认识到要想在此站稳脚跟须采取利用中国儒家传统文化和吸纳汉族士人参政议政的策略。于是祭告先师孔子，以孔子后人"袭封衍圣公"②，采纳浙江总督张存仁的建议，"开科取士"③，并于1645年开始举行"乡试"，翌年三月，在京"会试"，四月又举行"殿试"。

顺治朝，在试卷的文字上还不太看重楷法；康、雍、乾三朝以后，讲究楷法的记载逐渐增多；至嘉、道两朝，这种趋势又有了进一步的发展。

在清代"馆阁体"形成的过程中，道光朝大学士曹振镛曾起过重要作用。据光绪时人陈康祺《燕下乡脞录》记载：

> 近数十年，殿廷考试专尚楷法，不复问策论之优劣，以致空疏浅陋，竟列清班，甚至有抄袭前一科鼎甲策，仍列鼎甲者。……康祺偶见厂肆有乾、嘉年间殿试策，不尔也。朱侍讲逌然云其先德侍郎公及

---

① 《清世宗实录》卷一三〇，雍正十一年四月壬子条。
② 《清史稿》卷四，《世祖本纪》，中华书局，1977，第88页。
③ 《清世祖实录》卷十九，顺治二年七月丙辰条。

第时，不尔也。此风不知开自何时？后询之童少宰华，云："宣宗初登极，以每日披览奏本外，中外题本蝇头细书，高可数尺，虽穷日夜之力，未能遍阅，若竟不置目，恐启欺蒙尝试之弊，尝问之曹文正公振镛，公曰：'皇上几暇？但抽阅数本，见有点画谬误者，用朱笔抹出。发出后，臣下传观。知乙览所及，细微不遗，自不敢怠忽从事矣。'上可其言，从之。于是一时廷臣承望风旨，以为奏折且然，何况士子试卷？而变本加厉，遂至一画之长短，一点之肥瘦，无不寻瑕索垢，评第妍媸。以朝廷抡才大典，效贱工巧匠雕镂组织者之程材，而士子举笔偶差，关系毕生荣辱，末学滥进，豪杰灰心，波靡若斯，虽尧舜皋夔之圣贤，岂能逆料与？"文正晚年，颇以为悔。故少宰获闻之[①]。

关于曹振镛劝说宣宗专注楷法之事，书画家沙孟海先生亦曾亲耳聆听一位清朝遗老谈过，他说：

> 我曾请教一位老翰林。那位先生告知我，馆阁体到清代中期越来越苛求，由于道光时宰相曹振镛的挑剔，为着一个字半个字甚至只有一笔涉及破体、俗体，不管文章多么好，便把全卷黜斥了。[②]

从以上两段引文中可以看出：其一，大学士曹振镛最初由劝说宣宗专挑奏文中的点画错误，最终发展成专看试文中的点画美丑；其二，从道光朝到光绪朝"馆阁体"进入兴盛时期，甚至可以不看试文之优劣，只看楷法之工拙；其三，在馆阁体的发展过程中，曹振镛向道光帝提出的建议，曾起到里程碑似的重要作用，说它是"馆阁体"形成的标志亦无不可。

(二)"馆阁体"形成之原因

由上而知，"馆阁体"的形成过程是比较简单的，然而"馆阁体"的形成原因却相当复杂。分析其形成的原因，至少应包括以下三个大的方面。

1. 政治上，倡导"馆阁体"系清政府控制思想文化领域总政策中的一部分

清初的康、雍、乾时期，清朝统治者在政治上一直奉行所谓的"宽严

---

① 陈康祺：《燕下乡脞录》卷十一，上海进步书局，第2页。
② 沙孟海：《清代书法概说》，《沙孟海论书文集》，上海书画出版社，1997，第704页。

相济"政策。这种政策体现在思想文化领域，即一方面大搞"文字狱"，钳制汉族知识分子的反清言论；另一方面立即恢复前代的科举考试制度，特开博学鸿儒科、编纂大型图书，给汉族知识分子以出路，把他们的聪明才智和精力引导到读书编书上来。在这一历史背景下，许多知识分子不得不放弃顾炎武的"经世致用"治学宗旨，最终走上了为考据而考据的学术道路。此后，他们大都整日埋头于故纸堆中，皓首穷经，不再过问世事。一般考据学者是这样，准备参加科举考试的年轻知识分子也是这样。清政府以利禄相引诱，在所谓"圣贤之书"之外，又推行"八股文"和"馆阁体"，并使他们在学习过程中，以此相矜，以此相尚，完全沉醉于官样文章和雕虫小技之间，从而忘却天下大事。对此，时人徐勤已经认识到这一点，他说："虽以百炼之钢，绝世之资，蒙药软其骨，则手足皆麻；光色眩其神，则东西皆瞀，亦不暇从事天下之故，而惟八股小楷之是攻，故亦同归聋瞀矣。"① 诚哉，斯言！

清政府组织编纂大型图书，除了为笼络士人，还有一个目的就是粉饰太平。在清政府组织编纂的大型图书中，最著名的有两部，即《古今图书集成》和《四库全书》。前者为中国古代最大一部类书，共1万卷，经康、雍两朝方才完成。后者是中国古代最大的一部丛书，共收书3457种、79070卷，约79493万字。该书共缮写7部，分藏全国七阁。值得注意的是，以上两部大书皆用标准"馆阁体"写成，展开书卷，字体乌黑、方正、光洁，字行排列整齐，虽众手成书，然如出一人。看上去字书俱佳，相得益彰，更能烘托出盛世修史的升平气氛。

"馆阁体"不仅适合抄录大型图书和政府公文等，而且字体方正、排列整齐的楷法，又能够体现封建大一统的思想。公元前221年秦始皇建立秦朝后，实行了高度的中央集权制度，同时还颁布了"书同文"、"车同轨"、统一货币和度量衡等法令。所谓"书同文"，即指丞相李斯以秦国文字为基础，并参考战国时代各国文字统一写成的规范小篆。上述这些法令不仅促进了当时的经济与文化发展，而且对加强专制主义的中央集权和形成封建大一统的思想也具有深刻的意义。秦朝建立的封建专制主义的中央集权制对后世影响甚大。清朝作为中国古代社会的最后一个王朝和少数民族政权，

---

① 徐勤：《中国除害议》，中国近代史资料丛刊《戊戌变法》，第3册，神州国光社，1953，第127页。

竭力巩固和加强自己的统治，企图将其封建专制主义和大一统思想贯彻到政治、经济、文化等一切领域的各个毛细血管中去。

由于以上的原因，清朝诸帝不但对"馆阁体"极力倡导之，而且"国朝列圣宸翰，皆工妙绝伦"①，十分擅长此体。在清朝诸帝中，以圣祖和高宗书法造诣最高。圣祖平生酷爱明代书法家董其昌的字，据载："圣祖好学工书，尤爱董其昌笔。……帝自书亦酷摹董法，且喜以书赐廷臣。"② 高宗幼仿元代书法家赵孟𫖯的字，"其书圆润秀发，盖仿松雪（赵孟𫖯，字松雪），惟千字一律，略无变化，虽饶承平之象，终少雄武之风"。③ 可见，高宗虽幼学赵字，并具有一定的书法造诣，但千字一面，缺少变化，带有颇深的"馆阁体"印记。

2. 历史上，唐代之"干禄书"、明代之"台阁体"为清代"馆阁体"之源流

严格地说，"馆阁体"并非清代所独创，唐代科举制中之"干禄书"、明代科举制中之"台阁体"等皆与之有渊源关系。

科举制创始于隋初开皇年间，当时设有志行修谨、清平干济、进士、秀才、明经诸科，尚未有考察楷法的记载。

唐朝不但继承了隋朝的科举制度，而且有很大的发展。这不仅体现在增加了许多科举考试科目，而且在此基础上，还制定了铨选官吏的四条标准，其主要内容为：

> 凡择人之法有四：一曰"身"，体貌丰伟；二曰"言"，言辞辨正；三曰"书"，楷法遒美；四曰"判"，文理优长④。

其中第三条标准"书"，便指考生答卷行文之书法，其字体为楷法，其书风须遒美。由此可知，与清代"馆阁体"当属同类科举应考字体。

对于将书法作为取士标准之一的办法，当时即遭来许多非议。如洋州刺史赵匡在其《选举议》中说："书者，非理人之具，但字体不至乖越，即为知书。"⑤ 认为书法之善否，无关乎经邦治国，只要试卷不出错别字即可，

---

① 康有为：《广艺舟双楫》，《艺林名著丛刊》，中国书店，1983，第60页。
② 马宗霍：《书林纪事》，文物出版社，1984，第288页。
③ 马宗霍：《书林藻鉴》，文物出版社，1984，第344页。
④ 《新唐书》卷四十五，《选举志》，中华书局，1975，第1171页。
⑤ 杜佑：《通典》卷十七，《选举五》，中华书局，1988，第427页。

不必特别苛求。

将书法作为取士标准之一的办法，尽管招致当时许多人的反对，但最终并未改变唐朝廷的意志。此后书法既已成为人们追逐功名利禄的敲门砖，社会便不得不予以重视，诚如宋人洪迈《容斋随笔》所言："唐铨选择人之法……即以书为艺，故唐人无不工楷法。"[1]

为了应世人所需，颜元孙撰《干禄字书》，由其侄儿唐代著名书法家颜真卿书碑。据《东里集》云："颜鲁公《干禄字书》……云'干禄'者，盖唐以书取士也。而公真书小字之传于后者，亦独见此耳。"[2] 又据姜尧章《书谱》云："唐人以书判取士，而士大夫书类有科举习气，颜鲁公作《干禄字书》是也。"[3] 由此可知，颜元孙所撰《干禄字书》，确为士子应对朝廷科举选拔官吏而作，此其一。作为书法家，颜真卿主要以大楷和行书名世，绝少见到真书小字（即小楷字体），而此次破例，显然是为学子应对朝廷科举考试而作一具体示范，此其二。当时唐代士大夫写字业已显露科举习气，即字体方正、排列整齐的"干禄书"特点，此其三。鉴于以上三点，唐代"干禄书"产生后不久便有了很快的发展。

宋元虽然也继承了隋唐以来的科举制，但认为书法善否无助于经邦治国的观念显然占了上风。据《宋史·选举志》记载：宋代有书学生，所习篆、隶、草三种字体，考核标准以"老而不俗为上""均齐可观为下"[4]。可见，宋代是不喜欢均等板滞"干禄书"的。元代与宋代相似，以为"自隋、唐以来，取人专尚词赋，故士习浮华"[5]。词赋尚觉浮华，书法便可想而知了，因而元代科举考试从不过分注重楷法。

至明代，科举注重楷法之风再起，其名曰"台阁体"。"台阁体"已同清代"馆阁体"相当接近，楷法亦讲究"乌""方""光"三字诀，因而有些人也称其为"馆阁体"。

"台阁体"之所以能够流行，亦与明代皇帝偏爱书法有关。据载："解缙善书，天子爱惜其楷书，至亲为之持砚。"[6] 解缙是明初著名书法家，明

---

[1] 洪迈：《容斋随笔》卷十，《唐书判》，上海古籍出版社，1996，第127页。
[2] 《颜真卿集》，《干禄字书》，黑龙江人民出版社，1993，第467页。
[3] 《颜真卿集》，《干禄字书》，黑龙江人民出版社，1993，第467页。
[4] 《宋史》卷一五七，《选举志三》，中华书局，1977，第3688页。
[5] 《元史》卷八十一，《选举志一》，中华书局，1976，第2018页。
[6] 马宗霍：《书林纪事》，文物出版社，1984，第314页。

太祖朱元璋酷爱其书,以至于解缙作书时,朱元璋以天子身份,亲自为其手持砚台。太祖之后,明朝诸帝也大都喜爱书法。

由于明朝诸帝对书法的喜好和倡导,在科举考试中开始注重书法,据俞樾《茶香室丛钞》记载:"殿试策进呈,必取书法整齐,无舛讹者。……按此:知明时殿试卷,已重书法矣。"① 由此可知,明代科举考试不仅已看重书法,而且"必取书法整齐",也就是说要求字须写得方正、排列须整齐,这正是"台阁体"的典型特征。

在"台阁体"的影响下,科场考察楷法颇为严格。文征明"少拙于书"②,26岁赴应天府参加江南乡试,由于不擅长"台阁体"书法,被取消了考试资格,此后他接连9次参加科考,均未能成功。53岁后再次发愤苦练楷法,结果却成为一代书法名家。

与文征明不同,沈度、沈粲兄弟素来十分擅长"台阁体"。明成祖初即位,征天下善书者,沈度应征入选。沈度书法"以婉丽胜","最为帝所赏,名出朝士右。日侍便殿,凡金版玉册,用之朝廷,藏秘府,颁属国,必命之书。"③ 不久由翰林典籍擢升为检讨、修撰、侍讲学士。沈度又向成祖推荐其弟沈粲,沈粲书法"以遒逸胜",亦官至大理少卿。近人马宗霍在评价沈度、沈粲兄弟的书法时说:"二沈宸眷最隆,声施最盛,度楷粲草,兄弟争能,然递相模仿,习气亦最甚,靡靡之格,遂成馆阁专门。"④ 其实,沈度、沈粲的书法靡弱艳俗,缺乏创造性,在明代不过是二三流书家,只因适合皇帝的口味,才使兄弟二人一时荣显天下。皇帝既然树立了样板,世人自然竞相效法,"台阁体"书风终于形成。后人遂将沈氏兄弟视为明代"台阁体"的主要代表。

明代"台阁体"与清代"馆阁体"虽然相当接近,但毕竟有所差别。这种差别不是性质上的,而是程度上的,诚如郑广荣先生所说:"明代的'台阁体'只是比较平正圆润,而清代的'馆阁体'却被写得更加圆匀,更加规矩了。"⑤

---

① 俞樾:《茶香室丛钞》卷七,上海进步书局,第2页。
② 倪涛:《六艺之一录》卷三六七,《历朝书谱》第8册,上海古籍出版社,1991,第780页。
③ 《明史》卷二八六,《沈度传》,中华书局,1974,第7339页。
④ 马宗霍:《书林藻鉴》,文物出版社,1984,第164页。
⑤ 郑广荣:《"台阁体"和"馆阁体"书法》,《文物》1979年第4期。

由上可知，清代"馆阁体"最早渊源于唐代"干禄书"，经过宋、元，又有明代"台阁体"接续之。应当说，"干禄书""台阁体"和"馆阁体"在本质上是一脉相承的，但是"馆阁体"不能等同于前两者。对此，康有为曾说："惟考其结构，颇与古异，察其揩抹，更有时宜，虽导源古人，实别开体制。犹唐人绝律，原于古体而音韵迥异；宋人四六，出于骈俪而引缀绝殊。……此一朝之绝诣，先士之化裁，晋、唐以来，无其伦比。班固有言：'盖禄利之道然也。'于今用之，蔚为大国。"① 康氏之言是有些道理的。清代"馆阁体"与唐代"干禄书"、明代"台阁体"相较，前者无论在广度上还是在深度上都是后两者无法比拟的。清代"馆阁体"具有明显的典型性、示范性和代表性，因而只能作为独立问题来看待。

3. 书艺上，晋代以来之帖学，为清代"馆阁体"所取资

近人丁文隽在《书法精论》中说："馆阁诸家专攻帖学。"② 此说颇有道理，清代"馆阁体"在形成、发展阶段、书艺上主要取法帖学。

为了进一步了解帖学与"馆阁体"两者之间在书法上的渊源关系，须对中国书法艺术的发展大势做一简略描述。

中国书法艺术自魏晋发轫以来，探索技法，追求精工，基本上是沿着"古质而今妍"的轨迹发展而来的。然而，经过千余年的传承积淀，至清初这种以艺术美和阴柔美为总体特征的传统书风已极尽其变，精华泄尽，发展余地所剩无几。

不过书法艺术总是要发展的。时值清代开始大量出土古代碑版，这些碑版虽为民间书匠所作，无甚技法可言，却拙朴率真，绝无人工雕琢痕，极具自然美和阳刚美，在审美观上与传统书风迥异。清代一些颇具艺术敏感性的书家终于找到了自己的出路，遂打起了"返璞归真"的大旗，建立起了碑学书法流派，而称传统书风为帖学，以相区别。

在传统书风中，晋代王羲之具有奠基之功，被历朝尊为"书圣"，至此自然成为帖学的鼻祖。基于同一原因，传统书风中的其他名家，如魏人钟繇、王羲之子王献之，唐代欧阳询、柳公权、颜真卿、虞世南、褚遂良，宋代苏轼、米芾、黄庭坚、蔡襄，元代赵孟頫，明代董其昌、文征明等，也都成为他们各自所在朝代的帖学主要代表人物。尽管以上这些书法名家

---

① 康有为：《广艺舟双楫》，《艺林名著丛刊》，中国书店，1983，第61页。
② 丁文隽：《书法精论》，中国书店，1983，第68页。

书风不尽相同，但与出自民间书匠之手的碑版相比，还是具有明显共性的。

作为科举考试和官方文字的载体，"馆阁体"在风格上追求的是端方而雅致，在师承上选择的是正宗而传统，这便决定了"馆阁体"只能取法帖学，而不会与碑学为伍。清代"馆阁体"在取法帖学的过程中，既有重点性又有阶段性，而且这种重点性和阶段性又被赋予强烈的帝王个人偏好色彩。

如前所述，董其昌是明代帖学的主要代表人物之一。其书法以妍媚名世，又生当晚明之世，距清最近，首先得到康熙帝的喜爱。近人马宗霍在《书林藻鉴》中说：

> 圣祖则酷爱董其昌书，海内真迹，搜访殆尽。玉牒金题，汇登秘阁。董书在明末已靡于江南，自经新朝睿赏，声价益重，朝殿考试，斋廷供奉，干禄求仕，视为捷涂。风会所趋，香光几定于一尊矣。①

由此而知，因为圣祖的喜爱，董字的影响已深入到"朝廷考试"和"干禄求仕"的领域内。在功名利禄的诱惑和驱使下，董字不仅为圣祖皇帝个人所喜爱，而且已走红整个康熙王朝。董字虽然妍美，但亦有失纤弱，不及赵孟頫书法丰腴。高宗皇帝生当太平之世，百姓富庶，天下晏如，子昂（赵孟頫，字子昂）遒媚丰腴的书风与当时人们的心理和高宗皇帝的爱好正相契合，于是"香光告退，子昂代起"②。高宗不唯喜爱赵字，政事之余，亦临池攻习赵字。诚如前面引文所言："其书圆润秀发，盖仿松雪（赵孟頫，号松雪道人），惟千字一律，略无变化，虽饶承平之象，终少雄武之风。"文中对高宗书法"千字一律，略无变化"似有讥议，其实这正是作为"馆阁体"书家的高宗取舍赵字之处。

圣祖、高宗虽各有所好，但皆注重书法之神采。与此不同，宣宗性谨，特别讲究书法的结构与法度。在帖学百花园中，以唐人欧阳询之书法最具法度，并有《欧阳询结体三十六法》传世，因而"唐之率更（欧阳询官太子率更令），法度谨严，正合所需"③。深得宣宗的喜爱，于是欧字又贵盛天下。其实，唐代书法家大都讲究法度，例如颜真卿、虞世南和褚遂良等人

---

① 马宗霍：《书林藻鉴》，文物出版社，1984，第192页。
② 马宗霍：《书林藻鉴》，文物出版社，1984，第192页。
③ 马宗霍：《书林藻鉴》，文物出版社，1984，第192页。

结体皆十分严整,所以,"永兴(虞世南封永兴县子)、河南(褚遂良封河南县公)、平原(颜真卿官平原太守),亦间分席用事"①。有人说道光朝是唐碑期,可以说是颇有些道理的。

如上所述,康熙朝盛行董字,乾隆朝盛行赵字,道光朝盛行欧字,兼及颜字、虞字和褚字。其实,清初馆阁体在取法帖学的发展过程中,并非只学一体,而是兼而习之,各取所需,尤其是乾、嘉以后,更是如此。例如,乾隆帝的书法,圆润丰腴,与赵字相类,然而圆中寓方,柔中寓刚,显然有王字笔意,堪称"王底赵面"②。至道光朝,专尚欧字,而赵字影响仍在,故"欧底赵面之字,风靡一时"③。此后,"杂体并兴,欧、颜、赵、柳诸家揉用"④。又有王羲之小楷书《乐毅论》《黄庭经》等混迹其间,"馆阁体"逐渐进入综合取法阶段。

回顾"馆阁体"取法帖学的历程,尽管其形式大都具有强烈的帝王个人偏好色彩,但透过这些表象,我们仍然可以明显地感觉到其间蕴藏着的必然性和客观性。就圣祖选择董其昌、高宗选择赵孟頫而言,不但在书法上赋予馆阁体以妍美、遒媚、丰腴之神采,而且在政治上也反映出了康乾盛世国富兵强、文教勃兴,百姓安居乐业的升平景象;就宣宗选择欧、颜、虞、褚而言,不但在书法上赋予"馆阁体"以严整、方正之结构,而且在政治上也反映出了大清王朝治国光明正大、执政秉公无私、万事井然有序的勃勃生机;就"馆阁体"采用字与字大小一致、间距等均这种排列形式而言,不但在书法上确立了自己的章法,而且也反映出了清统治者"普天之下,莫非王土。率土之滨,莫非王臣"的中国传统封建大一统思想。至于某些士子借鉴钟繇《宣示表》、王羲之《乐毅论》和《黄庭经》等历代小楷名帖,那是因为无论科举考试还是政府公文皆须用"馆阁体"书写,而"馆阁体"属小楷中的一种,所以这一方法时间短、见效快,可谓干禄之捷径。

综上所述,在清代"馆阁体"的形成过程中,唐、明以来的"干禄书"和"台阁体"为其提供了先例,魏晋以来的帖学为其提供了丰富的素材,

---

① 马宗霍:《书林藻鉴》,文物出版社,1984,第192页。
② 王梦赓:《从沈阳故宫藏乾隆"御题"看对清代书法的影响》,《书法研究》1994年第1期。
③ 马宗霍:《书林纪事》,文物出版社,1984,第334页。
④ 康有为:《广艺舟双楫》,《艺林名著丛刊》,中国书店,1983,第61页。

清统治者则根据自己的政治需要,加以借鉴和取资,从而完成了"馆阁体"的基础准备工作。至于曹振镛劝说宣宗注重楷法之事,不过只起了导火线的作用。当然这一作用也不能低估,因为它毕竟可以作为清代"馆阁体"由量变到质变的标志。

四 "馆阁体"之兴盛

梁启超在谈到科举制时曾说:"中国科第之荣,奔走天下久矣,制艺楷法,未尝有人奖劝而驱策之,而趋者若鹜,利禄之路然也。"[①] 诚如梁氏所言,科举考试乃是封建时代士人获取功名利禄和改变自己命运的主要途径,注重"馆阁体"虽为清代科举考试之不成文法,但实际上却是应试必备硬件之一,因而时人不得不予以重视。

(一)"馆阁体"教育

有科举之机制,必有应试之教育。清朝定鼎北京之后,承明制恢复科举制度,并设立太学。当时太学内有率性、修道、诚心、正义、崇志和广业六堂,作为讲习之所。据史书记载,六堂肄业生学习课目为"《四书》《五经》《性理》《通鉴》诸书,其兼通《十三经》《二十一史》,博极群书者,随资学所诣。日摹晋、唐名帖数百字"[②]。如前所述,太学生每日临摹的晋、唐名帖,都是后来"馆阁体"取法之主要范本,由此可知,在清初太学之中"馆阁体"书法教育已经开始萌芽了。

乾隆以后,"馆阁体"逐渐流行开来,至清末,"馆阁体"书法教育达到高峰。不但国学中有书法教学,全国初、高等小学也大都开设了这一课程。

维新变法运动中,清政府设立京师大学堂,取代国子监,成为清末国家最高学府。京师大学堂下分大学院、大学专门分科、大学预备科,并附设仕学、师范两馆。据载,师范馆的课目为"经学、教育、习字、作文、算学、中外史、中外舆地、博物、物理、化学、外国文、图画和体操"[③]。

---

① 梁启超:《京师大学堂及其他学堂·学校总论》,中国近代史资料丛刊《戊戌变法》,第4册,神州国光社,1953,第48页。
② 《清史稿》卷一○六,《选举志一》,中华书局,1977,第3101页。
③ 《清史稿》卷一○七,《选举志二》,中华书局,1977,第3131页。

由此可知，清末国学已将习字课置于其师范馆内。习字课既然放到师范馆内，其教学目的恐怕就不只是单纯提高太学生本人"馆阁体"水平，同时还要担负培养这方面的师资力量，为社会应对科举考试和普及"馆阁体"知识服务。

清末小学分初等、高等两级。初等小学，时称"寻常小学"。少儿十岁入寻常小学，学业三年，其课目为"修身、读经、作文、习字、史学、舆地、算术和体操"。① 13 岁升入高等小学，其课目较寻常小学"增读古文辞、理科、图画，余同寻常小学"。② 由此可知，清末全国的初等小学和高等小学皆设有习字课。初等小学学业 3 年，高等小学学业亦 3 年，共学习 6 年。清代小学习字课的开设，说明当时科举考试和"馆阁体"书法的竞争更趋激烈。一般来说，若楷法不合格，科举便会前功尽弃。人们望子成龙心切，要求学习"馆阁体"从娃娃抓起，于是这一课目便成为小学的必读课程。

随着"馆阁体"影响的不断扩大和普及，人们不仅把它当作科举考试的敲门砖，同时也开始把它视为儿童学习书法艺术的基本功。清代许多书法家自幼学习书法都是从"馆阁体"入门的。晚清著名政治改革家兼书法理论家康有为在回忆他幼年学习书法的经历时说："吾十一龄……先祖始教以临《乐毅论》及欧、赵书。"③《乐毅论》为帖学鼻祖王羲之所书小楷名迹，唐代书法家欧阳询之字为清宣宗所喜爱，元代书法家赵孟頫之字为清高宗所推重，皆为"馆阁体"形成过程中之重要参考书体。康有为先祖教导他学习以上诸帖，于"馆阁体"可谓追其根、溯其源矣。曾任伪满洲国总理大臣的郑孝胥，在书法上亦有很高造诣，为晚清著名书法家。据张谦《海藏书法抉微》一书说："窃谓先生（郑孝胥）少年时期之书法，颇近'馆阁'，受帖学之影响甚深。"④ 可见，郑孝胥少年时对"馆阁体"亦曾下过苦功。此外，晚清著名碑学书法家何绍基少年时也有类似的经历。

"馆阁体"为小楷中之一种，而以小楷作为学习书法的基础，是不符合书法艺术规律的。初学书法应当从大楷学起，大楷不但在笔法上较小楷更为丰富，而且在结体上也较小楷更有法度，实为学习书法艺术最合理的选

---

① 《清史稿》卷一〇七，《选举志二》，中华书局，1977，第 3131 页。
② 《清史稿》卷一〇七，《选举志二》，中华书局，1977，第 3131 页。
③ 康有为：《广艺舟双楫》，《艺林名著丛刊》，中国书店，1983，第 55 页。
④ 张谦：《海藏书法抉微》，《明清书法论文选》，上海书店出版社，1994，第 999 页。

择。对此时人胡元常早已有所认识，他说："初学入手，最宜擘窠大字，以其结构易稳，则小楷不求工而自工。若徒从事小楷，则笔力难于展拓，而大字断不能工矣。……近百余年来，书法日下，皆小楷误之也。"① 由此可见，清末"馆阁体"小楷的过分讲究，已经伤及了当时书法艺术的健康发展。

（二）"馆阁体"代表人物

由于清统治者的提倡和学校教育的培养，当时出现一大批善写"馆阁体"书法的代表人物。对此，郑广荣在《"台阁体"和"馆阁体"书法》一文中说："清代的'馆阁体'……张照、王际华、汪由敦、董诰等人是乾隆时期书写这种书体的典型人物。"② 王梦赓在《从沈阳故宫藏乾隆"御题"看对清代书法的影响》一文中说："馆阁书家以成亲王、铁保、翁方纲、刘墉为最著名，亦称清初四家。"又说："书法界一般都认为乾隆的书法是'馆阁体'的代表，而就乾隆本人来说，作为清朝一代帝王出现在书坛上，对我国书法艺术的继承和发展是有一定贡献的。"③ 近人丁文隽在《书法精论》一书中认为：康、雍时期的馆阁体代表人物有查士标、姜宸英、朱彝尊、何焯、张照、王澍等；乾隆时期有成亲王、铁保、翁方纲、刘墉、梁同书、王文治、梁巘、姚鼐；晚清时期有林则徐、郭尚先、龙启瑞、祁寯藻、冯文蔚、王仁堪、曹鸿勋、黄自元、戴彬元、陆润庠等④。以上各家分别列出了清代的"馆阁体"书家，然而由于他们所选的阶段、角度和标准不同，因而出入较大。其实善写这种字体者还有很多，如汪士铉、于敏中、曹秀先、陈邦彦、陈元龙、陈奕禧、王鸿绪、蒋衡、王懿德等，都是当时知名的"馆阁体"书家。在清代这些"馆阁体"书家中，笔者以为刘墉、姜宸英、王文治、张照、梁同书最为著名。

刘墉，字崇如，号石庵。乾隆十六年进士，为官清廉，政绩卓著，官至体仁阁大学士。在书法上，主要师法董其昌、赵孟頫，此外对苏轼、钟繇、二王书亦多有涉猎。平时作书喜用浓墨，故其笔画圆润厚重，据说这

---

① 胡元常：《论书绝句六十首序》，《明清书法论文选》，上海书店出版社，1994，第830~831页。
② 郑广荣：《"台阁体"和"馆阁体"书法》，《文物》1979年第4期。
③ 王梦赓：《从沈阳故宫藏乾隆"御题"看对清代书法的影响》，《书法研究》1994年第1期。
④ 丁文隽：《书法精论》，中国书店，1983，第66~69页。

是为矫董字纤弱之病。《清稗类钞》称其书曰:"珠圆玉润,如美女簪花。"① 可见是典型的帖学柔媚书风。康有为在《广艺舟双楫》一书中曾评其为集清代帖学之大成。不过也有提出訾议者,如陈介祺便说:"刘字……惜为帖所拘,只一字一字结构。"② 批评刘墉在结体上有千字一面的弊习。

姜宸英,字西溟。康熙三十六年参加科举考试,殿试时,圣祖识其字体,遂拔其为一甲三名,时年已70高龄矣。在书法上,初学米芾、董其昌,后学晋、唐诸帖。于各体书中,"小楷尤工,称重一代"③,其书风"以清健胜"④。不足之处是"书拘谨少变化"⑤。

王文治,字禹卿,号梦楼,江苏丹徒人。乾隆三十五年,中一甲三名进士,授翰林院编修,官至云南临安知府。后因事乞归故里,遂开始讲学生涯。高宗南巡时,至钱塘僧寺,见其所书碑碣,大为叹赏。内廷有告知王文治者,并招他复出。王文治始终未应。在书法上,王文治初学赵孟頫、董其昌,晚年仿张即之。平时作书,喜用淡墨,时有"浓墨宰相,淡墨探花"之称。其意是说,宰相刘墉用墨较浓,追求厚重;探花王文治用墨较淡,专尚清远。由于王文治喜用淡墨,专尚清远,故其书"秀逸清健"⑥。然而过分追求淡远飘逸,不但会给人以做作之感,更易滑入轻佻一路,故钱泳讥其书曰:"如秋娘傅粉,骨格清纤,终不庄重耳。"⑦

张照,字得天,谥文敏。康熙四十八年进士,官至刑部尚书。在书法上,初学董其昌,后学米芾、颜真卿。其书圆健流畅、气度浑厚,深被宸赏,曾任康、雍、乾三朝帝王代书人。圣祖曾作诗赞曰:"书有米之雄,而无米之略。复有董之整,而无董之弱。羲之后一人,舍照谁能若?"⑧ 给予张照书法以极高的评价。其实张照虽然帖学功底深厚,但绝不会超过米、董。时人王潜刚便说:"实则得天之书学董得其整,而较董为弱;学米则只似其略,而毫无米之雄也。惟小楷学欧,实为精妙。"又说:"功力可佩,

---

① 马宗霍:《书林藻鉴》,《清稗类钞》,文物出版社,1984,第216页。
② 陈介祺:《习书诀》,《明清书法论文选》,上海书店出版社,1994,第899页。
③ 马宗霍:《书林藻鉴》,《昭代尺牍小传》,文物出版社,1984,第206页。
④ 王潜刚:《清人书评》,《历代书法论文选续编》,上海书画出版社,1993,第809页。
⑤ 马宗霍:《书林藻鉴》,《昭代尺牍小传》,文物出版社,1984,第206页。
⑥ 王潜刚:《清人书评》,《历代书法论文选续编》,上海书画出版社,1993,第823页。
⑦ 钱泳:《书学》,《历代书法论文选》,上海书画出版社,1979,第628页。
⑧ 马宗霍:《书林藻鉴》,《圣祖御制诗》,文物出版社,1984,第207页。

然竟不能脱俗。"① 实为笃论。

梁同书，字元颖，号山舟。乾隆十七年，会试不第，特赐殿试，入翰林，官侍讲。平生好书出于天性，12 岁能写擘窠大字，老年亦能作蝇头小楷。负书名 60 余年，日本、琉球亦来求书。早年"初法颜、柳，中年用米法，七十后乃变化"。② 其书用笔圆转温润，结字妍美秀媚，极具书卷气。时人将梁同书与刘墉、王文治并称。王潜刚却不以为然，他说："其书平而笔弱……特以世家名门，又博学能文，人品既洁，年寿亦高，至九十余犹能为人书碑文墓志，故负时名数十年。虽亦与刘石庵、王梦楼并称，然不如刘、王远矣。"③ 王氏之言，可以说是比较客观的。

以上列举的"馆阁体"诸家，同时也是清代帖学大师。正因为他们有极深厚的帖学功底，才能够厚积薄发，成为"馆阁体"的著名代表人物。在"馆阁体"的影响下，他们的书法虽然各具自己面目，但都有一个共同之处，就是风格柔媚、结体单一、排列等匀，总之缺少变化。这样反过来又束缚了他们书法水平的提高。诚如沙孟海先生总结的那样："清代前期的著名书法家如姜宸英、张照、刘墉、梁同书、王文治……无一不从科举出身，受过馆阁体的'洗礼'。后来虽然也综览碑帖，力追大雅，但小脚创痕难以补救，落笔就是凡庸拘谨，再没有明末清初那一批人豪放拙朴的气息了。"④

（三）"馆阁体"理论论著

在科举考试机制的作用下，康、雍、乾时期"馆阁体"书法有了长足的发展。国学之中不仅设置了这方面的课程，同时还诞生了一批颇有知名度的"馆阁体"书家。朝野内外大量"馆阁体"书法的实践活动，亟须相应的理论进行指导，于是一些"馆阁体"书法理论论著应运而生，其中较为著名的有蒋衡的《书法论》、康有为的《广艺舟双楫·干禄》和龚自珍的《干禄新书》。

蒋衡，后改名振生，字湘帆，晚号拙老人，江苏金坛人。天性好书，早年拜清代书法家兼书法理论家杨宾为师，攻习晋、唐名帖，尤长小楷。

---

① 王潜刚：《清人书评》，《历代书法论文选续编》，上海书画出版社，1993，第 810 页。
② 《清史稿》卷五〇三，《梁同书传》，中华书局，1977，第 13891 页。
③ 王潜刚：《清人书评》，《历代书法论文选续编》，上海书画出版社，1993，第 813 页。
④ 沙孟海：《清代书法概说》，《沙孟海论书文集》，上海书画出版社，1997，第 704 页。

其师杨宾说:"金坛蒋湘帆十五岁从余学书,今小楷冠绝一时,余不及也。"① 蒋衡56岁时,立志手书《十三经》。凡80余万字,阅12寒暑,始成。乾隆年间呈上,高宗命刻石国学,颁行天下,并授蒋衡国子监学正。蒋衡辞不就,退撰"《书法论》一篇,尤为讲楷法者所宗尚"②,时人所谓"楷法",即"馆阁体"书也。

清人陈其元《庸闲斋笔记》收录了蒋衡《书法论》全文③。兹撮其要,分类依次述之于下。

第一,在执笔上,主张王羲之所传"五指执笔法"。

> 第一在执笔。曰:悬臂中锋。……五指齐用力。若双钩、单钩诸法,虽三指着力,四五指全无用处。

第二,在运笔上,主张"提""顿"与"一笔三折"。

> 至运笔,则凡转肩钩勒,须提起顿下。……凡画之住处、直之末梢、带第二笔处,皆从左转,所谓每笔三折,一气贯注者也。

第三,在结体上,强调"中""正"二字。

> 中则直看。每一字有中,如"帝""宗""康"之类,中直必与上点相对;若两分之字,则左右各有中,如"靖""辟""録""軒";或上合下分,如"聶""昂""靡";或上分下合,如"瞿""替";或中合上下分,如"嚻""兼";或中分上下合,如"靈""墨";或三并,如"職""雔"。各以类取中,则停匀矣。正则言横画悬臂。用力太过,则右昂起不平,如"書""無"之类……夫一字之中,主笔须平,他画则错综用意,乃不呆板。

第四,在书意上,强调"灵""静"二字。

> 灵则必由于悬臂,虽蝇头亦使离。凡半寸捻管,则大小一例也。静非精熟不晓。唐碑惟虞永兴《孔子庙堂碑》、欧阳《九成宫碑》,能

---

① 杨宾:《大瓢偶笔》,《明清书法论文选》,上海书店出版社,1994,第547页。
② 陈康祺:《郎潜纪闻》卷三,上海进步书局,第2页。
③ 陈其元:《庸闲斋笔记》卷五,上海进步书局,第1页。

造此境。

第五，在临帖上，主张意临。

临帖须运以我意，参昔人之各异，以求其同。如诸名家各临《兰亭》，绝无同者，其异处各由天性，其同处则传自右军。

第六，临池之余，讲究端正人品、博览经史的字外功夫。

夫言者心之声也，书亦然。……学者苟能立品以端其本，复济以经史，则字里行间，纵横跌宕，盎然有书卷气；胸无卷轴，即摹古绝肖，亦优孟衣冠。

以上就如何写好楷法的问题，蒋氏从执笔、运笔、结体、书意、临帖和字外功夫六个方面加以叙述，可以说是比较系统详尽了。尤其在结体上提出"中""正"二字，更具特点。结体求中，不但字之重心平稳，而且排列起来，上下居中，一以贯之，极具整饬与和谐美；主笔求正，他笔虽欹斜参差，非但不失方正之感，反增灵动之意。当然本文在阐述馆阁技法时，往往还掺杂着大量帖学理论。之所以如此，当与作者所处时代有关。蒋氏生于康、乾之世，正是"馆阁体"积极汲取帖学经验，逐渐走向成熟的初级阶段。

康有为，字广厦，号长素，广东南海人，晚清资产阶级政治改革家兼书法理论家。光绪十四年，康有为因《上清帝第一书》受挫，乃退而撰述书法理论著作《广艺舟双楫》。康氏本主张"尊碑""抑帖"的，然而时值"馆阁体"大盛，能否掌握此技，关系到天下每一位士子之命运，康氏因而意识到"此真学者所宜绝学捐书，自竭以致精也"[①]，遂撰干禄篇，置于书末。康氏所谓之"干禄书"，实即"馆阁体"也。

兹撮其要，分类依次述之于下。

第一，在学写"干禄书"的方法上，主张师古。

百余年来，斯风大扇，童子之试，已系去取。……惜其昧于学古，徒取一二春风得意者，以为随时，不知中朝大官，未尝不老于文艺。

---

① 康有为：《广艺舟双楫》，《艺林名著丛刊》，中国书店，1983，第60页。

第二，应对举业，须知试卷有两种形式——大卷和白折。

今应制之书，约分两种：一曰大卷，应殿试者也；一曰白折，应朝考者也。试差大考，御史、军机、中书教习，皆用白折。岁科生员、童子试，则用薄纸卷，字似折而略大，则折派也。优拔朝考翰林散馆，则用厚纸大卷，而字略小，则策派也。

第三，学写白折，当以《裴镜民碑》和《樊府君碑》为最佳范本。

今为干禄计，方润整朗者，当以《裴镜民碑》为第一。是碑笔兼方圆，体极匀整，兼《九成》《皇甫》而一之，而又字画丰满。……当为干禄书无上上品矣。……近有《樊府君碑》，道光新出，其字画完好，毫芒皆见，虚和娟妙，如莲花出水，明月开天。……此与《裴镜民》皆是完妙新碑。二者合璧联珠，当为写折二妙，几不必复他求矣。

第四，学写大卷，当以颜真卿《臧怀恪》《多宝塔》和《郭家庙》三碑为最佳范本。

大卷弥满，体尚正方，非笔力雄健不足镇压，宜参学颜书以撑柱之。颜碑但取三本，《臧怀恪》之清劲，《多宝塔》之丰整，《郭家庙》之端和，皆可兼收而并用之。

第五，指出"干禄书"速成之捷径。

学者若不为学书，只为干禄，欲其精能，则但学数碑亦可成就。先取《道因碑》钩出，加大摹写百过，尽其笔力，至于极肖，以植其体，树其骨；次学《张猛龙》，得其向背往来之法，峻茂之趣；于是可学《皇甫君》《唐俭》，或兼《苏慈》《舍利塔》《于孝显》，随意临数月，折衷于《裴镜民》《樊府君》而致其润婉。投之卷折，无不如意。此体似世之学欧者也，参之《怀恪》《郭庙》以致其丰劲，杂之《冯宿》《魏公先庙》以致其道媚。若用力深，结作精，全缩诸碑法，择而为之，峻拔丰美，自成体裁。笔性近者，用功一时，余则旬月。苟有师法者，精勤一年，自可独出冠时也。此不传之秘，游京师来，阅千碑而后得之。

第六，列举"干禄书"技法的若干原则。

其一，书写卷折，笔画尚"光"，写时须"速"。

　　卷折所贵者光，所需者速。光则欲华美，不欲沉重；速则欲轻巧，不欲浑厚。

其二，书写卷折，结体上当师唐碑。

　　卷折结体，虽有入时花样，仍当稍识唐碑某字某字如何结构，始可免俗。

其三，写折宜"婉通"，书策（大卷）宜"精密"。

　　篆贵婉而通，隶贵精而密。吾谓婉通宜施于折，精密可施于策。然策虽极密，体中行间仍须极通；折虽贵通，体中行间仍须极密，此又交相为用也。

其四，写折贵知白，书策贵守黑。

　　折贵知白，策贵守黑：知白则通甚矣，守黑则密甚矣，故卷折欲光。然折贵白光，缥缈有采；策贵黑光，黝然而深。

其五，书写卷折，用笔力度须均匀，切忌忽轻忽重。

　　卷折笔当极匀，若画竖有轻重，便是假力，不完美矣。

康有为生于晚清之世，"馆阁体"此时早已十分成熟，《干禄篇》故能更加贴近"馆阁体"，将其析为"大卷"与"白折"两类，从选帖、笔法、结体等方面分别进行颇有针对性的具体论述，因而该篇非常切合有志于举业者的应考实际，将其作为学习"馆阁体"技法的教科书或辅导材料，亦无不可。另外，作为碑学书法理论家，康氏在阐述"馆阁体"的技法，尤其是介绍临摹范本时，加入许多碑学的成分和思想，从而使碑帖交融，大大丰富了"馆阁体"的内涵，为"馆阁体"最终能够成为一种独立书体客观上起到了相当大的积极作用。这对历来主张维新变法和强烈要求废除封建科举制的康有为，似乎有些矛盾，然而康氏从天下学子应考的实用角度出发，还是这样做了有利于"馆阁体"习用和精进的工作。

如前所述，龚自珍早年参加科举考试，成绩优异，只因写不好"馆阁体"降至三等，不能进入翰林，乃发愤攻习楷法，并著有《干禄新书》，叮嘱子孙以免重蹈覆辙。其书自序云：

  龚自珍中礼部试，殿上三试，三不及格，不入翰林，考军机处不入值，考差未尝乘轺车。乃退自讼，著书自纠，凡论选颖之法十有二，论磨墨膏笔之法五，论器具五，论点画波磔之病百有二十，论架构之病二十有二，论行间之病二十有四，论神势三，论气禀七。既成，命之曰《干禄新书》，以私子孙①。

由上而知，龚氏在本书中采取挑笔病的形式，就"馆阁体"的笔法、结体和章法等问题依次加以说明，这无疑相对以往有关论著的正面论述，更具有针对性和可操作性。尤其更须一提的是，书中新增添了适于"馆阁体"的文房四宝内容，从选毫、研墨，到纸、砚等有关器具，皆立专题分别加以详论。"馆阁体"书法理论研究之入微与社会上干禄楷法竞争之激烈，于此可见一斑！

（四）"馆阁体"的社会影响

自隋唐开始实行科举制度以来，黎民百姓便把它视为改变自己命运的唯一途径。降及清代，"馆阁体"书法在科举制中的地位日趋重要，实际上成为中举的必备硬件之一。于是，人们争言楷法、竞讲折策，在社会上的影响越来越大。随着时间的推移，人们已不仅仅注意考试的结果，同时也把馆阁楷法视为能力的象征。因而对擅长此技者至为尊重，对其作品亦奉为墨宝。

以下数例，颇能说明这个问题。

据《清稗类钞》载，光绪年间，某修撰楷法能工而不能速。殿试日，至天黑试卷尚未答完。正惶急间，某监考官至，因"悦其字体婉美，竟旁立，然吸烟所燃之纸煤照之"②，纸煤屡尽屡易，至其答完纸煤亦烧尽。由此可知，在一些人心目中是很钦佩擅长楷法者。

据马宗霍《书林纪事》载，王湘绮先生甚勤，每日抄经3000字，30年

---

① 龚自珍：《干禄新书·自序》，《龚自珍全集》，上海人民出版社，1975，第237页。
② 徐珂：《清稗类钞》，第2册，中华书局，1981，第691页。

未曾间断，因而其楷法大进，为世所贵。先生家贫而有十女，于是"每遣嫁一女，则以抄经一部添妆"①。可知好的楷法当时是颇具经济价值的。

据《清史稿·何焯传》载，康熙时著名学者何焯，平日读书亦勤，若遇宋、元珍版，辄必动手校雠，因其平生素"工楷法"，故"手所校书，人争传宝"。可知对于名人楷法手迹，时人奉为艺术瑰宝，十分珍视。

据杨宾《大瓢偶笔》载，清初著名明史学者万斯同等人，因"不能书，同学往往笑之"②。擅长馆阁楷法者既然为世所重，同样道理，不懂此技者自然为人所轻。

晚清洋务派大臣张之洞在《设学》一文中说："若书院猝不能多设，则有志之士，当自立学会，互相切磋。文人旧俗，凡举业楷书，放生惜字，赋诗饮酒，围棋叶戏，动辄有会，何独于关系身世安危之学而缓之？"③ 由此可见，当时在文人中已有针对科举考试的楷书研究学会。而学会为社会之民间组织，说明"馆阁体"的研究与训练，已经超越个人范畴，成为社会共同的行为。

五 "馆阁体"之消亡

"馆阁体"依附于科举制度，科举制度又依附于清朝整个封建制度。一旦清朝封建制度这个基础发生动摇，科举制度及其附庸"馆阁体"自然会出现危机。

1840年，鸦片战争爆发。以天朝大国自居的清王朝，在英军船坚炮利的攻势下，节节败退下来。痛定思痛之余，清统治集团内部的洋务派提出了"中学为体，西学为用"的主张，随之在各地建立了许多制造舰船枪炮的兵工厂。然而在不久后发生的中日甲午战争，尤其是在黄海海战中，由于清政府在政治上的腐败无能和在军事上的指挥失误，北洋水师几乎全军覆没。

一次次惨痛的教训，使一些先进的知识分子逐渐认识到，中国要学习西方的先进科学技术，同时还要借鉴西方的民主政治，于是发起了旨在改

---

① 马宗霍：《书林纪事》，文物出版社，1984，第335页。
② 杨宾：《大瓢偶笔》，《明清书法论文选》，上海书店出版社，1994，第571页。
③ 张之洞：《设学》，中国近代史资料丛刊《戊戌变法》，第3册，神州国光社，1953，第227页。

革政治制度的"维新变法"运动。康有为、梁启超便是这场运动的主要领导者。

为了实现自己的政治主张,康有为先后撰写了《新学伪经考》和《孔子改制考》两部论著,奠定了维新变法的理论基础,同时还多次上书光绪帝,提出在政府中设立议院的建议。梁启超则以《时务报》为阵地,以犀利的笔锋,撰写了一系列宣传维新变法的文章,鼓吹"伸民权"、"设议院"、实行君主立宪制等。他们提出的上述变法理论和建议,已经触及了封建制度的根本。

科举既然属于清朝封建制度的一部分,自然在维新变法运动中也遭到了抨击。康有为在《请废八股试帖楷法试士改用策论折》中说:"臣窃惟今变法之道万千,而莫急于得人才,得才之道多端,而莫先于改科举。"① 因为法是人制定的,要变法须先变人,而变人之根本,在于改变科举这一选拔和任用人才的制度。

康氏在这篇奏折中,不仅主张改革科举制,还专门向朝廷提出建议,请求废除八股、试帖和"馆阁体"楷法,他说:

> 其试帖风云月露之词,亦皆无用;其楷法方、光、乌之尚,尤为费时。昔在闭关之世,或以粉饰夫承平,今当多难之秋,不必敝精于无用,应请定例,并罢试帖;严戒考官,勿尚楷法②。

指出试帖和楷法,昔日或有粉饰太平之用,如今国难当头,应知权变,须立即将天下士子从中解放出来,以为富国强兵有用之学。

对于科举制中之"馆阁体",梁启超批评尤厉,他说:

> 我朝自乾隆以后,专以楷法取士。自举人之覆试,进士之殿试,朝考、翰林之大考,以及考试差考御史、考中书、考荫生、考教习、考优贡拔贡,乃至考军机章京,考总理衙门章京,莫不惟楷法是重。苟楷法不工,虽有贾、董之学,管、乐之才,亦必见摈,其工者则虽一书不读,一事不知,亦可以致高位,持国柄,故楷法之汩没人才,

---

① 康有为:《请废八股试帖楷法试士改用策论折》,中国近代史资料丛刊《戊戌变法》,第2册,神州国光社,1953,第208页。
② 康有为:《请废八股试帖楷法试士改用策论折》,中国近代史资料丛刊《戊戌变法》,第2册,神州国光社,1953,第211页。

尤甚于八股焉①。

指出朝廷几乎所有的考试，皆须另察楷法。如果擅长此技，无才也可致高位；不擅长此技，即使抱济世之才，只能望洋兴叹。这种办法实在太令人失望，其埋没人才之弊较八股文更有甚焉。

值此多事之秋，国家正亟须人才，而科场以馆阁体反苛求多士，身为洋务派大臣的张之洞亦感不平，乃上书光绪帝，恳请废除楷法，他说：

> 百年以来，科场兼重诗赋、小楷，京官之用小楷者尤多，士人多逾中年，始成进士，甫脱八股之厄，又受小楷之困，以至通籍二十年之侍从，年逾六旬之京堂，各种考试，仍然不免其所谓小楷者，亦不合古人书法，姿媚俗书，贻讥算子，挑剔破体，察及秋毫。且同一红格大卷，而殿试散馆、优拔贡、朝考，字体之大小不同；同一白折，而朝考、大考、考差、御史各项字格之疏密不同，纷歧烦扰，各有短长，诏令并无明文，而朝野沿为痼习，故大学士曾国藩奏疏，尝剀切言之。夫八股犹或可以觇理解之浅深，诗赋则多文而少理，诗赋犹可以见文词之雅俗，小楷则有艺而无文，其损志气，耗目力，废学问，较之八股诗赋，殆有甚焉。由是士气消磨，光阴虚掷，举天下登科入仕之人才，归于疏陋软熟，以至今日，遂无以行国家之急，今既罢去时文，则京官考试诗赋小楷举之，亦望圣明奋然厘定，一并扫除。②

张氏在这里不但叙说了科举试卷形式之多样与"馆阁体"格式之繁复，而且指出这种考法废学、耗目、损志，于学无补，于艺亦徒成下品，建议皇帝下令，将诗赋与小楷一并废除。在国外列强日甚一日的胁迫之下，在国内变法日盛一日的呼声之中，腐朽落后的科举制及其附庸"馆阁体"楷法已岌岌可危。"馆阁体"之最后消亡，除了政治和科举制度上的危机之外，还有来自书法艺术内部的原因，那就是帖学的式微和碑学的崛起。

如前所述，自晋代王羲之创立帖学以降，历代书家皆以之为宗，经千余年后，帖学已极尽其变，盛极而衰。

---

① 《上谕》九九，梁启超案，中国近代史资料丛刊《戊戌变法》，第 2 册，神州国光社，1953，第 42 页。
② 张之洞：《妥议科举新章折》，中国近代史资料丛刊《戊戌变法》，第 2 册，神州国光社，1953，第 470 页。

尽管帖学的发展空间已十分有限，然而千余年来的历史积淀却十分深厚。清朝诸帝根据自己的政治需要和个人爱好，在帖学的百花园中随意采撷，最终形成了风格甜熟靡弱、形式千篇一律的帖学畸形怪胎"馆阁体"。

与此同时，一批有志于创新的书家，终于在古代碑版上找到了灵感，获得了广阔的发展空间，于是开始构筑起碑学的营垒。

在书法理论领域里，阮元撰《南北书派论》和《北碑南帖论》，首先提出了碑学与帖学的问题。包世臣撰《艺舟双楫》，指出："北碑字有定法，而出之自在，故多变态。"[①] 充分肯定碑学的艺术价值。康有为撰《广艺舟双楫》，更是盛赞北碑有十美五长[②]。他们的文章，为清代碑学的建立，奠定了理论基础。

碑学书法理论建立之后，有力地促进了碑学书法实践的展开。在碑学书法实践中，亟须解决的是笔法问题。由于碑版文字皆为石刻，无墨迹可寻，因而分析、破译，甚至是创造金石笔法，便成为碑学书法实践中的重点与难点。

在分析、破译和创造金石笔法的过程中，涌现许多卓有成就的碑学书法家。邓石如擅长写篆书，为此他摸索出了"悬腕双钩"执笔法，很适宜表现篆书"婉而通"的特点，此外还摸索出了"管随指转"运笔法，大大丰富了碑学的用笔内容。何绍基擅长写魏碑，为此他摸索出了"回腕悬臂"执笔法。使用这种执笔法，很易于表现出线条沉着、刚劲的魏碑特点。郑板桥既是书法家，又是画家。他引以为豪的"六分半书"，在笔法上的最大特点是"以画入书"。吴昌硕集书、画、印三长于一身，他在用笔上"以印入书"，将笔锋作刀锋，书写出来的线条古茂苍郁，极具金石气味。

碑学书法理论的建立及其书法实践上取得的成功，促使碑学由小而大，于咸、同间迅速崛起，最终取帖学而代之，成为清代主要的书法流派。

碑学在清代取得支配地位后，自然对帖学形成巨大冲击。由于"馆阁体"在书法上是从帖学中而来，因此帖学的日趋式微，对其影响是巨大的，实际上已经威胁到了"馆阁体"在书法艺术上的存在基础。

---

① 包世臣：《艺舟双楫》，《艺林名著丛刊》，中国书店，1983，第80页。
② 康有为：《广艺舟双楫》，《艺林名著丛刊》，中国书店，1983，第41页。

既然"馆阁体"在政治上即将失去科举制的依托，在书法上又难以得到帖学的庇护，那么"馆阁体"之消亡，也就只在旦夕之间了。

光绪三十一年八月初四日，在袁世凯、张之洞等大臣的反复吁请之下，清廷终于下令："自丙午科始，停止各省乡、会试及岁、科试。……于是沿袭千余年之科举制度，根本划除。"① 科举制度废除之后，对天下的士子来说，攻习馆阁楷法，既无功名利禄可诱，又无书法价值可言，立即失去其全部意义，"馆阁体"只能随着科举制度的废除而最终退出历史舞台。此后偶有习之者，不过个别抄书之佣工，恃此仅为糊口之技而已。

六 "馆阁体"之评价

回顾清代"馆阁体"走过的历程，尽管为不成文法，但在科举制度中确曾起到不容忽视的作用。当然这种作用不是积极的，而是消极的。具体来说，主要有以下两点。

第一，在政治上不利于人才的发现与任用。科举为封建国家抡材大典，所出考题，应当有利于发现具有经邦治国才能之士，当然如果兼善楷法，也是好事。不过若过分苛求楷法，就会本末倒置，具有真才实学之士而不善楷法者反被埋没。如上所述，著名学者俞樾博学多才，然不善楷法，若不遇考官曾国藩，命运可想而知。著名思想家龚自珍亦因不善楷法，被降级使用，仕途受到严重影响。然而他们二人还算是幸运或比较幸运的，不知还有多少人因此而被湮没，在历史上名字都未曾留下。清朝这一不合理的科举考试制度，在承平时代尚无大碍，降及晚清，列强侵凌，山河破碎，国家亟须真才实学之士，而由科举制度输送过来的所谓人才，学非所用，用非所学，给国家和民族造成巨大损失，留下了许多血的教训。当然主要责任在于制度，诚如当时《申报》所说："使以时文、试帖、楷书之揣摩，而用之于声、光、化、电等学……安见不驾西人而上？从可知时文、试帖、楷书之误人才，非人才之误国也。"② 可谓切中时弊。

第二，在书法上阻碍艺术的创新与发展。书法之所以被称为艺术，不仅在于笔墨技巧，更重要的是通过笔墨技巧来体现书法家个人的性情、学

---

① 《清史稿》卷一〇七，《选举志二》，中华书局，1977，第3135页。
② 《申报》，中国近代史资料丛刊《戊戌变法》，第3册，神州国光社，1953，第328页。

识和修养，最终形成个人的独特书风。而"馆阁体"千篇一律、千字一面，以"乌""光""方"为三字诀，毫无个性，此乃书匠所为，不足与言艺术。至于清代帖学兼"馆阁体"书法家刘墉、姜宸英、王文治、张照、梁同书等人，他们除了擅长楷法之外，还广泛涉猎帖学，出入晋唐，因而能够博得一时书名，不过他们又因受"馆阁体"影响太深，艺术个性不强，风格姿媚柔弱，在中国书法史上的地位远逊清代碑学诸家。"馆阁体"不仅限制了清代帖学书家的发展，同时也导致社会书法水平的普遍下降。因清廷将它作为科举考试的必备硬件之一，受功名利禄驱动，人们自幼便攻习这种书体。由于这种书体既不适于打基础，又立意取法不高，因而社会书法水平日趋下滑，诚如前引时人胡元常所言："近百余年来，书法日下，皆小楷之误也。"可见，"馆阁体"在书法艺术上造成的危害也是不小的。

"馆阁体"既然在清代历史上产生过如此严重的消极影响，笔者以为在总体上应予以否定。不过作为历史唯物主义者，我们在否定"馆阁体"的同时，亦应看到它积极的一面。抛开"馆阁体"曾经在清代政治和书法艺术上的纠葛，而将其作为一种实用的行文小楷，还是具有一定积极意义的。

光绪末年，"馆阁体"渐已为众矢之的，其罪名便是"乌""光""方"三字诀与字距等均、千篇一律的呆板章法。这种字体虽然不具备艺术个性，但作为一种实用的行文小楷，还是其他字体无法替代的。清代是中国最后一个封建王朝，虽然距发明活字印刷术已有几百年，但科技含量不高，使用起来并不十分方便，因而许多文稿，诸如诏书、奏章、试文、写经、书信、请柬和图书等，都需要工整的行文小楷来书写。《四库全书》是清代部头最大的一部丛书，该书近8亿汉字，共7部，皆由擅长"馆阁体"书工用行文小楷抄写，其工程之浩大、书法之精工，世间罕有其匹，堪称内容与书法双绝。所以，"馆阁体"在传播中华古典文化方面确曾立下过汗马功劳。时至今日，虽然业已出现各种先进的排版方式，但所用字体也大都是由"馆阁体"演变而来。为此，我们自当饮水思源，不能简单粗暴地将"馆阁体"一棒子打死。

由于晚清以来对"馆阁体"的过分抨击，导致现代人极不重视书法，拿起笔来信手涂鸦，不要说艺术欣赏，就是字迹有时也潦草不清，使人难以辨识。看来昔日对"馆阁体"的过度批判，今天业已显露矫枉过正之弊。

清初考据学与"四王"画派[*]

众所周知,清代考据学发轫于清初,盛行于乾隆、嘉庆年间,最终形成所谓的"乾嘉学派"。清代考据学派在治学上力主考据,在学风上倡导复古,其影响所及,不仅风行于历史学界,而且还渗透至自然科学和文学艺术等一切文化领域。清初出现的以"仿古"为特点的"四王"画派便是一例。考察和阐明考据学与"四王"画派之间的关系,不仅可以深化对清代考据学的认识,也能够推进对"四王"画派的研究,是一项颇具学术意义的清代文化史课题。

一 顾炎武开创清初考据学派

清初考据学开山祖为顾炎武。顾炎武,初名绛,后改为炎武,学者又称亭林先生,江苏昆山人,生于明万历四十一年,自幼博览群书,并以天下为己任。

崇祯十七年,明亡,清朝定鼎北京。一时神州陆沉,宗社丘墟。作为一名有血性的爱国知识分子,顾炎武痛定思痛,认为明亡的根本原因,在于明末学术界的空谈心性学风,指出:

> 刘石乱华,本于清谈之流祸,人人知之。孰知今日之清谈,有甚于前代者。昔之清谈谈老庄,今之清谈谈孔孟,未得其精而已遗其粗,未究其本而先辞其末。不习六艺之文,不考百王之典,不综当代之务,举夫子论学、论政之大端一切不问,而曰"一贯",曰"无言",以明心见性之空谈,代修己治人之实学。股肱惰而万事荒,爪牙亡而四国

[*] 原载《辽宁大学学报》(哲学社会科学版)2005年第1期和第2期(连载)。

乱。神州荡覆，宗社丘墟①。

既然空谈心性是明亡的主要原因，那么要扭转这种不良学风，顾炎武认为首先在治学宗旨上要继承和发扬中国古代"经世致用"的优良传统和学风，他说："文之不可绝于天地之间者，曰明道也，纪政事也，察民隐也，乐道人之善也。若此者，有益于天下，有益于将来，多一篇，多一篇之益矣。若乎怪力乱神之事，无稽之谈，剿袭之说，谀佞之文，若此者，有损于己，无益于人，多一篇，多一篇之损矣。"② 所著《天下郡国利病书》和《肇域志》便是这方面的代表作。前者在阅读大量古籍的基础上，对各地的疆域沿革、风土人情、物产资源、农田水利和户口赋役等有关国计民生的大事均详加论述；后者专论山川形势，攻防战守之事。其次在治学方法上倡导考据之学。所著《日知录》便是这方面的代表作。该书是作者的读史笔记，历时三十余年始成，对经义、政事、世风、礼制、艺文、科举、古义、古事真妄、史法、天象、术数、注书、杂志、外国事和舆地等古代人文内容无不涉猎。《清史稿》本传称其治学的特点为："炎武之学，大抵主于敛华就实，凡国家典制、郡邑掌故、天文仪象、河漕兵农之属，莫不穷原究委，考证得失。"③ 其考据方法主要包括四个方面：第一，从研究事物的发生、发展过程中来认识事物的本身。第二，广收证据，既要有本证，又要有旁证。通过众多证据的归纳、排比，来辨别事物的真伪。第三，注重年代久远的原始材料。第四，注重对史料的鉴别。《日知录》既是一部考据学的典范，同时也是一部经世之作。其中诸条不乏借题发挥，以史证今者。顾炎武在《又与人书二十五》一文中说："著《日知录》，上篇经术，中篇治道，下篇博闻，共二十余卷。有王者起，将以见诸行事。"④ 在《又与友人论门人书》一文中说："所著《日知录》三十余卷……而有王者起，得以酌取焉，其亦可以毕区区之愿矣。"⑤ 文中所谓"有王者起"，盖即指未来将可能出现的反清明王。若果有此日，《日知录》可作为资政与行军的备查之书。为了光复故国，顾炎武毅然离开民风柔弱的南方，而北上定居陕

---

① 顾炎武：《日知录》卷七，《夫子之言性与天道》，岳麓书社，1994，第 240 页。
② 顾炎武：《日知录》卷十九，《文须有益于天下》，岳麓书社，1994，第 674 页。
③ 《清史稿》卷四百八十一，《顾炎武传》，中华书局，1977，第 13167 页。
④ 顾炎武：《日知录》初刻自序，岳麓书社，1994，第 2 页。
⑤ 顾炎武：《日知录》初刻自序，岳麓书社，1994，第 2 页。

西华阴,以为这里"绾毂关河之口,虽足不出户,亦能见天下之人、闻天下之事,一旦有警,入山守险,不过十里之遥;若有志四方,则一出关门,亦有建瓴之便"。① 顾炎武虽最终也没有盼到明王复出这一天而老死,但他所倡导的考据学风却开创了有清一代学术之先河,正如梁启超所说:"论清学开山之祖,舍亭林没有第二人。"② 终成一代宗师。

二 考据学派掀起文化领域里的复古主义思潮

1644年清兵攻占北京后,并没有完全统一中国,流亡到南方的南明政权继续坚持抗清斗争,直到顺治十八年,吴三桂率兵在缅甸俘虏了南明永历帝,清朝才真正实现了国家的统一。

满族贵族以武力完全征服天下之后,自知以异族君临中华,这对于一个有着传统"严夷夏之防"的汉民族来说,在思想上是很难接受的,尤其对于知识分子阶层更是如此。为了巩固自己的政权,打击和震慑那些具有反清意识的知识分子,便逐渐把主要精力转移到文化领域。

清初统治者奉行的是"宽严相济"的政策,在整治知识界的过程中也体现了这种精神。一方面,清政府采取高压手段,以"文字狱"的形式,来残酷打击那些具有反清复明意识的知识分子。在清代文字狱中,比较著名的有康熙朝庄廷鑨《明史》案、雍正朝吕留良案和乾隆朝徐述夔《一柱楼诗》案,已故涉案人员不但要被开棺戮尸,而且还大肆株连,其亲属和好友或被处死,或被流放,或被罚为奴。从数量上来看,总计康熙朝发生文字狱案近10起,雍正朝近20起,乾隆朝达120起以上。以至人们谈到著书立说,如谈虎色变,清末著名思想家龚自珍的"避席畏闻文字狱,著书都为稻粱谋"诗句,正是当时知识分子普遍心态的真实写照。另一方面,清政府采取怀柔政策,笼络士人,将知识分子纳入到为清政府服务的轨道上来。其主要形式有两种:一种是开辟特科,一种是编纂大型图书。所谓"特科",就是朝廷在正式科举考试之外,为知识分子做官进阶而提供的特别考试科目,主要有荐举山林隐逸、开设博学鸿儒科等。编纂大型图书主要有《四库全书》《古今图书集成》和《明史》等。

---

① 《清史稿》卷四百八十一,《顾炎武传》,中华书局,1977,第13166页。
② 梁启超:《中国近三百年学术史》,东方出版社,1996,第64页。

清政府这种高压与怀柔相结合的政策，终于使大多数知识分子就范。为了避开文祸，保全身家性命，他们只好放弃顾炎武的经世致用治学宗旨，而保留考据学的治学方法。从此广大知识分子把自己的聪明才智都运用到了故纸堆中，终日爬罗剔抉，考经证史，不再过问世事，反清复明意识日趋淡化。

考据学家们既已放弃经世致用的治学宗旨，而单纯的考据又有助于粉饰太平，因而得到了清政府的支持。在官方的诱导下，考据学又有了进一步的发展，至乾隆、嘉庆年间，正式形成了乾嘉考据学派。

高度发展了的乾嘉考据学派内部出现了两个子学派，即以惠栋为代表的吴派和以戴震为代表的皖派。惠栋治学十分尊信汉朝的经学，考证名物多从汉朝经书中寻找根据，甚至是唯汉是从，走上了"凡古必真，凡汉皆好"的极端道路。戴震知识十分渊博，于文字、音韵、训诂、名物、典章制度、古天算和古地理皆有较深的研究，认为要考经证史须借助广博的知识，才有可能求得真义。虽然两先生治学方法不尽相同，但在信古和学古上则完全是一致的。当此之时，考据业已成为一代显学。有学者若考证出一名物，便如同天文学家发现新星一样兴奋不已。一些上层达官贵人，甚至乾隆皇帝本人，闲暇时亦搞上一二考据，以附庸风雅，社会上更出现了"家家许郑，人人贾马"的热闹场面，诚如梁启超所描绘的那样："东汉学烂然如日中天矣。"[①]

考据学既成为一种社会时髦，则其范畴已远远超出经学，影响所及，渗透至整个社会科学，甚至自然科学和文学艺术等一切文化领域。孕育于考据之内的复古主义精神，在清初文化领域各部门的发展过程中都打下了深深的烙印，其中在清初画坛出现的"四王"画派便是典型的一例。

三 以复古为主要特征的"四王"画派

所谓"四王"，即指王时敏、王鉴、王翚和王原祁四位王姓山水画家。他们在绘画理论上倡导继承传统，在绘画实践上以仿古为能事，一时影响甚大，并得到了清廷的赞赏与扶持，成为清初的正统画派。

---

① 梁启超：《清代学术概论》，东方出版社，1996，第66页。

1. 王时敏

王时敏（1592～1686），字逊之，号烟客，江南太仓（今江苏太仓）人。出身官宦之家，祖父王锡爵在明万历朝曾任首辅。因承祖上恩荫，王时敏23岁即为太常寺少卿，故后人又称其为王太常。然而王时敏志不在此，自幼便喜弄丹青。当时董其昌为画界冠冕。祖父见王时敏酷爱绘画，便"属董文敏（董其昌谥文敏）随意作树石，以为临摹粉本"。[①] 而董氏于绘画最重师古，曾说："学画惟多仿古人，使心手相熟，便能名世。"[②] 又首倡南、北宗画派说。以为南宗冲和淡雅，借笔墨以寄情，饶有书卷气；北宗雄浑刻厉，借笔墨以写形，时露工匠气。抑北而尚南。

受董氏的影响，王时敏作画主要以仿古为主，而且在所仿对象中，又以南宗画派居多。如在顺治九年，王时敏作《仿古山水十二帧》，其自跋曰："适风日融和，明窗和墨，率意盘礴，遂得十二帧，于董巨、三赵、元季四大家无所不仿。"[③] 董、巨，即五代董源和北宋巨然，二人均为南宗画派宗师；三赵，即赵令穰、赵伯驹和赵孟頫，元四家，即黄公望、吴镇、倪瓒和王蒙，他们皆为南宗画派在元代的重要代表。清代书法家吴大澂曾见过这部画册，评曰："今观太常（王时敏官太常寺少卿）仿古画册，集董巨、三赵、元四家之长，而杼轴从心，神韵超逸，正与宋元人血战时惨淡经营之作。"[④] 认为王时敏已将董巨、三赵、元四家融会贯通，集其所长，从而画出如此神采焕发的作品，这是与他平时对宋元南宗诸大家所下苦功分不开的。

就一般画家的成长道路来看，他们大都早年以古为师，待基础奠定后，中晚年便进入自我创作阶段。而王时敏则不然，从其传世的大量作品来看，是终生仿古，至老不渝的。如前所述，其顺治九年《仿古山水十二帧》便是61岁时所作，此外还有71岁为儿子王颛庵所作的《仿古山水册二十帧》、76岁所作的《仿宋元诸家山水册十帧》和88岁所作的《仿宋元名迹

[①] 杨翰：《归石轩画谈》卷四，载于卢辅圣主编《中国书画全书》，第12册，上海书画出版社，1998，第104页。

[②] 陆时化：《吴越所见书画录》卷六，《仿曹云西寒溪晓色》，载于卢辅圣主编《中国书画全书》，第8册，上海书画出版社，1994，第1158页。

[③] 庞元济辑著《虚斋名画录》卷十四，《王逊之奉常摹古画册》，载于卢辅圣主编《中国书画全书》，第12册，上海书画出版社，1998，第565页。

[④] 庞元济辑著《虚斋名画录》卷十四，《王逊之奉常摹古画册》，载于卢辅圣主编《中国书画全书》，第12册，上海书画出版社，1998，第566页。

十二帧》等①。王时敏在晚年有过这样一段话:"自惟衰髦残年,又值苍茫风尘之际,尚得偷延视息,与古人流连杯酒,拈弄笔墨,暂时赏心,胜缘良不易觏矣。"②此语不但说明王时敏至老不忘师古,同时从字里行间也让人感受到他与古人之间那份翰墨缘,宛如一对白头偕老的夫妻,终生难以割舍不了情。

王时敏作画不但一生仿古,而且还习惯在每幅画面的空阔处注明仿自某人。这样的例证,我们从王时敏传世的画作或画论中俯拾皆是,仅从以上所引王时敏的仿古册上也可略见一斑。除"仿"字外,还有"临"和"摹"等字样。字虽有别,意则一也。对此,王时敏曾有过这样一段话:"虽每帧标题强名曰'学某家',其实于古人神韵曾未得其脚汗气。"③就一般画家的心理而言,虽临仿古人,也不愿公开道破,尤其是中晚年成名之后。王时敏不以临仿古人为愧,反以临仿古人而自愧不如,可见古人在他心目中的地位是十分崇高的。

当然王时敏仿古,并非仅求形似,更要得其意韵。他曾教诲儿子王撰说:"于宋元诸家,但师其意,不拘拘以形模为工。"④要得其意韵,就必须由表及里,悟极艺理,因而王时敏"每得一秘轴,辄闭阁沉思,瞠目不语,遇有赏会,则绕床大叫,拊掌跳跃,不自知其酣狂"。⑤同时也可知他临仿古人是颇为投入的。

如前所述,王时敏几乎遍仿南宗诸家,但他最喜爱的是黄公望,因为黄氏之画于笔墨之外别有一番令人神往的意韵。王时敏在《题自画赠方艾贤公祖》的跋语中说:"元季四大家皆宗董巨,参以变化神明,故能脱尽窠臼,超逸出尘。余于诸君子中更服膺子久(黄公望字子久)者,以其笔墨之外别有一种荒率苍莽之气,迥出天机,绝非功力所企及,故习学尤难。余自少壮癖嗜。家藏真迹一二帧,朝夕临摹,迄衰暮毫无悟入。"⑥这里说"迄衰暮毫无悟入",当

---

① 童一鸣:《王时敏年谱》,载于《朵云》,总第46期,上海书画出版社,第117~128页。
② 王时敏:《王奉常书画题跋·题自画赠杜于皇》,载于卢辅圣主编《中国书画全书》,第7册,上海书画出版社,1994,第934页。
③ 王时敏:《王奉常书画题跋·题自画赠杜于皇》,载于卢辅圣主编《中国书画全书》,第7册,上海书画出版社,1994,第927页。
④ 王时敏:《王奉常书画题跋·题自画赠杜于皇》,载于卢辅圣主编《中国书画全书》,第7册,上海书画出版社,1994,第917页。
⑤ 梁章钜:《退庵所藏金石书画跋尾》卷十八,《王烟客仿大痴轴》,载于卢辅圣主编《中国书画全书》,第9册,上海书画出版社,1996,第1100页。
⑥ 王时敏:《王奉常书画题跋·题自画赠方艾贤公祖》,载于卢辅圣主编《中国书画全书》,第7册,上海书画出版社,1994,第931页。

然是自谦之词，王时敏一生专攻黄公望，确实颇有成就。诚如《清史稿·王时敏》所说："于黄公望墨法，尤为深契，暮年益臻神化。"① 从传世的王时敏临仿黄公望的画作来看，其画冲和淡雅、秀逸出尘，颇具文人画神韵。

关于王时敏的绘画风格及其在画史上的地位，清人已有评价。张廷济说："余见奉常摹古画不一。是摹真古，是真摹古。二百年无第二手也。"② 杨岘说王时敏"山水得大痴（黄公望号大痴）神化，为清朝第一家"。③ 可以说比较准确地概括了王时敏一生的绘画特点。

2. 王鉴

王鉴（1598～1677），字玄照，号湘碧，江南太仓（今江苏太仓）人。官至廉州知府。出身书香门第，曾祖王世贞官任明朝南京刑部尚书，精通古诗文，曾为明末文坛盟主。家富收藏，诗书、字画和古董甚多。

王鉴与王时敏同里同姓，自幼亦喜好绘画，尤其是王鉴曾祖王世贞与王时敏祖父王锡爵还有同僚之谊，堪称世交。王鉴虽小王时敏六岁，却以叔侄相称。两人平时相互切磋，彼此共勉，志存高远。

王鉴早年亦曾聆听过董其昌的教诲，加之受王时敏的影响，在绘画上力主仿古。他在叶欣《山水册》上题曰："画不师古，终难名世。"④ 明确表明了自己的观点。同王时敏一样，他一生仿古，死而后已。

王鉴仿古，亦主张师法南宗，尤其是南宗宗师董源和巨然。他说："画之有董巨，如书之有钟王。舍此则为外道。惟元季大家，正脉相传，近代自文、沈、思翁之后，几作广陵散矣。"⑤ 所谓"钟王"，即魏晋时期著名书法家钟繇和王羲之。钟繇和王羲之被书法界奉为不祧之祖，历代书法家无不传其衣钵。王鉴把董源和巨然与钟繇和王羲之相比，就是意在说明董巨在画界的正统地位。因而王鉴早年主要师法董巨以及南宗的重要代表人物"元四家"。顺治十七年，王鉴作《仿黄公望山水轴》，王时敏题曰："元四家风格各殊，其源流要皆出于董巨，玄照郡伯于董巨有专诣，所作往往乱

---

① 《清史稿》卷五百四，《王时敏传》，中华书局，1977，第13900页。
② 蒋克煦：《别下斋书画录》卷二，《王烟客摹古画册》，载于卢辅圣主编《中国书画全书》，第11册，上海书画出版社，1997，第412页。
③ 杨岘：《迟鸿轩所见书画录》卷二，《王时敏》，载于卢辅圣主编《中国书画全书》，第12册，上海书画出版社，1998，第32页。
④ 郑威：《王鉴年谱》，《朵云》，总第22期，上海书画出版社，第102页。
⑤ 王鉴：《染香庵跋画》，《历代论画名著汇编》，文物出版社，1982，第295页。

真。此图复仿子久,而用笔皴法,仍师北苑(董源官北苑副使)。有董巨之功力,有子久之逸韵,瓶盘钗钏,镕成一金。即使子久复生,神妙亦不过如此,真古今绝艺也。"① 由王时敏的题款可知,王鉴师法南宗,而董巨为南宗宗师,故从此二人入手,并达到了可以乱真的专精程度。以后又顺流而下,临仿"宋四家"的黄公望。将董巨的笔墨功力与黄公望的画外神韵相结合而成此图。除了黄公望,王鉴对吴镇、倪瓒和王蒙也下过较深的功夫。如他在顺治六年所作的《四家灵气图》,形神兼具,下真迹一等,便是仿"元四家"的杰作。

王鉴晚年于南宗之外开始拓宽画路,涉足赵孟頫、赵令穰和赵伯驹的青绿山水。南宗追求淡雅,而青绿山水设色艳丽。王鉴力求将两者结合起来,以汲取更多的营养。王时敏对此亦加以肯定和赞扬,他说:"廉州画初师董巨,咄咄逼真,年来更出入三赵,以浓丽为宗,然高华秀逸兼而有之。总由胸中画学浩如烟海,至足之余溢为奇怪,盖出于不得已。亦犹诗之变风,时会使然,非有意以炫世骇俗也。此册得变化三昧,尤称杰作。"② 流传至今的有王鉴 61 岁所作的《青绿山水图》。王鉴于其上题曰:"余向在董思翁(董其昌号思白)斋头见赵文敏(赵孟頫谥文敏)《鹊华秋色卷》及余家所藏子久《浮岚远岫图》,皆设青绿色……追师两家笔法而成此卷,虽不敢望古人万一,庶免近时蹊径耳。"③ 可见是临仿赵孟頫和黄公望的结合之作。该图设色典丽,艳而不俗,可谓兼南宗和青绿山水之两长。

王鉴于南宗之外,除了涉足"三赵"青绿山水,还旁及北宗。北宗是与南宗对立的画派,其画风雄强刻厉,颇具阳刚之气。王鉴 63 岁时作《仿范宽山水图》,于其上题曰:"近时丹青家皆宗董巨,未有师范中立者,盖未见其真迹耳。余向观王仲和宪副所藏一巨幅,峰峦苍秀,草木华滋,与董巨论笔法,各有门庭,而元气灵通,又自有相合处。客窗雨坐,偶仿其意,不敢求形似也。"④ 范宽是北宋著名山水画家,其画具有典型的北宗风

---

① 王时敏:《王奉常书画题跋·题自画赠杜于皇》,载于卢辅圣主编《中国书画全书》,第 7 册,上海书画出版社,1994,第 920 页。
② 王时敏:《王奉常书画题跋·题自画赠杜于皇》,载于卢辅圣主编《中国书画全书》,第 7 册,上海书画出版社,1994,第 930 页。
③ 中国古代书画鉴定组编《中国绘画全集》(19),清 1,图版说明七七、七八,文物出版社,浙江人民美术出版社,2001。
④ 中国古代书画鉴定组编《中国绘画全集》(19),清 1,图版说明七七、七八,文物出版社,浙江人民美术出版社,2001。

格。王鉴此图将范宽"峰峦深厚""势状雄强"的特点完全再现，显示出非凡的仿古功力。

王鉴一生师古，遍仿诸家。作画"笔笔摹拟古法"①，"无一笔无来历"②，诚为仿古大师。王鉴一生作品颇多，但自己最看重的是康熙九年所作的《仿古山水册十帧》。其款曰："此册在案头甚久，首尾四载，方就十帧，实余生平入细画，无过于此者。迩年来衰病日增，所遭坎坷，心境殊恶，恐再欲如是作，精光已消亡，纵弄笔墨，皆应酬草率，焉能似此？倘遇知己不鄙弃而收之，余魂魄犹依依于旁也。"③王鉴将这一仿古之作称为自己魂魄所依，视为自己一生珍品，其嗜古之深，恐寻常之人难以理解。

王鉴平生与王时敏为砚友，同传董其昌衣钵。后王时敏专攻元人黄公望，以神韵超逸为胜；王鉴则学兼诸家，始则南宗董巨，"元四家"，继则旁及"三赵"青绿设色与北宗画法，以画路宽广、技法精湛见长。然较之王时敏，功力过之而意韵稍逊。故时人以王时敏为画苑领袖，王鉴为先民遗矩，后学津梁。尽管二人各具特点，但在清初倡导复古主义画风上却是完全一致的，正如王时敏之子王撰所言："先奉常与湘碧郡伯先后继起，同以画道提倡后学，临摹古人名迹，一树一石悉宗正派，扫尽世俗邪谬之习，一时声价并重四方，推善画者，有娄东二王之称。"④

3. 王翚

王翚（1632～1717），字石谷，号耕烟散人、乌目山人和清晖主人等。虞山（今江苏常熟西北）人，与元代著名南宗画家黄公望同乡。出身丹青世家，曾祖王柏臣、祖父王载仕和父亲王豢龙皆善画。在家庭的影响下，王翚自幼即好点染，曾用芦荻画壁，显示出良好的绘画天赋。

王翚不但具有良好的绘画天赋，而且很幸运，年轻时即先后遇见前辈画家王鉴和王时敏，并得到他们的指导与提携。据王翚在其所辑《清晖赠言》的自序中说：

---

① 郑威：《王鉴年谱》，《朵云》，总第22期，上海书画出版社，第101页。
② 杨岘：《迟鸿轩所见书画录》卷二，《王时敏》，载于卢辅圣主编《中国书画全书》，第12册，上海书画出版社，1998，第33页。
③ 潘正炜：《听帆楼续刻书画记·王圆照仿古山水册》，载于卢辅圣主编《中国书画全书》，第11册，上海书画出版社，1997，第922页。
④ 庞元济辑著《虚斋名画录》卷十四，《王逊之奉常摹古画册》，载于卢辅圣主编《中国书画全书》，第12册，上海书画出版社，1998，第567页。

会王廉州师自娄至虞，见翚所图便面小景，把玩叹赏，携之袖中。是夕方伯孙公宴师于山堂。宾客数十人，笙歌骈集。师把余扇，注视不释手。酒半遍示诸客，称许过当，一座皆惊。随命其客邀至。翚得以弟子礼见。因出董文敏所图长卷，指点诿谇，郑重而别。居久之，师茸染香庵初成，始贻书相招，悬榻以待，遂介谒太常王公。公一见如故，馆之幸舍。……因尽发家藏宋元名迹，相与披寻议论，指示宗派悉有依据。翚益快闻所未闻，由是盘礴点染，颇能涉其津涯。与古人参于毫芒之间，会诸意象之表，皆两公之教也。①

这就是说，王鉴游虞山时，偶见王翚所绘画扇笔墨精到，叹为奇才，乃有意予以提携，并收其为弟子。后来又将王翚引见给王时敏。王时敏尽将家中所藏大量宋元古画向王翚开放，供其临摹，加以指导。此后王翚进步很快，不久即入古人堂奥，可以直接与古人对话了。由此可见，王翚从年轻时即走上师古的绘画道路，这是与王时敏、王鉴的影响密不可分的。

此后王翚在王时敏、王鉴的指导下，"一以古人为师"，十分勤勉习画，并开始显示出非凡的仿古能力。同里孙永祚得观王翚仿古画册十四帧，见画中山峦、竹石、烟云和人物皆追踪古贤，无自撰之笔，以为难能可贵，题其画曰"一一追摹古人而出之"②。太仓王挺曾在隐湖毛氏斋所见到过王翚，给他的印象是："时方弱冠，而观其议论，惟以好学深思为志。予意其必有大过人者。"③后来王挺之父在吴门看到王翚之画，归家不禁叹曰："石谷其异人也。其画直逼宋元，深入古人堂奥。丘壑则古人之丘壑也，笔墨则古人之笔墨也，甚而宫室、车马、鸟兽、虫鱼，无一而非古人。试以石谷之画与宋元诸名家比而程之，竟不知其谁为古人？谁为石谷矣？是何修而至此，或者天授非人力欤！"④这就是说，王翚作画，大则丘壑，小则

---

① 王翚：《清晖赠言·自序》，载于卢辅圣主编《中国书画全书》，第7册，上海书画出版社，1994，第815页。
② 王翚：《清晖赠言》，《孙永祚：题石谷画册》，载于卢辅圣主编《中国书画全书》，第7册，上海书画出版社，1994，第980页。
③ 王翚：《清晖赠言》，《王挺：赠石谷先生序》，载于卢辅圣主编《中国书画全书》，第7册，上海书画出版社，1994，第891页。
④ 王翚：《清晖赠言》，《王挺：赠石谷先生序》，载于卢辅圣主编《中国书画全书》，第7册，上海书画出版社，1994，第891页。

虫鱼，一丝不苟，无不忠实再现古人。其仿古之精确，已达到可以乱真的程度。周亮工在《读画录·王石谷》中记曰："吴下人多倩其作，装潢为伪，以愚好古者。虽老于鉴别，亦不知为近人笔。"① 因王翚的仿古之作已达到可以乱真的程度，甚至吴地某些别有用心之人，求来王翚的画作，再加以做旧裱糊，便可以古代名画出售，从中牟取暴利。这虽不是一件光彩之事，但王翚仿古技法之高超，于此可见一斑。当然有必要指出的是，王翚仿古并非只是形似，其师王鉴说："虞山王石谷年少才美，其画已入宋、元名家之室。形似神似，翕翕勃勃，俱有妙理。……若仅以规摹之能手目王子则失之远矣。"② 王时敏说："见石谷所作《雪卷》……盖因渊思兼得神解，于古人同鼻孔出气，下笔自然契合，无待规摹。"③ 可见，王翚作画于古人可谓形、神、意三者兼得，较其师王时敏、王鉴已有出蓝之妙。

如前所述，王鉴在画学道路上能够植根于南宗，而又不囿于南宗，广泛涉足"三赵"青绿山水和北宗画派。作为王鉴的弟子，王翚更发展了乃师的绘画思想，不但在绘画实践上广收博取，而且还大胆地主张破除各流派之间的门户之见。他说：

> 翚自龆时搦管，仡仡穷年，为世俗流派拘牵，无由自拔。大底右云间者深讥浙派，祖娄东者辄诋吴门。临颖茫然，识微难洞。已从师得指法，复于东南收藏好事家纵揽中丞、思训、荆董、胜国诸贤，上下千余年，名迹数十百种，然后知画理之精微，画学之博大，如此而非区区一家一派之所能尽也。由是潜心苦志，静以求之。每下笔落墨，辄思古人用心处。沿精之久，乃悟一点一拂皆有风韵，一石一水皆有位置，渲染有阴阳之辨，傅色有今古之殊。于是涵泳于心，练之于手，自喜不复为流派所惑，而稍稍可以自信矣④。

---

① 周亮工：《读画录·王石谷》，载于卢辅圣主编《中国书画全书》，第7册，上海书画出版社，1994，第953页。
② 刘一萍：《王翚年谱》，载于《朵云》，总第37期，上海书画出版社，第118页。
③ 王翚：《清晖赠言》，《王时敏：题王子石谷画卷》，载于卢辅圣主编《中国书画全书》，第7册，上海书画出版社，1994，第885页。
④ 周亮工：《读画录·王石谷》，载于卢辅圣主编《中国书画全书》，第7册，上海书画出版社，1994，第953页。

王翚既能摹古达到乱真的程度，又复不为流派所拘，广泛涉猎，陶铸古今。因而人称其："临一家不杂他家一笔，未尝有一家为之束手而不能逼肖者。及作长卷，则错综众美，奔赴笔端，炉锤独妙。"① 也就是说，王翚临仿一家则纯为一家，不杂他家一笔，未有临仿而不逼真者；至承绘制巨幅长卷，则又能融合百家，汇集众美，尤为佳妙。王翚在多年探索和总结中国历代绘画精华的基础上，提出了"以元人笔墨，运宋人丘壑，而泽以唐人气韵，乃为大成"②的著名复古主义绘画论断。可见在王翚看来，继承便是临仿古人；创新便是在此基础上的集古人之所长。具体来说，即采用元代人的笔法墨法、宋代人的山川格局和唐代人的神采意韵。这显然与其他画派"创新"概念有所不同。在当时的画坛上，南、北宗是两个最大的对立画派系统。王时敏以宋元为根基，而对元代南宗代表黄公望有专诣。王鉴以南宗宗师董源、巨然为根基，而开始涉猎"三赵"青绿山水和北宗，至王翚则进一步拓宽乃师画路，尤其加强了对原来的未知领域北宗的研习。最终"画有南北宗，至翚而合"③，"凡唐宋元名迹，已悉穷其精蕴，集以大成"④。融合南、北宗，集画学之大成，非功力深厚、胸怀博大者不能，故王时敏将王翚"目为画圣"。

　　清初复古主义画风之兴起，自王时敏首倡之，王鉴虽称与王时敏比肩，实为承上启下，而王翚在画界则以其深厚的功力和卓越的成就，在"四王"画派的阵营中起到中坚作用。

4. 王原祁

　　王原祁（1642～1715），字茂京，号麓台。江南太仓（今江苏太仓）人，系王时敏之孙。进士出身，具有很高的文化素养。王原祁生活在这样一个官宦、丹青世家，自幼即好绘画，史载："幼作山水，张斋间，时敏见之，讶曰：'吾何时为此耶？'问知，乃大奇曰：'此子业且出我右！'"⑤ 早年便显示出非凡的绘画模仿能力。

　　王时敏以专攻黄公望著称于画界，受祖父影响，王原祁亦以研习黄公

---

① 杨翰：《归石轩画谈》卷五，载于卢辅圣主编《中国书画全书》，第12册，上海书画出版社，1998，第112页。
② 吴聿明编著《四王画论辑注》，浙江人民美术出版社，1994，第60页。
③ 《清史稿》卷五百四，《王翚传》，中华书局，1977，第13905页。
④ 王翚：《清晖赠言》卷八，《钱谦益：跋王子石谷画卷》，载于卢辅圣主编《中国书画全书》，第7册，上海书画出版社，1994，第887页。
⑤ 《清史稿》卷五百四，《王原祁传》，中华书局，1977，第13900页。

望为主。王原祁曾说："余弱冠学画惟秉家承。少时于所藏子久诸稿乘间研求。"① 王梦楼亦说："麓台先生以子久为本师，而旁涉倪王，上追董巨，故其摹董巨处皆其似子久处。"② 王原祁平生绘画以临仿黄公望为主，除了受祖父王时敏的家庭影响，还由于"子久画全以气韵为主"③，冲和淡雅、秀逸出尘，饶有文人画风。王原祁具有较高的文化水准，选择黄公望当在情理之中。

清人梁章钜说："麓台画多仿古"④，这就是说，王原祁在绘画上，同王时敏、王鉴、王翚一样，也是以仿古为主的。不过在仿古具体方法上，王原祁有着自己的特点。他说："董思白天姿俊迈，往往学大痴不求形似而神采焕然。余每拈毫，拟其超脱处，不必似黄，亦不必似董，取其气势，用我机轴。古人三昧或在是耶？"⑤ 又说自己"虽不贯临摹而专以神遇"⑥。可见，王原祁虽自幼具备非凡的模仿能力，但在后来的绘画实践中，因受董其昌的启发，以为虽不求形似，也可神合古人，得古人之三昧，遂采取了遗貌取神的仿古态度。此外，王原祁一生专攻黄公望，而黄氏以神韵超逸见长，王原祁后来能够转变观念，恐怕与他多年临仿黄公望亦有一定关联。

由于王原祁仿古采取遗貌取神的方法，故多能得古人神髓。清人潘遵祁见到王原祁《竹溪渔浦松岭云岩图卷》，跋曰："司农（王原祁官户部侍郎，此官亦称少司农）此卷，力追北苑而得其神髓。思翁见之，当有把臂入林之乐；廉州、石谷一齐俯首矣。……骎骎乎方驾古人也。"⑦ 以为王原祁之得古人神髓，与董其昌当雁行，与王鉴、王翚则突过之。王时敏、王原祁祖孙二人平生皆专攻黄公望。王时敏在评论孙儿时说："元季四家，首

---

① 陆心源：《穰梨馆过眼录》卷十四，《王麓台设色山水轴》，载于卢辅圣主编《中国书画全书》，第 13 册，上海书画出版社，1998，第 346 页。
② 杨翰：《归石轩画谈》卷五，载于卢辅圣主编《中国书画全书》，第 12 册，上海书画出版社，1998，第 118 页。
③ 陆心源：《穰梨馆过眼录》卷三十七，《王麓台水墨山水轴》，载于卢辅圣主编《中国书画全书》，第 13 册，上海书画出版社，1998，第 238 页。
④ 梁章钜：《退庵所藏金石书画跋尾》卷十八，《王麓台杜老诗意轴》，载于卢辅圣主编《中国书画全书》，第 9 册，上海书画出版社，1996，第 1101 页。
⑤ 梁章钜：《退庵所藏金石书画跋尾》卷十八，《王麓台杜老诗意轴》，载于卢辅圣主编《中国书画全书》，第 9 册，上海书画出版社，1996，第 1101 页。
⑥ 陆心源：《穰梨馆过眼录》卷十四，《王麓台设色山水轴》，载于卢辅圣主编《中国书画全书》，第 13 册，上海书画出版社，1998，第 346 页。
⑦ 庞元济辑著《虚斋名画录》卷五，《王麓台竹溪渔浦松岭云岩》，载于卢辅圣主编《中国书画全书》，第 12 册，上海书画出版社，1998，第 447 页。

推子久,得其神者,惟董宗伯(即董其昌);得其形者,予不敢让;若形神俱得,吾孙其庶几乎?"① 以为临仿黄公望,董其昌得其神似,自己仅得其形似,而孙儿王原祁形神俱得。此虽为自谦之词,但王原祁之专精黄公望,于笔墨能摄古人魂魄,亦当是不虚之语。

王原祁专攻黄公望,并得其神解,可以说继承和发展了祖父王时敏的画风。他自幼聪颖,兼承家学,勤学好思,锐意进取,同样赢得了社会的赞誉和画界的肯定,将复古主义画风又一次推向高潮,从而成为"四王"画派之殿军。

由上而知,在董其昌的影响下,王时敏从南宗出发,首倡清初复古主义画风。王鉴追随其后,由南宗而至"三赵"青绿山水和北宗,不但扩大了仿古领域,而且起到了承上启下的重要作用。王翚系王鉴亲传弟子。他继承和发展了乃师的画学道路,以其博大的胸怀,陶铸古今,学兼南、北宗,成为一代画圣。为"四王"画派取得画界的正统地位奠定了坚实的基础。王原祁为王时敏之孙,他幼承家学,刻意复古,于黄公望颇得神解,为"四王"画派之余绪。

在仿古历程中,"四王"之间虽各具特点,但他们从不同的方面、不同的角度,将他们认为画学正道的共同事业推向深入,从而掀起了清初的复古主义画风。

"四王"画派掀起的清初复古主义画风产生了很大的社会影响。从民间来看,人们视其仿古之作为墨宝,或设法得到以收藏,或不惜重金以求购,或再仿"四王"以牟利。王时敏的《仿黄子久画》曾被友人孙东白"重购得之"。② 王鉴40岁时,世间仿造之作开始大量出现,"赝作纷纷"③。王翚之画更为世人所看重,"当时大老名人争购石谷之画,无不珍逾拱璧"。④ 以至于"远近丐求者,户外屦满,欲作铁门限久矣"⑤。王原祁亦"惟名太大,应接太多,世之赝鼎充斥,收藏家几于人各一轴矣"⑥。

---

① 《清史稿》卷五百四,《王原祁传》,中华书局,1977,第13900页。
② 王时敏:《王奉常书画题跋·题仿黄子久笔》,载于卢辅圣主编《中国书画全书》,第7册,上海书画出版社,1994,第925页。
③ 单国强编著《王鉴精品集著录·秋山图轴》,人民美术出版社,1999。
④ 晏棣:《国朝书画名家考略》卷六,王翚,载于卢辅圣主编《中国书画全书》,第11册,上海书画出版社,1997,第627页。
⑤ 王翚:《清晖赠言》卷八,《王时敏:题王子石谷画卷》,载于卢辅圣主编《中国书画全书》,第7册,上海书画出版社,1994,第887页。
⑥ 杨翰:《归石轩画谈》,载于卢辅圣主编《中国书画全书》,第12册,上海书画出版社,1998,第116页。

从官方来看，清朝最高统治者对"四王"画派的某些成员亦推恩有加。王时敏、王鉴为明末清初人，祖上又都是明朝大臣，因而二人皆抱有故国之念，终生隐身林泉而不仕清。王翚成年之后，清朝已经完全稳固下来，并迎来了康乾盛世。康熙三十年，王翚应朝廷诏征，"以布衣供奉内廷"①，主绘康熙帝《南巡图》。当时"集海内能手，逡巡莫敢下笔，翚口讲指授，咫尺千里，令众分绘而总其成"。② 图成，圣祖皇帝十分满意，在东宫召见王翚，"赐坐，赐食"，并御书"山水清晖"四字予以褒奖。上有所好，下必甚焉，"一时名公巨卿，文人学士争交之"③，"王侯将相公卿士大夫，靡不愿得尺幅以为吉光片羽。"④ 朝廷欲将王翚留京，授以官职，而王翚力辞，数年后终返虞山，归老林泉。王原祁小王翚10岁。康熙九年中进士，官至户部侍郎。由于王原祁善画，曾在"御前染翰，上凭几观之，不觉移晷"。⑤ 康熙帝还命他鉴定大内中珍藏的书画名迹，担任《佩文斋书画谱》总裁官，待以极高的礼遇和予以充分的信任。

由于"四王"画派在社会上造成很大的影响，当时即有吴历和恽格两位大画家加盟"四王"画派，故画史亦有"四王、吴、恽"或"清初六家"之称；康雍乾时期，又有王昱、王愫、王玖和王宸四位画家承继"四王"仿古画风，画史称"小四王"，乾隆后期，又有王廷元、王三锡、王廷国和王鸣韶四位画家再接"四王"余绪，画史称"后四王"，可见"四王"画派后继有人，历时也较为久长。

四 考据学风促进了"四王"画派的产生和发展

以上简要地叙述了清初的"四王"画派，从中不难看出，其复古主义特征不仅是明显的，而且也是具体、形象和生动的，可见作为当时学术界主体意识的考据学风对"四王"画派乃至整个文化领域的各个部门影响之

---

① 《清史稿》卷五百四，《王翚传》，中华书局，1977，第13904页。
② 《清史稿》卷五百四，《王翚传》，中华书局，1977，第13904页。
③ 王翚：《清晖赠言》，《王掞：序》，载于卢辅圣主编《中国书画全书》，第7册，上海书画出版社，1994，第817页。
④ 王翚：《清晖赠言》卷八，《冯武：耕烟先生八十初度序》，载于卢辅圣主编《中国书画全书》，第7册，上海书画出版社，1994，第893页。
⑤ 《清史稿》卷五百四，《王原祁传》，中华书局，1977，第13900页。

深，业已将复古主义精神注入它们的毛细血管之中，并在它们的发展过程中无时不在、无处不在。

当然，若将"四王"画派产生的原因完全归之于考据学风，那是不准确的。"四王"画派之所以走向复古，还有其自身发展的缘故，即美术史家所谓的"自律性"。如前所述，开创"四王"画派的王时敏和王鉴，是在董其昌的启发下，经过毕生大量的绘画仿古实践和理论探索，从而掀起了清初画坛的复古主义思潮。董其昌是中国近古最有影响的画学宗师。他的仿古思想是与他首次提出的画分南、北宗命题相联系的。按照董氏的理解：画之分南、北宗，不仅有风格的差别，而且也有层次上的不同，即南宗借笔墨以寄情，书写文人襟怀，重在意韵；北宗借笔墨以写实，徒见画匠功力，重在外形。崇南宗而卑北宗。既然画家应取法乎上而学南宗，而南宗重在意韵，则写生并不重要，重要的是向古代南宗大师学习，通过摹仿他们的笔墨轨迹，以捕捉他们画外那种冲和淡雅、温柔敦厚的文人意韵。这就是董氏主张复古的真正原因。可见，董其昌及"四王"画派所谓之复古，与考据学所谓之复古，在口号上相同，但在内容上则并不一致。董其昌的复古思想和提出的画分南、北宗命题并不是偶然的，而是顺应了中国绘画史的客观发展规律。中国绘画自魏晋南北朝之后开始有了长足的进步，绘画理论很快建立起来，绘画技法不断丰富，经过一千余年的发展，画家对山水、人物和花鸟的把握和描绘也愈加逼真。然而艺术的生命在于求新求变，画法无论如何逼真，亦不过是形而下者，由写形升华至写神才是绘画发展的必然要求。董其昌正是基于这一点才提出上述理论的。可见，"四王"画派掀起的清初画坛复古主义思潮，从其内因来说，是由中国绘画史自身的客观发展规律所决定的。

就某一事物的发生发展来说，内因固然重要，但外因也是不可缺少的必要条件。清初考据学风对"四王"画派的影响，主要体现在它为"四王"画派的产生提供一片非常肥沃的土壤，在当时社会中营造出一种尚古的浓厚氛围。凡具有一定艺术素养的人尽知，绘画注重首创而鄙视模仿。"四王"仿古作品之所以能够风靡一时、独领风骚，是与当时人们特定的思想意识、特定的审美观念、特定的价值观念和特定的社会环境分不开的。作为当时主体思想意识的考据学风，不仅很快助产出了"四王"画派，而且还影响甚至改变了"四王"画派的走向。原来旨在以书写古代南宗大师文人襟怀的复古主义内涵逐渐淡化，与此同时，却与考据学派日渐趋同，并显示出与考据学派相类似的种种特征，其主要表现有以下三方面。

其一，由单纯临仿南宗走向全面复古。如前所述，"四王"画派当初所谓之"仿古"，意指通过临仿古代南宗大师们的笔墨轨迹，以捕捉并表现他们那种画外的冲和淡雅、温柔敦厚的文人意韵，并非是不分画派，唯古是仿，唯古是从。"四王"画派的创始者王时敏基本上能够秉承董其昌的意旨，主要临仿南宗画派，并认为元人黄公望的作品虚和淡雅，颇具文人画意韵，最能代表南宗精神，遂毕生临仿，终以得黄公望三昧名世。王鉴早年亦以南宗画派宗师董源、巨然为根底，但晚年则涉足"三赵"青绿山水，甚至董其昌认为"吾曹不当学"的北宗画派，开始游离于董氏所划定的藩篱之外。作为王鉴的弟子，王翚在乃师的基础上进一步拓宽画路，不但广泛涉猎"三赵"青绿山水，而且遍仿历代，画兼南北，成为集大成式的画圣。王翚固然在当时画坛产生了很大影响，也做出了重要贡献，但不可否认，他距离董其昌和王时敏的初衷较乃师王鉴走得更远。如此一来，在王翚的笔下，体现古代南宗文人画意韵的成分愈来愈少，而不分画派、唯古是仿的复古成分愈来愈多，这不能不说是受到考据学派"凡古必真，凡汉皆好"观念的影响。王原祁虽然由于家庭的关系，效法祖父王时敏，专师黄公望，但他也并不反对遍仿各家，因而亦不能遏止"四王"画派与考据学派日渐亲和的趋势。

其二，由单纯临仿南宗走向全面总结与整理中国古代画学。南宗画派与北宗等其他画派除了在风格上不同之外，在技法与表现主题的关系上，观点亦不相同。北宗等其他画派的表现主题很简单，就是写实，说白了就是画得越像越好。而要达到这一点，则需要技法和功力做支撑，因而它对技法和功力要求程度较高；南宗画派的表现主题主要是抒发文人那种冲和淡雅、温柔敦厚之意韵，而要达到这一点，画家须具备一定的文化修养，即所谓"画外功夫"，因而在这方面要求较高，在技法和功力方面则要求相对较低。如前所述，王时敏之时尚首重气韵，王鉴开始涉足"三赵"青绿山水，王翚则更进了一步，画兼南北，成为集大成式的画圣。王鉴、王翚师徒在向北宗等其他画派拓展的同时，实际上也必须加强自己绘画技法的磨炼和功力的积淀，说得更确切一点，其侧重点已由最初主要表现文人画意韵开始向技法与功力方面转移。故画史认为：王鉴较王时敏功力过之而意韵稍逊。王翚更是汇集众美，形神毕肖，功底深厚，技法完备。王鉴，尤其是王翚，既由南宗出发，后来又获得了北宗等其他画派的技法与功力，便完全具备了全面总结与整理中国古代画学的能力。王鉴、王翚师徒不仅具备了这种能力，事实上也是这样做的。从王翚流传下来的作品来看，所绘丘壑、山石、山泉、树木、茅屋和人物等，都是在参考大量不同时期、不同地域和不同画派的古代绘画作品基础上加以综合概括，从中浓缩出一种高度凝练的画法模式或者程式，可见王翚对中国传统绘画技法已烂熟于心，堪称总结和整理中国古代画学之巨擘。

其三，由复古画派蜕变成"院体山水"。如前所述，王时敏倡导的复古主义画风，其初衷在于表现古代南宗文人画意韵，清政府在笼络文人，"荐举山林隐逸"之际，王时敏和王鉴亦不仕清。然而至王翚时，已经进入康乾盛世，遂应召入京，主持绘制大型组画康熙帝《南巡图》，嗣后王翚还得到了康熙帝的称赞，并御书"山水清晖"四字相赐。王翚回乡之后，又将其制成匾额，悬于门楣之上，率子孙北面叩首，以谢皇恩，从此自称"清晖主人"，引以为殊荣。王原祁则自幼考取进士，官至户部侍郎。康熙帝对王原祁的绘画亦很为欣赏，命他负责大内书画鉴定，充任《佩文斋书画谱》总裁，主绘《万寿盛典图》，予以充分的信任，待以很高的礼遇。王翚和王原祁在为清廷服务的同时，其画风亦悄然发生变化，即由文人画向院体画发生转移。这一转移至"四王"画派的传人唐岱、董邦达、方琮和张宗苍时已基本完成。院体画设色高华富贵，颇具皇家风范；形式千篇一律，与封建帝王的大一统思想暗合，因而很受清朝统治者的欢迎。由此可见，同考据学派的命运一样，"四王"画派最终亦成为粉饰太平、服务清廷的御用工具。

清代考据学与篆刻艺术的复兴 *

清代考据学发轫于清初,盛行于乾隆、嘉庆年间,最终形成著名的"乾嘉学派"。乾嘉学派在治学上力主考据,在学风上倡导复古,其影响所及,不仅风行于经、史学界,而且渗透至自然科学、社会科学和文学艺术等一切文化领域。清初,沉寂已久的中华传统国粹——篆刻艺术的复兴,便是在考据复古主义思潮的催化下觉醒的。考察和阐明考据学风与篆刻艺术复兴之间关系,不仅能够深化学界对清代考据学的认识,也可以推动对清代篆刻艺术的研究,是一项跨学科、补空白、颇具学术意义的清代文化史课题。

一 考据学派掀起复古主义思潮

考据学的开创者是清初著名思想家、史学家顾炎武。顾炎武之所以开创考据学,离不开当时的历史背景。

崇祯十七年,明亡,清朝定鼎北京。一时神州陆沉,宗社丘墟。作为一名素以天下为己任的爱国知识分子,痛定思痛之后,总结明亡的原因在于学术界的空谈心性。为了光复故国,顾炎武认为就要倡导和开创一种务实的学风。这种务实的学风,应以"经世致用"为治学宗旨,以考据为治学方法。他所著的《日知录》《天下郡国利病书》和《肇域志》便是这方面的代表作,从而开创了清代的考据学。

清廷挥兵南下,以武力统一中国之后,开始把主要精力转移到文化领域,重点打击那些具有反清复明意识的知识分子。清政府打击具有反清复明意识知识分子的主要手段是大兴文字狱。文字狱通过玩弄文字、断章取

---

* 原载《辽宁大学学报》(哲学社会科学版) 2006 年第 1 期。

义、妄加臆断和捕风捉影等方式，为知识分子罗织罪名，涉案人员生者处死，死者开棺戮尸，家族还要受到株连。为了避开文祸，知识分子们不得不放弃经世致用的宗旨，走上了单纯考据的道路。从此他们便关起门来，一头钻进故纸堆中，终日爬罗剔抉，考经证史，唯古是尚，不敢再过问世事。

考据学者既已放弃了经世致用的宗旨，走上了单纯考据道路，从而在文化领域掀起了复古主义学风。学界的一心向古、不问世事，对清朝政府来说，不但解除了威胁，在客观上还会起到盛世兴文、粉饰太平的作用，因此清政府逐渐改变了对考据学的态度，由开始的镇压，转化为默许，甚至是支持。在清政府的默许和支持下，考据学开始有了迅速的发展，至乾隆、嘉庆年间正式形成了历史上著名的乾嘉考据学派。

乾嘉考据学派以复古为特征。其内部又分为两派，即以惠栋为代表的吴派和以戴震为代表的皖派。惠栋治学十分尊信汉朝经学，考证名物多从汉朝经书中寻找根据，甚至是唯汉是从，走上了"凡古必真，凡汉皆好"的极端道路。戴震知识十分渊博，认为考经证史须借助广博的知识，才有可能求得真义。虽然两名先生的治学方法不尽相同，但在信古和学古上则完全是一致的。

当此之时，考据业已成为一代显学。有学者若考证出一古代名物，便如同天文学家发现新星一样兴奋不已，一些上层达官贵人，甚至乾隆帝本人，闲暇时亦搞上一二考据，以附庸风雅，社会上出现了"家家许郑，人人贾马"的热闹场面。诚如梁启超后来所描绘的那样"东汉学灿如日中天矣"。[①]

考据学既然成为一种社会时髦，则其范畴已远远超出经学和史学，影响所及，甚至渗透到整个社会科学、自然科学和文学艺术等一切文化领域。孕育在考据学之内的复古主义精神，在当时的文化领域各个部门的发展过程中都打下深刻的烙印。清代篆刻艺术的复兴及其在治学上的复古，便是这场复古主义思潮引发的。

二 篆刻艺术的复兴

王冬龄在《篆刻与碑学》一文中说："在唐宋之后，篆刻进入式微境

[①] 梁启超：《清代学术概论》，东方出版社，1996，第66页。

地，其间虽有米芾、吾丘衍、赵孟頫、王冕等诸家努力，仍未能挽其颓波，直至明末清初文彭、何震，才开始了篆刻的复兴。清代篆刻家多是碑学书家，如丁敬、金农、桂馥、邓石如、吴让之、赵之谦、吴昌硕诸家，都是书印兼善的大家。"[1] 正如王先生所说，在中国篆刻史上，清代占有极其重要的地位，甚至可以说是前无古人的。而这一非凡成绩的取得，若将其置于当时的历史背景下，便可发现是与考据复古学风分不开的。换句话说，如果没有清初考据复古学风的影响，就没有篆刻艺术的繁荣与发展。为具体说明两者之间的密切关系，我们拟从篆书的复兴、尚古的印学理论和尚古的篆刻实践三个方面分别加以叙述。

1. 篆书的复兴

质言之，篆刻艺术就是书写和镌刻在印石上的篆体书法艺术，因而篆刻的繁荣与发展，必先取决于篆书这一必要载体的繁荣与发展。

篆书盛行于周、秦。有名可考的篆书书家只有秦丞相李斯，他所书的《泰山刻石》《琅琊台刻石》和《峄山刻石》等颇具艺术价值，成为后世习篆者的临摹范本。

秦以后篆书逐渐衰退，代之而起的是汉朝的隶书、魏晋的楷书，以及由楷书演进的行草书。唐朝曾出现一位篆书大家李阳冰，然仅此一人而已。李氏殁后，篆书再度沉寂，直至明末隐而不显。

入清之后，考据学兴起，才为篆书复兴带来了新的契机。如前所述，清初著名学者顾炎武开创了考据学，考据学兴起后，出于考经证史的需要，文字、训诂、音韵等所谓的"小学"和钟鼎、碑版等所谓的"金石学"亦随之成为热门。沙孟海先生在《清代书法概论》中说："大家都知道，清代学者研究小学、金石学最专门，成绩超越前代。小学主要研讨古代语言、文字、声韵、训诂，属于经学的范畴，但同时带动了篆学。金石学主要征集研讨古代铜器碑版有铭刻的遗物，属于历史学的范畴，但同时亦带动各体书法。"[2] 正如沙氏所言，"小学"促进了篆学的觉醒，金石学带动了各体书法的发展。篆学和书法的结合，又引发了篆书书法艺术的复兴。因此，清代先后涌现了许多篆书艺术大家，其中最著名的有钱坫、邓石如和吴昌硕。钱坫以"玉筋篆"名世，本人也曾十分自负说："斯、冰之后，直至小

---

[1] 王冬龄：《篆刻与碑学》，《印学论丛》，西泠印社出版，1984，第266页。
[2] 沙孟海：《清代书法概论》，《沙孟海论书文集》，上海书画出版社，1997，第705页。

生。"意谓自秦相李斯和唐人李阳冰之后,古今能续篆书一艺的就只有他钱坫了。邓石如出钱氏后,然其能遍学上古钟鼎、刻石、碑版,陶铸古今,终成一裁,书界以为在钱氏上。晚清著名政治改革家兼书法理论家康有为对其书艺至为推崇,在《广艺舟双楫》中说:"完白山人(邓石如号完白山人)未出,天下以秦分(即篆书)为不可作之书,自非好古之士鲜或能之。完白山人既出之后,三尺竖童仅解操笔,皆能为篆。吾尝谓篆法之有邓石如,犹儒家之有孟子,禅家之有大鉴禅师。"① 可见,邓氏不但善于写篆,而且还在民间影响极广,曾起到很大的普及作用。吴昌硕是晚清一位集诗、书、画、印四者全能的艺术大师,平生用力最勤的是《石鼓文》。《石鼓文》乃战国时物,因文字镌刻在十个状若鼓形的石上而得名。其文字艺术价值极大,历来被书界奉为篆书中之圭臬。吴氏取法乎上,其篆书沉着遒劲,古朴苍茫,力能扛鼎,造诣又在邓石如上。除了三人之外,王澍、洪亮吉、孙星衍、吴让之、杨沂孙、胡澍、徐三庚、赵之谦和吴大澂等都是清代写篆书的能手。

篆刻离不开篆书,两者关系十分密切。清代篆书的复兴,为篆刻提供了必要的艺术载体和肥沃的生长土壤,有力地促进了篆刻艺术的繁荣和发展。

2. 尚古的印学理论

大凡开一时代之风气,必以其理论为先导。清代篆刻艺术之尚古,也概莫能外,首先是从印论界发端的。

入清之后,学术界的考据复古之风骤起,并很快成为当时思想文化的主流意识。对于印界来说,考据学吴派所信奉的"凡古必真,凡汉皆好"的治学精神与元明以来的一些印学家推崇秦汉的主张正相契合,加之考据学风又带来了上古篆书的复兴和普及,于是便孕育产生了清代印界的复古思潮。在这一复古思潮中,首先出现了一批具有复古意识的印论家,其主要代表人物有周亮工、吴先声和桂馥等。

周亮工(1612~1672),字元亮,号栎园,祥符(今河南开封)人,生活于明末清初。曾任明朝户部右侍郎。生平博学多闻,善鉴赏,尤好收藏印章,品藻评判,别具慧眼。所著《印人传》一书,主要记载了明末清初

---

① 康有为:《广艺舟双楫·说分第六》,《历代书法论文选》,上海书画出版社,1979,第790页。

间篆刻家事略、印派嬗变和艺风习尚等，同时也借以阐述了自己的印学思想。周氏的印学思想，倡导复古，这从他叙述和品评印人的文字中便可窥见。

周亮工在本书的《沈逢吉》传中说："奇离变为邪僻，婉秀变为纤弱，风斯下矣。逢吉一以和平尔雅出之，而又不失古法，故其里中张彝令于学山堂谱中极推重之，梅村秋岳咸为许可。秋岳每语予曰：'眼中之人，毕竟以逢吉为正法眼藏。'逢吉为名流所重若此，足以传矣。"① 从这段文字中可以看出，周氏对沈逢吉印艺颇为欣赏，并指出其长处有二：一是中和平实、温文尔雅的治印格调，二是不失古法的治印原则。可见，周氏已将印中是否寓有古法作为评价作品优劣的重要标准之一。在《书林公兆印谱前》一篇中说："公兆为印，动以汉人为法，不妄奏一刀，诗画及分书皆楚楚可人。"② 从这段文字中可以看出，周氏对林公兆印艺的肯定，是由于他以汉印为法度，而且十分严格，不妄下一刀。可见在周氏的心目中，汉印的地位是崇高的，应为治印者之典范。在《书顾元方印章前》一篇中说："元方为印，直接秦汉，意欲俯视文、何者。"③ 从这段文字中看，周氏对顾元方的印艺也是肯定的，指出其优点在于直接师法秦印、汉印。可见，周氏不但崇尚汉印，而且亦推重秦印。此外，引文中所说"文""何"，即明代著名篆刻家文彭、何震，他们二人在治印主张上皆倡导复古。周氏在这里说顾元方意欲超越文彭、何震，实际上对文彭、何震在印界的地位及治印主张也是相当认可的。在《书胡省游印谱前》一篇中说："予生平好图章，见秦汉篆刻及名贤手制，则爱玩抚弄，终日不去手，至废餐寝以求骋其欲，不啻如时花美女。"④ 如果说以上几段引文只是间接地表达了周氏的印学主张，这段文字则直接地说明了周氏的喜好，即酷爱秦汉印及某些名家印之深，以至达到废寝忘食和如怜时花美女的境地。

《印人传》虽然不是一部纯粹的印学理论著作，但周亮工通过为印人作传，明确表达了自己倡导秦汉的复古主张，尤其是本书问世于清初，对此后有清一代复古印学的形成起到过重要的先导作用。

吴先声，字实存，号孟亭，古郢（今湖北江陵）人。工篆刻，撰有

---

① 周亮工：《印人传》卷一，《沈逢吉》，《篆学丛书》，中国书店，1984。
② 周亮工：《印人传》卷一，《书林公兆印谱前》，《篆学丛书》，中国书店，1984。
③ 周亮工：《印人传》卷一，《书顾元方印章前》，《篆学丛书》，中国书店，1984。
④ 周亮工：《印人传》卷二，《书胡省游印谱前》，《篆学丛书》，中国书店，1984。

清代考据学与篆刻艺术的复兴

《敦好堂论印》一卷,该文成于清康熙年间,集中阐述了他的印论思想。

吴氏在该文中说:"印之宗汉也,如诗之宗唐,字之宗晋。"① 众所周知,唐代以律诗著名于世,晋代以王羲之的书法彪炳千秋,而吴氏将汉印与唐诗、晋字相比,可见十分崇尚汉印,视其为篆学中之典范。又说:"唐用朱文,古法渐废。"② 汉印大都为白文,而唐代开始大量出现朱文印。吴氏认为唐代这样做有损汉印古法,尊汉而卑唐。又说:"古人作印,不求工致,自然成文,疏密巧拙,大段都可观览。今人自作聪明,私意配搭,补缀增减,屈曲盘旋,尽失汉人真朴之意。"③ 吴氏在肯定汉印的同时,对当时的流行印风也提出了批评,指出今人自以为聪明,将不同时代的不同字体相互搭配,对字之笔画私意增减,对笔画少的字屈曲盘旋以填充。结果是矫揉造作,人工雕琢痕迹很强,尽失汉人率真质朴的自然意味。

与《印人传》相较,该文更加直接地阐述了作者尚汉的印学理论,又因该文诞生于康熙年间,故对清初开始形成的篆学复古理论起到了进一步推动的作用。

桂馥(1736~1805),字未谷,号冬卉,山东曲阜人。善隶书,工篆刻。印论有《续三十五举》传世。该文之所以取是名,是作者为表明接续元人吾丘衍的《学古编·三十五举》一文而作。吾氏首倡治印应从汉法,然其文甚短,所论不够系统深入。桂馥著《续三十五举》,旨在借用其义,并发扬光大,以促进清代印学的觉醒和复兴,将篆刻艺术扶上师法秦汉的正途。为此,桂馥在本文中认为,学习篆刻应当继承传统,师法汉印。他说:"铁书宗汉铜,犹之毫书法晋帖。"④ 铁书,即篆刻。汉铜,因汉印皆为铜质,故名。此话之意为:篆刻取法汉印,犹如书法取法晋帖一般。可见桂馥同吴先声一样,亦十分推崇汉印,并将其视为习篆者之典范。篆刻之所以要师法汉印,桂氏认为原因有二:一是汉人擅写篆书,而善写篆书是能够制成佳印的前提条件。为此引何震的话说:"圆朱文,始于赵松雪诸君子,殊不古雅。但今之不善圆朱文者,其白文必不佳,故知汉印精工,实由工篆书耳。"⑤ 二是汉印,包括秦印,皆为当时人所铸、所刻,其刀法、

---

① 吴先声:《敦好堂论印》,《篆学丛书》,中国书店,1984。
② 吴先声:《敦好堂论印》,《篆学丛书》,中国书店,1984。
③ 吴先声:《敦好堂论印》,《篆学丛书》,中国书店,1984。
④ 桂馥:《续三十五举》,《历代印学论文选》,西泠印社,1999,第308页。
⑤ 桂馥:《续三十五举》,《历代印学论文选》,西泠印社,1999,第309页。

章法和结体都十分真切,故弥足珍贵。为此又引王兆云的话说:"秦、汉印章,传至于今,不啻钟、王法帖。何者?法帖犹借人工临石,非真手迹。至若印章,悉从古人手中出,刀法、章法、字法,灿然俱在,真足袭藏者也。"① 桂氏既认为秦汉之印可为师法,那么对后世不合此古法之事,皆应一律予以纠正。具体来说,有以下几项:其一,在印风上,反对时下唯整齐是尚的做法。为此引用王基之言说:"作印,非以整齐为能事,要知古人之法,会字画之意,有自然之妙。今人不知,凡能捉刀,即自负擅长,当时群公贵客,妄为称道。而此匠流,本不知秦、汉印为何物,或见之,亦曰篆法不同于《说文》,刀法未造及整齐,门外俗夫闻之以为妙论。即以品评天下之印,遂令人不知学古,只知字画工整为能也。"② 由此而知,桂馥认为以整齐相尚,只能沦为匠气。秦汉印随体赋形,率真自然,乃最高艺术境界。故应扭转时风,以古法为归。其二,在印文上,桂馥指出,秦汉只有姓名印,而无其他内容的印文。对于后世出现的其他内容印文,主张皆应摒弃,一以秦汉古法为准。为此,桂馥首先对出现在晋代的表字印和流行于当时的"某人父"等内容的杂印,提出了严厉的批评,他援引明人甘旭的话说:"秦汉止有名印,晋至六朝间有表字印,唐、宋始盛行。近有用'某人父'者,讹谬特甚,若'某道人''某山人''某某子'之类,古无此制。"③ 又对宋、元之间出现的将斋名和别号引入印文的做法提出了批评,他援引姜绍书的话说:"印章之制,始于秦而盛于汉。然只记姓名及官阶耳。至宋、元始有斋名及别名。"④ 又对将地名引入印文的做法提出批评,他援引《撷芳录》中的话说:"余见'江右周郎'四字铜印。今以地名小字刻印者,大都仿效是式,然亦古人偶然之作,终非大方。"⑤ 尤其对梁千秋无语不可入印的做法,以为大忤古法,深感切痛。他援引周亮工的话说:"至梁千秋,则无语不可入矣。吾未见秦、汉之章,有此累累也,欲追踪古人,而不先除其鄙恶,望而知为近今矣。"⑥ 在印面形式上,桂馥认为后世印面四框加粗,多占书画纸素,亦有违秦汉古法,不宜仿效。他援引米芾

---

① 桂馥:《续三十五举》,《历代印学论文选》,西泠印社,1999,第308页。
② 桂馥:《续三十五举》,《历代印学论文选》,西泠印社,1999,第318~319页。
③ 桂馥:《续三十五举》,《历代印学论文选》,西泠印社,1999,第316页。
④ 桂馥:《续三十五举》,《历代印学论文选》,西泠印社,1999,第316~317页。
⑤ 桂馥:《续三十五举》,《历代印学论文选》,西泠印社,1999,第316页。
⑥ 桂馥:《续三十五举》,《历代印学论文选》,西泠印社,1999,第317页。

的话说:"印文须细,圈细与文等。我太祖'秘阁图书之印',不满二寸,圈文皆细,'上阁图书'字印亦然。仁宗后,印经院赐经,用'上阁图书'字大印,粗文。若施于书画,占纸素,字画多有损于书帖;近三馆'秘阁之印',文虽细,圈乃粗如半指,亦印损书画也。"① 在印方的尺寸上,桂馥指出汉印小而后世渐大,以为应遵古法,返大为小。他援引《汉书》说:"方寸之印,丈二之组。古者官印不过寸许,私印更小。六朝以降,始渐大,犹未悬绝。至前明私印,且有大于官印者,亦见出女子下矣。"②

如书名所示,桂馥《续三十五举》是接续元人吾丘衍《学古编·三十五举》而写的又一部印学理论著作。该书虽说接续,但内容远较吾氏之文丰富宏大。桂馥不仅全面系统地阐述了他的复古印学理论,对吾氏有重大发展,而且对秦汉以后印界出现的种种不合古法的现象提出了具体的批评。这些批评都是本着是否合乎秦汉古法的标准作为出发点的。平心而论,其中有些意见比较中肯,有些意见甚至可以说过于泥古。例如,对后世出现的表字印、斋名印、别号印和闲章的批评,就不很恰当。印章种类、内容和形式的多姿多彩,拓宽了印章的表现范围,丰富了人们的精神文化生活,从而促进了篆刻艺术的发展,应予以肯定。不过由此更可以看出,桂馥的印学思想不仅是力主复古的,而且有矫枉过正之处。

除以上三人之外,乾、嘉时的姚晏和嘉、道时的冯承辉等也都是推崇秦汉、力主复古的印论家。

3. 尚古的篆刻实践

篆刻艺术,同世上的其他事物一样,也是按照自身发展规律进行的。印论家一旦从篆刻艺术的实践中敏锐地觉察到它的发展趋向,就会立即将其上升为理论,反过来指导篆刻艺术实践,给予篆刻艺术实践以巨大的推动。如前所论,清代的印论是尚古的,试图借助汉代质朴的印风,以扭转唐、宋以来印文屈曲盘绕、千篇一律的下滑颓势,使篆刻艺术走上正途,进而创造出具有时代特色的自我面目。正是在这种尚古印论的影响下,有清一代的著名篆刻家几乎都是主张复古的,尤其推崇秦印、汉印,用他们脚踏实地的篆刻实践活动,同印论家一起共同铸就了清代光辉灿烂的尚古印风。

---

① 桂馥:《续三十五举》,《历代印学论文选》,西泠印社,1999,第315~316页。
② 桂馥:《续三十五举》,《历代印学论文选》,西泠印社,1999,第316页。

清代著名的篆刻家主要有丁敬、邓石如、吴让之、黄士陵、赵之谦、吴昌硕、蒋仁、黄易、奚冈等人。

丁敬（1695～1765），字敬身，号砚林，浙江钱塘（今杭州）人，为"西泠八家"之首，浙派创始者。丁敬平生十分好古，尤其喜好汉印。曾刻"贤者而后乐此"章，其款识云"予好古不啻好色"。① 将好古比喻成好色，可见其嗜古之深。在古印中，尤其喜爱汉印，曾刻"寿古"章，其款识云"古印留遗莫精于汉"。② 丁敬有首著名的诗篇为篆刻界所耳熟能详，即："古人篆刻思离群，舒卷浑同岭上云。看到六朝、唐、宋妙，何曾墨守汉家文"。③ 从这首诗的字面上看，似乎是重六朝、唐、宋而轻汉，其实并非如此。此诗是他已打好深厚的汉印基础，正待突破其束缚时所作，世人切莫误解。从丁敬的传世作品来看，以汉印为根基，博采六朝、唐、宋、明，最终形成了自己面目。其用刀细碎短切，波磔而行；线条迟涩有力；结体棱角分明；风格钝朴奇崛，高古清刚。这些正是从汉印中胎息得来。

邓石如（1743～1805），原名琰，字石如，后改名石如，号完白山人，安徽怀宁（今安庆）人，清代著名碑学书法家和篆刻家。在书法上，邓石如擅长篆隶，而尤以篆书成就为高，在篆刻上为邓派创始者。由于邓石如兼擅书法和篆刻，因而他主张"书从印入，印从书出"，即书法与篆刻应互相融通，互相借鉴。所以，人们从他流传后世的印章上可以看到，其印文极具书写的意味，与浙派的印中求印方式形成了鲜明的对照，从而成为邓派不同于浙派的最显著特征。尽管邓石如在庞大的浙派阵营之外兀自树立起了自己的邓派，但两派的本源却是一样的，即皆主张尚古，以汉为宗。对此，邓派的传人吴让之在《赵㧑叔印谱序》中说："以汉碑入汉印，完白山人开之，所以独有千古。"④ 指出将汉碑碑额篆书融入汉印章中去，乃是邓石如学汉最具创见之处。清末书法家曾熙在《吴让之印存·跋》中不但表达了相同之意，而且更加具体。他说："完白山人取汉人碑额生动之笔，以变汉人印用隶法之成例，盖善用其巧也。"⑤ 书法篆刻界人士皆知，汉印虽仍使用篆文，但已融入隶书的因素，结体由圆趋方，给人的视觉感受是

---

① 韩天衡编订《历代印学论文选》，西泠印社，1999，第718页。
② 韩天衡编订《历代印学论文选》，西泠印社，1999，第717页。
③ 韩天衡编订《历代印学论文选》，西泠印社，1999，第711页。
④ 吴让之：《赵㧑叔印谱序》，《历代印学论文选》，西泠印社，1999，第607页。
⑤ 曾熙：《吴让之印存·跋》，《历代印学论文选》，西泠印社，1999，第599页。

清代考据学与篆刻艺术的复兴

工稳整齐，然缺少些许灵动。一般印人就是以此为范本，来打基础的。而邓石如亦为书法家，他匠心独运，将汉碑额的篆文大字融入汉印中来。因这种篆书未经隶化，更多地保留了秦代原始风貌，所以就使邓石如的篆刻作品极具写意，从而鲜活生动起来。从他传世的"意与古会"印章上看，在刀法上，使铁如毫，势如破竹，一气呵成；在结体上，损方益圆，形如折钗，内聚张力。故其作品刚健婀娜、婉转遒劲，颇具汉碑额笔意。

吴昌硕（1844~1927），原名俊、俊卿，字昌硕，晚年以字行世。浙江安吉人，为西泠印社首任社长，是晚清集书、画、印于一身的艺术巨擘。同清代的其他篆刻家一样，吴昌硕在印学上亦十分崇尚秦汉。吴昌硕科举时的同学张祖翼曾说："其（吴昌硕）篆印一本秦汉。"[①] 道出了吴昌硕印学的根本，对此吴昌硕本人说得更加详细："余少好篆刻，师心自用，都不中程度。近十数年来，于家退楼老人许，见所藏秦、汉印，浑古朴茂，心窃仪之，每一奏刀，若与神会，自谓进于道矣。"[②] 可见，吴昌硕早年学印时，因无师承，曾走过弯路，后接触到秦、汉印，顿觉下刀有神，技艺大进，从此视仿秦汉为习印之正途。由于吴昌硕崇尚秦、汉印，因而曾大量临摹秦汉时期的各类印章，流传至今的就有仿汉银印、仿汉凿印、仿汉碑额、仿汉铸印、仿汉私印、仿汉官印、仿汉铜印和仿秦诏版权量文等。在书法上，吴昌硕以擅长石鼓文著名，同邓石如的方法一样，他也将石鼓文笔意融入刻印当中去。刻印时，钝刀入石，中锋涩进，或冲或切，风格古朴浑厚，静穆苍秀，颇显石鼓老辣意味。

与三位大师同样，清代的绝大多数知名印人几乎都十分好古，奉秦、汉印为圭臬。康、乾时印人蒋仁，"西泠八家"之一，亦好古之甚。原名泰，后在扬州平山堂得古铜印"蒋仁之印"，遂更名仁，改字山堂。治印苍劲之中富有古意，论印则言："篆法、章法、刀法三者咸备，即不超乎秦汉以上，亦不失乎宋元。"[③] 可知在他心目中，秦、汉印价值最高，宋、元次之。乾、嘉时印人黄易，"西泠八家"之一。平生喜收罗金石，得丁敬亲授，治印雄浑朴雅，款识尤得汉人风韵。曾言："自秦作小篆，而镌刻之风兴，两汉因之，规模法度因尽在矣。其运腕奏刀，有意无意之间，非后人

---

① 张祖翼：《观自得斋印集·题记》，《历代印学论文选》，西泠印社，1999，第636页。
② 吴昌硕：《缶庐印存·自序》，《历代印学论文选》，西泠印社，1999，第625~626页。
③ 韩天衡编订《历代印学论文选》，西泠印社，1999，第729页。

所能仿佛。"① 指出做印始于秦，而兴于汉，其不饰雕琢，妙合自然之神韵，尤非后人模仿所能及。可见，秦、汉印在黄氏心中的地位之高。乾、嘉时印人奚冈，"西泠八家"之一，曾私淑丁敬。治印冲和拙质，论印则言："近世论印，动辄秦、汉，而不知秦、汉印刻，浑朴严整之外，特用强屈传神。今俗工咸趋妩媚一派，以为仿古，可笑！"② 可知崇尚秦汉，已经成为当时印界的一种时髦风气，但大多数印人都不得要领，奚冈却是领悟其中真谛之人。咸、同时印人吴让之，治印老苍浑道，曾自言："弱龄好弄，喜刻印章。十五岁乃见汉人作，悉心摹仿十年。"③ 可知，吴氏早年曾苦学汉印十年，汉印功底十分深厚。后从邓石如学，为吴昌硕所服膺。咸、同、光时印人赵之谦，博古多识。除篆刻之外，诗书画皆通，尤工汉隶。书、印相互滋养，印风飘逸清新，娟秀洒脱。论印则言："汉铜印妙处，不在斑驳，而在浑厚，学浑厚则全恃腕力。石性脆，刀所到处，应手辄落，愈拙愈古。"④ 指出汉铜印的精妙之处，不在于表面上的线条斑驳，而在于线条之中的浑厚神韵，可知赵氏对汉印理解之深！同时也说明了他在篆刻美学上对"拙"与"古"的心仪和追求。光、宣时印人黄士陵，初学邓石如、吴让之，后径取秦玺汉印，治印以薄刃冲刀尽力去表现汉印那种光洁妍美的一面，论印则言："印人以汉为宗者，惟赵㧑叔为最光洁，鲜能及之者，吾取以为法。"⑤ 一般学习汉印者，大都追求其平实、庄重和严整，而黄氏则与众不同，在这一点上最服膺赵之谦（赵之谦字㧑叔），追求和凸显汉印的光洁之美。尽管黄氏与一般习汉印者的追求迥异，但这只是源于对汉印的理解不同，其崇尚汉印的态度和对汉印孜孜以求的精神则是完全一致的。除了以上列举的篆刻家之外，还有许多，如陈鸿寿、陈豫钟、赵之琛、钱松和徐三庚等，也都是师法秦汉、一心向古的印人。

三 结语

由上可知，清代的篆刻界，从印学理论到篆刻实践，都曾深受当时社

---

① 韩天衡编订《历代印学论文选》，西泠印社，1999，第732页。
② 韩天衡编订《历代印学论文选》，西泠印社，1999，第735页。
③ 吴让之：《吴让之印存·自序》，《历代印学论文选》，西泠印社，1999，第595页。
④ 韩天衡编订《历代印学论文选》，西泠印社，1999，第755页。
⑤ 韩天衡编订《历代印学论文选》，西泠印社，1999，第787页。

会上复古主义思潮的影响。这些印论家和印人不但好古，而且尤其崇尚秦、汉的印章，这与考据学派遵奉"凡古必真，凡汉皆好"的信条具有十分惊人的相似之处，可见清代考据学对篆刻界的影响是十分巨大的。

当然若将清代篆刻界的复古原因完全归结为考据学风，也是不准确的。毋庸讳言，清代篆刻界之崇秦汉，与篆刻艺术发展的自身规律也有很大关系。在中国篆刻艺术史上，秦朝，尤其是汉朝，既是篆刻艺术的开创阶段，也可以说是篆刻艺术的顶峰时期。此后的魏晋南北朝，尚守汉法，而到了唐宋，印风崇尚华美而近乎靡弱艳俗，印文屈曲盘绕，后称"九叠篆"，趋于僵化呆板，艺术含量急剧下降。有鉴于此，元人吾丘衍作《学古编·三十五举》，首倡复古，崇尚秦汉，明人文彭、何震亦赞同此说，当然大规模的从理论到实践回归秦汉和篆刻艺术的真正复兴还是在清代。由此可见，篆刻艺术发展的自身规律，也是清代印界复古思潮发生的重要内在原因。

基于这点，笔者以为，说考据学对篆刻界的复古产生巨大影响，指的主要是为篆刻复古提供了有利的外部诱发环境。众所周知，中国古人起事喜欢引经据典，而反对标新立异。在这一历史背景下，篆刻艺术要创新，要发展，也只能打着复古的旗号来进行。以笔者来看，清代的篆刻艺术尽管是以古为师，唯秦汉是尚，但每一位篆刻家都有自己的艺术风貌，也可以说都在秦汉印的某一方面有所发展。从清代的篆刻作品来看，尽管还存在着比较明显的秦汉痕迹，即所谓"回归"，但这种回归，已经历了否定之否定的过程，重新跃上了一个新台阶。要用简短的一句话来概括清代考据学与篆刻艺术发展的关系，使用中国古代成语"借尸还魂"，是最恰当不过的了。

清代篆刻艺术的复兴和复古，除了其自身规律的内部原因和考据学风的外部原因之外，当然还有一些其他原因，如清代曾出土大量的钟鼎、封泥、印章、诏版、权量、碑版等，这些都为复古印风的兴起奠定了不可或缺的资料基础；书法界碑学的崛起、美术界"四王"画派的出现，都是借助复古的外衣而最终成功的。书、画、印三门姊妹艺术之间必然形成互动，彼此影响，共同发展。由此可见，在清代篆刻艺术的复兴过程中，考据复古之风曾起过重要的作用，然而其产生的原因并不是单一的，而是多方面的。

入关前清统治者的文化政策*

16世纪末至17世纪初，东北一隅的满族迅速崛起，仅仅用了六七十年时间，就上演了一出以小搏大、由弱转强、取明而代之的惊天话剧。在看似偶然的历史背后，定有必然的东西藏匿其中，其入关前的文化政策就很值得研究。

满族是中华大地上历史悠久的民族之一，其先民在先秦时称为"肃慎"，两汉时称"挹娄"，南北朝时称"勿吉"，隋唐时称"靺鞨"，宋元时称"女真"，清太宗皇太极时期方改族名为"满洲"，世居白山黑水之间，长于骑射，长期以畋猎为生。到明朝时，女真族分为三大部，即建州、海西和野人女真。明末，努尔哈赤成为建州女真首领，主动学习中原文化，早年"好看《三国》《水浒》二传"，崇敬关羽。他还派人翻译汉文典籍，以便能够更多地从中汲取统治经验。深受中原文化熏陶的努尔哈赤说，为君则要像尧、舜、禹、汤、文、武等人那样，生为明君，死传美名；为臣则要像皋陶、伊尹、周公、诸葛亮、魏徵那样，生前荣膺显爵，死后名垂青史。由此可见，努尔哈赤对汉文史籍相当熟悉，从中获益不浅。

皇太极即帝位后，在其父努尔哈赤的基础上进一步推进汉化政策。据《清史稿·职官志》记载，天聪二年，"建文馆，命儒臣分直。十年，更名内三院"。内三院，即内国史院、内秘书院和内弘文院，其建制成为后来内阁的雏形。据《清太宗实录》卷九记载，天聪五年，皇太极又"集诸贝勒大臣议，爰定官制，设立六部"。所谓"六部"，即吏部、户部、礼部、兵部、刑部和工部，这是历代中原王朝的典型官僚体制。当时还规定在六部中，承政和参政等重要官职必须有一定数量的汉官出任。天聪三年八月，皇太极下旨开科取士，当年就有300人赴考。他还继续鼓励达海等人翻译汉

---

* 原载《光明日报》（理论周刊）2007年9月21日。

文典籍，崇德元年八月，皇太极首次"遣内秘书院大学士范文程致祭于至圣先师孔子"(《清太宗实录》卷三十)。这表明满族统治者业已正式接受中原汉族王朝的官方哲学——儒家文化。

除了学习中原文化外，皇太极还派人努力访求并掌握西方先进的制炮技术。八旗军长于骑射，善于野战，但拙于攻城。天命十一年正月，几乎从未尝过败绩的努尔哈赤率兵攻打宁远城，宁远守将袁崇焕凭借着从西洋引进的红衣大炮顽强抵抗，结果不仅八旗兵大受挫折，努尔哈赤本人也身受重伤，回沈不久便因忧愤背疽突发而死。这件事对皇太极的震动和刺激很大，此后他便决心掌握制炮技术，并多方招募能工巧匠，终于仿造出西洋大炮。满族统治者掌握铸炮技术后，如虎添翼，不仅善于野战，而且善于攻城。当时为明朝服务的西方传教士兼火器专家汤若望叹道："彼人壮马泼，箭利弓强，既已胜我多矣，且近来火器又足与我相当"，"孰意我之奇技，悉为彼有"(汤若望、焦勖：《火攻挈要》)。此后，清军在与明朝军队对阵中就处于更加有利的地位。

经过努尔哈赤和皇太极两代明君倡导学习汉文化，满族很快进入封建社会，国家体制日趋完备，社会经济迅速发展，可谓国富兵强。皇太极虽然倾心学习中原文化，但对本民族的风俗习惯、文化传统也并不简单摒弃，态度极为审慎。巴克什达海、库尔缠屡劝皇太极改满洲衣冠，效汉人服饰制度，一直未被接受。据《清太宗实录》卷三十二记载，崇德元年十一月，皇太极对亲王、郡王、贝勒、固山额真等大臣们说：如果接受达海和库尔缠的建议，改服宽衣大袖的汉服，则不便于骑马射箭，而骑射乃是八旗兵之长技和战无不胜的法宝，因此衣着风俗是不能更改的。次年，皇太极又对诸王、贝勒们说："昔金熙宗及金主亮废其祖宗时衣冠、仪度，循汉人之俗，遂服汉人衣冠，尽忘本国言语。……我国家以骑射为业，今若不时亲弓矢，惟耽宴乐，则田猎行阵之事必致疏旷，武备何由而得习乎！盖射猎者，演武之法；服制者，立国之经。朕欲尔等时时不忘骑射，勤练士卒。凡出师田猎，许服便服，其余俱令遵照国初之制，仍服朝衣。且谆谆训谕者非为目前起见也，及朕之身岂有习于汉俗之理！正欲尔等识之于心，转相告诫，使后世子孙遵守毋变弃祖宗之制耳！"在这里，皇太极借用金朝故事，说明语言、服饰和骑射三者皆为满族传统文化之根本，要努力保持下去，不仅在当朝，后世子孙也不要轻易改变。皇太极不仅是这样说的，也是这样做的。在满语方面，早在天聪八年四月，便命将业已汉化的官名和城市名改为满语，如总兵官改为昂邦章京、副将改为梅勒章京、参将改为甲喇章京等，又将沈阳改为盛京、赫图阿喇改为兴京，不久又命礼部举行科举考试，不仅考核儒家文化，还专门选拔精通满语、蒙语的人才。在服饰方面，遏制改穿汉服的趋势，仍命身着圆领、窄袖、左衽和衣摆四面开衩的所谓"旗袍"。在骑射方面，则命各旗的牛录额真带领士卒在春夏秋三季进行平时的练习，并派部院大臣随时抽查，在适当的时候，举行射骑比赛。由于皇太极以及后世清朝君主十分注重保持本民族的特色，因而"国语骑射"和满族服饰的传统在某些地区和阶层一直延续到清末。

由上可知，满族在其崛起的过程中，其统治者虽积极倡导学习其他民族的先进文化，但仍是有条件、有选择的，同时对本民族的传统也注意保留。从今天来看，这种既开放又坚守的文化政策、文化性格对满族的崛起是发挥了非常积极的历史作用的。

满族崛起的文化因素*

辽宁素有清朝"龙兴之地"之称,300多年前,在努尔哈赤和皇太极的领导下,满族(前为建州女真)从小到大,从弱到强,最终进入山海关,定鼎北京,统一中国。这段历史,至今仍令人感到几分震惊和困惑。关于这一问题,清史学界已有许多研究成果问世,然而其中少有从文化层面上进行深入研究者,笔者拟就此略作探索,认为满族崛起的文化因素主要有如下四个方面。

一 娴于骑射的尚武精神

自古以来,满族的先民们就生活在东北广袤的土地上。由于古时东北山高林密,河流纵横,他们主要靠渔猎和采集为生,因而娴于骑射。虞舜时,满族的先民称为肃慎,曾"来朝贡弓矢"①。这是满族先民与中原王朝联系的最早记载。周朝武王时,"肃慎贡楛矢石砮"②。汉朝时,称挹娄。史载:"善射,发能入人目。弓长四尺,力如弩。矢用楛,长一尺八寸,青石为镞,镞皆施毒,中人即死。"③ 北魏时,称勿吉。史载:"人皆善射,以射猎为业。"④ 金朝时,称女真。史载:"善骑,上下崖壁如飞,济江河不用舟楫,浮马而渡。"⑤ 长期的畋猎又塑造了满族先民们的尚武精神,故史书同时又记载他们"众虽少,而多勇力"⑥,"其人劲悍"⑦,"俗勇悍,喜战斗"⑧ 等等,

---

* 原载《社会科学辑刊》2007年第6期。
① 《竹书纪年》卷上,商务印务馆,1931。
② 《史记》卷四十七,《孔子世家》,中华书局,1959,第1922页。
③ 《后汉书》卷八十五,《东夷列传》,中华书局,1965,第2812页。
④ 《北史》卷九十四,《勿吉传》,中华书局,1974,第3124页。
⑤ 《大金国志》卷三十九,《初兴风土》,中华书局,1986,第551页。
⑥ 《后汉书》卷八十五,《东夷列传》,中华书局,1965,第2813页。
⑦ 《北史》卷九十四,《勿吉传》,中华书局,1974,第3123页。
⑧ 《大金国志》卷三十九,《初兴风土》,中华书局,1986,第551页。

关于满族先民娴于骑射及其尚武精神的记载，可谓史不绝书。

明朝末年，女真建州部开始在今天的辽宁地区崛起。在其崛起的过程中，建州女真继承并发扬了祖先的骑射长技和尚武精神。建州女真的首领努尔哈赤，在其戎马倥偬的一生中，基本是在马上度过，故人称"马上皇帝"。努尔哈赤十分喜爱和重用骁勇善战之人，清初著名的"五大臣"，即额亦都、费英东、何和礼、安费扬古和扈尔汉，皆为武将，无一文臣。至努尔哈赤晚年，后金统治集团的核心是所谓的八和硕贝勒，即代善、阿敏、莽古尔泰、皇太极、济尔哈朗、多尔衮、多铎和岳托。八和硕贝勒虽皆为努尔哈赤子侄，但也无一不是从战争中打拼出来，尤其是代善、阿敏、莽古尔泰和皇太极号称"四大贝勒"，更是战功卓著。四小贝勒也大都类此，无不以战功进入统治集团。与地位显赫的军功集团相比，文臣的身份便显得较低，例如清初著名文臣范文程，早年主动投奔努尔哈赤。他学识渊博，足智多谋，然而在努尔哈赤之世，始终没有得到真正的重用，至于其他文臣就更不必提了。

皇太极即位后，应该说对其父过度的重武轻文政策有所调整，设文馆，开始启用范文程、宁完我、达海、库尔缠和鲍承先等一班文臣，但他却仍然认为长于骑射"系我国制胜之技，何可不努力学习耶"?① 时常提醒八旗将士切不可忘记满族的优势所在，为此要求各旗的牛录额真带领士卒，在春夏秋三季进行平时的骑射演练，并派部院大臣随时抽查。此外还在适当之时，举行射箭与骑马比赛，并亲临现场观看。如天聪三年三月十二日，组织护军与闲散侍卫进行较射，赛后，"各赏本旗护军之射中者，分为四等。中八九箭者，赏布四；中七箭者，赏布三；中五六箭及三四箭者，赏布二；中一二箭者不赏"。② 借以鼓励优胜者，并鞭策后进。又如崇德元年七月三日，组织由和硕贝勒、多罗郡王和贝勒参加的骑术比赛，"赛程三十里外，取前十名，落后者不计。所取前十名之马，各赏相同之弓角一对；驰马之人，各赏佛头青布二"。③ 同样用奖励的办法，鼓励参赛者取得好成绩。由于努尔哈赤和皇太极十分重视骑射这一民族传统，满族人的尚武意识也始终未坠其绪。据朝鲜使者李民寏在《建州闻见录》一书中记载：

---

① 《清太祖实录》卷一，甲申年九月甲戌条。
② 《清太宗实录》卷十三，天聪七年正月庚子条。
③ 《清太宗实录》卷十八，天聪三年三月甲辰条。

"（满族）女人之执鞭驰马，不异于男，十余岁儿童亦能佩弓箭驰逐，少有暇日，则至率妻妾畋猎为事，盖其习俗然也。"① 可见，在满族人的思想意识里，只有成为一名善于骑射的勇士，人生价值才能得到最完美的体现，才能光宗耀祖，才能受人尊敬。虽生为女身，骑射非其所长，也要朝着这个方向努力。满族人还有祭祀马神的习尚。史载："马神，则牵马于庭中，以红绿布帛丝系其尾鬣，而喃喃以祝之云。"② 清朝入关后，这种习尚又成为宫廷重要祭礼之一，史载："马祭，岁春、秋季月，为所乘马祀圜殿。"③ 满族人之所以祀马，显然与战斗有关，因为要猎取野兽或夺取战争的胜利，无马是不可想象的。在满族人看来，马是上天特别赐予的灵物，岂能不敬？

二 以民为本的天命思想

努尔哈赤、皇太极父子有一个共同的特点，就是将战争的胜利大都归功于天。如万历十三年四月，努尔哈赤率兵征哲陈部。他身先士卒，亲冒矢石，竟以四人击败敌兵八百。战后说："今日之战以四人而败八百之众，此天助我以胜之也。"④ 天聪元年四月，大贝勒阿敏奉命征朝鲜，得胜而回。皇太极也说："天佑我国平服朝鲜，声名宣播。"⑤ 皆不言己功，而曰天佑。

既然努尔哈赤、皇太极父子时常口称天佑一类的词语，皇太极更以获得历代传国玉玺为上天所赐，声称绝非偶然，那么他们真的相信上天吗？其实并不如此，只要我们进一步分析和研究，就会发现努尔哈赤、皇太极所说的天，实际上皆为人事。天命六年十一月，努尔哈赤对降后金的汉官们说："政法清明，蒙天眷佑。凡人君之祸，不至外来，皆由自出。昔桀帝、纣王、秦二世、隋炀帝、金帝完颜亮，皆嗜酒贪财好色，不为国劳，不修国政，故所创基业因其无道而败也！尔明帝政法不明，纵容太监敛取民财，众官亦效法其帝，皆收刮民财。奸诈之富人行贿可以豁免，正直之贫民因无财而陷于苦难。……明帝所忧者，乃此也。天既眷我，授以土地，

---

① 中国第一历史档案馆、中国社会科学院历史研究所：《满文老档》，下册，崇德元年七月，中华书局，1990，第1527页。
② 李民寏：《建州闻见录》，辽宁大学历史系编印《清初史料丛刊》，1978，第44页。
③ 《清史稿》卷八十五，《礼志》，中华书局，1977，第2557页。
④ 《清太祖实录》卷二，乙酉年四月壬寅条。
⑤ 《清太宗实录》卷三，天聪元年四月辛亥条。

倘我不以天意治理之，恐受天责。所谓治者，乃此也。"① 由此可见，努尔哈赤认为政法清明，方受天佑，否则也会重蹈前代的覆辙。皇太极也是如此。天聪九年六月，皇太极对大臣们说："今贝勒等，凡有工作，不遵朕制，额外修造，劳苦百姓。试思民不得所，逃亡离叛，户口减少，是违皇考之志，有亏孝道，且无异于助敌长寇也。……朕常以为仰承天眷，道在养民。"② 崇德二年八月，皇太极又对和硕亲王、多罗郡王、多罗贝勒、固山额真等说："固山额真、牛录章京宜查各牛录下有无妻穷苦者，可以俘获妇人，给为妻室，善加抚养。今承天眷佑之际，若此等茕独之人，不加体恤，伊等更何所望耶！其以此言遍谕众官。"③ 从这两段引文来看，皇太极认为：若要得到上天的眷佑，对于国民应当善加抚养，并使之富裕，切不可额外加派土木工程徭役；对于那些无力娶妻的赤贫之人，官府应当帮助他们解决成亲问题，否则就不可能指望得到上天的眷佑。

既然努尔哈赤、皇太极所谓之天命实际上皆为人事，为何还要口称天命呢？这显然与明末清初的历史背景有关。如前所述，当时满族信奉萨满教的相当普遍，即使明朝的汉人，也大都相信君权神授的说教，因而清初统治者口称天命，无疑是要借助上天的名号，更好地巩固和加强自己的统治。

三　主动学习他民族先进文化的开放意识

明朝永乐年间，建州女真尚处于原始社会末期的军事民主制阶段。至明朝末年，建州女真方进入奴隶制社会。诸如国家制度、礼仪、文化以及社会伦理道德等均未成形，处于草创阶段。后来，皇太极在回顾建州女真这段历史时说："初，我国未深谙典故，诸事皆以意创行。"④ 可以说概括了建州女真那个时代的特点。

在建州、海西和野人女真三大部之间，以建州女真地处南端，在今辽宁地区，与汉人接触最多，因此受汉文化的影响也最大。尤其是明末建州

---

① 中国第一历史档案馆、中国社会科学院历史研究所：《满文老档》，上册，天聪六年十一月，中华书局，1990，第256页。
② 《清太宗实录》卷二十三，天聪九年六月辛丑条。
③ 《清太宗实录》卷三十八，崇德二年八月丙戌条。
④ 《清太宗实录》卷十二，天聪六年七月庚戌条。

满族崛起的文化因素

女真首领努尔哈赤和皇太极父子，在女真族中都是汉化程度颇深之人。史载：努尔哈赤早年"好看《三国》《水浒》二传，自谓有谋略"。① 十分崇敬关羽的为人，后来在八旗驻防之处，广建关帝庙。又将掳来的汉人龚正六拜为师傅，"教老乙可赤（即努尔哈赤）儿子书，而老乙可赤极其厚待"。② 还命其掌管文书，"凡干文书，皆出于此人之手"。③ 天命三年，汉人范文程投奔后金，"太祖伟文程，与语，器之"。④ 后来成为清朝的著名谋士和开国元勋。还命精通满汉文的达海翻译汉文典籍，以帮助自己及其他满族上层提高文化素养。

皇太极继承了其父努尔哈赤的这种善于学习他族先进文化的优秀品质，据史书记载，在努尔哈赤的16个儿子中，"惟红歹是（即皇太极）仅识字"⑤。皇太极即皇帝位后，在其父努尔哈赤的基础上进一步推进了汉化政策。为此，皇太极集中一批满汉文臣为其出谋划策，其中主要有满人库尔缠、刚林、达海、希福，汉人宁完我、鲍承先、范文程等。库尔缠进言："改满洲衣冠，效汉人服饰制度。"⑥ 希福"与大学士范文程请更定部院官阶之制"⑦。刚林"请定考取生员举人之例"⑧。王文奎进言："帝王治平之道，微妙者载在四书，明显者详诸史籍。"⑨ 宁完我进言："参汉酌金，用心筹思"，"务使去因循之习，渐就中国之制。"⑩ 建议仿效中原官制；学习儒家经典《四书》，阅读历朝史籍，从中汲取政治统治经验；实行科举，兴办学校，选拔和培养人才；改穿汉人服饰，总之逐渐摒弃满族旧的做法，学习和接纳中原王朝的典章制度。在这些文臣的影响和支持下，皇太极于天聪二年，决定"建文馆，命儒臣分直。十年，更名内三院"⑪。内三院，即内

---

① 黄道周：《博物典汇》卷二十，《四夷附奴酋》，海南出版社，2001。
② 吴晗：《朝鲜李朝实录中的中国史料》，第6册，中华书局，1980，第2180页。
③ 吴晗：《朝鲜李朝实录中的中国史料》，第7册，中华书局，1980，第2660页。
④ 《清史稿》卷二三二，《范文程传》，中华书局，1977，第9350页。
⑤ 李民寏：《建州闻见录》，辽宁大学历史系编印《清初史料丛刊》，1978，第44页。
⑥ 《清太宗实录》卷三十二，崇德元年十一月癸丑。
⑦ 《清史列传》卷四，《希福传》，中华书局，1987，第190页。
⑧ 《清史列传》卷四，中华书局，1987，第222页。
⑨ 《天聪朝臣奏议》卷上，《王文奎条陈时宜奏》，辽宁大学历史系编印《清初史料丛刊》，1979，第21页。
⑩ 《天聪朝臣奏议》卷中，《宁完我请变通大明会典设六部通事奏》，辽宁大学历史系编印《清初史料丛刊》，1979，第71页。
⑪ 《清史稿》卷一一四，《职官志》，中华书局，1977，第3268页。

国史院、内秘书院和内弘文院。其建制成为后来内阁的雏形；其长官初名承政，后更名大学士，而大学士为清朝命相之始，汉人宁完我、范文程和鲍承先都曾担任过这样的官职。天聪五年，皇太极又"集诸贝勒大臣议，爰定官制，设立六部"。① 皇太极还规定在六部中，承政和参政等重要官职，必须有一定数量的汉官出任。天聪三年八月，下令开科取士，"朕今欲振兴文治，于生员中考取其文艺明通者优奖之"。② 当年就有三百人赴考。科举考试是隋唐以来中原王朝选拔官吏的主要途径和方式。还继续鼓励达海翻译汉文典籍，至达海天聪六年去世时止，"有《刑部会典》《素书》《三略万宝》全书俱成帙，时方译《通鉴》《六韬》《孟子》《三国志》及《大乘经》，未竣而卒"。③ 可知在满族崛起之初，达海为满汉文化的交流做出过很大贡献。汉文化的核心是儒家文化，儒家文化的主旨在于分等级，定名分，并使下须服从于上，卑须服从于尊。天聪六年十二月，皇太极说："国家服式之制所以辨等威，定民志，朝野各有遵守。我国风俗素敦淳朴，近者奢靡僭越之风往往而有，不可不定为法制，昭示国中。"④ 遂颁布各级官吏朝服的各种不同样式，并严令上下之间不可逾越。崇德元年八月，皇太极首次"遣内秘书院大学士范文程致祭于至圣先师孔子"⑤。这标志着清朝开始正式接受汉族中原王朝的官方哲学——儒家文化。

在满族崛起的过程中，不仅学习汉文化，凡是先进的事物都积极主动学习。萨尔浒之战后，明军由战略进攻转为战略防守。守卫宁远的明将袁崇焕认为："虏利野战，惟有凭坚城以用大炮一着。"⑥ 遂将从西洋引进的红衣大炮列于城上。天命十一年正月，几乎从未有过败绩的努尔哈赤率兵前来围城。结果在明军重炮的猛烈轰击下，不仅八旗兵抵挡不住，努尔哈赤本人也身负重伤，回沈不久后，忧愤背疽突发而死。这件事对皇太极的震动和刺激甚大，从此决心一定要得到这种威力无穷的武器。后来在"天聪年间，海中潮出铜炮一位，镌曰：'镇国龙尾大将军'"。遂命"石廷柱、祝世印出榜招募能铸炮之人。彼时有王天相、金世祥……十人，揭榜应募"⑦。

---

① 《清太宗实录》卷九，天聪五年七月庚辰条。
② 《清太宗实录》卷五，天聪三年八月庚午条。
③ 《清太宗实录》卷十二，天聪六年七月庚戌条。
④ 《清太宗实录》卷十二，天聪六年十二月甲子条。
⑤ 《清太宗实录》卷三十，崇德元年八月丁丑条。
⑥ 《明熹宗实录》卷七十九，天启六年十二月庚申条。
⑦ 钟方：《炮图集》卷五，北京大学图书馆藏抄本。

于是，仿造出很可能是八旗军的第一门西洋大炮。清朝掌握铸造红衣大炮的技术后，可谓如虎添翼。崇德三年，皇太极大举征明，在攻打锦州的战役中，"以神威将军炮，攻锦州城西台。方欲进攻，台内炮药自发，台崩遂克之"。① 在攻打松山城的战役中，"用红衣炮攻至未时，城堞尽毁"。② 西洋大炮为清军攻城略地发挥愈来愈大的作用。当时为明朝服务的西方传教士兼火器专家汤若望叹道："彼人壮马泼，箭利弓强，既已胜我多矣，且近来火器又足与我相当"，"孰意我之奇技，悉为彼有"。③ 诚如汤氏所言，此后清军在双方的战争中处于更加有利的地位。

四 海纳百川的博大胸怀

在满族崛起的过程中，清朝统治者表现出了海纳百川的博大胸怀，这主要体现在与蒙古联姻、吸纳汉人为官和招徕四方百姓等政策方面。

为了能够与蒙古结成联盟，努尔哈赤主要采取了与其联姻的策略。据史书记载：努尔哈赤一生中共有16位后妃，其中有两位是娶自蒙古，即妃子博尔济吉特氏（蒙古科尔沁部宾图郡王孔果尔之女）和侧妃博尔济吉特氏（蒙古科尔沁部贝勒明安之女）。努尔哈赤共有9女和16子，其中有9子先后娶了蒙古王公的27个姑娘，第三女莽古济嫁与蒙古敖汉部杜棱。皇太极即位后，继承和发展了其父的这一既定国策。在已知皇太极的15位后妃中，便有7位系蒙古姑娘。在这7位蒙古姑娘中，又包括两名皇后，即博尔济吉特氏哲哲和博尔济吉特氏布木布泰，而布木布泰便是生育顺治皇帝福临的庄妃。皇太极共有11子和15女，在11子中，其中第5子硕塞娶了1位蒙古姑娘，第9子顺治皇帝福临娶了5位蒙古后妃；在15女中，其中有7位格格远嫁蒙古王公④。对于远嫁蒙古的格格们来说，她们十余岁便要离开故土，告别父母，是极不情愿的。天聪五年正月，皇太极之女淮哲格格随夫土谢图额驸到沈阳省亲后准备返回蒙古，皇太极送别之时，"格格落泪。

---

① 《清太宗实录》卷四十四，崇德三年十月丁巳条。
② 《清太宗实录》卷四十五，崇德四年二月癸丑条。
③ 汤若望、焦勖：《火攻挈要》，《中国兵书集成》，第40册，解放军出版社、辽沈书社，1994，第459~460、456页。
④ 杜家骥：《清朝满蒙联姻研究》，附录一，《满蒙联姻总表》，人民出版社，2003，第594页。

汗遣库尔缠巴克什曰：'莫哭，归宁不宜哭！若宜哭，父我不哭乎？'格格止泪起行"。① 由此可见，女儿要远行，不仅女儿本人非常悲伤，作为父皇的皇太极也同样难过，但为了与蒙古结成联盟，只能如此。当然与蒙古联姻并不仅限于皇家，满族上层也大都参与其中了，终清之世，都是这样，不知有多少满族格格为此做出了巨大的个人牺牲！

清朝获得明朝文武人才的主要方式是招降与招徕。天命二年四月，努尔哈赤宣称"七大恨"，向明朝开战，攻打明朝的首次战役是夺取抚顺城。战前，努尔哈赤遣人告知守城明将李永芳说："汝素多才智，识时务人也。我国广揽人才，即稍堪驱策者，犹将举而用之，结为婚媾，况如汝者有不更加优宠，与我一等大臣并列耶！汝不战而降，俾汝职守如故，豢养汝；汝若战，则我之矢，岂能识汝？"② 后李永芳战败而降，努尔哈赤不但不杀，仍允许"依明制设大小官属，令李永芳统辖"，"复以子台吉阿巴泰之女妻永芳，授为总兵官。"③ 予以高官，妻以宗女，此后这便成为清朝招降汉官的一种参考先例。清朝对阵获汉官尚且如此厚待，对主动投奔的汉族文武人才当然更加信任和重用。天命三年，汉族知识分子范文程飘然而至，如前所述，后来成为清朝的开国元勋和重要文臣。皇太极即位后，对其父的这一国策同样予以继承并发扬光大。天聪七年五月，明朝登州都元帅孔有德、总兵官耿仲明率所属官兵归附清朝，皇太极"率诸贝勒出德盛门十里至浑河岸，为设宴，亲举金卮酌酒饮之，赐蟒袍、貂裘、撒袋、鞍马……越二日，复召入宫赐宴，授有德都元帅、仲明总兵官，赐敕印"。④ 后来封孔有德为恭顺王、耿仲明为怀顺王。天聪八年四月，明朝广鹿岛副将尚可喜率所属官兵归附清朝。皇太极亦"与宴，赐蟒衣、鞓带、帽靴、玄狐裘、雕鞍、马、驼、羊，命诸贝勒以次设宴。旋授可喜总兵官，赐敕印"。⑤ 后来封尚可喜为智顺王。崇德七年三月，明朝锦州守将祖大寿因久困孤城，力不能支，降清。先是祖大寿曾诈言降清，后入锦州城中绝不复出。至此，许多大臣以为祖大寿不可信，主张杀之，皇太极却不同意，"欲宠大寿讽明诸边将"，乃使"大

---

① 中国第一历史档案馆、中国社会科学院历史研究所：《满文老档》，下册，天聪五年正月，1990，第1092页。
② 《清太祖实录》卷五，天命二年四月癸卯条。
③ 《清太祖实录》卷五，天命二年四月乙卯条。
④ 《清史稿》卷二三四，《孔有德传》，中华书局，1977，第9397页。
⑤ 《清史稿》卷二三四，《尚可喜传》，中华书局，1977，第9409页。

寿隶正黄旗,命仍为总兵,上遇之厚,赐赉优渥"①。崇德七年二月,明蓟辽总督洪承畴率大军13万救援锦州,战败被俘。皇太极遣范文程劝降,后亲自劝降,并"解所御貂裘衣之,曰:'先生得无寒乎?'"洪承畴深受感动,乃降,"承畴既降,隶镶黄旗汉军,太宗遇之厚"。② 顺治时期,洪承畴官至太保兼太子太师、内翰林国史院大学士、兵部尚书兼都察院右副都御史、武英殿大学士。

清朝对具有文武才能之士采取招降与招徕的办法,对归附士卒和百姓也实行安抚的政策。在皇太极时期,对前来归附的部众大都多予赏赐,甚至每天三宴。据史料记载,皇太极曾对身边的文臣们说:"不论是新来投降的人,过去(来投)的人,我不吝惜给与衣服、财物、马、牲畜,加以收养,每天三次设宴恩养。我不是不劳累,不怕麻烦,这正是收揽人心,使之顺从,建成大业。"③ 由于皇太极对前来归附部众待之过厚,抚之过恭,致使一些人自以为是,甚至骄纵犯法。对此,尚可喜曾劝谏皇太极说:"汗恩养新人,像唯恐有病一样,有罪时全都赦免。汗意宽容,小民不知,仗恃自己是新人,而傲横犯法。与其有罪惩罚,不如在犯罪前严加管束。"④ 尚可喜本为明朝降将,尚且觉得皇太极对待新近归附之人殷勤已过,应该说清朝对归来部众的安抚工作确实是做到家了。天聪四年四月,阿巴泰、济尔哈朗和萨哈廉率兵征明而还,皇太极询问三人:"此次俘获,比前两次多乎?"三人回答:"此次俘获汉人,较前为多。"皇太极听后说:"金银财帛,虽多不足喜,惟多得人为可喜耳!"⑤ 由此可知,清朝之所以对新附部众如此用心,甚至过于殷勤,是与其统治者心底素有以人民为本、以天下为重、以金银为轻的思想境界密切相关的,有些学者称其为"包容精神",笔者以为,包容一词,有被动之意,以其形容清朝统治者积极主动地与蒙古族联姻、积极主动地收揽汉族优秀人才和积极主动地招抚四方百姓的实际行为似为不妥,以称之"海纳百川的博大胸怀"为宜。

综上所述,我们可以进一步认识到,以民为本的天命思想,应该说受

---

① 《清史稿》卷二三四,《祖大寿传》,中华书局,1977,第9427页。
② 《清史稿》卷二三七,《洪承畴传》,中华书局,1977,第9467~9468页。
③ 汉译《满文旧档》,辽宁大学历史系印《清初史料丛刊》,1979,第29页。
④ 汉译《满文旧档》,辽宁大学历史系印《清初史料丛刊》,1979,第29页。
⑤ 中国第一历史档案馆、中国社会科学院历史研究所:《满文老档》,下册,天聪四年四月,中华书局,1990,第1031页。

汉文化影响较大，是在总结中原历代君主统治经验的基础上而产生的，更进一步来说，我们从这里似乎可以看到唐太宗"水能载舟，亦能覆舟"这一名句的影子。善于学习他民族的先进文化，包括西洋文化，如清军仿制第一门红衣大炮，求本溯源，其原理还是从西洋传来。实行与蒙古联姻、吸纳汉人为官和招抚汉民政策，非具有深谋远略和博大胸怀不能为此，对于地处东北一隅的满族统治者来说，实属难能可贵。然而，更为难能可贵的是清初统治者在努力学习他民族先进文化的同时，仍能头脑清醒，时刻不忘本民族骑射的优势所在，这样集中他民族和本民族的长处，自然可以无敌于天下，这便是满族所以能够迅速地崛起的基本历史经验。

试论清初统治者的重武轻文意识

本文所谓的清初统治者，主要指清太祖努尔哈赤和清太宗皇太极两朝。在清朝崛起的过程中，满族由东北一隅之少数民族，从小到大，从弱到强，在短短六十多年的时间里，定鼎北京，统一中国，确实有许多的成功经验需要总结，目前国内的清史学界发表这方面的文章相当多，应该说是一件正常的事情。然而这些文章的作者大都只谈成功的经验，较少说到教训，似乎成功的一段历史过程便无教训可言，其实这是不符合历史实际情况的，我们应当辩证地看待这个问题。笔者认为，在清朝崛起的过程中，努尔哈赤和皇太极表现出来的重武轻文意识便是其中的教训之一。

一

明万历十一年，努尔哈赤借口明朝杀害其父亲和祖父，以十三副遗甲起兵，从此开始了统一女真各部和攻打明朝边城的战争。作为清国的草创英雄，努尔哈赤主要是通过战争兼并的方式，来不断发展壮大的，因而自然重视武功和重用武将。在努尔哈赤的早期战争生涯中，最倚重的骨干力量，同姓有他的三弟舒尔哈齐和他的长子褚英，异姓有额亦都、费英东、何和礼、安费扬古和扈尔汉，即清初著名的"五大臣"。他们皆为武将，无一文臣。

努尔哈赤共有四个弟弟，其中以三弟舒尔哈齐最为骁勇和著名。舒尔哈齐仅比其兄努尔哈赤小四岁，在努尔哈赤起兵之后，他与兄并肩作战，"自幼随征，无处不到"。[1] 在统一女真浑河、董鄂、苏克苏护河、哲陈、完

---

* 原载《辽宁大学学报》（哲学社会科学版）2007年第6期。
[1] 《满洲实录》卷三，台湾华文书局影印本，1973，第126页。

颜诸部和抗击叶赫等九部联军的过程中，舒尔哈齐皆"有战功，得众心"。①号为"达尔罕巴图鲁"。由于舒尔哈齐战功卓著，甚至是功高震主，后被努尔哈赤以搞分裂的罪名，囚禁忧闷而死。努尔哈赤一生共有十六个儿子，其中以长子褚英随父四方征战最早。十八岁时即奉父命讨伐瓦尔喀部安楚拉库路，取屯寨二十以归。以此褚英被"赐号洪巴图鲁，封贝勒"。②后又奉命与二弟代善随叔父舒尔哈齐率兵三千接应瓦尔喀部斐悠城的新附之众。途遇乌拉兵截击。褚英、代善率兵五百竟击败乌拉万人之众，这便是著名的以少胜多的乌碣岩战役。"上嘉其勇"，又"赐号曰阿尔哈图土门"。③并委以国政，然而此时褚英却骄傲自满起来，渐失人心，后亦被努尔哈赤囚禁而死。异姓大臣额亦都幼时，父母为人所杀，十三岁时即手刃仇家，显示出刚烈的性格和高强的本领。成年后投奔努尔哈赤，能挽十石强弓。1587年，努尔哈赤命其率兵攻打巴尔达城，额亦都亲冒矢石，率敢死之士最先登城，不料敌方一箭射来，箭头贯穿他的大腿，钉在了城墙，额亦都挥刀断箭，战斗愈加勇猛，身负五十余处创伤，仍不下战场，终于攻占该城。"师还，太祖迎于郊，燕劳，其所俘获悉畀之，号为巴图鲁。"④后来在古勒山和萨尔浒等战役中，屡立战功，官爵至左翼总兵官，授一等大臣。努尔哈赤还与其结亲，将公主嫁给了他。费英东年轻时随父投奔努尔哈赤。善射，亦能挽十余石强弓。在征讨瓦尔喀部、渥集部、乌喇部和萨尔浒之战中，屡立战功，尤其是在攻打明朝抚顺城时，明军据险而阵，火器竞发。费英东马惊旁逸，士兵随之后退，费英东调转马头，大呼士兵齐进，终于击败明军。努尔哈赤慨叹说："此真万人敌也！"⑤积军功为三等总兵官，授一等大臣，努尔哈赤将皇长子褚英之女嫁给了他。何和礼年轻时率栋鄂部归附努尔哈赤，栋鄂部素称"兵马精壮"。此后，何和礼率部随努尔哈赤两次出征乌拉部，与额亦度、扈尔汉共同率兵出征渥集部虎尔哈路，尤其是在萨尔浒之战和攻打沈阳、辽阳之战中，战功卓著，"叙功，授三等总兵官"，⑥授一等大臣，努尔哈赤将长女嫁给了他。安费扬古不仅是一员勇将，

---

① 李民寏：《建州闻见录》，辽宁大学历史系编印《清初史料丛刊》，1978，第42页。
② 《清史稿》卷二一六，《褚英传》，中华书局，1977，第8966页。
③ 《清史稿》卷二一六，《褚英传》，中华书局，1977，第8966页。
④ 《清史稿》卷二二五，《额亦都传》，中华书局，1977，第9176页。
⑤ 《清史稿》卷二二五，《费英东传》，中华书局，1977，第9180页。
⑥ 《清史稿》卷二二五，《何和礼传》，中华书局，1977，第9183页。

试论清初统治者的重武轻文意识

而且还曾救过努尔哈赤的命。在与哈达部作战中,敌方骑兵追杀努尔哈赤,努尔哈赤的战马疲极,就要倒下,敌骑三名挥刀来砍,恰逢安费扬古赶到。安费扬古截击敌骑,并将他们全部斩杀,"太祖嘉其勇,赐号硕翁科罗巴图鲁"。[①] 扈尔汉因武艺高强,担任努尔哈赤的侍卫,而"战辄为前锋"。[②] 曾奉命率兵千人出征渥集部,取其瑚野路,并掳获两千户人民而还,"太祖嘉其功,赏甲胄及马,赐号达尔汉"。[③] 授一等大臣。由此可见,努尔哈赤之所以在自己诸多兄弟和子侄中早期选择了舒尔哈齐和褚英,之所以在政治上给予五大臣以极高的地位,在经济上赐予他们财物、仆人和甲第,在感情上嫁与皇女,结以亲谊,主要是因为他们武艺高强,作战骁勇,能够为努尔哈赤攻城略地,开疆拓土。

至努尔哈赤晚年,后金统治集团核心是所谓的八和硕贝勒,即代善、阿敏、莽古尔泰、皇太极、济尔哈朗、多尔衮、多铎和岳托。八和硕贝勒虽皆为努尔哈赤子侄,但也无一不是从战争中打拼出来。代善、阿敏、莽古尔泰和皇太极时称"四大贝勒",战功卓著,地位更为显赫。大贝勒代善年少时在乌碣岩战役中,即曾阵斩乌拉主将博克多,"师还,太祖嘉代善勇敢克敌,赐号古英巴图鲁"。[④] 爵封礼亲王。二贝勒阿敏作为主帅,曾领兵出征朝鲜,攻陷平壤,逼近都城,朝鲜国王遣使恳诚请和,乃还。三贝勒莽古尔泰在著名的萨尔浒战役中,曾与大贝勒代善率兵千人击败两万来攻之明兵,杀死主将杜松,又随努尔哈赤回军与另一路明军交战,杀死主将刘铤。然而,莽古尔泰勇猛有余,智谋稍逊,在随皇太极围大凌河明军之战中,因御前露刃,与皇太极发生激烈的冲突,遭到严厉的处罚。四贝勒皇太极不但具有谋略,而且"勇力轶伦,步射骑射,矢不虚发"。[⑤] 早年曾协助父亲努尔哈赤在萨尔浒和灭叶赫等战役中冲锋陷阵,出谋划策,是位文武全才,后来终即大位。同四大贝勒一样,四小贝勒也是凭借自己军功进入统治集团的,尤其是在后期的与明作战中发挥了重要作用。济尔哈朗在攻打锦州的战役中,曾率兵一千五百名与明军七千人交战,面对几倍于自

---

① 《清史稿》卷二二五,《安费扬古传》,中华书局,1977,第9186页。
② 《清史稿》卷二二五,《扈尔汉传》,中华书局,1977,第9188页。
③ 《清史稿》卷二二五,《扈尔汉传》,中华书局,1977,第9188页。
④ 《清史稿》卷二一六,《代善传》,中华书局,1977,第8972页。
⑤ 《清太宗实录》卷一,总述。

己的明军，济尔哈朗"纵师入敌阵，大败之"。①皇太极赏赐给他良马一匹。积军功，官封郑亲王。多尔衮曾为奉命大将军攻明，与岳托率兵毁长城而入，经北京、山西、保定，所向披靡，连下济南、天津、迁安等四十余城，俘获人口二十五万余人。皇太极赏赐战马五匹、白银二万。积军功官封睿亲王，号墨尔根代青。皇太极驾崩后，多尔衮还任摄政王，执掌国政。多铎曾为定国大将军，南下追击李自成，在潼关之战中，歼灭李自成精锐部队。后经河南攻克扬州，渡江攻克南京，又遣将追击南明福王朱由崧，终将其俘获。积军功封豫亲王。岳托曾随二贝勒阿敏率兵出征朝鲜，又随皇太极攻打明朝，与济尔哈朗将大安口的明军包围，遵化城内的明军来援，岳托对济尔哈朗说："'我当击此。'五战皆捷。"②后任扬武大将军，与睿亲王多尔衮深入明腹地，略山东，下济南，积军功封克勤郡王。鉴于前期的异姓五大臣与后期的同姓八和硕贝勒，皆以军功作为主要进身标准，因此有些学者统称他们为军功集团③，应当说是有些道理的。

与地位显赫的军功集团相比，文臣的身份则十分低下。在努尔哈赤时代，"儒臣未置官署"。④他们通过脑力劳动取得的业绩，甚至是巨大的成就，最多只能得到皇帝表面上的"尊重"，而加以利用，却不予以任何官职及其相应的物质待遇，虽然有少数文臣得到一官半职，也只能通过军功的途径来实现。范文程，清初著名文臣，学识渊博，足智多谋。天命三年，后金军攻克抚顺，范文程与兄主动投奔努尔哈赤。据《清史列传·范文程传》记载说："太祖高皇帝见而器之，召与语，知其熟于当世之务，使随行。"⑤范文程在随军期间，曾多有谋划，然而终努尔哈赤之世，无一官职。额尔德尼，满人，幼而聪慧，兼通蒙、汉文，早年投奔努尔哈赤。努尔哈赤讨伐蒙古诸部时，额尔德尼随军做翻译，以招纳降附，努尔哈赤赐号"巴克什"。巴克什系满语，汉译为"儒者""先生""读书人"之意。噶盖，满人。女真初兴之时，有语言而无文字，形成书面语言只能借用蒙古文字，这样一来，就必须将女真语翻译成蒙语，十分不便。明万历二十七年，努尔哈赤乃命二人创制女真自己的语言文字。额尔德尼和噶盖将蒙古

---

① 《清史稿》卷二一五，《济尔哈朗传》，中华书局，1977，第8947页。
② 《清史稿》卷二一六，《岳托传》，中华书局，1977，第8981页。
③ 袁闾琨等著《清代前史》，上卷，沈阳出版社，2004，第165页。
④ 《清史稿》卷二三二，《鲍承先传》，中华书局，1977，第9369页。
⑤ 《清史列传》卷五，《范文程传》，中华书局，1987，第257页。

文字配上女真语言的发音，便成功创造出了女真人自己的语言文字，即后来人称之老满文，"满洲有文字自此始"。① 这样巨大的历史性功绩，努尔哈赤竟无任何封赏。后来额尔德尼随同其他诸将击败并斩杀明总兵张承荫，因军功方授副将这样的中级官爵。噶盖，官职札尔固齐，地位较高，仅次于费英东，亦由军功而得。他曾与额亦都、安费扬古率兵攻打纳殷佛多和山寨，并斩其酋长搜稳寨克什，还曾与褚英、巴雅喇和费英东攻打安褚拉库路，招降屯寨二十余落。后仅因驻防哈达部，未察觉其贝勒孟格布禄将反叛后金之心，被努尔哈赤处死。龚正陆，浙江绍兴人，明末至辽东为商，被努尔哈赤掳来拜为师傅，"教老乙可赤（即努尔哈赤）儿子书，而老乙可赤极其厚待"。② 努尔哈赤还命其掌管文书，"凡干文书，皆出于此人之手"。③ 引文中虽说对龚正陆"极其厚待"，然亦未授一官职，重用不重视，形同一书匠。达海，满人，幼时随祖父博洛投奔努尔哈赤。达海九岁即通满、汉文义。成年后，努尔哈赤命其跟随自己左右，"与明通使命，若蒙古、朝鲜聘问往还，皆使属草；令于国中，有当兼用汉文者，皆使承命传宣；悉称太祖旨"。④ 后又命其翻译《明会典》《素书》和《略》等汉文典籍。可见，努尔哈赤早年能够从中原王朝的历史中汲取许多政治统治经验，达海之功实在不小，可是达海同范文程和龚正陆一样，在努尔哈赤时亦未授一职。希福，赫舍里氏，满洲正黄旗人，熟谙满、汉、蒙文义，努尔哈赤使其从事文字工作，并赐号"巴克什"，然亦无一实际官职。

二

皇太极即位后，总的来说，是继承了其父努尔哈赤的重文轻武政策。如：仍然保留了八和硕贝勒共理国政的体制，尽管在此基础上又增设了总管旗务八大臣和佐管旗务十六大臣，以分前者之权，但总管旗务八大臣和佐管旗务十六大臣也大都是由军功贵族组成，在军人执政这一点上与努尔哈赤时期没有什么不同。此外在安排明朝降清官员问题上，武职爵位往往更高，如孔有德、耿仲明和尚可喜航海归清，不久即封为恭顺王、怀顺王

---

① 《清史稿》卷二二八，《额尔德尼传》，中华书局，1977，第9254页。
② 吴晗辑《朝鲜李朝实录中的中国史料》，第6册，中华书局，1980，第2180页。
③ 吴晗辑《朝鲜李朝实录中的中国史料》，第7册，中华书局，1980，第2660页。
④ 《清史稿》卷二二八，《达海传》，中华书局，1977，第9256页。

和智顺王。其官爵之高，可与亲王或郡王相比，堪称异姓功臣之冠。然而，同时也应该承认皇太极对其父过度的重武轻文政策还是有一定程度调整的，尽管这种调整十分有限，并不彻底。

天聪三年，皇太极设立"文馆，亦曰：书房。置官署矣，而尚未有专官，诸儒臣皆授参将、游击，号榜式。未授官者曰秀才，亦曰相公"。① 可知，这年设立了文臣的专门官署——文馆，但文臣们尚无专门官爵名称。文臣中授官爵者只能借用武职名称，或为参将，或为游击。当时，在后金武职官爵中共分七个等级，即总兵官（分三等）、副将、参将、游击和备御，可知参将和游击不过属于中下级官爵。至于"榜式"，系满文，与"巴克什"同义，不过是对文臣的一种尊称。文臣中未授官位者称秀才，或称相公。秀才本为封建社会科举制中中选者的初级名号，在这里与相公一样泛指一般读书人，更是没有名位。天聪十年，在文馆的基础上又成立了内国史院、内秘书院和内弘文院，即所谓"内三院"。内三院最高长官比照六部，亦称承政，并授以大学士衔。大学士原为中原王朝文臣高级长官，明朝后期，大学士挂尚书衔，职近宰相，俗称"阁老"。皇太极仿明制而设大学士一职，不仅为文臣设立了专门官职，而且被清朝史书称为"命相之始"。② 皇太极于天聪十年所设大学士虽说开启了清朝文职的命相之始，但此时的大学士尚无宰相之实，因为此时的大学士并未像明朝后期那样，挂尚书衔，管理国政，所以不是真宰相。据载其职掌为：撰拟诏书，宣达皇帝敕命，编纂皇帝实录，起草对外文书和为皇帝、亲王及其子弟讲解经史等，实际上还经常从事宣读祭文，传送机要文件，审问捉来奸细，甚至是前往亲王、郡王府前立下马桩之类的琐细事务，所以级别不是很高。崇德三年，皇太极命礼部和硕额尔克亲王定佩戴制度，规定内三院大学士与梅勒章京、六部之参政等官同级，应佩戴"嵌蓝宝石之金顶"③，这一级别低于佩戴镶嵌红宝石金顶的六部承政、固山额真和昂邦章京等官，仅高于镶嵌水晶金顶的皇帝头等侍卫等官，与入关后的清廷大学士不可同日而语。以上便是皇太极时期文臣的大致状况，关于这个问题，我们还可以从文臣们的个人经历中得到进一步的具体印证。

---

① 《清史稿》卷二三二，《鲍承先传》，中华书局，1977，第9369页。
② 《清史稿》卷二三二，《鲍承先传》，中华书局，1977，第9369页。
③ 季永海、刘景宪译编《崇德三年满文档案译编》，辽沈书社，1988，第169页。

试论清初统治者的重武轻文意识

皇太极即位后不久，开始启用范文程等一班文臣。范文程于天聪初年即施反间计，借崇祯帝之手，除掉了智勇双全的明将袁崇焕，不仅为努尔哈赤报仇雪耻，更为清军西进征明的道路扫清了主要障碍，并未见史书上记载范文程因此得到何种升迁或奖赏。相反，天聪三年范文程随军征明，进入京畿地区，皇太极命其守遵化，"敌兵掩至，文程率先力战，敌败走。论功，授三等轻车都尉世职"。① 这与努尔哈赤时期没有什么两样，即军功再小也可以得到封赏，文功再大也与封赏无缘。此后，由于范文程在随军出征中多献奇谋，威信也愈来愈高。天聪七年，设汉军八旗，众议推举范文程为固山额真，皇太极却说："此职一军耳，朕方资为心膂，其别议之。"② 天聪十年，改文馆为内三院，皇太极任命范文程为秘书院大学士，进职二等甲喇章京。当时异姓诸臣世爵共分十二等级，二等甲喇章京名列第九等级，可以说是对范文程重用不重视，更确切地说是对文臣的重用不重视。文馆中其他文臣在朝中的地位也同范文程大体相类。

希福在天聪年间，曾一度弃文从武。在征明朝之役中，曾击败明军一部于北京北门之下，在大凌河之役中，又与谭泰再次击败来自锦州的增援明军，积军功"晋三等轻车都尉"。③ 设立内三院之后，希福又回到文官行列，被任命为内国史院大学士兼弘文院大学士，晋升二等轻车都尉。二等轻车都尉与二等甲喇章京异名而同级，亦为世爵第九级别。顺治元年，谭泰之弟谭布到希福家里做客，希福对谭布说："日者大学士范文程以'堂餐华侈'语我，我对曰：'吾侪儒臣也，非六部大臣及功勋大臣比，安得盛馔若此？'"④ 从这段引文中可以窥见，即使像范文程和希福这样做到大学士位置上的文臣领袖，当时不论是在政治地位还是在家庭富裕程度上，也都无法与六部大臣和军功勋贵相比。六部大臣实际上也是军功勋贵，并且是军功勋贵中的魁首，如天聪六年六部初设时，吏部由多尔衮主管，兵部由岳托主管，刑部由济尔哈朗主管，三人皆系上述以勇武著称的八大贝勒之一；工部由阿巴泰主管、户部由德格类主管，二人分别是努尔哈赤第七子和第十子；礼部由萨哈廉主管，萨哈廉为大贝勒代善之子，努尔哈赤之孙，后三人亦皆系带兵打仗的武将。可知领管六部的贝

---

① 《清史列传》卷五，《范文程传》，中华书局，1987，第257页。
② 《清史列传》卷五，《范文程传》，中华书局，1987，第257~258页。
③ 《清史列传》卷四，《希福传》，中华书局，1987，第190页。
④ 《清史列传》卷四，《希福传》，中华书局，1987，第190页。

勒不仅皆为武将出身，而且均是皇帝至亲，说明除了清初主要统治者皇帝之外，整个爱新觉罗皇族的尚武观念也十分强烈，早年大都投身到行伍中来。反过来，由于皇族子弟多选择武职，使武职又平添了几分皇家气，便愈加显得尊贵。

宁完我，辽阳人，汉族，天命年间在萨哈廉家为奴。天聪三年，皇太极听说他精通文史，召入文馆。宁完我遇事敢言，文馆中以他上疏最多，内容主要是建议皇太极实行汉化，主张"务去因循之习，渐就中国之制度"。[①] 并提出了实行汉化的具体办法，如仿中原王朝政治体制，设立吏、礼、户、兵、刑、工六部；设立专门给皇帝提意见的言官；根据不同的官阶穿戴不同颜色的服饰；翻译和阅读《孝经》《大学》《中庸》《论语》《孟子》《资治通鉴》等汉籍。皇太极基本采纳了这些建议，为满族迅速地由奴隶制向封建制过渡，学习和接受中原王朝的先进文明，宁完我可以说做出了历史性的巨大贡献。然而同范文程一样，仅得了一个"二等甲喇章京"[②]的较低官爵。天聪十年，宁完我仅因与大凌河降将甲喇章京刘士英赌博这样的事，重新被罚做萨哈廉家里的奴隶。

努尔哈赤去世后，皇太极命达海继续翻译尚未完成的《明会典》《素书》《略》等汉文典籍。天聪三年，"所译书成，授游击"。[③] 游击为低级官爵，尚不及二等甲喇章京。达海所得官爵虽低，然而翻译汉籍功劳及其影响却很大，天聪五年皇太极授予他"巴克什"的称号。天聪六年，皇太极以为满文十二个字头无区别，上下字相同，一般言语，尚能通晓，若遇人名、地名或山川之名，无上下文可以参考，必致讹误。乃命达海在满文字字旁酌情加上圈点，使字的音义分明，读者易于读懂。达海经过艰苦的研究，根据满文的内部规律，在满文字旁的必要之处加以圈点，于是"国书始大备"。[④] 这便是相对于努尔哈赤时期老满文而言的新满文。新满文出现之后，满族人皆把他与创制满文的额尔德尼和噶盖相比，视三人为圣人。然而此后不久，达海便积劳成疾，身患重病，弥留之际，皇太极命侍者至达海家，传言说："今闻病笃深轸朕怀，其及身未曾宠任，朕当优恤其

---

① 《清史稿》卷二三二，《宁完我传》，中华书局，1977，第9363页。
② 《清太宗实录》卷二十七，天聪十年二月庚寅条。
③ 《清史稿》卷二二八，《达海传》，中华书局，1977，第9256页。
④ 《清史稿》卷二二八，《达海传》，中华书局，1977，第9257页。

子。"① 翌年，以其长子雅秦降一等袭职，授备御之职。可见以达海做出的巨大功绩，皇太极自己也觉得达海一生"未曾宠任"，仅授游击一爵，有些过意不去。为了弥补这一遗憾，皇太极特别允许达海的长子袭备御官爵。备御系当时十二等级世爵中的第十一等级。即使是这样，皇太极也已是尽力了，因为"国初文臣无世职，有之自达海始"。② 也就是说为达海破了先例。由此可知，在达海以前，文臣序列里尚无子承父爵的规定，直到达海这一明显歧视文臣的做法才有所改变。

当时还有其他两位大学士鲍承先和刚林。鲍承先为副将，属中等官爵，略较以上大学士为高；刚林为世职牛录章京，又较以上大学士为低。总之，皇太极时期的大学士基本上处于中低级官爵的地位，至于其他以下文臣就更不必说了。

三

如上所述，清初统治者的重武轻文意识以努尔哈赤时期最为严重，皇太极时期虽然依然执行这种政策，但开始有所调整。清初统治者在对待文武官员的问题上之所以出现这种特点，主要原因有二：其一，与满族的民族传统有关。众所周知，满族的先民自古以来居住在东北大地，曾有肃慎、挹娄、勿吉和女真等族名，以渔猎为生，历史上曾多次向中原王朝贡献弓矢等方物，长期以来形成了尚武的民族精神，这种尚武精神对清初统治者的影响最为直接，最为巨大。其二，与清初统治者所处的历史阶段有关。努尔哈赤和皇太极皆为清朝的开国皇帝，同中国历史上的其他开国皇帝相类似，在他们开创基业的过程中，主要通过战争的方式，不断兼并对方，逐渐壮大自己，即所谓"马上取天下"。努尔哈赤时代，建州女真的势力尚小，与努尔哈赤并肩作战的三弟舒尔哈齐曾有"迹处青山，身居绿林"③ 的对联，颇有几分山大王之气，这就不难理解当时还是草莽英雄的努尔哈赤为何如此重武轻文了。皇太极即位之后，建州女真已经基本上统一了东北。要治理好一方人民，就需要有文臣的参与，更何况皇太极志在走出辽东，

---

① 《清太宗实录》卷十二，天聪六年七月庚戌条。
② 《清史稿》卷二二八，《达海传》，中华书局，1977，第9257页。
③ 《兴京二道河子旧老城》图版九，申忠一所见残联，1939年伪满建国大学影印本。

取明朝而代之呢！因而皇太极顺应了当时的历史发展形势，开始启用一批文臣，设文馆乃至内三院。质言之，满族汉化的过程也就是文臣地位逐步得到提高的过程。尽管皇太极对其父努尔哈赤过度重武轻文政策的调整十分有限，但我们还是应该予以肯定，这毕竟是一个明智之举，也为清朝入关后建立一整套正规的封建国家官僚体系创造了一个良好的开端。

虽然在满族崛起的时代，清初统治者曾创造过许多辉煌，但我们也不能因此而否认存在于清初统治者头脑中重武轻文意识及其产生的不良后果。在努尔哈赤时代，几乎所有的军政大事都是努尔哈赤一人独断，即使找人商议，也都是身旁一些贝勒武夫。应当承认，努尔哈赤个人不但具备武功，也拥有文才，他所制定的联姻蒙古和学习先进的汉文化等大政方针都是正确的，甚至是英明之举。然而他自恃智勇，轻视文臣及其谋略，也有失计之处，如在攻克辽东城后，曾下令大肆屠戮兵民，尤其是在攻打宁远城时，只知强攻，不知智取，结果为袁崇焕所败，回沈后不久，忧愤背疽突发而死。皇太极即位后，如前所述，对其父努尔哈赤的过度重武轻文政策有所调整，起用了一批文臣，从而大大加快了学习先进汉文化的步伐，并采用了范文程的反间之计，致使明朝除掉了忠心耿耿的袁崇焕。然而由于在皇太极的头脑中依然存在骑射"系我国制胜之技"[①] 的思想，因而对文臣可以说是重用不重视，这不可能充分调动文臣的积极性，无疑对他成功的一生应打些折扣。另外，由于文臣官爵较低，皇太极在出征或留守一方时，如果因事难以分身，便只能委任在朝中地位较高的武臣为统帅，独当一面。这些率兵出征或留守的武将往往缺乏谋略，且刚愎自用。如天聪三年，皇太极率兵攻明，深入长城之内，回师时将业已攻克的永平、滦州、迁安、遵化四城命武臣阿敏留守，明军来攻时，阿敏无计可施，难以抵挡，竟下令"尽杀明将吏降者，屠城民"。[②] 然后又置阵亡将士尸体于不顾，携金帛财物逃奔而回。见阿敏如此归来，皇太极怒不可遏，不但尽夺其官爵，而且将他囚禁起来，使其最终忧闷而死。此次弃城败逃，阿敏虽然有直接责任，皇太极也难辞其咎，作为将将的君主，他应该有知人之明。即使不命文臣担当一方之任，完全可以让他们做谋士，设或是这样，也许上述之事不会发生，至少不会出此屠城之昏招。天聪五年，皇太极再次率兵攻明，

---

① 《清太宗实录》卷一十三，天聪七年正月庚子条。
② 《清史稿》卷二一五，《阿敏传》，中华书局，1977，第8944页。

围困大凌河城。坚守大凌河城中的明朝军民至人相食而不降,清军诸将问时在军中做人质的明将祖可法说:"'汝等死守空城何意?'可法答曰:'天与尔辽东、永平兵民,若不加屠戮,则天下之民闻风归顺,因屠戮降民,是以人皆畏缩耳。'"① 由此可见,阿敏屠城之举,不仅使清朝在军事上面临更大的阻力,而且在政治上也陷入很大的被动。所有发生的这一切,归根结底在于任命阿敏为主将,而任命阿敏为主将,显然是与皇太极心中尚存的重武轻文情结分不开的。

努尔哈赤和皇太极父子脑中的重武轻文意识,对满族社会影响也很大。满族人家都希望生男孩,长大以后学习骑射,成为国家的栋梁之材。根据民俗学家的调查,"如果你看到满族人家的大门口悬挂小弓和箭,那就说明这家生了男孩"。② 弓箭已经成为满族男孩的标志。又据当时的朝鲜使者李民寏说,满族"女人之执鞭驰马,不异于男,十余岁儿童亦能佩弓箭驰逐,少有暇日,则至率妻妾畋猎为事,盖其习俗然也"。③ 男孩习武尚可理解,女孩也要习武,可知满族的尚武精神有多么深厚!应该说满族这种尚武精神是一种优良传统,尤其在满族崛起的过程中更是需要这种精神,然而我们也必须看到,过分地强调这种尚武精神,势必会导致对文化的蔑视,从而使满族人民文化素质的提高长期受到抑制,文化发展较为缓慢,对一个民族来说这不能不说是一种悲哀。

清朝入关之后,这种重武轻文的意识和政策开始有了根本性的改变。"顺治元年,置满、汉大学士,不备官,兼各部尚书衔"。④ 如前所述,大学士兼了尚书衔,方有了一定的实权。顺治帝不仅授予文臣们以高位实权,而且亲政后对大学士还十分倚重与信任,"日至票本房,大学士司票拟,意任隆密"。⑤ 顺治十五年,对内三院的官署又加以扩充,且更名为内阁,内阁由中和殿、保和殿、文华殿、武英殿、文渊阁和东阁组成,分设殿阁大学士,大学士仍兼尚书衔,从此内阁成为清朝的最高行政机构。顺治时期文臣地位的提高,不仅是对前朝重武轻文政策的否定,更是清朝在政治体制上的重大进步。

---

① 《清太宗实录》卷十,天聪五年十月丙寅条。
② 陈见微选编《东北民俗资料荟萃》,吉林文史出版社,1995,第360页。
③ 李民寏:《建州闻见录》,辽宁大学历史系编印《清初史料丛刊》,1978,第44页。
④ 《清史稿》卷一一四,《职官志》一,中华书局,1977,第3268页。
⑤ 《清史稿》卷一一四,《职官志》一,中华书局,1977,第3269页。

清代辽宁流人与流人文化述论*

东北曾是清朝流放犯人的主要地区，尤其清前期更是如此。在流放到东北的这些犯人中，有许多是在学术上造诣颇高的文化流人，这些文化流人将关内先进的文化带到东北，并融合本土文化，逐渐形成了独具特色的流人文化。流人文化有力地促进了东北文化的发展，在东北文化发展史上做出了特殊的贡献。关于对清代东北流人文化的研究，黑龙江学者起步较早，发表和出版了一些有关论著，尤其是对黑龙江的流人文化研究颇具深度。有关论著，虽然对辽宁的流人文化也有涉猎，但迄今尚未见有专文面世。笔者不揣学识浅陋，撰此小文，力图对清代辽宁的流人及其流人文化问题做一探讨，以求教于方家。

一 流人若干问题之考述

由于流人身为罪犯，地位十分低微，因而流传下来的资料也不丰富，我们仅能根据这些有限的资料，对当时的流人情形尽可能地进行推究和描述，并在此基础上做一些理论性的探讨。

1. 清代以前的辽宁流人

辽宁地处边疆，很久以前中原王朝就把辽宁作为流放犯人的主要地区之一，尤其是到了明朝，遣送这里的流人日渐增多。如：弘治年间的监察御史强珍，因得罪宦官汪直，被汪直诬陷，"诏特谪戍辽东"。[①] 宣德年间的行在陕西道监察御史赵伦，在巡按湖广期间，因勒索官民、收买人口等事，"上命谪戍辽东"。[②] 正德年间的监察御史王时中因得罪宦官刘瑾，"谪戍懿

---

* 原载《辽宁大学学报》（哲学社会科学版）2008年第6期。
① 《明史》卷一八〇，《强珍传》，中华书局，1974，第4776页。
② 《明世宗实录》卷一五七，嘉靖十二年十二月乙亥条。

路，日以教授生徒为事"。① 除个别大臣因得罪而被谪戍辽宁之外，还有大批士民因犯禁而被谪戍于此，如巡按山东监察御史在提及辽东士卒的成分时便说："辽东军士，多以罪谪戍。"② 可见，清朝将犯人流放到辽宁地区是有一定历史渊源的。

2. 流人谪戍的时代变化和地区分布

清代发配到辽宁边地的流人较早，可以追溯至清入关前的皇太极时代。据史料记载：天聪七年八月六日，赫图阿喇城守将扈什塔、楞额礼、俄尼喇、毕禄率兵巡察雅尔古一路时，遇到一伙盗采人参的明朝人。结果斩杀其中24人，俘虏49人，缴获人参106斤。皇太极又命将所俘百总斩首，18人赏给从行军士为奴，"余三十人，发尚阳堡"。③ 这是后金政权将俘虏遣送到辽宁边地尚阳堡的最早记录。

顺治初年，由于满族贵族以及大部分八旗士卒从清主入关，作为陪都的盛京地区人口稀少，土地荒芜颇为严重。为了恢复和发展这里的农业生产，清廷于顺治十年颁布了《辽东招民开垦授官例》，以授官的方式，鼓励那些能够从外地招徕流民之人。与此同时，清廷遣送到这里的流犯也开始大量增加，据日本学者川久保悌郎统计：在顺治期间谪戍到盛京地区的流人为11例。至康熙七年，前来盛京地区的"闯关东"流民已经饱和，并且开始威胁到旗人的生计，清廷乃"罢辽东召民授官之例"，对东北地区进行封禁。当然此次封禁重点在吉林和黑龙江地区，盛京地区只是加以限制，但也相应地影响了谪戍到盛京地区的流人数量，即康熙初期为1例、中期为4例、晚期为1例，总共为6例④。乾隆六年，清廷对东北实行全面封禁，此后更无1例谪戍盛京地区的流人。乾隆二十一年，乾隆帝下旨："奉天、直隶不便安插军流罪犯，嗣后各省军、流均按照《五军道里表》及《三流道里表》分别等次，改发别省，其应发奉天、直隶府州等处永行停止。"⑤ 这样便明确了不再向盛京地区谪戍流人的规定。此后，清廷大都将流犯发配到

---

① 《全辽志》卷四，《杂志》，《辽海丛书》，第1册，辽沈书社，1985，第640页。
② 《明宣宗实录》卷一〇七，宣德八年十二月庚午条。
③ 《清太宗实录》卷十五，天聪七年八月乙丑条。
④ 〔日〕川久保悌郎：《清代向边疆流放的罪犯——清朝的流刑政策与边疆（之一）》，《北华大学学报》1986年第2期。
⑤ 《钦定大清会典事例》卷七四六，《刑部·名例律》，台湾新文丰出版股份有限公司，1971，第14672页。

新疆、云贵和两广等所谓的"烟瘴地方"。川久保悌郎因资料所限,上述统计数字并不完全,但反映清代向盛京地区谪戍流人的涨落大致趋势,应该是没有问题的。

从谪戍到辽宁的流人地区分布来看,主要有盛京、尚阳堡、铁岭、辽阳、抚顺和卫元堡等处。顺治十八年,盛京总管吴库立、侍郎费齐等曾上疏朝廷说:"积年流徙人,除在铁岭系佐领刘国彪所辖不议外,在尚阳堡者应设佐领一员。在卫元堡者,与开元相近,应设佐领一员,驻扎卫元堡兼管。在抚顺者,应设佐领一员,连盛京兼管。此编过佐领下短少者,应将以后流徙人补给。"① 得到了朝廷的批准。朝廷既然答应了盛京总管吴库立、侍郎费齐等人的请求,除在铁岭设立佐领之外,还允许在尚阳堡、卫元堡和抚顺等其他地区流人聚集之处设立佐领,可见以上四处都是谪戍流人的主要地区。另据《钦定大清会典事例》记载:"(顺治)十一年题准:凡窝家,不准断给为奴,并家属人口充发盛京。"② 又载:"其给居住盛京新满洲为奴犯人,未拨给前,给口粮。流徙尚阳堡、辽阳州人,咨到即交奉天府转发。"③ 可知,盛京和辽阳也是谪戍流人的主要地区。

3. 流人谪戍的因由

1644年清朝入关之后,开始建立各项制度,其中包括法律制度。清承明制,清初撰修的《大清律例》基本上是依据《大明律》损益而成,该律亦总分五刑,即笞、杖、徒、流、死。《大清律例·五刑之图》云:"流者,谓人犯重罪,不忍刑杀,流去远方,终身不得还乡。"④ 可见,流刑是仅次于死刑的重罪。在流刑之中,又依其轻重分为三等,即二千里、二千五百里和三千里。尽管清朝在皇太极时期就已将俘获人口等遣送至尚阳堡,但并非依法而行,《大清律例》制定之后流放到东北地区的流犯,才是真正意义上的流人。

流人谪戍的因由颇多,约言之,主要有以下几种类型:(1)因文字狱而获罪者。如顺治时诗僧函可"值国再变,亲见诸死事臣,纪为私史。城

---

① 《清圣祖实录》卷三,顺治十八年六月丙午条。
② 《钦定大清会典事例》卷八五五,《刑部·督捕例》,台湾新文丰出版股份有限公司,1971,第15706页。
③ 《钦定大清会典事例》卷二八九,《盛京户部·田宅》,台湾新文丰出版股份有限公司,1971,第8970页。
④ 《大清律集解附例》,《四库未收书辑刊》,第1辑,第26册,北京出版社,2000,第36页。

逻发焉,傅律殊死,奉旨宥盛京"。① 可知,诗僧函可是因撰写明朝为国捐躯诸臣事迹而被谪戍盛京的。(2)因犯颜极谏皇帝而获罪者。如兵科右给事中季开生谏阻顺治帝派内监往江南点选秀女,朝廷以其"肆诬沽直,下刑部杖赎,流尚阳堡,寻卒戍所"。② (3)因科场案而获罪者。如顺治十四年,朝廷在北京举行科举考试,"中试举人陆其贤用银三千两,同科臣陆贻吉,送考试官李振邺、张我朴,贿买得中"。③ 结果被查出,李振邺等7人被斩首,陆庆曾、孙旸、张恂、张天植、张绣虎等人及其家属于同年被流放到尚阳堡,这就是当时震惊全国的丁酉北闱科场案。(4)因在统治阶级矛盾斗争中失败而获罪者。如湖广道御史郝浴弹劾吴三桂在解保宁围时"拥兵观望",吴三桂反奏郝浴在"保宁奏捷疏有'亲冒矢石'语,指为冒功"。④ 最终郝浴于顺治十一年先被流放到沈阳,后转到铁岭。(5)因贪污而获罪者。顺治十三年清廷明确规定:"衙役犯赃,流徙尚阳堡。"⑤ 翌年,巡按御史刘嗣美以"坐赃致罪"⑥ 被流放到尚阳堡。(6)因失职而获罪。如江南巡按卫正元因"海贼入犯时,理应前进,保守江宁。乃由太平退回凤阳"。于康熙元年被流放尚阳堡⑦。(7)因反对"逃人法"而获罪。清初满族贵族通过战争掠夺大量农奴,这些农奴往往借机逃亡。兵科给事中李裀认为惩办逃人的逃人法过重,向朝廷建议修改,结果郑亲王济尔哈朗奏其"擅将人定例,妄请轻减"。于顺治十二年李裀被流放到尚阳堡⑧。(8)康熙二十年,清廷平定三藩,将"逆藩家口充发关东者,络绎而来,数年始尽"。⑨ 可知,流放至关东的三藩官兵及其家眷,为集中遣送,数量最多。

4. 流人的境遇

流人的境遇是十分恶劣和悲惨的。从谪戍到辽宁的流人诗歌中,我们便可以了解一些这方面的情况。

---

① 顾梦游:《千山诗集序》,《四库禁毁书丛刊》,集部,第144册,北京出版社,2000,第443页。
② 《清史稿》卷二四四,《季开生传》,中华书局,1977,第9624页。
③ 《清世祖实录》卷一一二,顺治十四年十月甲午条。
④ 《清史稿》卷二七〇,《郝浴传》,中华书局,1977,第9998页。
⑤ 《清世祖实录》卷一一〇,顺治十四年七月乙巳条。
⑥ 《清世祖实录》卷一一〇,顺治十四年七月乙巳条。
⑦ 《清圣祖实录》卷七,康熙元年十一月甲戌条。
⑧ 《清世祖实录》卷九十,顺治十二年三月辛亥条。
⑨ 王一元:《辽左见闻录》,国家图书馆藏手抄本。

如前所述，兵科右给事中季开生于顺治十二年被谪戍到尚阳堡，他在《尚阳堡纪事口号》（其一）诗中云："新烧悬崖净积莎，远随甲骑渡柴河。"① 可见，流人在由京师遣送辽宁戍所的途中，是有专人押解的。流人吴岸先是诗僧函可的好友，不幸早死戍所，函可在《哭吴岸先》诗中有云："槛车忆初来，面凹露双肘。既被冰雪侵，况复遭群侮。"② 可见流人遣送不仅有专人押解，而且是身在囚车之中。被谪戍沈阳的少詹事李呈祥曾作《岁暮歌呈大来》诗，赠同为流人的好友左懋泰，其中有云："雪花三月大如掌，银铛视我骨如柴。"③ 可见流人遣送时还戴着手铐和脚镣。

至戍所后，有学者认为先关在监狱数年，后释出在流放地服劳役。但笔者尚未见到有这样的原始资料记载。实际上清朝流刑，基本上是沿袭中国历代遗制，流人至戍所应是过着苏武牧羊式的相对自由的流放生活。在住所问题上，可以有自己的小茅屋。关于这一点，我们从当时的流人诗作中便可以得知。顺治十五年，曾为河南主考官的丁澎因科场案被谪戍尚阳堡。他曾至同样被谪戍到这里的已故流人季开生的住处，并作《季拾遗故居》一诗，以致缅怀之意。其中有云："茅堂闃寂傍城西，庭树无人出槛低。"④ 诗中所说的"城西"，是指开原城西郊，可知季开生生前是居住在开原城西郊的一间茅堂，即小茅屋之中。丁澎在《东冈》一诗中，对自己所居之处亦曾做过描述，云："吾庐荒径近，时见白云封。"⑤ 庐，即是茅屋，可知丁澎也是居住在荒僻的东冈一处小茅屋里。前述李呈祥曾做《茅屋》诗，其中有云："浪迹同飘梗，余生寄此椽。"⑥ 由诗名《茅屋》便可以直接得知，李呈祥同以上两位流人一样，也是居住在偏僻简陋的小茅屋里。在流人居住的小茅屋里，可以是一人独处，也可以是阖家聚居。翰林院侍讲学士戴梓因遭外国传教士徐日升、南怀仁等人排挤和诬害，于康熙三十年举家被谪戍铁岭，在他70岁生日时，曾作《七十自寿十首》（之二）中云："饥搋楮墨生烟雨，饱听妻孥议贫贱。"⑦ 可知是在戍所一家聚居。此

---

① 季开生：《出关草》，《戆臣诗稿》，清康熙年间刻本。
② 函可：《千山诗集》卷三，《四库禁毁书丛刊》，集部，第144册，影印本，北京出版社，2000。
③ 李呈祥：《东村集》卷二，《四库全书存目丛书》，集部，第203册，影印本，齐鲁书社，1997。
④ 丁澎：《扶荔堂诗集》卷七，全国图书馆文献缩微中心藏缩微胶卷，1985。
⑤ 丁澎：《扶荔堂诗集》卷四，全国图书馆文献缩微中心藏缩微胶卷，1985。
⑥ 李呈祥：《东村集》卷二，《四库全书存目丛书》，集部，203，影印本，齐鲁书社，1997。
⑦ 戴梓：《耕烟草堂诗钞》卷四，《七十自寿十首（之二）》《辽海丛书》，第2册，辽沈书社，1985，第1143页。

外，流人的居所在流放地附近是可以自主选择的。康熙三十一年，丁澎之婿顾永年因受上司漕运总督董讷牵连，被谪戍盛京。他曾作《初至留都访友》一诗，其中有云："逐客尚多妻子累，一身苦为稻粱谋。卜居最爱无人径，只在城南市角头。"① 由此不但可知顾永年是一家聚居，而且其居处盛京城南角也是诗人的自主选择。上述谪戍尚阳堡的季开生和丁澎，前者卜居开原城西郊，后者卜居东冈，都是流人在一定范围内可以自主择地而居的明证。

流人个人或全家居住在戍所的小茅屋中，或者耕作，或者放牧，或者教学，总之是自食其力。戴梓在《雨后课耕》一诗中云："阡陌离离野色明，鞭驱黄犊趁新晴。"② 顾永年在《偶作》一诗中云："相劝阖门勤力作，含哺鼓腹乐升平。"③ 可知二人都是依靠耕作务农为生。上述丁澎至尚阳堡后，"卜筑东冈，躬自饭牛，与牧竖同卧起"。④ 可知是依靠放牧为生。戴梓与流人陈梦雷、杨瑄二人是好友，曾作《佳公子招游郊野，座中赠陈省斋梦雷、杨玉斧瑄两太史》诗，其中有云："漫说成名早，文章亦祸机。谋生虽寡策，教书且瘳饥。"⑤ 可知陈、杨二人是以教书为生。

由于流人居住的茅屋十分简陋，因而到冬天就更加寒冷。如季开生在《尚阳堡纪事口号》（其三）一诗中云："岩风易结杯中雪，炕火难融被上霜。"⑥ 杯中结冰，被上结霜，室内温度显然在摄氏零度以下。李呈祥在《过田五兄书斋》一诗中云："破屋寒风势欲摧，蓬门昼掩夕阳开。"⑦ 寒风凛冽，茅屋简陋，所以白天只能紧闭门户，直到夕阳西下，稍暖时才敢开启。诗僧函可在《祀灶》一诗中云："绝塞为神亦可怜，一瓢冰雪献尊前。"⑧ 天寒地冻，一无所有，所以祭祀北国可怜的灶神也只能以一瓢冰雪代替供物了。季开生在其《尚阳堡纪事口号》（其八）一诗中云："凿冰十

---

① 顾永年：《梅东草堂诗》卷二，清康熙年间刻本。
② 戴梓：《耕烟草堂诗钞》卷四，《雨后课耕》，《辽海丛书》，第 2 册，辽沈书社，1985，第 1146 页。
③ 顾永年：《梅东草堂诗》卷二，清康熙年间刻本。
④ 《奉天通志》卷二十八，《大事记》，东北文史丛书编辑委员会，内部出版，1982，第 552 页。
⑤ 戴梓：《耕烟草堂诗钞》卷一，《佳公子招游郊野，座中赠陈省斋梦雷、杨玉斧瑄两太史》，《辽海丛书》，第 2 册，辽沈书社，1985，第 1126 页。
⑥ 季开生：《出关草》，《戆臣诗稿》，清康熙年间刻本。
⑦ 李呈祥：《东村集》卷二，《四库全书存目丛书》，集部，203，影印本，齐鲁书社，1997。
⑧ 函可：《千山诗集》卷三，《四库禁毁书丛刊》，集部，第 144 册，影印本，北京出版社，2000。

丈得泉归，却望千峰白雪围。"① 可知冬季取水，须由户外凿冰，然后携至屋中加热融化，方能饮用。

除了严寒之外，虎患也给当时的流人造成一定威胁。如因丁酉科场案被谪戍到尚阳堡的张恂，在其《夏日边村》一诗中云："葭墙频过虎，草屋任藏蛇。"② 可知流人居住的院墙之外经常有虎光顾，茅屋之内经常有蛇藏身。亦因丁酉科场案被谪戍到尚阳堡的孙旸，在其《开原》一诗中云："城内草深饥虎啸，百花如锦亦销魂。"③ 可知清初开原城内深草之中即有老虎出没，百花虽然十分鲜艳，但人们一旦闻到虎啸，便会失魂落魄，无心欣赏美丽的花朵了。诗僧函可在其《闻同难民为虎所食》一诗中云："何须今日方怜若，一度边关即鬼门。身死不烦蝇作吊，年凶唯见虎加飧。"④ 可知虎患已不仅仅是威胁，当时确有流人为虎所食之事。函可闻之，顿生同命相怜之感，故作此诗，以发感慨。

长期艰苦的流放生活，使流人们内心中感到悲哀、屈辱、思乡和怀才不遇。诗僧函可在其《偶感》一诗中云："迁客易为感，况兼秋有声。天风吹木叶，一夜满边城。是处皆肠断，无时免泪零。"⑤ 可知其心情非常悲哀，尤其到了秋天，风吹叶落满地，更让人触景生情，肝肠寸断，无时无刻不以泪洗面。函可在其《即事十首》（之十）一诗中又云："身死固足悲，身辱亦足耻。与其辱以生，毋宁饥以死。"⑥ 表达了与其屈辱而生，莫如饥饿而死的一种悲壮心态。季开生在其《尚阳堡纪事口号》（其九）一诗中云："宁惜茕茕沙雁影，难随霜月入关飞。"⑦ 借喻孤雁，表达了自己形单影只、沦落他乡、难归故里的思乡情结。戴梓在其《七十自寿十首（之十）》中云："磨剑半生虚售世，著书千载枉惊人。"⑧ 表达了自己突遭劫难，半生枉读诗书，怀才不遇的心情。

流人们在戍所虽然生活非常艰苦，心情十分郁闷，但善良质朴的当地

---

① 季开生：《出关草》，《戆臣诗稿》，清康熙年间刻本。
② 张恂：《诗观初集》卷六，国家图书馆藏缩微胶卷。
③ 孙旸：《辽东杂忆二十首》之三《开原》，《怀旧集》，国家图书馆藏缩微胶卷。
④ 函可：《千山诗集》卷十一，《四库禁毁书丛刊》，集部，第144册，影印本，北京出版社，2000。
⑤ 函可：《千山诗集》卷十一，《四库禁毁书丛刊》，集部，第144册，影印本，北京出版社，2000。
⑥ 函可：《千山诗集》卷十四，《四库禁毁书丛刊》，集部，第144册，影印本，北京出版社，2000。
⑦ 季开生：《出关草》，《戆臣诗稿》，清康熙年间刻本。
⑧ 戴梓：《耕烟草堂诗钞》卷四，《七十自寿十首（之十）》《辽海丛书》，第2册，辽沈书社，1985，第1144页。

百姓常常与他们往来，遇到困难，伸出援助之手，使他们颇为感动。季开生在其《尚阳堡纪事口号》（其二）一诗中云："每愧野人勤给米，久劳邻媪代吹薪。"① 可知当地百姓常接济他们米粮，并帮助他们烧火做饭。戴梓在《雨后课耕》一诗中云："牧竖学歌随鸟啭，村姬馈食映花行。庸庸草莽多温暖，何必浮生有令名。"② 可知当地村姑给他们送饭，使他们心中感到十分温暖慰藉，顿觉人生追求虚名并不重要。顺治十三年被谪戍盛京的弘文院大学士陈之遴在其《饮郊外》一诗中云："野人今渐狎，杯酌屡逢迎。塞酒兼甘酢，村庖半生熟。"③ 可知当地村民与他们逐渐熟了起来以后，经常请他们小酌一番，双方开始结下纯真质朴的友谊。

5. 辽宁地区最大的犯人流放地——尚阳堡

尚阳堡是当时盛京地区规模最大的犯人流放地，同时也是清初与黑龙江宁古塔齐名的两个国家级最大的犯人流放地之一。由于尚阳堡距离京师较宁古塔为近，因而一般来说，罪行较重者流放宁古塔，罪行相对较轻者流放尚阳堡。尚阳堡，明称靖安堡，清改称尚阳堡。位于今开原市以东约9公里处的清河水库，在行政上隶属于铁岭市清河区管辖。旧时的尚阳堡，南北两面夹山，有清河由东向西流过。据当地官员称：1958年决定在此兴建水库，遂筑起拦河大坝，截流蓄水，古城尚阳堡遗址便淹没在清河水库的万顷波涛之下了。

据康熙《开原县志》记载：清初的尚阳堡，距开原"城东四十里，周围三里，南、北二门"。④ 管理流人的衙门应当坐落于此。据史料记载，较早管理这里流人事务的最高长官是王克宽，咸丰《开原县志》云："王克宽，号南坡，汉军正白旗人。少聪颖，兼通满汉文字。国初选授尚阳堡四品官，凡以罪徙者皆隶焉。"⑤ 由此可知，王克宽为四品官，但官名为何？因缺乏史料记载，已无从知晓。顺治十八年六月，在盛京总管吴库立和侍郎费齐的建议下，朝廷同意在尚阳堡等流放地设立佐领，并颁发了佐领印⑥，以加强管理。此后管理尚阳堡等流放地的最高长官便为佐领。佐领，

---

① 季开生：《出关草》，《戆臣诗稿》，清康熙年间刻本。
② 戴梓：《耕烟草堂诗抄》卷四，《雨后课耕》，《辽海丛书》，第2册，辽沈书社，1985，第1146页。
③ 陈之遴：《浮云集》卷六，《四库全书存目丛书》，集部，197，齐鲁书社，1997。
④ 康熙《开原县志》卷上，《城池志·屯堡附》。
⑤ 咸丰《开原县志》卷六，《名宦·王克宽》。
⑥ 《清圣祖实录》卷三，顺治十八年十二月戊午。

亦为四品官，其级别远高于七品官的县令。当时尚阳堡在地域上隶属开原县，因佐领在级别上较县令为高，尚阳堡的流人管理事务显然具有完全的独立性，不受地方行政权力的约束。不仅如此，当朝廷发布有关处理流人事务的命令时，附近地方政府还须积极配合和落实。顺、康之际，盛京地区荒地颇多，为了招民垦田，清廷一度对部分流人颁布赦免令。康熙初年任开原知县的周志焕便曾"招民垦田，迁尚阳堡流徒入籍为民"。① 把这些有幸脱离流犯身份之人安排得颇为妥善。

鉴于东北冬季天气十分寒冷，康熙九年二月，康熙帝谕令刑部，"向来定例：流徒尚阳堡、宁古塔罪人于六月十二月停遣，余月皆令发往。今思自十月至正月俱严寒之候，所徒罪人贫者殊多，衣絮单薄，无以御寒。罪不至死，而冻毙于路，甚为可悯。继自今流徒尚阳堡、宁古塔罪人，自十月至正月、及六月，俱勿遣"。② 由此可知，康熙九年二月以后谪戍到尚阳堡、宁古塔的流人，停遣期由原来的六月、十二月改为十月至正月以及六月。

康熙二十一年，康熙帝第二次东巡。在盛京祭奠祖先三陵之后，继续北上，至吉林乌拉境内见流人生活条件十分艰苦，遂再次谕令刑部，"至乌喇地方，见其风气严寒，由内地发遣安插人犯水土不习，难以资生。念此辈虽干宪典，但既经免死，原欲令其生全，若仍投畀穷荒，终归踣毙，殊非法外宽宥之初念，朕心深为不忍。以后免死减等人犯，俱着发往尚阳堡安插。其应发尚阳堡人犯，改发辽阳安插"。③ 由此可知：其一，康熙二十一年之后，原定遣送乌拉的免死减等流人改徒尚阳堡，而原定遣送尚阳堡的流人则改徒辽阳。其二，清代依所犯罪行轻重而决定遣送里程远近的流徒制度是十分严格的，谪戍到尚阳堡的流人之罪轻于乌拉，但重于辽阳。

关于清初谪戍到尚阳堡的流人数量问题，因缺乏史料记载，尚未能完全知晓，但据中国第一历史档案馆所藏《盛京户部侍郎吴玛护等谨题》等档案资料，我们仍然可以窥见其大略。该档案记载道，"以顺治三年至康熙七年止，刑部发来男人二千六百五十四人"，"自顺治十一年起至康熙七年止，督捕衙门发到男人六百六十一名"。④ 可知，两批由京师陆续遣送到盛

---

① 咸丰《开原县志》卷六，《名宦·周志焕》。
② 《清圣祖实录》卷三十二，康熙九年二月癸未。
③ 《清圣祖实录》卷一〇二，康熙二十一年五月丙辰。
④ 《盛京户部侍郎吴玛护等谨题》，康熙七年三月一日，《户科史书》，中国第一历史档案馆藏。

京的男丁共 3315 人。此外同时发遣至盛京的还有"妇人一千二百零三口，幼小一千一百五十八名"。在顺治三年至康熙七年这段时期里又"新增丁一百三十八名"。这样，男女老少和新增人口共计 5814 名，盛京有关部门奉命将他们先后全都"流徙尚阳堡"。① 当然这并不是说康熙七年尚阳堡就有流人 5814 名，因为在顺治三年至康熙七年这段时期里，流人有增加也有因病故、逃亡和调拨等缘故而减员，据档案记载，这年"实有男丁一千六百五十一名，妇幼二千三百六十一人"。② 也就是说共有 4012 人。另外在顺治三年以前，应该还有一小部分遣送到这里的流人。这 4012 人加上顺治三年以前遣送到这里的一小部分流人，便是康熙七年尚阳堡拥有流人数量的一个横断面。不久这 4012 人中又有一些被赦免，划拨州县为民。其中划拨承德县（盛京城附郭）337 人、铁岭县 493 人、开原县 821 人③。当然随着这批流人的被迁出，又会有新的一批流人被迁入。尚阳堡流人的数量始终处于动态变化之中。

二 流人文化之贡献

由于清朝实行严格的科举考试制度，所以选拔出来的官员大都具有较高的文化水平，尤其是那些因文字狱、科场案而流放的考官和知识分子们，往往更是博学多闻，才华横溢。在"达则兼济天下，穷则独善其身"的儒家思想的影响下，这些文化流人忍辱负重，积极进取。他们或者著书立说，或者聚徒讲学，或者兴办诗社，或者协助地方编纂志书，将先进的中原文化传播到当时相对落后的辽宁乃至整个东北地区，同时也在戍所体现了自己的人生价值。

流人陈梦雷，清初著名学者，曾主持编纂中国古代最大部头的类书——《古今图书集成》。康熙二十一年，因三藩之乱时被诬接受耿精忠伪职，谪戍到盛京。在此期间，他"构云思草堂，华石娟秀，日以著书为乐，从游者甚众"。④ 除了著书立说，聚徒讲学之外，陈梦雷还协助地方编纂志书。据史料记载："甲子、乙丑间，修《奉天府志》……逾年志成。秉笔

---

① 《盛京户部侍郎吴玛护等谨题》，康熙七年四月二十日，《户科史书》，中国第一历史档案馆藏。
② 《盛京户部侍郎吴玛护等谨题》，康熙七年四月二十日，《户科史书》，中国第一历史档案馆藏。
③ 《盛京户部侍郎吴玛护等谨题》，康熙七年四月二十日，《户科史书》，中国第一历史档案馆藏。
④ 王一元：《辽左见闻录》，国家图书馆藏手抄本。

者，原任编修陈梦雷也。"① 引文中所说之《奉天府志》，实即康熙《盛京通志》，该志是清代东北地区第一部通志体裁志书。

因得罪权臣吴三桂而遭流放的郝浴，至戍所铁岭后，修建书屋，取名"致知格物之堂"，时常与诸友在此"烹茶漉酒，纵谈名理，至夜分不散。架插天下古今图书，恣吾友展玩"。② 又"时取古人书，手自编摩，继乃一意研《易》"。③ 可知郝浴与同遭谪戍的文友在自己的书屋博览古今图书，纵谈天下道理，而郝浴后来最喜欢研究的是《易经》。郝浴不仅自己与诸友研究学问，而且"比邻诸生十余人愿从公游，公欣然接之。口讲指画，昕夕靡倦。……诸生以时课业其堂"④。可知，还有十余名学生在"致知格物之堂"听他讲课。康熙十四年，郝浴被平反昭雪，获释回京。临行前，郝浴将"致知格物之堂"正式更名为银冈书院，并将银冈书院连同自己二十余年积攒下来的数十间房舍、田地和书籍等物全部捐赠给当地，以发展铁岭的教育事业。在后来二百余年的岁月里，银冈书院虽几经磨难，但还是规模越来越大，为铁岭培养出了许多人才。值得一说的是：1910年，少年周恩来曾来此就读，现在银冈书院已将周恩来读书之处辟为"周恩来少年读书旧址纪念馆"。据有人统计，清代东北先后共有31所书院，其中以银冈书院成立最早，影响也最大，以至于康熙年间曾任奉天府尹的屠沂在《重修银冈书院记》中云："兹铁岭片石，即与嵩山、白鹿、岳麓、石鼓四大书院而五焉，奚不可也。"⑤ 屠氏在此将银冈书院与嵩山、白鹿、岳麓、石鼓四大中国古代著名书院相提并论，虽有拔高之嫌，但也足以说明银冈书院在东北文化教育发展史上的重要地位。

因撰写明朝为国捐躯诸臣事迹而被谪戍盛京的诗僧函可，其不屈的品格和渊博的学问颇受当地人士的敬重，他曾先后在普济、广慈、大宁、永安、慈航、接引和向阳七座寺庙宣讲佛法，弘扬佛教文化，前来听讲者甚

---

① 王一元：《辽左见闻录》，国家图书馆藏手抄本。
② 郝浴：《银冈书院记》，《奉天通志》卷二四一，《艺文志》十九，东北文史丛书编辑委员会，内部出版，1982，第5198页。
③ 董国祥：《银冈书院记》，《奉天通志》卷二三一，《艺文志》九，东北文史丛书编辑委员会，内部出版，1982，第4905页。
④ 黄叔琳：《重修银冈书院记》，《奉天通志》卷二六〇，《金石志》八，东北文史丛书编辑委员会，内部出版，1982，第5727页，。
⑤ 屠沂：《重修银冈书院记》，《奉天通志》卷二四二，《艺文志》二十，东北文史丛书编辑委员会，内部出版，1982，第5257页。

众,"趋之者如河鱼怒上"①,极受欢迎。除了宣讲佛法,函可还是著名诗人。他以文会友,时常与诗友们吟诗作赋,做文酒之会。据《胜朝粤东遗民录》记载:"时遣谪诸臣,若莱阳左懋泰、沾化李呈祥、寿光魏琯、定州郝浴、泰兴季开生及李龙衮、陈心简辈,始以节义文章相慕重,后皆引为法交,函可因招诸人为冰天诗社,凡三十二人。"② 可知与函可结为文友的也大都是些同遭谪戍的流人文士,并在这个基础上他们成立了"冰天诗社"。"冰天诗社"是清初盛京乃至整个东北地区出现的第一个文人协会组织,函可也成为当时盛京文坛的盟主。"冰天诗社"的建立,活跃了盛京地区的学术气氛,促进了盛京地区的文化交流,提升了盛京地区的文化水平,其意义不可低估。

除了以上三人之外,还有许多流人为盛京地区的文化振兴做出过较大贡献。如:在顺治十三年被流放到铁岭的左通政吴达,至戍所后"闭户读书"③,潜心治学。顺治十四年因丁酉科场案而被流放盛京的徐某,至戍所后,"食贫,授徒终其身"。④ 为培养当地的人才贡献了毕生的智慧和精力。康熙三十年举家被流放铁岭的戴梓,至戍所"多巧思,凡所手制皆出匪夷,尤工绘事。性豪迈不羁,工诗善饮"。⑤ 可知他不仅懂得机械制作,而且还擅长绘画和作诗。顺治十一年被流放盛京的陈易,"工诗、善书、好弈,兼通音律"。⑥ 可谓多才多艺,琴棋书画无一不通。顺治十四年被流放尚阳堡的陆庆曾,"家赤贫,以医自给"⑦,这对于缺医少药的荒僻地区来说,无疑是百姓非常急需的。当然富有才学的辽宁文化流人远远不止这些,因限于文章篇幅,以上不过仅举数例,以见一斑而已。

三 流人文化之精神

随着改革开放的不断深入,人们对经济与文化之间的密切关系,认识

---

① 郝浴:《奉天辽阳千山剩人可禅师塔碑铭》,《四库禁毁书丛刊》子部,第35册,北京出版社,2000,第612页。
② 九龙真逸:《胜朝粤东遗民录》,民国五年,真逸寄庐刻本。
③ 王一元:《辽左见闻录》,国家图书馆藏手抄本。
④ 王一元:《辽左见闻录》,国家图书馆藏手抄本。
⑤ 王一元:《辽左见闻录》,国家图书馆藏手抄本。
⑥ 王一元:《辽左见闻录》,国家图书馆藏手抄本。
⑦ 王一元:《辽左见闻录》,国家图书馆藏手抄本。

愈加深刻，文化搭台，经济唱戏，已经成为全国各地经济发展的普遍模式。2007年秋，原清代尚阳堡，现铁岭市清河区的领导为了挖掘本地区的历史文化资源，同辽宁社会科学院共同主办了"清河尚阳堡流人文化论坛"。在这次会议上，与会各位学者主要围绕着尚阳堡流人文化精神等问题展开了热烈的讨论，笔者做了《论挖掘尚阳堡历史文化的发展战略》的发言，认为我们今天挖掘尚阳堡的历史文化，目的是要古为今用，推动一方经济发展，因而要尽量体现尚阳堡历史文化中的积极进步的一面，避免消极晦暗的一面。本着这一原则，尚阳堡历史文化的基本精神是否可以这样定义：流人虽为阶囚，但他们来到流入地，面对新的环境、新的生活，重新开始筹划人生。他们表现了一种百折不挠、艰苦奋斗的优良作风；达观向上、积极进取的生活态度；达则兼济天下、退则著书立说，为传播科学文化知识贡献余生的君子品格。

尚阳堡流人文化的精神实际上也代表了辽宁流人的文化精神，在清初那个俗尚骑射、重武轻文的盛京地区，流人们将中原薪火相传的传统文化智慧之灯点燃，对开启民智，提升盛京地区百姓的文化素质，曾做出了不可磨灭的历史贡献。

辽宁清文化的概念、精神及保护开发[*]

辽宁清文化之概念

所谓"辽宁清文化",是指入关前清朝在今天辽宁地区崛起的这段历史文化,因此也可以称为"清前文化"。清前文化包括入关前清朝在辽宁地区崛起时的政治、经济、军事和文化等所有领域,其中尤以政治最为重要,可以说是清前文化的核心内容。从清前文化持续的时间上看,应从1583年努尔哈赤以十三副遗甲起兵这一标志性的重要历史事件始,至1644年清兵入关止。如果对清前文化做进一步的研究,也可以由此上溯到明代时的清肇祖猛哥帖木儿,甚至是虞舜时代的满族先民肃慎人。与清前文化关系比较密切的是满族文化,两者关系虽然十分密切,但清前文化并不等同于满族文化。清前文化是以满族文化为主,同时融合了汉族、蒙古族,以及当时生活在清政权周边的其他少数民族文化。

辽宁清文化之精神

明朝末年,满族,当时称为女真族,不过是东北地区的一支少数民族。然而在短短的六十多年中,由小到大,由弱变强,最终进入山海关,征服中原,定鼎北京,统一中国。满族崛起的时间并不长,在这短暂的历史中给我们留下了丰富和宝贵的历史遗产,其中独特的辽宁清前文化的精神可概括为以下四个方面。

一是长于骑射的尚武精神。自古以来,满族的先民们就生活在东北广袤的土地上。由于古时东北山高林密,河流纵横,他们主要靠渔猎和采集

---

[*] 原载《中国社会科学院院报》2008年5月31日。

为生，因而养成了娴于骑射的本领。据《北史·勿吉传》记载，满族的先民"人皆善射，以射猎为业"。《大金国志》记载："善骑，上下崖壁如飞，济江河不用舟楫，浮马而渡。"长期的渔猎生活和高超的骑射本领又养成了他们粗犷好斗的性格，所以"俗勇悍，喜战斗"。满族在崛起的过程中，继承和发扬了这一民族传统。努尔哈赤便被称为"马上皇帝"，他不仅是卓越的领导者，而且本人射技十分精湛。据史书记载：万历十五年四月，努尔哈赤在洞城见一人乘马佩弓箭而过，因问左右此人是谁？左右答以此人乃是董鄂部著名神射手钮翁金。努尔哈赤即命左右唤钮翁金下马，手指百步开外的杨柳，让其先射。钮翁金五箭三中，而努尔哈赤竟全部命中。众人大惊，"共叹为神技"。作为后金政权的首领，努尔哈赤格外重视武将。在他统治的前期，有著名的"五大臣"，即额亦都、费英东、何和礼、安费扬古和扈尔汉，都是能征惯战的武臣，可与三国时代蜀国的五虎上将相比；在他统治的后期，有所谓的"八和硕贝勒"，即代善、阿敏、莽吉尔泰、皇太极、济尔哈朗、多尔衮、多铎和岳托，虽皆为努尔哈赤子侄，但也无一不是从战争中打拼出来，堪称后金政权中的"八大金刚"。尤其是四贝勒皇太极更是一位文武全才。他即位后，始终不忘满族的骑射传统，要求八旗的基层军官牛录额真于春夏秋三季带领部下勤加练习，曰："此系我国制胜之技，何可不努力学习耶！"还在适当之时，举行射箭与骑马比赛，并亲临现场观看，奖励先进，鞭策后进。在努尔哈赤和皇太极的积极倡导之下，满族的尚武意识有了进一步的增强。据民俗学家调查，满族人家若生男孩，则在门上悬挂弓箭，希望他长大之后能够习武，成为国家栋梁之材。又据朝鲜使者李民寏《建州闻见录》一书中说，除了男人之外，"女人之执鞭驰马，不异于男。……盖其习俗然也"。由此可见满族尚武精神有多么强烈！正是如此强烈的尚武精神，才使八旗兵辄能以一当十，以少胜多，几乎成为当时天下不可战胜的军队。

二是见贤思齐的学习态度。明朝永乐年间，建州女真尚处于原始社会末期的军事民主制阶段。他们衣兽皮，啖生肉；以射猎为生计，推豪杰为酋长；部落之间，常相掠夺，强凌弱，众暴寡。至明朝末年，建州女真方进入奴隶制社会。诸如国家制度、礼仪、文化，以及社会伦理道德等，均未成形，尚处于草创阶段。努尔哈赤出生在今天新宾境内的费阿拉，这里往来的汉人较多，因而很容易受到汉文化的影响。据史书记载，努尔哈赤早年"好看《三国》《水浒》二传"，还十分崇敬关羽的为人，后来地盘扩大后，曾广建关帝庙。建立后金政权后，拜汉人龚正六为师，命他教儿子读书，同时兼管文书。天命三年，汉人范文程投奔后金，努尔哈赤知其为非常之人，欣然接纳，后来成为清朝最为著名的谋士。还命精通满汉文的达海翻译汉文典籍，以便自己从中吸取经邦治国的政治经验。皇太极即皇帝位后，进一步推进了汉化政策，开始仿明朝建立封建官僚机构。天聪二年，建文馆，后扩充为内国史院、内秘书院和内弘文院，即所谓的"内三院"，内三院乃是后来内阁的雏形。内三院分别设长官大学士，而大学士实为清朝命相之始，汉人宁完我、范文程和鲍承先都曾担任过这样的重要官职。天聪五年，皇太极设立六部。所谓"六部"，即吏部、礼部、户部、兵部、刑部和工部，这是历代中原王朝的典型官僚体制。六部分别设长官承政和副长官参政，还规定必须有一定数量的汉官担任。天聪三年，仿中原王朝科举制下令开科取士，当时有三百多人应考。崇德元年，皇太极遣内秘书院大学士范文程祭祀孔子，开始接受汉族的儒家文化。

满族在崛起的过程中，不仅只学习汉文化，凡是先进的事物都积极主动地去学。天命十一年，几乎从未有过败绩的努尔哈赤率兵攻打宁远城。守卫宁远的明将袁崇焕用从西洋引进的红衣大炮猛烈轰击八旗兵，结果八旗兵抵挡不住，努尔哈赤本人也身负重伤，回沈不久后忧愤背疽突发而死。这件事对皇太极的震动很大，从此他发誓要得到这种威力无穷的武器。天聪年间，终于仿制成功了红衣大炮，此后清军如虎添翼，当时为明朝服务的西方传教士兼火器专家汤若望叹道："彼之人壮马泼，箭利弓强，既已胜我多矣。且近来火器又足与我相当"，"孰意我之奇技，悉为彼有"。诚如汤氏所言，此后清军在双方的战争中处于更加有利的地位。

三是赏罚分明的激励机制。八旗兵之所以具有颇强的战斗力，除了娴于骑射之外，还源于后金政权内部建立了赏罚分明的激励机制。据《清实录》记载，努尔哈赤曾与部下约定："朕心公而法严，有功者必赏，虽仇不念；有罪者必惩，虽亲罔恤。"如前所述，清初著名的"五大臣"，实为努尔哈赤麾下的五虎大将，他们皆为异姓，与努尔哈赤非亲非故，都是身经百战，九死一生，积军功而获得高位。作为回报，努尔哈赤不但在政治上擢升他们的官位，晋封他们的官爵，而且在经济上还赏以财物，赐予甲第，在感情上还与其联姻，结以亲谊。相反，若犯过错，虽为至亲，必加严惩。如努尔哈赤长子褚英早年曾因军功，封贝勒，赐号阿尔哈图土门，并委以国政，然而褚英却骄傲自满起来，失去众心，后被努尔哈赤囚禁而死。努尔哈赤的兄弟舒尔哈齐与褚英的经历相似，亦被努尔哈赤囚禁，忧闷而死。皇太极即位后，进一步强化了这一机制。据《清实录》记载，皇太极曾下令："若七旗王贝勒贝子败走，一旗王贝勒贝子拒战，七旗获全，即拨败走七旗之七牛录人员给与拒战者；若七旗王贝勒贝子拒战，一旗王贝勒贝子皆败走，即革败走旗分，以所属人员七旗均分。"同时也制定了个人的赏罚原则。天聪三年，皇太极率兵出征明朝，在攻打遵化时，有两名士兵临阵脱逃，被后队督阵官发现。皇太极立即命令当众斩首。在攻打永平城时，副将阿山、叶臣与猛士二十四人不避矢石，率先登城。皇太极除奖赏他们之外，还嘱咐他们的上司不要再让他们带头攻城，用这种特殊的方式来表达对勇士的爱护与激励。

四是雷厉风行的作风。与中原王朝的行政体制不同，后金实行的是八旗制度。所谓八旗，即黄、白、红、蓝、镶黄、镶白、镶红和镶蓝八旗，每旗为三级领导体制，初级长官称牛录额真，中级长官称甲喇额真，高级长官称固山额真，固山额真的副职称梅勒额真。固山额真就是旗主，皆由亲王或贝勒担任，在旗主之上就是皇帝。全体满族兵民都分别归属到八旗之中，八旗既管政治又管军事，是军政合一的组织。战时，人们自备武器和马匹，成为士兵；平时，人们解甲归田，成为平民。可见这是一个机构简洁、行动灵活、办事高效的组织形式。在八旗制度下，国家如有讨伐他国之类的大事，只需皇帝与八旗旗主商议后便可以做出决定，决定后便可以付诸行动，不似明朝那样，层层上报，反复讨论，繁文缛节，不胜其烦。因此在明清战争中，八旗兵有如旋风，忽来忽去，往往出奇制胜，明军则行动迟缓，处处被动挨打，总是处于不利的地位。

辽宁清文化资源之开发保护和利用

清文化作为我国一代封建王朝的主体文化，不仅曾经深深地影响中华民族，也曾经为中华文明走向世界做出过贡献。作为满族的发祥地，辽宁清文化底蕴丰厚，源远流长。挖掘整理和开发利用辽宁清史文化，不仅具有历史价值，也具有现实意义。

迄今沈阳市已举办过两届清文化节，辽宁省委也已组织有关人员对省内的清前文化资源进行了调查。应当说，将清前文化作为辽沈地区的主要文化品牌的共识已基本达成。那么如何才能开发、保护和利用辽宁的清前文化资源呢？笔者以为：第一，修复一批清前文化遗址。辽宁境内的清前遗址甚多，以新宾为例，除了永陵和赫图阿拉之外，比较重要的还有六祖城、费阿拉城、古勒城、界凡城、萨尔浒城等。据调查，新宾现存县级文物保护单位239处，其中保护完好的古建筑、古城堡和古遗址107处，清前文化资源可谓十分丰富。应当在对保存较好的古建筑和古城堡进行进一步修复的同时，在其附近根据历史资料的记载，进行修旧如旧的仿制，这是打造清前文化品牌的基础工作。第二，整合清前文化的古建筑、古城堡和古遗址资源。辽宁清前文化资源众多，但为世人所知却甚少，原因是这些清前文化资源大都散处在荒郊野外。如果将它们纳入到清前文化的系列之中，整合起来，就会产生规模效应。第三，撰写和出版《清代辽宁人物传丛书》。辽宁的清前文化遗址固然很重要，但也需要深厚的人文内涵做支撑。撰写出版反映清代辽宁政治、经济、军事和文化等各个领域的著名人物的丛书，在辽宁省内，可以作为爱祖国、爱家乡的教育素材。对省外，可以作为展示辽宁深厚历史文化的名片和窗口。

试析清代东北流人文化的内涵[*]

近年来,学界发表清代东北流人文化的文章渐多,然而这些文章或者谈流人文化的贡献,或者谈流人文化的意义,或者就流人的来源、分布区域、工作状况、生活条件等问题进行考证性的研究,唯独对流人文化的特点,即何者为流人文化的问题,鲜有论及。笔者以为,随着流人文化问题研究的不断深入,流人文化的概念亦须进一步明确,有鉴于此,故拟对清代东北流人文化的特点,进行专门探讨,并祈教于方家。

欲说明清代东北流人文化的特指内涵,必须明确清代东北流人的范围概念。笔者以为,清代东北流人的范围应有狭义和广义两个部分:从狭义上说,主要是指清朝入主中原之后发配到东北的流放犯人,简称流人;从广义上说,还包括清朝入关之前招降的明朝官兵和掳取的明朝百姓。

据此,所谓"清代东北流人文化",就应是清代主要通过以上三种形式,由关内进入到东北的汉人所带来的汉文化。除此之外,这些进入东北的汉人在后来的艰苦环境中所磨砺出的特有精神亦属于清代东北流人文化的范畴。笔者得出这样的结论,可以从下面有关清代东北流人的具体活动中得到进一步的印证。

一 传播中原先进的传统文化

若要说明清代流人将当时中原先进的传统文化传播到东北的情形,须先对清代东北流人之概况做一简要介绍。清朝最早发配东北的流人可追溯到皇太极时期,据史料记载:天聪七年八月六日,后金军曾俘获明朝盗采

---

[*] 原载《满族研究》2010 年第 3 期。

人参者49人，将其中"三十人，发尚阳堡"①。尚阳堡即今天之辽宁省铁岭市清河区，后来成为清朝与黑龙江宁古塔齐名的两个国家级最大的犯人流放地之一。从清朝发配到东北的流人数量上看，因清初"从龙入关"者众，后方空虚，出于实边和垦荒的需要，故以顺治朝为最，康熙朝次之，至乾隆二十一年颁令止之，改发新疆、云贵和两广所谓"烟瘴地方"。从流人的分布地区来看，主要是黑龙江的宁古塔和辽宁的尚阳堡，其他比较主要的地区有辽宁之盛京、铁岭、辽阳、抚顺，吉林之船厂（今吉林市）、伯都讷（今吉林省扶余县）、打牲乌拉（今吉林市北乌拉街），黑龙江之黑龙江城（今黑龙江省黑河市）、墨尔根（今黑龙江省嫩江县）、三姓（今黑龙江省依兰县）、卜魁（今黑龙江省齐齐哈尔市），内蒙古之席北（今内蒙古自治区呼伦贝尔盟南部）等。从流人谪戍的因由来看，主要有以下几种类型：（1）因文字狱而获罪者；（2）因犯颜极谏皇帝而获罪者；（3）因科场案而获罪者；（4）因在统治阶级矛盾斗争中失败而获罪者；（5）因贪污而获罪者；（6）因失职而获罪者；（7）因反对"逃人法"而获罪者；（8）因三藩之乱而获罪者②。由此可见，因为罪犯的种类较多，所以对流放地产生的影响也不尽一致。其中影响最大者，当属那些具有较高文化程度的文化流人，将自己平生所学带到当时荒蛮的东北。

清代流人将先进的中原文化传播到东北，归纳起来，主要有以下几个方面。

（1）聚徒讲学，传播儒家文化。如因得罪权臣吴三桂而遭流放的郝浴，至戍所铁岭后，修建书屋，取名"致知格物之堂"，"比邻诸生十余人愿从公游，公欣然接之。口讲指画，昕夕靡倦。……诸生以时课业其堂"③。可知当时有十余名学生在"致知格物之堂"听他讲课。此外时常与诸友在此"烹茶漉酒，纵谈名理，至夜分不散。架插天下古今图书，恣吾友展玩"④，又"时取古人书，手自编摩，继乃一意研《易》"⑤。可知郝浴与同遭谪戍

---

① 《清太宗实录》卷十五，天聪七年八月乙丑。
② 见拙文《清代辽宁流人与流人文化述论》，《辽宁大学学报》（哲学社会科学版）2008年第6期。
③ 黄叔琳：《重修银冈书院记》，《奉天通志》卷二六〇，《金石志》，东北文史丛书编辑委员会，内部出版，1892，第5727页。
④ 郝浴：《银冈书院记》，《奉天通志》卷二四一，《艺文志》，东北文史丛书编辑委员会，内部出版，1892，第5198页。
⑤ 董国祥：《银冈书院记》，《奉天通志》卷二三一，《艺文志》，东北文史丛书编辑委员会，内部出版，1892，第4905页。

的文友还在自己的书屋博览古今图书，纵谈天下道理，而郝浴最擅长的是研究《易经》。康熙十四年，郝浴被平反昭雪，获释回京。临行前，郝浴将"致知格物之堂"正式更名为银冈书院，并将银冈书院连同自己二十余年积攒下来的数十间房舍、田地和书籍等物全部捐赠给当地，以发展铁岭的教育事业。在后来二百余年的岁月里，银冈书院虽几经磨难，但还是规模越来越大，为铁岭培养出了许多人才。值得一说的是：1910 年，少年周恩来曾来此就读，现存银冈书院已将周恩来读书之处辟为"周恩来少年读书旧址纪念馆"。据有人统计，清代东北先后共有 31 所书院，其中以银冈书院成立最早，影响也最大，以至于康熙年间曾任奉天府尹的屠沂在《重修银冈书院记》中云："兹铁岭片石，即与嵩山、白鹿、岳麓、石鼓四大书院而五焉，奚不可也。"① 屠氏在此将银冈书院与嵩山、白鹿、岳麓、石鼓四大中国古代著名书院相提并论，虽有拔高之嫌，但也足以说明银冈书院在东北文化教育发展史上的重要地位。

（2）著书立说，撰写地方志书。如因三藩之乱时被诬接受耿精忠伪职而被流放的陈梦雷，清初著名学者，曾主持编纂中国古代最大部头的类书——《古今图书集成》。康熙二十一年，谪戍到盛京。他于"甲子、乙丑间，修《奉天府志》……逾年志成。秉笔者，原任编修陈梦雷也"②。引文中所说之《奉天府志》，实即康熙《盛京通志》，该志乃清代东北地区第一部通志体裁志书。此外，他又"构云思草堂，华石娟秀，日以著书为乐，从游者甚众"③，也就是著书立说，聚徒讲学，在盛京传播文化知识。

（3）创立文化社团组织，搭建文化交流平台。如因撰写明朝为国捐躯诸臣事迹而被谪戍的诗僧函可，在流放盛京期间，成立了冰天诗社，据《胜朝粤东遗民录》记载："时遣谪诸臣，若莱阳左懋泰、沾化李呈祥、寿光魏琯、定州郝浴、泰兴季开生及李龙衮、陈心简辈，始以节义文章相慕重，后皆引为法交，函可因招诸人为凡三十二人。"④ 可知函可组织的冰天诗社当时有 32 人参加，加上函可，共 33 人。这些人大都是与函可同遭谪戍的流人文士，他们时常聚会，吟诗作赋，这活跃了盛京地区的学术气氛，

---

① 屠沂：《重修银冈书院记》，《奉天通志》卷二四二，《艺文志》，东北文史丛书编辑委员会，内部出版，1892，第 5257 页。
② 王一元：《辽左见闻录》，国家图书馆藏手抄本。
③ 王一元：《辽左见闻录》，国家图书馆藏手抄本。
④ 九龙真逸：《胜朝粤东遗民录》，民国五年，真逸寄庐刻本。

促进了盛京地区的文化发展，提升了盛京地区的文化水平。此外函可还曾先后在普济、广慈、大宁、永安、慈航、接引和向阳七座寺庙宣讲佛法，弘扬佛教文化，前来听讲者甚众，"趋之者如河鱼怒上"①，极受欢迎。

（4）卖艺为生，传播文化艺术知识。如康熙三十年举家被流放铁岭的戴梓，"多巧思，凡所手制皆出匪夷，尤工绘事。性豪迈不羁，工诗善饮"②。在朝时，曾发明连珠火炮，可连续发射28枚子弹，是西洋机关枪的前身。还曾仿制西洋蟠肠鸟枪、冲天炮和珐琅。在戍所，主要以卖文和书画作品为生。又如顺治十一年被流放盛京的陈易，"工诗、善书、好弈，兼通音律"③。同戴梓一样，亦靠卖艺为生。

（5）行医为生，救治当地患者。如顺治十四年被流放尚阳堡的陆庆曾，"家赤贫，以医自给"④。当时尚阳堡天寒地冻，生活条件十分艰苦，更是缺医少药，陆庆曾的到来，可谓是雪里送炭。

（6）传播农业生产技术。清代的东北居住着许多少数民族，主要有满族、蒙古族、锡伯族、赫哲族和朝鲜族等，除朝鲜族之外，这些民族大都以游牧、渔猎和采集为生，在某些个别地区虽然也有农业，但耕作手段粗放，产量很低。如宁古塔地区的农耕，"一岁锄之，犹荒也，再岁则熟，三、四、五岁则腴，六、七岁则弃之而别锄矣"⑤。流人到达之后，带来了先进的农耕方法，"汉人操作则不然，汉人之耕作有分休闲、轮作二法。若砂碱地则用休闲法，每年耕作一分，休闲一分。至轮作法，最为普遍，即高粱、谷子、黄豆之类，每三年轮作一次"⑥。

（7）砍木为屋，使当地人有固定的居所。如前所述，清代东北的少数民族主要以游牧、渔猎和采集为生，因而他们或者追逐水草，居于穹庐之内；或者掘地为穴，居于地洞之中。康熙二年被流放到宁古塔的杨越看到这些，便教他们"砍木为屋，覆以其皮，且炕牖之"⑦，使当地人有了固定

---

① 郝浴：《奉天辽阳千山剩人可禅师塔碑铭》，《四库禁毁书丛刊》子部，第35册，北京出版社，2000，第612页。
② 王一元：《辽左见闻录》，国家图书馆藏手抄本。
③ 王一元：《辽左见闻录》，国家图书馆藏手抄本。
④ 王一元：《辽左见闻录》，国家图书馆藏手抄本。
⑤ 方拱乾：《绝域纪略》，《陈浏集》，黑龙江人民出版社，2001。
⑥ 万福临监修，张伯英总纂《黑龙江志稿》卷十六，《物产》，黑龙江人民出版社，1992，第19页。
⑦ 《宁安县志》卷二，《人物》。

的居所，可以安心地从事农业生产了。

（8）以物易物，建立商品贸易关系。东北物产丰富，主要土特产有貂皮、人参、东珠、海东青和蘑菇等，然而当地土著人大都自采自用，不知买卖。据流放到宁古塔的吴兆骞说："宁古塔自丁巳后，商贩大集，南方珍货，十备六七，街市充溢，车骑照耀，绝非昔日陋劣光景。流人之善贾者，皆贩鬻参貂，累余千百，或有至千者。"① 可知宁古塔能够出现如此规模可观的贸易集市，是与来到这里从事商品贸易活动的流人影响分不开的。

二　体现流人忍辱负重、百折不挠和自强不息的特有精神

如前所述，在谪戍到东北的众多流人中，不乏因文字狱等罪名被遣的文化流人，他们被流放到遥远荒寒的东北，身处异乡，受人奴役，前途渺茫，只得靠耕读来勉强生存。常言说：诗言志。在这种十分艰苦的条件下，他们忍辱负重、百折不挠、自强不息，这种特殊环境中而产生出来的特有精神，在文化流人的诗歌里得以充分体现。归纳起来，这些文化流人的诗歌内容大致可以分为以下几个方面。

1. 积极向上的乐观精神

诗僧函可在流放盛京期间，组织了冰天诗社，留下许多可歌可泣的诗篇。在《解嘲》一诗中写道："莫笑孤僧老更狂，平生奇遇一天霜。不因李白重遭谪，那得题诗到夜郎。"② 该诗以李白自喻，通过李白因谪戍而得题诗夜郎一事，述说自己因谪戍盛京，有了这段特殊经历，亦能写出精彩动人的诗篇。他在另一首诗中写道："泪非还魂香，空流亦何益。只愁双眼枯，还留看天日。"③ 时刻告诫自己悲伤流泪是无益的，只有振作精神，健康活着，方能有希望看到云开日出那一天。郝浴谪戍到铁岭之后，自强不息，筹款建立了银冈书院的前身"致知格拘之堂"，在此一面聚徒讲学，一面研究学问。他在《银园》一诗中写道："遮莫空栏落雨频，几枝绿树压清晨。争知白屋还归我，是此青山不负人。燕出疏帘花欲笑，客投双鲤墨犹新。银园敢谓同西洛，实有书随不藉身。"④ 说明自己虽被流放铁岭，但幸

---

① 吴兆骞：《秋笳后集》卷八，《寄顾舍人书》。
② 函可：《千山诗集》卷十五，《解嘲》。
③ 函可：《千山诗集》卷十四，《泪》。
④ 郝浴：《中山诗钞》卷三，《银园》。

能筹建银园，可读书授课，做一个布衣书生，似此便可谓青山不负，其身不辱，表达了诗人一种忍辱负重、自强不息的思想境界。顺治十八年被流放到尚阳堡的浙江明诸生蔡础，虽身处逆境，但思想旷达，一心向学。他在《元旦新辞》一诗中写道："岁朝屡祝还家话，天听闻之谬不然。饱吃青州苏轼饭，醉题蜀郡杜陵笺。读书何地不千古，磨剑千人将十年。愿得圣明三万载，羁臣老健看风鸢。"① 表明每年元旦都说一些相互祝愿早日还乡的话，皇帝如若听见，是会不高兴的。不妨仿效前贤苏轼，在谪戍期间，多置文酒之会，以酒解愁，以文立言，留名千古。康熙三十年被流放到盛京的火器专家戴梓，兼善诗文书画，并以之自给。他在《七十自寿十首（之五）》中写道："一谪辽东三十年，痛深丘陇隔遥天。身存却是君恩厚，命舛非关世态偏。风截阵鸿还挺翮，霜摧丛菊尚舒妍。老夫此日犹能醉，自听余生不学仙。"② 表明自己虽已谪戍辽东30年，但并不怨天尤人，要像鸿雁那样迎风展翅，要像菊花那样遇霜犹自开放。表达了一种自强不息、知难而上的积极人生态度。

2. 哀而不怨的思乡情结

谪戍到东北的这些流人除了具有积极向上的乐观精神之外，还留下了大量思乡的诗篇，这些诗篇情由心生，如泣如诉，然而又哀而不怨，悲而不伤，十分感人，为流人文化增添了一份宝贵的精神遗产。

顺治十二年，因进谏顺治帝往江南点选秀女而谪戍尚阳堡的季开生，在《尚阳堡纪事口号》（其八）一诗中写道："五云长绕旧皇畿，万里孤臣寄翠微。极塞有山皆北向，重边无水不西归。鸡鸣梦讶参朝晚，鸟哺心伤进膳违。宁惜茕茕沙雁影，难随霜月入关飞。"③ 东北的山川本与关内无异，但在诗人看来，流放地之山皆朝北，流放地之水皆东流不复回，自己就像形只影单的沙雁，难以追随霜月，南度关山。由此更加想念梦中的君王和不能侍奉的白发双亲。康熙二十一年被谪戍到盛京的陈梦雷在《癸亥春日即事》一诗中写道："辽海春回襆被温，东风立雪满蓬门。诗书课业儒生事，牛马行藏圣主恩。病后关心唯药裹，愁中入梦是乡园。愿天长于高堂健，游子飘零泪暗吞。"④ 诉说自己在流放地唯以教书为生，病中更是常常

---

① 蔡础：《黄岩集》卷二十七，《元旦新辞》。
② 戴梓：《耕烟草堂诗钞》卷四，《七十自寿十首（之五）》。
③ 季开生：《出关草》，《尚阳堡纪事口号》（其八）。
④ 陈梦雷：《松鹤山房诗集》卷四，《癸亥春日即事》。

梦见故乡，遥祝双亲身体健康长寿。即使落魄到如此境地，也不可忘记国家，或进或黜，皆是君王之恩。顺治十四年因科场案被流放到尚阳堡的江苏人孙旸，在《还家诗》中写道："岁岁还乡梦，今朝梦始真。到家仍作客，无地可容身。山色迎人好，湖光入眼新。念年成底事，悔不早投纶。"① 孙旸曾在尚阳堡流放二十年，历尽艰辛，后因兵部尚书宋德宣等人以金赎之，始得在有生之年回到故乡。诗中诉说了自己在流放地的思乡之苦，以至于回归故乡之后，仍感觉似乎在做梦。可是到了家里，却早已物是人非，自己竟好像是在做客，无处容身，根本没有家的感觉。康熙九年因科场案流放到宁古塔的浙江人张贲在《宁公台杂诗二十二首》（之十九）中写道："远窜来殊产，深恩率土同。比邻滇蜀语，欢笑麂麋中。乡思劳相慰，家书病未通。几时归去好，翻畏各东西。"② 诗中描述了来自各地的流放难友们的生活与心境：他们整日过着同麋鹿相伴的原始生活，却很快乐；大家思乡之情难以平抑，只得彼此安慰，相互鼓励。同时对君主的不杀之恩，也怀感激之情。难友们结成的这种患难之交，刻骨铭心，以至于若真有回乡之日，大家反会感到难舍难分。

3. 流人诗保留了许多清代东北的人文与自然珍贵史料

东北自古以来，主要是少数民族的居住和活动区域。与中原相比，边疆少数民族区域开发较晚，在文化上历来处于相对落后地位，因而很少有文字记录的史籍流传下来。清代，尤其是顺、康、雍、乾时期，将东北作为犯人的主要流放地，客观上也起到了民族融合的作用，对东北边疆的文化进步产生了积极的影响。来到这里的文人骚客在长期的流放生活中，不仅著书立说，聚徒讲学，而且他们的诗歌当中，还保留了有关清代东北的许多有价值的人文与自然珍贵史料。

函可在《初至沈阳》一诗中写道："开眼见城郭，人言是旧都。牛车仍杂沓，人屋半荒芜。幸有千家在，何妨一钵孤。但令舒仗屦，到此亦良图。"③ 由此可以得知：顺治初年的沈阳城墙保存尚且完好，然而因大部分官僚机构和八旗将士已"从龙入关"，所以留在这里的人已经很少，约有千家，显得有些荒凉；当时城内的交通工具主要是牛车，街市上的牛车虽然

---

① 孙旸：《还家诗》，转引自张玉兴《清代东北流人诗选注》，辽沈书社，1988，第158页。
② 张贲：《白云集》卷十四，《宁公台杂诗二十二首》（之十九）。
③ 函可：《千山诗集》卷八，《初至沈阳》。

较多，但秩序却很杂乱，总的给人以荒凉落魄之感。孙旸在《辽东杂忆二十首》中《开原》一诗写道："黄龙塞北是开原，木叶山前战垒存。城内草深饥虎啸，百花如锦亦销魂。"① 由此可以得知：顺康之际的开原城，因后金兵曾在天命四年用兵于此，已颇为残破，唯有城之四周的壁垒犹存，亦淹没在荒草之中。由于人烟稀少，城内之中已有老虎出没，时常威胁着行人的安全。孙旸在另外一首《初春野火》诗中写道："猎猎悲风塞草黄，边庭二月少春光。四山野火明如昼，照见青天雁几行。"② 由此可以得知：清初辽东冬天二月夜里，流行在四周山上放火烧荒的习俗，这样做既可以将草木灰作为春播时节的肥料，又可以驱除野兽，以免在不久的春耕时伤人。康熙五十一年，因戴名世《南山集》文字狱案而流放到卜魁的安徽人方登峄，在《妇猎词》一诗中写道："背负儿，手挽弓，骑马上山打飞虫。飞虫落手揕其胸，掬血饮儿儿口红。儿翁割草牛车卸，归来同饱毡庐下。"③ 由此可以得知：东北边疆的少数民族十分善于骑射，具有尚武精神，即使是妇女亦能背着孩子，骑马弯弓射落飞鸟，而这里的少数民族又有茹毛饮血的习惯，这说明他们尚处于原始社会的末期阶段。顺治年间被流放到尚阳堡的陕西人张恂，在《开原道中》一诗中写道："雁凫集枉渚，麋鹿下崇冈。"④ 说明当时在通往开原的道上，鸟类和麋鹿成群，生态环境很好。他在《夏日边村》一诗中又写道："葭墙频过虎，草屋任藏蛇。"⑤ 可知当时开原和尚阳堡一带不仅有大量鸟类和麋鹿，而且老虎和蛇类也随处可见，拥有一个比较系统的生物链。季开生在《尚阳堡纪事口号》（其三）一诗中写道："岩风易结杯中雪，炕火难融被上霜。"⑥ 杯中结冰，被上结霜，当时尚阳堡天气显然十分寒冷。他在《尚阳堡纪事口号》（其八）另一首诗中写道："凿冰十丈得泉归，却望千峰白雪围。"⑦ 可知冬季取水，须由户外凿冰，然后携至屋中加热融化，方能饮用。

以上是清代东北流人文化的主流，除此之外，当然也有一些消极因素。因为这些流人毕竟是罪犯，在他们当中，因具有反清复明意识的政治犯和

---

① 孙旸：《怀旧集》，《辽东杂忆二十首·开原之三》。
② 孙旸：《怀旧集》，《辽东杂忆二十首·初春野火之十二》。
③ 方登峄：《葆素斋集·今乐府》，《妇猎词》。
④ 张恂：《诗观初集》卷八，《开原道中》。
⑤ 张恂：《诗观初集》卷八，《夏日边村》。
⑥ 季开生：《出关草》，《尚阳堡纪事口号》（其三）。
⑦ 季开生：《出关草》，《尚阳堡纪事口号》（其八）。

蒙冤获罪者也是少数，所以在流人文化中就不能不存在罪犯的成分。这些罪犯愈积愈多，又势必会影响一方纯朴之民风，甚至造成东北边疆的不稳定局势。有鉴于此，乾隆帝登极伊始，便诏令："黑龙江、宁古塔、吉林乌拉等处地方，若概将犯人发遣，则该处聚集匪类多人，恐本处之人渐染恶习，有关风俗。朕意，嗣后如满洲有犯法应发遣者仍发黑龙江等处，其汉人犯发遣之罪者应改发于各省烟瘴地方。"① 从此基本上结束了流人发遣东北边疆的历史。

综上所述，清代东北流人文化的特点就是：传播了中原先进的传统文化知识，弘扬一种身处逆境而能忍辱负重、百折不挠和自强不息的流人特有精神，同时在流人的诗篇中也为我们今天提供和保存了许多有关清代东北地区的人文和自然情况的珍贵历史文献资料。最后有必要一提的是，以往有一些学者认为，流人文化就是流人带来的关内汉文化与当地文化结合的产物，这种说法是似是而非的。因为遣戍到东北的流人在文化知识方面远较当地土著人为高，在这种形式下，流人就是文化的传播者，就是老师；而土著居民只能是文化知识的接受者，只能是学生。所以说，清代东北流人文化其实就是汉文化以及这些流人在艰苦环境中所激发出来的忍辱负重、百折不挠和自强不息的特殊精神。

---

① 《钦定大清会典事例》卷七四四，《刑部·名例律》，台湾新文丰出版股份有限公司，1971，第14647页。

清初著名爱国文化流人

——函可和尚*

清前期，尤其是顺治、康熙和雍正三朝，清政府将东北作为犯人的主要流放地，据有的学者统计，当时流放到东北的犯人有十万余众。这些被政府发配到边疆的流犯，学界简称为"流人"。在流人当中，除了那些危害社会治安的罪犯之外，还有一些因具有反清复明意识、文字狱和给皇帝提意见而获罪的人，他们大多具有较高的文化水平，即文化流人。这些文化流人在他们的流放生活中，往往能够发挥所长，或者兴办文化团体，或者聚徒讲学，或者研究学问，将中原先进的文化传播到当时堪称文化沙漠的东北地区，为东北地区的文化振兴曾做出过不可磨灭的历史贡献。函可和尚就是这些文化流人中的一位杰出代表。

函可（1612~1660），俗名韩宗𬴂，字祖心，明亡清兴以后，自号剩人，广东博罗人。出身官宦之家，父韩日缵，曾任明朝礼部尚书。函可青少年时代，为诸生，当时在士人中流行组织和参加社盟。这些加入社盟的读书人，时常以文会友，诗酒唱和。初则借以应对科举，猎取功名，继而抨击朝政，斥责阉党，砥砺名节。社盟相聚，动辄千人，风靡地方。当时广东的文化界名流重新修缮了南园的社址，与江南的复社进行文化交流，彼此呼应，相互唱和，最有生气。其堂兄韩如璜系复社社员，为岭南士人领袖。函可受其直接影响，亦结交士人纵谈时务，遂有康济天下之志。据其师兄函昰在《千山剩人可和尚塔铭》中回忆说，不久函可"声名倾动一时，海内名人，以不获交韩长公子𬴂为耻"。

函可虽有济天下之志，然而明朝政府正值腐败不堪、乱象丛生、气数已尽之时，作为一介书生，他无力挽狂澜于既倒。这时，身为礼部尚书的

---

* 原载《团结报》2010年11月25日。

父亲又离世而去，两年之后，即崇祯十一年他毅然决定出家为僧，与曾起梓一同去东莞面见道独禅师，次年随道独禅师至江西匡庐正式落发，法名函可，曾起梓法名函昰，为其师兄。后来函可又返回广州，在城北郊建立"不是庵"静修之所。

顺治元年，李自成率领农民军攻陷北京，不久吴三桂又引清兵入关，逐走李自成，清朝入主中原。函可虽已遁入空门，但遭此巨大国难，亦不能不为之心动，青少年时代以天下为己任之志重新被激起。不久又传来明朝旧臣拥立福王朱由崧为新主，在南京建立弘光政权的消息，这使函可看到了复兴故国的一线希望，内心非常兴奋，乃以求取佛经为名，于顺治二年初乘舟来到南京，寄居在好友顾梦游处，以寻找时机，参与光复大业之举。不曾料想，南下清军势如破竹，并顺利逾越长江天险，于本年五月攻陷南京，弘光小朝廷不到一年的时间便覆亡了。在南京，他目睹了明朝臣民为国坚守城池、英勇抵抗和清军入城之后大肆杀戮、血流成河的场面，悲愤之余，他用手中的笔将这一过程全部记录下来，书成之后，取名为《再变纪》，意为北京陷落为一变，南京陷落为再变。

顺治三年，桂王朱由榔在广东肇庆建立南明永历政权。函可便决计返回广东投身抗清行列，然而清军占领南京城之后，守关甚严，禁止行人随意出入。无奈之下，他只得寻求洪承畴的帮助（洪承畴与韩家有旧）。洪承畴早年在参加科举考试时，函可之父曾为其考官，洪承畴后来中了进士，按照当时科场的旧例，函可之父韩日缵便与洪承畴有了"座主"与"门生"的师生之谊。清崇德七年，洪承畴率明军十三万出关与皇太极进行历史上著名的松锦大战，被俘后降清。清朝委以重任，命其率兵南下，平定江南的南明残余势力。南京攻破后，洪承畴与满人巴山和张大猷共同驻守南京。函可见到洪承畴之后，洪承畴颇念旧情，私下给予了函可通行印牌。函可遂于顺治四年十月得以动身。不料在经过城门时，却遭到巴山手下的守关士卒仔细盘查，当即查出函可随行笥中所藏之《再变记》和福王朱由崧答阮大铖书稿。清军怀疑函可背后有主使和同党，对他进行了严刑逼供，据其师兄函昰在《千山剩人可和尚塔铭》中回忆说："拷掠至数百，但曰某一人自为，夹木再折无二语。乃发营候鞫，项铁至三绕，两足重伤。"始终也没有出卖他人，从而保护了为其提供写作条件的好友顾梦游和随行僧徒等四人。函可却因犯有"谋叛"大罪，被械送京师。此事因牵涉洪承畴，吏部建议将其革职，但顺治帝念洪承畴平定江南有功，予以赦免。顺治五年四月二十八日，函可被流放到沈阳。

沈阳虽为清朝入关前旧都，但满朝文武随顺治帝进京之后，因城池废弛，逐渐衰败，五年之后已呈荒凉之象。函可初至沈阳时，曾赋诗一首："开眼见城郭，人言是旧都。牛车仍杂沓，人屋半荒芜。幸有千家在，何妨一钵孤。但令舒伏屦，到此亦良图。"① 可见当时的沈阳，路上的主要交通工具就是牛车，人们居住的房屋已经半空，并长出了荒草，城市居民不过千家而已。虽然此时的沈阳城已是满目荒凉，但函可的心情还未冰冷到极点，因为比起在京师的牢狱生活，毕竟是自由些。

就在函可身陷囹圄之时，清兵继续南下，顺治三年十二月攻下广州。翌年七月，名士陈子壮、张家玉在广东东莞等地组织义军抗清，函可的族兄韩如琰率族人参加了这次武装斗争，不幸失败。清兵在博罗实行屠城，函可的家族除了其弟韩宗騄外，全部遇难。据《粤东遗民录》记载："函可弟宗騛、宗騄、宗骊以抗节死。叔日钦、从兄如琰、从子子见、子亢以起义战败死。寡姐以城陷、妹以救母、宗騄妇以不食、宗骊妇以钦刃，皆死。其仆从婢媵亦多从死焉。"三年之后，即顺治七年，函可方才得知这一不幸消息，不禁翘首南天，泪流满面，痛定思痛，赋诗吟道："几载望乡音，音来却畏真。举家数百口，一弟独为人。地下反相聚，天涯孰与邻。晚风连蟋蟀，木佛只含辛。"② 诗中所言"一弟"，即韩宗騄。宗騄起义失败后，隐居山中，顺治八、九年间，被降将黄应杰揭发，宗騄先杀死妻子，自己绝食而亡。至此函可完全可以说是国破家亡，举家数百口的岭南望族大姓，全部牺牲在这场民族灾难之中，唯有自己一人流落到寒冷的塞外异域。此时函可的心情更加悲伤，赋诗道："泪非还魂香，空流亦何益。只愁双眼枯，还留看天日。"③ 可知至此函可的眼泪已快要流干，即使这样也于事无补，活着的人还要坚持下去，也许可以看到故国复兴的那一天。

函可是清朝入关后最早流放东北的流人。到沈阳后，先是"奉旨焚修慈恩寺"，继而接连在普济、广慈、大宁、永安、慈航、接引和向阳七大寺庙讲经说法，结果深受辽沈地区僧人和佛教信徒的欢迎，据郝浴在《奉天辽阳千山剩人可禅师塔碑铭》中回忆说：当时前来聆听函可讲经的"趋之

---

① 《千山诗集》卷6。
② 《千山诗集》卷6。
③ 《千山诗集》卷14。

者如河鱼怒上"，被奉为"开宗鼻祖"，其声名远播朝鲜和日本。

函可不但精通佛经，而且擅长作诗，故有"诗僧"之称。函可在流放辽东期间，除了宣讲佛法之外，还与其他谪戍到这里的文化流人往来，他们"始以节义文章相慕重，后皆引为法交"①。函可的这些文友主要有左懋泰、郝浴、李呈祥、季开生、李裀、魏琯、陈掖臣、陈之遴和孙旸等。闲暇之时，彼此以诗文赠答，时常作文酒之会。在此基础之上，函可还把东南士子喜欢结社的风气带了过来。顺治七年冬至前二日，适逢左懋泰诞辰，函可将大家召集到一起，"首倡为诗，和者僧三人，道二人，士十六人。堡中寄和及后至者八人，合二公子，共得诗三十二章"②。从此成立了清初东北的第一个文人社盟——冰天诗社。冰天诗社的第二次集会是在七天之后，即同年冬至后五日，是函可的生日。这次由左懋泰主持并首先作赋，众人应和。

冰天诗社虽然只集会过两次，但意义非同寻常。如前所述，清朝入关后东北文化日趋衰落，函可等文化流人谪戍到这里之后，将中原先进的传统文化也带了过来，并且还成立了传播这种中原先进传统文化的专门组织，可以说为振兴东北的文化做出了历史性的贡献。与冰天诗社相类的另一文学社盟是"七谪之会"。"七谪之会"成立于康熙四年，组织者张缙彦和吴兆骞也是流放到东北的著名文化流人。他们的活动内容与冰天诗社一样，身处绝域，乐观向上，纵酒放歌，直抒胸臆。吴兆骞，江南吴江（今江苏吴江）人，与函可经历相似，早年曾加入慎交社，亦擅长作诗，被誉为"江左三凤凰"之一。因丁酉科场案，于顺治十六年被流放到黑龙江的宁古塔。在北上流放的途中，经过沈阳，特别拜访函可，并赠诗存念。如果说，"七谪之会"是吴越社盟在东北的发展，那么冰天诗社则是广东南园诗社和净社在东北衍绪，然而冰天诗社较七谪之会要早出十五年。

顺治十六年十一月二十七日，函可圆寂于辽阳首山之驻跸寺，终年49岁。圆寂前夕有偈云："发来一个剩人，死去一具臭骨。不费常住柴薪，又省行人挖窟。移向浑河波里，赤骨律只待水流石出。"③ 圆寂后，其弟子将他葬于千山璎珞峰西麓之双峰寺，好友郝浴特为函可撰写了《奉天辽阳千山剩人可禅师塔碑铭》，以作纪念。康熙二十年，郝浴被朝廷赦免，并起用

---

① 函昰：《千山剩人可和尚塔铭》。
② 函可：《千山诗集》卷20。
③ 函昰：《千山剩人可和尚塔铭》。

抚粤，其帮助函可弟子在家乡构建了金湖庵，为函可塑造了雕像，并再次撰写了《金湖庵剩师像记》。

函可平生作诗甚多，顺治十四年函可的师弟真乘从岭南徒步万里来到沈阳。函可将自己所作一千五百余首诗篇交付与他，并撰写了诗集的自序。真乘又把函可这些诗作带回岭南，于康熙四十二年刻板付梓，名曰《千山诗集》。

函可逝世116年后，即乾隆四十年，朝廷编纂《四库全书》，实行寓禁于修，在广收天下图书的同时，对那些于清朝统治不利的诗文严加查缴，《千山诗集》名列其中，乾隆帝特别谕令对此书进行封禁销毁，他说：

> 朕检阅各省呈缴应毁书籍，内有千山和尚诗本，语多狂悖，自应查缴销毁……函可既刻有诗集，恐无识之徒，目为缁流高品，并恐沈阳地方为开山祖席，于世道人心，甚有关系。着弘晌、富察善即速确查，从前函可在沈阳时，曾否占住寺庙？有无支派流传？承袭香火？有无碑刻字迹留存？逐一查明，据实覆奏。①

最终查抄的结果是：有关函可的碑刻、字迹等均遭销毁，《盛京通志》中所载有关函可的事迹全部删去，所撰诗文皆列入禁书。

学术界历来将函可谪戍东北的原因归结为清朝实行的文字狱，并且是身前身后遭到两次文字狱，其实这是不准确的。近年来已经有学者对此提出质疑，如杨权在《岭南明遗民函可"私携逆书"案述析》便说："何为'文字狱'？文字狱就是以文字罪人，其基本特征是不以作者的行为作为治罪的依据，而是以掌权者自身对作品思想倾向的理解和臆测来罗织罪名。……从案情看，'政治和尚'函可携带了南明弘光帝致阮大铖书稿，撰写了《再变纪》这部站在南明立场上记事的实录，而且参加了南方人士的'反清复明'地下活动，并不是'以文字获罪'。他是反清的志士。"② 通过以上对函可平生事迹的考察，笔者认为这种观点是正确的，函可是一名堂堂正正的反清复明志士，在他身上有两点最为可贵：其一是力图恢复故国的爱国主义精神，其二是将诗文和佛教文化传播到东北，为东北文化的振兴做出了不可磨灭的历史贡献。

---

① 《清高宗实录》卷九九五，乾隆四十年闰四月丙寅。
② 杨权：《岭南明遗民函可"私携逆书"案述析》，《学术研究》2006年第2期。

郝浴及其银冈书院[*]

郝浴是清初谪戍到东北的著名文化流人，他在铁岭创立银冈书院，将当时先进的中原传统文化传播到辽北地区，并培养造就了一大批人才，为振兴辽宁乃至东北的文化事业做出了不可磨灭的历史贡献。

一

郝浴，字冰涤，又字雪海，号复阳。祖籍山西洪洞县，自先祖郝成甫始迁至河北定州之唐城（今河北省定州市北城区唐城村）。父亲郝大舫，字恒瞻，为清顺治八年恩贡，授官府别驾，然隐居不仕，有《同然集》四卷传世。郝浴生于明朝天启三年农历二月初三日。清顺治六年，考中进士，年仅26岁。初授官刑部主事，两年后改任湖广道御史，巡按四川，驻守保宁。

当时清朝命吴三桂率兵平定四川，遭到南明大将刘文秀的顽强抵抗，结果三桂败北，川南、川东和川西尽失，只得退守绵州，并准备撤回汉中，保宁岌岌可危。郝浴一面鼓舞士气，加强守备，一面遣使绵州，请三桂驰援。一昼夜间，凡七次，并言若再按兵不动，"不死于贼，必死于法"[①]。逾月，三桂乃发兵，击退刘文秀。当初三桂入川时，骄兵悍将，军纪败坏，恣行淫掠，多为不法之事。知郝浴性格方正，执法严格，故行军沿途之事从不向郝浴塘报。郝浴对此颇为不满，上书朝廷说："臣忝司朝廷耳目，而壅阏若此，安用臣为？"[②] 保宁解围之后，朝廷颁赏将士。三桂赐予郝浴冠

---

* 原载《文化学刊》2010年第6期。
① 《清史稿》卷二七〇，《郝浴传》，中华书局，1977，第9997页。
② 《清史稿》卷二七〇，《郝浴传》，中华书局，1977，第9998页。

服，郝浴不受，上书朝廷说："平贼乃平西王责。臣司风宪，不预军事，而以臣预赏，非党臣则忌臣也。"① 同时陈述三桂救保宁时曾有拥兵观望之事，三桂由此深恨郝浴。郝浴又揭发三桂部将董显忠"恣睢虐民"，致使原本准备重用的董显忠没有得到提拔。三桂乃唆使董显忠进京状告郝浴，竟将郝浴斥归乡里。顺治十一年，湖北抚军一职出现空缺，大学士冯铨、成克鞏和吕宫等五阁臣推荐郝浴堪当此任。三桂恐郝浴再起，与己为难，乃摘取郝浴在保宁报捷书中有"亲冒矢石"语，弹劾郝浴有虚报战功之嫌，经议政王大臣会议，定为死罪。顺治帝觉得郝浴虽然有些狂妄，但并无大罪，又考虑到三桂手握重兵，驻守西南边陲，须加安抚，乃改判郝浴流刑，发配盛京。

是年六月一日，郝浴与妻子王夫人辞别亲人，踏上北上的道路，于九月至盛京，暂居驿馆，等待发落。此时著名诗僧函可②已先于郝浴流放到盛京城内。郝浴对函可的为人和才学十分钦佩，因而在盛京一落脚，便四处询问函可的消息，终于在高丽馆得以相见。二人一见如故，话语投机，遂成终生挚友。

不久郝浴被安排到辽北尚阳堡③服刑。郝浴来到尚阳堡不久，儿子郝林降生。翌年又在城南搭起了茅屋，总算有了自己的家。

郝浴白天按例执役戍守，饱受风沙雨淋之苦。不久好友同榜进士礼科给事中季开生，礼部郎中、河南主考官丁澎，翰林院撰修孙楩，侍读学士诸豫，兵部左侍郎张天植，山东巡抚吴达，江南推官张恂，山西巡按刘嗣美，著名学者陆庆曾等先后也流放到尚阳堡和铁岭，郝浴与他们时常做文酒之会，成为患难之交。当时管理这里流人事务的最高长官是王克宽，据咸丰《开原县志》记载："王克宽，号南坡，汉军正白旗人。少聪颖，兼通

---

① 《清史稿》卷二七〇，《郝浴传》，中华书局，1977，第 9998 页。
② 函可，字祖心，号剩人，俗名韩宗騋，明末广东博罗人。弘光政权灭亡后。他将 1645～1646 两年间南明的兴亡和各阶层抗清斗争的事迹写成私史《再变记》，结果遭牢狱之灾，顺治五年被发配到盛京。在盛京，他先后在七座大寺宣讲佛法，声名甚著，被辽沈地区奉为开宗鼻祖。函可擅长作诗，喜与文士交往，同另一文化流人铁岭左懋泰关系最为密切，顺治七年冬，他在盛京为左懋泰祝寿，借此之机首倡组织"冰天诗社"，时有沈阳、铁岭文士 32 人参加，是清代东北地区第一个文人结社，函可由此成为辽沈文坛的盟主。
③ 尚阳堡，明称靖安堡，清改称尚阳堡。距开原"城东四十里，周围三里，南、北二门"，管理流人的衙门即坐落于此。尚阳堡是当时盛京地区规模最大的犯人流放地，同时也是清初与黑龙江宁古塔齐名的两个国家级最大的犯人流放地之一。

满汉文字。国初选授尚阳堡四品官,凡以罪徙者皆隶焉。"① 王克宽也是文人出身,为人忠厚,对流人的悲惨遭遇颇为同情,尽量减少流人劳役之苦,甚至帮助穷苦之人,对不幸身亡者也给予棺材埋葬,因而郝浴的生活尚可维持。

顺治十四年四月,置奉天府于盛京陪都,朝廷视为喜事,盛京大赦。凡在此以前,盛京所有流人皆给以有限的自由,允许他们在盛京境内选择居处安家,就地垦种,但未经朝廷赦准,不许返回故里。郝浴因此得以离开了尚阳堡,再次去奉天拜访函可。函可此时在奉天禅事已毕,决定投奔好友左懋泰等,移住铁岭,郝浴也有迁居铁岭之意。

顺治十五年年初,函可来到铁岭,经左懋泰的协助,结庐于龙首山,在慈清寺任主持。受函可影响,郝浴亦迁居铁岭。来到铁岭之后,郝浴在南门内之右选中一片风水之地,此地南面开阔,北面有山冈,内有无主茅屋三间,因而所花银两不多,便买了下来。这年五月端午节过后,举家迁入铁岭。

二

在铁岭安顿下来之后,受中国古代知识分子"达则兼济天下,穷则独善其身"的传统理念影响,郝浴开始潜心研究学问,据载:"公至徙所,益潜心圣学,深思密证,期于表里莹澈。或中夜有所得,必披衣秉烛书之,讴吟达旦,不知身在穷荒也。故侍郎董公国祥同在徙所,公读书琅琅,笑曰:'我辈尚思复用乎?何攻苦乃尔?'公曰:'显晦何常?假一旦位卿相,何以救天下苍生?'董公嗤其妄,公洒然不为意。"② 可知,郝浴虽落魄如此,仍自强自立,期望若有朝一日,朝廷果能察知其冤,官复原职,还能有为解救天下百姓苦难的机会。此外他之所以如此刻苦学习,也想在做学问方面有所成就,据载,郝浴"每凛四十无闻之惧,或奋身自掷,几于伤股,其厉志如此"。③ 在郝浴的影响下,许多文化流人的子弟都先后聚集在他的

---

① 咸丰《开原县志》卷六,《名宦·王克宽》。
② 梁清标:《粤抚中丞郝公浴本传》,《碑传集》卷六十四,《郝浴》,中华书局,1993,第1795页。
③ 梁清标:《粤抚中丞郝公浴本传》,《碑传集》卷六十四,《郝浴》,中华书局,1993,第1795页。

周围，拜其为师。主要有左昞生、左昕生、左昭生、左晓生、左昀生、左准人、罗继谟、邢为枢、戴遵先、戴巡先、戴盛先、戴文绪等。郝浴对这些人"欣然接之，口讲指划，昕夕靡倦，处严霜急雪之区，而弄月吟风，不改其乐"①。从此在铁岭这片蛮荒之地，第一次有了诵读之声，文化的幽幽萤火开始在这里点燃。

郝浴谪戍铁岭之后，既然一心向学，又有许多文化流人子弟追随，遂生创立学堂之志。于是在所购宅第的基础上加以扩展，建立了"致知格物之堂"，即后来的"银冈书院"。据郝浴《银冈书院记》云："浴甲午九月谪奉天，戊戌五月下岭，卜宫于南门之右，方十许亩。中为书屋三间，前有圃种蔬，后有园种花。左壁吾卧室也，右壁一带，皆吾友连屋而居也。屋中造瓦床一丈，风月之夕，吾友毕来，尽登床趺坐，床下钻火，烹茶渑酒纵谈名理，至夜分不散。架插古今图书，资吾友展玩。有化人来，则焚香晤对，参验竺乘。屋后一冈，隐然卧龙，所谓'银冈'者也。"② 又据《铁岭县志》云："居室之旁结茆三间，圆户亮格，颜之以丹。后植山果十余本，筑台于中，略有园林之致。"③ 可知郝浴在自己居室右侧又建屋三间，作为学堂，学堂门楣之上挂着匾额，匾额上书红色大字，当然是"致知格物之堂"，学堂的窗户呈圆形，中间有格。学堂的右侧亦建屋数间，供往来朋友居住和聚会。屋中有书架，架上摆放着古今图书，供朋友随意翻阅，又有一丈长的瓦制大床，床下可以钻火取暖，类似东北的火炕。朋友来后，皆坐于此床之上，饮酒品茗，论学析理。学堂前院，种上蔬菜；学堂后院，有一高冈，其形宛如卧龙，因铁岭古称银州，故此冈名为"银冈"，银冈之上植果树十余株，此外还有花草。

郝浴既以"致知格物之堂"名之，当然是以致知格物为办学宗旨。郝浴的好友董国祥曾问过在银冈书院受业的弟子："汝辈朝夕于斯，亦知先生所以名堂之意乎？"接下来对他们解释说："知者，心之灵也；致者，推而极之求无蔽也。朱子即物穷理之说……如天下、国家、身、心、意皆物也，诚正修齐以至治平即格物也。"④ 由此可知，所谓"致知"，就是穷尽天

---

① 黄叔琳：《重修银冈书院碑记》，《奉天通志》卷二六〇，《金石志》八，东北文史丛书编辑委员会，内部出版，1982，第5727页。
② 郝浴：《银冈书院记》，《银冈书院博览》，辽海出版社，2006，第61页。
③ 《铁岭县志》卷下，康熙十六年本。
④ 《铁岭县志》卷下，康熙十六年本。

下各种事理，做到心无挂碍；所谓"格物"，就是正确处理个人与家庭、国家和社会之间的关系，最终做到诚意、正心、修身、齐家、治国、平天下。这是儒家的核心思想之一，其语出自儒家经典著作《大学》的"三纲领"和"八条目"，乃是中国古代知识分子追求的做人做官最高境界。

研究学问，招生讲学，没有图书不行。因此，郝浴开始把父亲寄来的钱用来资助讲学和搜集图书。最初搜集到的图书有《易经》《书经》《诗经》《礼记》《戴礼》《仪礼》《论语》《孟子》《诗归》《韩昌黎诗文集》《唐诗品汇》《王阳明文集》《禅林指月录》《传习录》《薛文清读书录》《龙溪语录》《许平仲集》《吴草庐全集》《元史一周》《张横渠集》《文献通考》《史记》《左传》《春秋》《后汉书》《通鉴》《老庄》《楞严法华经》《汉魏丛书》《程夫子全集》《天文周公勾股法》《悔过篇》《迁善篇》《关尹子东垣书》《素问阴符》《李氏焚书》《旧律会典》《西洋天竺书》《孙子》《荀子》《墨子》《参同契》《孝经》《忠经》《太元经》《春秋繁露》《五行传》《圣学宗传》《汉雅》《紫阳全集》》[①]。

这只是郝浴最初能够搜集得到的图书，后来随着银冈书院的不断发展，图书的数量也在逐步增加。

既有学堂，又置办了图书，郝浴便开始招收生徒。郝浴的第一批学生便是上面提到的最早追随郝浴学习的那些弟子，他们大多是左懋泰[②]和戴国士[③]的子侄们。左懋泰、戴国士二人十分崇敬郝浴的人品和才学，热心支持郝浴办学，为学堂资助钱、物，帮助郝浴搭建房屋、学舍，并将其子侄们送到这里学习。起初几年郝浴所收生徒大多是流人子弟，人数不多。自康熙三年铁岭建县以后，县令胡药缨根据"辽东招垦令"，招民入境垦荒，被招募者可以享受三年不纳税的优厚待遇，于是关内饥民纷纷拥入辽北，铁岭居民大增，很多平民子弟也来银冈书院就学，生徒日渐增多，这些学生后来很多都成为国家的栋梁之材。

---

① 郝浴：《银州读书录》，《畿辅丛书》卷三，《郝复阳笔记》。
② 左懋泰，字韦诸，号大莱，山东莱阳人，明崇祯时进士，官至吏部郎中，其诗文造诣很高，公认是为世所宗的天下文章大家。清兵入关后，他拒不降清，回归故里。顺治六年，被仇家举告，有抗清之嫌，举家百口流放铁岭。在戍所砺砥志节，勤于著述，亦颇具威望。其弟左懋第亦为明朝大臣，清军占领北京之后，作为南明使臣赴京与清军谈判，被拘禁，因拒不降清而被杀害，其子女皆由左懋泰抚养。
③ 戴国士，江西新昌人，明天启时举人，降清后任湖南辰沅兵备道。顺治五年，因对湖南巡抚线缙的贪暴行为不满，曾以刀指之怒斥。结果被线缙陷害，革职，举家流放铁岭。

郝浴不仅聚徒讲学，而且还与同样遭到谪戍的难友李呈祥、季开生、魏昭华、刘嗣美、董国祥等著名文化流人在"致知格物之堂"相聚，以诗文相唱和，以道义相激励。常常谈至夜分，不知疲倦。为了方便这些文友往来，郝浴特将书屋右侧的房屋辟为客房，以供他们居住。这些文友不仅与郝浴纵谈天下名理，而且还协助他讲学，可谓教学相长，相得益彰，从而使"致知格物之堂"成为当时辽北地区的文化传播与学术研究中心。

郝浴一面讲学，一面发愤读书。其所学以儒家经典著作为主，同时涉猎诸子百家和释道。郝浴不仅读书，而且撰写文章。在谪戍铁岭期间，撰成《论学》《论礼》等文章；同时研究中国历代王朝兴亡史，撰成《史论》上下卷，以及《论汉唐宋明取士之法》《汉昭烈帝、魏武帝、吴太帝三分天下论》等论文80余篇。除此之外，郝浴将自己在戍所所见之风土人情、名胜、轶事，以及由此产生的喜怒哀乐之情，有感而发，撰诗近千首。这些诗作成为我们今天研究辽宁流人文化，尤其是郝浴思想的宝贵精神财富。

康熙十年，康熙帝东巡盛京，拜谒祖陵之后，北上巡视，途经铁岭。郝浴迎接道左，伏谒马前，将吴三桂流露的不臣迹象和不法害民等情形面奏皇上，康熙帝"勒马改容而听，温纶慰勉"，临行时对郝浴说，你是"读书人，岂不明白"?① 暗示顺治时朝廷要依靠吴三桂镇压抗清力量，当时只能让他做牺牲。目前吴三桂又坐镇西南，手握重兵，朝廷须从长计议，等待时机，所以此时也不能马上宣布他无罪。郝浴当即领会了康熙帝之意，对人说："吾平生心迹既得昭雪于圣人之前，吾即老死大荒无恨矣！"②

康熙十二年，吴三桂起兵叛清，尚书王熙、给事中刘沛先等上疏建议起用郝浴，均为部议所否。十四年，侍郎魏象枢再次疏言："浴血性过人，才守学识，臣皆愧不及。使在西蜀操尺寸之权，岂肯如罗森辈俯首从逆？臣子立朝，各有本末。当日参浴者三桂也，使三桂始终恭顺，方且任以腹心。浴一书生耳，即老死徙所，谁复问之？今三桂叛矣，天下无不恨三桂，即无不怜浴。浴当三桂身居王爵，手握兵柄，不畏威，不附势，致为所仇。三桂之所仇，正国家之所取，何忍弃之？"康熙帝方下特旨，"乃招浴还"③。

---

① 郝浴：《中山集》，《中山奏议》卷二，《恭请召对书》。
② 李呈祥：《郝公行状》，《碑传集》卷六十四，《郝浴》，中华书局，1993，第1818页。
③ 《清史稿》卷二七〇，《郝浴传》，中华书局，1977，第9999页。

自顺治十一年郝浴谪戍辽东,至康熙十四年返还,共计22年矣!郝浴不胜感慨。临行前,郝浴"手记岁月,留所居为士子读书处"①。将自己创办的"致知格物之堂"等数十间房舍赠送给地方,作为当地学子就学、文人聚会演讲之所,还将"致知格物之堂"更名为"银冈书院",并"额书室之外户曰:'银冈书院'"②。同时作《银冈书院记》,以记叙这段不平凡的历史。

郝浴回京后,被任命为湖广道御史。当时吴三桂兵反西南,陕西提督王辅臣在西北策应。郝浴乃上书朝廷说:"大兵进剿平凉,宜于西安、潼关用重兵屯驻,以待策应。用郧阳之兵攻兴安,调河南之兵入武关,直取汉中,逆贼计日可擒。"③为康熙帝所采纳。又上《申明讨贼必先自治再疏》,针对时弊提出:"休养百姓为裕饷破贼之本","捐纳知县一途犹宜早罢,以清仕路,实所以安民生"④,亦皆采纳。康熙十六年,奉命巡视两淮盐政,严查不法贪官,"增课六十余万"⑤。当年扬州发生严重饥荒,郝浴又开仓赈灾,解救很多难民。十八年,由于郝浴政绩突出,升任左佥都御史,不久又升为左副都御史。

康熙二十年,朝廷任命郝浴为广西巡抚。当时广西新遭兵乱,百废待兴。郝浴至后,精兵简政,轻徭薄赋,与民休息,加强四境防守,广西很快得到了有效治理,然而由于郝浴操劳过度,积劳成疾,二十二年,疽发于背,不治身亡。因郝浴平时爱民如子,故深得百姓爱戴,灵柩北归之日,"士民泣送者数千里不绝"⑥。

郝浴回京后,将银冈书院托付给董国祥、徐元弼、左懋泰和戴国士,学堂里的读书声仍然不绝。先是,康熙十六年,铁岭孔庙设在银冈书院内。至康熙三十七年,铁岭知县许志进率众捐建文庙,孔子的牌位便从银冈书院迁到了文庙,从此铁岭有了正式的学校,而银冈书院"渐废,基址沦没,鞠为茂草,旗丁因而占据焉"⑦。康熙四十九年,郝浴的次子郝林时任吏部

---

① 黄叔琳:《重修银冈书院碑记》,《奉天通志》卷二六〇,《金石志》八,东北文史丛书编辑委员会,内部出版,1982,第5727页。
② 《铁岭县志》卷下,康熙十六年本。
③ 《清史稿》卷二七〇,《郝浴传》,中华书局,1977,第9999页。
④ 郝浴:《中山集》,《中山奏议》卷二,《申明讨贼必先自治再疏》。
⑤ 《清史稿》卷二七〇,《郝浴传》,中华书局,1977,第9999页。
⑥ 《清史稿》卷二七〇,《郝浴传》,中华书局,1977,第10000页。
⑦ 焦献猷:《跋银冈书院题壁》,《奉天通志》卷二四二,《艺文志》二十,东北文史丛书编辑委员会,内部出版,1982,第5256页。

郎中，当他得知陕西人焦献猷被吏部选授为铁岭知县，即将赴任时，便嘱托他到任后恢复银冈书院。焦献猷到铁岭上任后，徐元弼即提出修复书院的建议，于是一拍即合，焦献猷便将此事上报盛京户部和府尹衙门。几经周折，费时两年，至康熙五十一年，两衙门方才批准请求。焦献猷又筹措资金，捐出自己俸禄，并得绅衿赞助，除银冈书院原有房地产外，复"兼购旗丁新置侧舍三楹，隙地一块，并为书院。癸巳夏，旗丁移出他所，始得整理修葺，敬悬匾联。使十五年湮没之区廓然于旧"①。然而这时的银冈书院已经破败不堪，房屋年久失修，院墙倒塌，林木毁坏，庭院垃圾成堆，难以办学。在焦知县的主持下，银冈书院早期的弟子们捐资对银冈书院进行大规模维修，翌年竣工。并将郝浴康熙十四年所撰《银冈书院记》，刻石立碑，郝林所撰《银冈书院题壁》和焦献猷所撰《跋银冈书院题壁》同时勒碑留记，银冈书院再次复学。同年，郝林被朝廷任命为奉天府尹，成为辽东地区管理民政的最高长官。郝林至铁岭，捐银数千两，扩大了银冈书院的规模。

康熙五十五年，郝林离任，屠沂接任奉天府尹。屠沂曾游遍全国各大书院，当他来到铁岭，了解到银冈书院的历史和现状，颇有感慨。他在《重修银冈书院记》中写道："兹铁岭片石，即与嵩阳、白鹿、岳麓、石鼓四大书院而五焉，奚不可也。"② 把银冈书院与河南的嵩阳书院、湖南的岳麓书院、石鼓书院和江西的白鹿洞书院相提并论，予以高度评价。

雍正年间，在卢铨任铁岭知县期间，县衙曾"毁于火"，卢知县没有租赁民房，而是在"书院内左隙地构茅屋数椽，校薄书其中，候衙署工竣日"，将房屋留给书院，"为诸生弦诵地"。不久卢铨因罪被参劾，两年结案后，他在这里"招生徒数人讲举子业焉"。③ 专学八股文，为科举之用。乾隆年间，银冈书院遭到一场劫难，在大暴雨中，书院"电光冲出，庐舍倾倒"。④ 后来筹资重建，银冈书院又得到了恢复，重现往日生机。

嘉庆、道光时期，银冈书院涌现了一些知名教师，如陈继兴肄业于国

---

① 焦献猷：《跋银冈书院题壁》，《奉天通志》卷二四二，《艺文志》二十，东北文史丛书编辑委员会，内部出版，1982，第5256页。
② 屠沂：《重修银冈书院记》，《银冈书院博览》，辽海出版社，2006，第67页。
③ 卢铨：《郝公祠碑记》，《奉天通志》卷二四三，《艺文志》二十一，东北文史丛书编辑委员会，内部出版，1982，第5261页。
④ 民国二十年《铁岭县志》卷十九，《艺文》。

子监,博学多才。同时银冈书院也培养了许多名人学者,如著名诗人兼书法家魏燮均,著名学者兼书法家商广源、郑逢源,著名画家郭翊宸,著名诗人、教育家、爱国人士曾宪文等。

光绪年间,书院引进西方教育,开始接受新思想,学生数量也逐渐增多,多达300余人。藏书十分丰富,多达数千册。戊戌变法之后,铁岭县成立了主管教育的机关——劝学所,热心文教事业的当地乡绅曾宪文先生任劝学所总董。在知县赵翼臣的支持下,曾宪文组织成立了银冈书院小学堂,并进行教育改革,实行小学七年制,不久又增加了简易师范班和两年制的中学班,开设国文、历史、数学和地理等课程,以适应形势发展需要,为书院带来了新的生机。

值得一说的是,1910年春,12岁的少年周恩来因生活所迫,北上铁岭,投奔正在铁岭做事的父亲和伯父。在此期间,少年周恩来曾在银冈书院就读小学。虽然只有6个月,却是他第一次接受了西方式的教育,从而萌发了革命思想。他在1946年9月同李勃曼的谈话中说道:"12岁那年,我离家去东北,这是我生活和思想转变的关键。"① 现在银冈书院已在周恩来读书之处辟出"周恩来少年读书旧址纪念馆",成为爱国主义教育的红色基地。

郝浴创立的银冈书院将先进的中原传统文化传播到铁岭,培养造就了一大批人才,并成为当时辽北地区文化研究与教育的中心,为振兴辽宁乃至东北的文化事业做出了不可磨灭的历史贡献。具体来说,主要表现在以下三个方面。

首先,银冈书院成为辽北地区流人文化的传播中心。与关内相比,东北的文化积淀历来相对薄弱,尤其是清初顺治帝率满朝文武入关之后,辽东地区文化更加衰落,即以铁岭为例,据方志记载:"铁岭古邻荒服,鲜居民,乏文教,士类缺如乌。"自郝浴谪戍到此创办银冈书院之后,这里的居民始知"说礼乐,教诗书,文化渐开,士知向学"。② 郝浴创办的银冈书院,将中原先进的汉文化介绍到铁岭,不仅成为辽北地区流人文化的传播中心,而且对于当时文化积淀还十分薄弱的辽东乃至整个东北地区,都起到了非常积极作用。

---

① 《1946年9月周恩来同志和李勃曼谈个人与革命的历史》,《中共党史资料》,第一辑,中共党史资料出版社,1982。
② 民国二十年《铁岭县志》卷二,《教育》。

其次，开启了清初辽宁书院教育的先河。郝浴创办的银冈书院，在辽宁书院史中占有十分重要的地位。第一，银冈书院是清代辽宁成立最早的书院。在它的影响下，康熙五十八年又成立了萃升书院，雍正十年又成立了沈阳书院，乾隆三年又成立了金南书院等。第二，银冈书院持续的时间很长。它成立于清初顺治年间，直到清末仍在招生办学，如前所述，周恩来同志少年时期就曾在这里读书。第三，办学宗旨颇为独特。银冈书院在其存在的200余年中，基本上遵循创立者郝浴的"致知格物"的办学方针讲学，而不同于一般书院以讲举子业为主。这在当时的历史条件下来看，应该是值得肯定和难能可贵的，因为这是以培养人的文化素质为主要目的，而不是仅仅起到科举敲门砖的作用。

最后，培育了一大批人才。郝浴所创银冈书院，自清初至清末，几乎贯穿清朝始终。其间260余年，可谓人才辈出。康熙年间，曾亲耳聆听郝浴授课的左昢生、左昕生、戴遵先、戴盛先、徐元弼和郝林等，后来都成为辽东文化界的名流，他们的诗文都收录在《奉天通志》《千山诗集》和《铁岭县志》中。嘉庆年间，由银冈书院培养出来的魏燮均、陈继兴、商文澜、郑逢源的文学艺术作品达到较深造诣，在东北民间享有很高声誉，尤其是魏燮均的诗文和书法作品影响尤为广泛。在现代史政坛上最为著名的银冈书院学生便是任辅臣和周恩来。任辅臣在十月革命期间，曾任苏俄红军第一任中国团团长，荣获苏俄最高红旗勋章。周恩来是著名无产阶级革命家，中华人民共和国首任总理。

银冈书院的历史遗迹目前保存良好，由于它在清代辽宁教育史上曾做出过突出贡献，现已成为辽宁省省级文物保护单位、国家AAA级旅游景点和爱国主义教育基地，同时也是清代辽宁流人文化的历史见证和宝贵精神财富。

清入关前实行科举制考论[*]

清代的科举制，有关论著大都从清朝入主中原的第一代皇帝顺治开始，其实清朝的科举制萌芽于皇太极时期，皇太极之所以决定逐步在后金推行中原王朝的科举制，离不开当时的历史条件，是与清朝开国时期学习和吸纳中原先进的汉文化密切相关的。明确清朝实行科举制的发源，尤其是弄清当时皇太极决定逐步推行科举制的原因，在清代科举研究中无疑具有较大的学术意义。然而对于这样一个颇为重要的问题，除了20世纪初有两篇不很成系统的小短文之外，迄今为止尚未见这方面的专文问世。因此，笔者不揣浅陋，就皇太极时期实行科举制情况，以及做出这一决策背后的深刻历史原因，加以阐释，以求教于方家。

笔者以为，清初实行的科举制，并非一蹴而就，其前绪乃胚胎于太祖、太宗两朝。若要较为深刻地认识入关前清朝产生科举制的原因，须从此处说起。

一 太祖、太宗两朝的逐步汉化

众所周知，满族的先民们自古以来便生活在东北广袤的土地上，由于东北地区山高林密，河流纵横，他们主要靠渔猎和采集为生，故精于骑射而逊于文采。明朝初时，满洲时称女真，分为三个部分，即建州、海西和野人女真。从总体来说，女真三部生产水平低下，尚处于原始社会末期的军事民主制阶段。他们衣兽皮，啖生肉；逐水草山谷而住，或穴居，或构桦木庐而处；冬则涂猪油以御寒，夏则裂尺布以蔽体；有语言而无文字，祀多神而信萨满；以射猎为生计，推豪杰为酋长；部落之间，常相掠夺，

---

[*] 原载《理论学刊》2011年第11期。

强凌弱，众暴寡，偶尔亦寇明边。至明朝末年，建州女真方进入奴隶制社会。奴隶主家中豢养许多奴隶，据时人记载："房酋（指努尔哈赤）奴以百计，子姓部落以数十万计。"① 建州女真当时既然处于奴隶制社会，所以诸如国家制度、礼仪、文化，以及社会伦理道德等，均未成形，尚处于草创阶段。后来，皇太极在回顾建州女真这段历史时说："初，我国未深谙典故，诸事皆以意创行。"② 可以说，概括了建州女真那个时代的特点。

在建州、海西和野人女真三大部之间，以建州女真地处南端，在今辽宁地区，与汉人接触最多，因此受汉文化的影响也最大，尤其是明末建州女真首领努尔哈赤和皇太极父子，在女真族中都是汉化程度颇深之人。努尔哈赤早年好看《三国》《水浒》，并十分崇敬关羽的为人，后来在八旗驻防之处，广建关帝庙。又将掳来的汉人龚正六，拜为师傅，"教老乙可赤（即努尔哈赤）儿子书，而老乙可赤极其厚待"③，还命其掌管文书，"凡干文书，皆出于此人之手"④。天命三年，汉人范文程投奔后金，"太祖伟文程，与语，器之"⑤，后来成为清朝的著名谋士和开国元勋。还命精通满汉文的达海翻译汉文典籍，以帮助自己及其他满族上层提高文化素养。天命三年四月，他曾对侍臣说："如古所称尧、舜、禹、汤、文、武，以及金世宗诸令主，休誉著当时，鸿名传后世，孰有善于此耶！……如古所称皋陶、伊尹、周公、诸葛亮、魏徵诸臣，生膺显爵，没垂令闻，斯于臣职为无负耳。……若夏桀、商纣、秦始皇、隋炀帝、金完颜亮，咸贪财好色，沉湎于酒，昼夜宴乐，不修国政，遂致身死国亡。"⑥ 可知，努尔哈赤不但熟悉汉籍中典故，而且还能够将其运用到实际中，为自己的统治服务。

皇太极继承了其父努尔哈赤的这种善于学习他族先进文化的优秀品质，据史书记载，在努尔哈赤的16个儿子中，"惟红歹是（即皇太极）仅识字"⑦。皇太极即皇帝位后，在其父努尔哈赤的基础上进一步推进了汉化政策。为此，皇太极集中一批满汉文臣为其出谋划策，其中主要有满人库尔

---

① 陈继儒：《建州考》，《清入关前史料选辑》，第1辑，中国人民大学出版社，1984，第133页。
② 《清太宗实录》卷十二，天聪六年七月庚戌。
③ 吴晗辑《朝鲜李朝实录中的中国史料》，第6册，中华书局，1980，第2180页。
④ 吴晗辑《朝鲜李朝实录中的中国史料》，第7册，中华书局，1980，第2660页。
⑤ 《清史稿》卷二三二，《范文程传》，中华书局，1977，第9350页。
⑥ 《清太祖实录》卷五，天命三年四月壬午。
⑦ 李民寏：《建州闻见录》，辽宁大学历史系编印《清初史料丛刊》，1978，第44页。

缠、刚林、达海、希福，汉人宁完我、鲍承先、范文程等。库尔缠进言："改满洲衣冠，效汉人服饰制度。"① 希福"与大学士范文程请更定部院官阶之制"②。王文奎进言："帝王治平之道，微妙者载在《四书》，明显者详诸史籍。"③ 宁完我进言："务使去因循之习，渐就中国之制。"④ 建议仿效中原官制；学习儒家经典《四书》，阅读历朝史籍，从中汲取政治统治经验；兴办学校，选拔和培养人才；改穿汉人服饰，总之逐渐摒弃满族旧的做法，学习和接纳中原王朝的典章制度。在这些文臣的影响和支持下，皇太极于天聪二年，决定"建文馆，命儒臣分直。十年，更名内三院"⑤。内三院，即内国史院、内秘书院和内弘文院。其建制成为后来内阁的雏形；其长官初名承政，后更名大学士，而大学士实为宰相之职，汉人宁完我、范文程和鲍承先都曾担任过这样的高官。天聪五年，皇太极又"集诸贝勒大臣议，爰定官制，设立六部"⑥。所谓"六部"，即吏部、礼部、户部、兵部、刑部和工部，这是历代中原王朝的典型官僚体制。在六部中，承政和参政等重要官职，还规定必须有一定数量的汉官出任。鼓励达海翻译汉文典籍。崇德元年八月，皇太极"遣内秘书院大学士范文程致祭于至圣先师孔子"⑦。这标志着清朝开始正式接受汉族中原王朝的官方哲学——儒家文化。

二 太宗朝重武轻文观念的逐步转变

在科举考试中，虽说也有武科，但绝大多数科目是文科。由文科而产生出来的文官，其主要职能是：战时为皇帝以及领兵的主将出谋划策，平时主要是治理国家。随着清朝势力在皇太极时期不断壮大，文官的需求量也日益增长。科举主要是为培养文官服务的，所以只有统治者具有重视文化的观念，才有可能实行科举制，换句话也可以这样说，统治者的尚文意

---

① 《清太宗实录》卷三十二，崇德元年十一月癸丑。
② 《清史列传》卷四，《希福传》，中华书局，1987，第190页。
③ 《天聪朝臣工奏议》卷上，《王文奎条陈时宜奏》，辽宁大学历史系编印《清初史料丛刊》，1978，第21页。
④ 《天聪朝臣工奏议》卷中，《宁完我请变通大明会典设六部通事奏》，辽宁大学历史系编印《清初史料丛刊》，1978，第71页。
⑤ 《清史稿》卷一一四，《职官志》，中华书局，1977，第3268页。
⑥ 《清太宗实录》卷九，天聪五年七月庚辰。
⑦ 《清太宗实录》卷三十，崇德元年八月丁丑。

识是实行科举制的前提条件。对此,当时降清的明朝生员杨名显、杨誉显和杨生辉看得颇为清楚,故上奏皇太极说:"愿汗先昭兴文之心,再行考举。"① 可谓知言。

如前所述,与传统的渔猎和采集经济形态相联系,满族先民们自古以来便善于骑射,具有尚武精神。至明朝末年,女真建州部仍然保持着祖先的生活习惯和尚武精神,清太祖努尔哈赤正是这种民族性格的代表。明万历十一年,他借口明朝杀害其父亲和祖父,以十三副遗甲起兵,从此开始了统一女真各部和攻打明朝边城的战争。作为清国的草创英雄,努尔哈赤主要是通过战争兼并的方式,来不断发展壮大的,因而自然重视武功和重用武将。在努尔哈赤的早期战争生涯中,最倚重的骨干力量,同姓有他的三弟舒尔哈齐和他的长子褚英,异姓有额亦都、费英东、何和礼、安费扬古和扈尔汉,即清初著名的"五大臣"。他们皆为武将,无一文臣。至努尔哈赤晚年,后金统治集团核心是所谓的八和硕贝勒,即代善、阿敏、莽古尔泰、皇太极、济尔哈朗、多尔衮、多铎和岳托。八和硕贝勒虽皆为努尔哈赤子侄,但也无一不是从战争中打拼出来。代善、阿敏、莽古尔泰和皇太极时称"四大贝勒",战功卓著,地位更为显赫。

与地位显赫的军功集团相比,文臣的身份则十分低下。在努尔哈赤时代,"儒臣未置官署"。② 他们通过脑力劳动取得的业绩,甚至是巨大的成就,最多只能得到皇帝表面上的"尊重",而加以利用,却不予以任何官职及其相应的物质待遇。虽然有少数文臣得到一官半职,也只能通过军功的途径来实现。范文程,清初著名文臣,学识渊博,足智多谋。天命三年,后金军攻克抚顺,范文程与兄主动投奔努尔哈赤。据《清史列传·范文程传》记载:"太祖高皇帝见而器之,召与语,知其熟于当世之务,使随行。"③ 范文程在随军期间,曾多有谋划,然而终努尔哈赤之世,无一官职。努尔哈赤对其他著名文臣,如额尔德尼、噶盖、龚正陆、达海、希福,大都类此。

皇太极即位后,开始对其父努尔哈赤的重武轻文政策有所调整。天聪三年,皇太极设立"文馆,亦曰:书房。置官署矣,而尚未有专官,诸儒

---

① 关嘉禄、佟永功、关照宏编译《天聪九年档》,天津古籍出版社,1987,第33页。
② 《清史稿》卷二三二,《鲍承先传》,中华书局,1977,第9369页。
③ 《清史列传》卷五,《范文程传》,中华书局,1987,第257页。

臣皆授参将、游击，号榜式。未授官者曰秀才，亦曰相公"①。虽然这时儒臣尚无专门官爵名称，只能借用武职名称，或为参将，或为游击，但毕竟设立了文臣的专门官署。天聪十年，在文馆的基础上又成立了内国史院、内秘书院和内弘文院，即所谓"内三院"。内三院最高长官比照六部，亦称承政，并授以大学士衔。大学士原为中原王朝文臣高级长官，明朝后期，大学士挂尚书衔，职近宰相，俗称"阁老"。皇太极仿明制而设大学士一职，不仅为文臣设立了专门官职，而且被清朝史书称为"命相之始"。② 其职掌为：撰拟诏书，宣达皇帝敕命，编纂皇帝实录，起草对外文书和为皇帝、亲王及其子弟讲解经史等重要事务。崇德三年，皇太极命礼部和硕额尔克亲王定佩戴制度，规定内三院大学士与梅勒章京、六部之参政等官同级，应佩戴"嵌蓝宝石之金顶"③，这一级别虽然低于佩戴镶嵌红宝石金顶的六部承政、固山额真和昂邦章京等官，但不可否认文官的地位确实是在一步一步提高。皇太极对文臣态度的逐步转变，我们还可以从文臣们的个人经历中得到进一步的具体印证。

皇太极即位后不久，开始启用范文程等一班文臣。天聪七年，设汉军八旗，众议推举范文程为固山额真，皇太极却说："此职一军耳，朕方资为心膂，其别议之。"④ 天聪十年，改文馆为内三院，皇太极任命范文程为内秘书院大学士，进职二等甲喇章京。宁完我，汉族知识分子。天命年间曾在萨哈廉家为奴。天聪三年，皇太极听说他精通文史，召入文馆。宁完我遇事敢言，文馆中以他上疏最多，内容主要是建议皇太极实行汉化，主张"务去因循之习，渐就中国之制度"⑤，并提出了实行汉化的具体办法，如仿中原王朝政治体制，设立吏、礼、户、兵、刑、工六部；设立专门给皇帝提意见的言官；根据不同的官阶穿戴不同颜色的服饰；翻译和阅读《孝经》《大学》《中庸》《论语》《孟子》《资治通鉴》等汉籍，皇太极基本上采纳了这些建议，并授予宁完我"二等甲喇章京"⑥。兼通满汉文的达海，奉命翻译《明会典》《素书》《略》等汉文典籍，天聪三年，"所译书成，授游

---

① 《清史稿》卷二三二，《鲍承先传》，中华书局，1977，第9369页。
② 《清史稿》卷二三二，《鲍承先传》，中华书局，1977，第9369页。
③ 季永海、刘景宪译编《崇德三年满文档案译编》，辽沈书社，1988，第169页。
④ 《清史列传》卷五，《范文程传》，中华书局，1987，第257～258页。
⑤ 《清史稿》卷二三二，《宁完我传》，中华书局，1977，第9363页。
⑥ 《清太宗实录》卷二十七，天聪十年二月庚寅。

击"①。天聪五年，皇太极复授予他"巴克什"的荣誉称号。天聪六年，皇太极以满文音义不明，命其改造。达海在满文字字旁必要之处加上圈点，便成为新满文。新满文出现之后，满族人皆把他与创制满文的额尔德尼和噶盖相比，视三人为圣人。然而此后不久，达海便积劳成疾，身患重病，弥留之际，皇太极命侍者至达海家，传言说："今闻病笃深轸朕怀，其及身未曾宠任，朕当优恤其子。"②翌年，以其长子雅秦降一等袭职，授备御之职。备御之职虽低，系当时十二等级世爵中的第十一等级，但皇太极已是尽力了，因为"国初文臣无世职，有之自达海始"③，也就是说为达海破了先例。由此可知，在达海以前，文臣序列里尚无子承父爵的规定，直到达海才对这一明显歧视文臣的做法有所改变。

当然，皇太极时期文臣的地位尽管有所提高，但与武职相比还有一定差距。如上所说的降清的明朝生员杨名显、杨誉显和杨生辉在奏折中还曾说："今见武将来归，此系汗尚武故也；文官虽死不降者，乃未悟汗之兴文之故也。"④可知在明清战争中，武将降清者多而文臣降清者寡，原因便是武将降清后会得到重用，文臣降清后大都遭到漠视。可见，统治者观念的转变是逐步的，需要一个过程。

尽管入关前清统治者在学习先进的汉文化和转变重武轻文观念的过程中是逐步的、渐进的，但毕竟是在进步，这些进步足以孕育汉文化及其科举制在东北一隅的生根发芽。

三 科举制的初步实行及制度特征

清太祖努尔哈赤对明朝儒生素有成见，认为明朝出现的种种弊端，皆由儒生引起。乃于天命十年十月，"令察出明绅衿尽行处死"⑤。在选拔人才问题上，主要通过身边大臣来推荐。明万历四十三年，史载："汗谓众大臣曰：'古传神佛之书，载言虽有万种，但仍以心术正大为上。以我思之，人之所贵，实莫过于正大也！尔诸大臣，勿曰为何舍亲而举疏，勿论家世，

---

① 《清史稿》卷二二八，《达海传》，中华书局，1977，第9256页。
② 《清太宗实录》卷十二，天聪六年七月庚戌。
③ 《清史稿》卷二二八，《达海传》，中华书局，1977，第9257页。
④ 关嘉禄、佟永功、关照宏编译《天聪九年档》，天津古籍出版社，1987，第33页。
⑤ 《清太宗实录》卷五，天聪三年八月乙亥。

视其心术正大而荐之,不拘血统,视其才德而举之为臣。凡为治政,其一技之长者何处有之?倘有堪辅政治者,夫即荐之可也!'"① 又载:"众每会议时,汗谓众大臣曰:'天命之为汗,汗命之为臣也!尔等既为汗所任之大臣,宜念所委之令名,若有合于汗大政之贤者,知之勿隐。夫为汗者,何事不有?倘得贤者众多,则各授以职。治理大国之政,统领众多之兵,臣少则何济于事?作战勇敢者,赐之以功;有益于国政之忠良者,录用之以辅政;识古之善政者,用以讲所知之善政;有用于筵宴者,委以筵宴之任;无才而善唱者,可俾其歌于集众筵宴之所。如此使之亦为一用之才也。'遂命往各路僻乡,访查贤良之人。"② 由此可见,清太祖努尔哈赤可谓求贤若渴,选才不避亲,举贤不避仇。其标准首先强调要"心术正大",即有德行,其次要有才能,或者辅政之才,或者领兵之才,或者顾问之才。至于拥有一技之长者,如厨师、歌手,都在网罗之列。然而选拔人才的途径唯有一条,即由身边的大臣推荐。

清太宗皇太极即位之后,加快了汉化的步伐,如前所述,天聪二年,建立了文馆,并命儒臣分别值班,不久又效法明朝设立吏、礼、户、兵、刑、工六部,这是历代中原王朝典型的官僚体制。又将文馆扩大为内三院。内三院职掌制定军国大政、出谋划策和出纳王命等,职务十分重要。与此同时,以皇太极为代表的满族上层以往重武轻文的陈旧观念也在逐渐转变,文官的地位不断加强,"渐就中国之制"。

在这种历史背景下,皇太极于天聪三年八月二十三日正式颁布谕令:"自古国家文武并用。以武功戡祸乱,以文教佐太平。朕今欲振兴文治,于生员中考取其文艺明通者优奖之,以昭作人之典。诸贝勒府以下及满汉蒙古家所有生员俱令考试。于九月初一日,命诸臣公同考校,各家主毋得阻扰。有考中者,仍以别丁偿之。"③ 谕令颁布下去后,原来在努尔哈赤诛杀令下得以藏匿逃脱的儒生约有300人,大都出来报名。

九月一日,清朝举行了第一次科举考试。据《清实录》等书记载,考试采取择优录取的原则,共有200人中举,"凡在皇上包衣下、八贝勒等包

---

① 中国第一历史档案馆、中国社会科学院历史研究所译著《满文老档》,第四册,乙卯年,《努尔哈齐命往各地访查贤良》,中华书局,1990,第37页。
② 中国第一历史档案馆、中国社会科学院历史研究所译著《满文老档》,第四册,乙卯年,《努尔哈齐命往各地访查贤良》,中华书局,1990,第39页。
③ 《清太宗实录》卷五,天聪三年八月乙亥。

衣及满洲、蒙古家为奴者，尽皆拔出"①。可知这些儒生皆为汉族，在科举考试之前，或在皇家为奴，或在八贝勒家为奴，或在满族和蒙古贵族家为奴，人身地位十分低下，至此终于改变了命运。在录取的200人中，又按成绩高低依次分为一、二、三等，朝廷对中举者予以赏赐，并各免二丁徭役。不同的等级有不同的赏赐标准，"一等者赏缎二，二等、三等者赏布二，俱免二丁差徭"②。

天聪八年三月二十六日，清朝举行了第二次科举考试。史载："是日考试汉人生员，分别等第。一等十六人，二等三十一人，三等一百八十一人。"③ 可知此次考试与上次相仿，只考汉族生员，亦分一、二、三等，在入选人数上较前略多。

天聪八年四月二十六日，清朝举行第三次科举考试，史载："礼部考取通满洲、蒙古、汉书文义者为举人。取中满洲习满书者刚林、敦多惠，满洲习汉书者查布海、恩格德，汉人习满书者宜成格，汉人习汉书者齐国儒、朱灿然、罗秀锦、梁正太、雷兴、马国柱、金柱、王来用，蒙古习蒙古书者俄博特、石岱、苏鲁木，共十六人。"④ 这时清朝正值发展壮大时期，麾下的蒙古人和降附的汉人越来越多，为了相互之间沟通，急需翻译人才，所以此次科举考试的主要科目是满、蒙、汉语文翻译。中举共16名，其中满人4名，蒙人3名，汉人9名。皇太极俱赐为举人，又各赐衣服一套，免去4丁徭役，复宴请于礼部。

崇德三年八月，清朝举行了第四次科举考试。十八日，皇太极"赐中式举人罗硕、常鼐、胡球、阿际格毕礼克图、王文奎、苏弘祖、杨方兴、曹京、张大任、于变龙十名朝衣各一领，授半个牛录章京品级，各免人丁四名。一等生员鄂漠克图、满辟等十五名，二等生员铿特、硕代等二十八名，三等生员费齐温泰等十八名，各赐油布，授护军校品级。已入部者免二丁，未入部者免一丁。"⑤ 可知此次科举考试共取举人10名，生员61名。第四次科举考试在录取的人数上虽不及第一次，但既有举人又有生员，生员亦分三等，更重要的是中举者不但依然赐衣免丁，而且还授予官职，即

---

① 《清太宗实录》卷五，天聪三年八月乙亥。
② 《清太宗实录》卷五，天聪三年八月乙亥。
③ 《清太宗实录》卷十八，天聪八年三月壬子。
④ 《清太宗实录》卷十八，天聪八年四月辛巳。
⑤ 《清太宗实录》卷四十三，崇德三年八月戊申。

举人授予半个牛录章京品级，生员授予护军校品级，这使中举者的地位有了进一步的提高。然而这次科举考试较第一次也有倒退之处，第一次科举考试的考生范围非常广泛，朝野上下，包括奴隶都可以参加考试，而第三次科举考试却剥夺了奴隶参加考试的资格。为此，都察院承政祖可法、张存仁在准备这次考试之前，曾向皇太极提出谏言说：

> 我等闻得，国家抡才期得真士，以图实政。但贤才不择地而生，豪杰多出寒微，傅说举于版筑，太公起自屠钓，韩信乞食漂母，宁戚为人饭牛，后遭时入主，皆功名著于当时，显于后世。近见礼部谕令生儒应试，满洲、蒙古、汉人之包衣阿哈皆不准与试。此拘于倡优隶卒之例耳。今各家之包衣阿哈皆自四方俘获之人，中间岂无真才耶？昔金、元二代俘获儒生，皆令换出，后得其效，垂之史册，传为盛事。况皇上前科取士，有阿哈中式者，即行换出，仁声远播。今忽改前制，皇上圣意或恐多费一番更张耳。臣等窃谓各家包衣阿哈皆宜准其考试，但当分定取中名数，除良家子弟中额若干名外，阿哈准额取十名。若得十名真才，何惜以十人换出。皇上果能纳我等之言，则庶真才不致掩抑，而国家亦得实用矣。为此，请皇上深思。

指出选拔人才的重要性，建议应扩大选拔人才的范围，允许寄身满、蒙、汉贵族家中的包衣阿哈（家奴），有参加考试的资格。皇太极阅后，遣大学士范文程、刚林、罗硕、启心郎索尼回复祖可法、张存仁说：

> 前得辽东后，其民人抗拒该杀者，已戮之二、三次，各自情愿为阿哈者，准其为阿哈。朕念此良民在平常人家为阿哈甚多，如此良民由昏庸之辈差遣为阿哈，殊为可悯，故命诸王等以下，民人以上之家，有以良民为阿哈差使者，俱著察出，编为民户。又两三次考试，将稍通文义者顺便拔为儒生。今在满洲家者，亦未同先时一样滥取滥入，皆自身死战，城破时，获其一、二生员者有之，其所俘获，皆军士以命血战换取者有之，或因阵亡而赏给者亦有之。即如克皮岛时，满洲官兵效死力战，不若汉人泛同宾客，坐视不顾，是以此次俘获之人，要么赏给其阵亡之人，要么赏给死战擒获者。今若令其交出，则朕心每每想到阵亡有功之人和军士奋力之劳，何忍弃之。若另以人补给，所补者独非人乎？尔等只知爱惜汉人生员，而独不爱惜满洲兵丁、有

功之人及补给为阿哈之人也①。

谕示二臣：所以不允许奴隶参加考试，由于他们大都是满族士兵在战场上冲锋陷阵，以命换来的报偿，或者朝廷赏给阵亡士兵家属的补偿，而不同汉兵临阵畏缩不前，坐视不救，两者要有区别，朝廷应体恤那些流血牺牲的满族士兵，因而赐给的家奴是不能动的。由此可知：其一，首次科举考试时，允许家奴参加考试，这严重损害了满、蒙、汉贵族，尤其是满族军功阶层的利益，无疑会遭到他们的强烈反对，皇太极虽然求才若渴，但他要平衡这两个方面的矛盾。其二，皇太极虽然初步认识到仿效中原王朝的科举制，对发展壮大自己的国家是有利的，但马上就要以牺牲满族人的利益为代价，他心里一时还难以接受。这反映出皇太极及其所代表的满族，尤其是满族军功集团，在改革的利益重新调整时的民族狭隘一面。其实这是可以理解的，从历史上看，改革都需要一个相当长的过程，利益重新调整需要一个过程，人们的观念转变也需要一个过程。其三，因当时满人和蒙古人一般文化水平较低，汉人中唯有从明朝俘虏的儒生和生员文化较高，而这部分人又大都作为战利品寄身在满、蒙、汉贵族家为奴，所以此次科举考试较首次科举考试在生源的质量和数量上都要打些折扣。

崇德六年六月七日，内三院大学士范文程、希福、刚林等奏请举办科举考试，皇太极应允，并告诫他们说："《忠经》有云：'在官惟明，莅事惟平，立身惟清。'听不可以不聪，视不可以不明。清则无欲，平则无曲；明能正俗，聪则审于事，明则辨于理。尔等当善体此言，从公考校。"② 不久清朝举行了第五次科举考试。七月四日考毕，皇太极"赐新中式举人满洲鄂谟克图、赫德，蒙古杜当，汉人崔光前、卞三元、章于天、卞为凤各缎朝衣一领。一等生员满洲科尔科代、帕帕、克礼，汉人卢震阳、刘汉祚、刘可斌、魏际升、金元祥、线缙、徐效奇、刘遇知、杨天祐各缎一、布二。二等生员满洲浑达硕马、额亦门，蒙古琐诺木，汉人李日芃、李惟朴、金元祯、傅天祥、李栖凤、孟继昌、佟凤彩、徐起元、金应乾、刘静岳、陈九奇、王一品各缎一、布一。三等生员满洲叶成格、隋何多、硕塞、莽色，蒙古巴朗，汉人江名世、李贵、王世勋、刘应锡、李茂、王畿贵、姜念、

---

① 季永海、刘景宪：《崇德三年满文档案译编》，辽沈书社，1988，第22~23页。
② 《清太宗实录》卷五十六，崇德六年六月辛亥。

郑一元、杨自得、董景秀、银器重、董成效、董宗圣各布二"。① 可知此次科举考试共取举人7名，其中满人2名，蒙古人1名，汉人4名。生员依然分为三等，共45名，其中一等满人3名，汉人9名。二等满人2名，蒙古人1名，汉人12名。三等满人4名，蒙古人1名，汉人13名。同以往三次科举考试一样，在入选的人数上以汉人居多，满人次之，蒙古人又次之。

通过对清入关前实行科举考试的阐述，可知皇太极在他所统治的辽东地区主要举行了五次科举考试。值得一提的是：《清太宗实录》在叙述以上五次科举考试之事，或者记载中举者分为三等，或者记载赐予举人，或者记载赐予生员，从未提及进士。那么在太宗朝是否从未选拔过进士呢？综合其他方面的有关史料，看来情况并非如此。据《天聪朝臣工奏议》一书记载，大臣扈应元在上《条陈七事奏》中曾说："今圣谕复开科取士，考选状元，真明主尊贤之思也。"② 大臣宁完我在上《陈秀才编兵奏》中又曾说："臣愚意待此番考过，除进士状元若干人领官赏作养之外，剩下秀才，拣通文理、知弓马好些的，或十数个秀才内定一个，令他买马锭甲制器械。"③ 扈应元上奏的时间是在天聪七年十二月二十二日，宁完我上奏的时间是在天聪八年二月十九日，可见皇太极确有在下次科举考试，也就是清朝在天聪八年四月即将举行的第三次科举考试中，已有设立进士乃至在此基础上选拔状元的想法，那么这种想法最终成为现实了吗？另据《清世祖实录》记载："前朝文武进士、文武举人仍听该部核用。"④ 世祖在此所说的前朝无疑是指其父皇太极一朝，由此可知皇太极时期确实选拔过进士乃至状元，不但有文科进士，而且有武科进士。只是《清太宗实录》记载此事过于简略罢了。

皇太极实行科举制，当然是仿效明朝，然而若与明朝的科举制相比，清朝这时的科举制尚不成熟。这种不成熟性至少体现在以下几个主要方面。

其一，在举办科举考试的时间上随意性很强，无定制。如第四次科举考试便是在内三院大学士范文程、希福、刚林等人的奏请下，皇太极应允

---

① 《清太宗实录》卷五十六，崇德六年六月辛亥。
② 《天聪朝臣工奏议》卷下，《许世昌敬陈四事奏》，辽宁大学历史系编印《清初史料丛刊》，1978，第94页。
③ 《天聪朝臣工奏议》卷下，《宁完我陈秀才编兵奏》，辽宁大学历史系编印《清初史料丛刊》，1978，第80~81页。
④ 《清世祖实录》卷九，顺治元年十月甲子。

后方才决定筹备和实施的,如无范文程、希福、刚林等人的提议,这次科举考试要在何时举办就很难说了。同时也有临时追加的单独考试。崇德元年六月,降清明朝生员刘奇遇、刘弘遇兄弟二人上书鸣不平,请求改善自己的待遇,皇太极即命大学士范文程、希福、刚林说:"'着尔等考试刘奇遇、刘弘遇兄弟之优劣。'三大学士以刘弘遇可用为文职入奏,遂授为弘文院副理事官,免其兄弟徭役各三丁。"① 第三次科举考试只设满、汉、蒙文翻译科目,这显然是应一时之需的急就章。此外这次考试只试翻译单科,不考综合,也反映出这时科举考试的不规范性。

其二,在举办科举考试的考生选拔范围上,从第四次开始不再允许奴隶参加,这不但反映出在以皇太极为代表的满族贵族心中还存在一定的民族狭隘性,对规范科举考试缺乏完整明确的认识也是其中原因之一。众所周知,中国封建社会的科举制尽管有许多问题,但比较在它之前的魏晋九品中正制无疑还是具有进步意义的。至少它为寒门地主以及穷书生提供一条进身的途径,体现了社会的些许公平,同时封建统治者也能够最大限度地选拔一流人才,对治理国家大有裨益。

其三,皇太极时期实行的科举制不彻底。其主要表现是在实行科举制之时,推荐制并未废止,有时是两者相结合而行。天聪九年二月四日,许世昌在向皇太极所上《敬陈四事奏》中说:"迩者纶音下颁,博搜卓异,岂一国竟无才能?亦诸臣知而不举。盖缘冒嫉以恶者恒多,不啻口出者常少;在廷忠彦且不能容,复望其别引才能,岂可得乎?臣愚以为宜责诸臣,务必各举所知贤良方正之士,汇送铨司,设科考试,务求行实以备责用。庶朝堂获真实之才,而田野少遗珠之叹矣!伏乞圣裁。"② 可知这是推荐在前,考试在后,也就是在推荐的基础上进行的科举考试。这种考试的应考者范围不但非常狭窄,而且正像许世昌所说的那样,大臣们常出于嫉贤妒能的心理,难以推荐出真才。皇太极采纳了许世昌的建议,严令身边诸臣以国家大局为重,敞开胸怀,为朝廷举荐人才,岂料大臣们又借机或援引朋党,或唯亲是举,候选者大增,出现了举荐过滥的局面。为此,大臣范文程上

---

① 中国第一历史档案馆、中国社会科学院历史研究所译著《满文老档》,第十八册,崇德元年六月,《正白旗佟三牛录下生员上书请恩》,中华书局,1990,第1519页。
② 《天聪朝臣工奏议》卷下,《许世昌敬陈四事奏》,辽宁大学历史系编印《清初史料丛刊》,1978,第94页。

《请严核保举奏》说："顷者，圣谕举人，中外臣民无不欣幸。……谁意世俗之辈，竟藉此为党援之门！……斯时即有一二公直之臣欲有所举，因见其滥举如此，亦灰心不肯前。"① 要求对滥举之人制定一定的惩罚措施。大臣宁完我亦上《请举主功罪连坐奏》说："汗下圣谕，令官民人等举办事好人，原期得真才使用，孰意俗辈无知，都假此为幸进之阶，所举皆匪人宵小，两部已几四五十人矣！似此滥举实非体统。"② 建议借鉴古时连坐之法，荐贤者与贤者同功，荐恶者与恶者同罪。

1644年，摄政王多尔衮拥戴顺治帝入主北京，君临天下。随即制定朝纲，全面推行封建化。科举制乃是封建社会遴选人才的主要途径，十月清朝正式颁布了实行科举制的基本规定，即"一、会试定于辰戌丑未年，各直省乡试定于子午卯酉年；凡举人不系行止黜革者仍准会试；各处府州县儒学食廪生员仍准给廪增附生员，仍准在学肄业俱照例优免。一、武举会试定于辰戌丑未年，各直省武乡试定于子午卯酉年，俱照旧例。一、京卫武学官生遇子午卯酉乡试年仍准开科，一体会试。一、京府并直省各府州县学廪生贡额年分不等。今正贡准改恩贡，次贡准改正贡，每处贡二名止行一年，后不为例。有才华出众孝弟著闻者，不拘廪增附学，俱许提学官特荐试用"③。本规定较清入关前所实行的科举制系统、全面、规范、制度性强，标志着清朝科举制又进入一个新的阶段。

---

① 《天聪朝臣工奏议》卷下，《范文程请严核保举奏》，辽宁大学历史系编印《清初史料丛刊》，1978，第96页。
② 《天聪朝臣工奏议》卷下，《宁完我请举主功罪连坐奏》，辽宁大学历史系编印《清初史料丛刊》，1978，第97页。
③ 《清世祖实录》卷九，顺治元年十月甲子。

清代盛京、吉林、宁古塔官参局设立时间考[*]

俗言："东北有三件宝：人参、貂皮、乌拉草。"在这三宝之中，人参被认为是百草之王，能医百病。

采参活动，东北古已有之。清朝定鼎北京后，开始仍实行入关前的八旗分山制，采集到的人参归八旗贵族所有。至乾隆初年，采参权逐渐收归国有，采参活动完全成为政府行为。按照清朝的规定，东北地方政府每年须向皇室进献人参贡品，为此盛京、吉林和宁古塔等东北重要产参地区都设立了官参局，专门负责参务管理工作。

由于史书对上述地区官参局机构建立的时间没有明确的记载，目前学界只能根据一些相关的材料进行大致的推算。关于盛京官参局的建立时间问题，佟永功先生在《清代盛京参务活动述略》一文中，根据辽宁省档案馆藏《盛京内务府档》第13371卷说："据档案记载，乾隆十九年户部在议覆署理盛京将军清保奏请仍行放参票一折时称：'查得，挖参之事，乾隆九年以来，系由臣部刷印照票6千张（此6千张参票还包括吉林、宁古塔应放的参票，盛京实放参票只2千张）送交盛京将军，再由京派官员会同盛京将军尽量行放。如有剩余，奏报后送部销毁。'这里虽然未明确讲到盛京设立官参局，但从户部刷印照票后送交盛京将军，再由京派官员会同盛京将军行放参票的说法看，已经同过去由盛京三旗包衣佐领率丁进山挖参有明显区别。据此可以初步认定，乾隆九年前后在盛京将军衙门下设立了官参局经办参务。"[①] 即认为盛京官参局设立于乾隆九年前后。随即赵郁楠先生在《清代东北参务管理考述》中说："本文赞同此观点，因《清会典事例》

---

[*] 原载《辽宁大学学报》（哲学社会科学版）2012年第5期。
[①] 佟永功：《清代盛京参务活动述略》，《清史研究》2000年第1期。

记'乾隆九年设立官局'。"[1] 笔者不同意以上说法,认为早在乾隆二年在盛京既已设立官参局。根据是发现以下一则重要满文档案材料,其内容为:"乾隆二年三月初四日……今部派员解来前往额勒敏、哈勒敏刨参参票二千张,相应札饬放票官员,照往年之例,除设立局子,张贴告示晓谕外,行文贵处遍行晓谕所辖人等,若有情愿领票刨参者,速速呈领参票前往刨挖。为此咨行。"[2] 此文中所谓"局子",即为官参局。张贴召集领票刨参者告示,晓谕众人,正是官参局之初的主要职能之一。关于吉林官参局的建立时间问题,赵郁楠先生在上述文章中认为:"吉林官参局设立可能晚于盛京,最晚建于乾隆二十八年。"赵先生的结论虽然不为错,但时间估算过于笼统。此据《钦定大清会典事例》所载:"(乾隆)十年……又议定:盛京、吉林、宁古塔三厂商买官票余薆,前赴薆局呈明。"[3] 可知吉林以及宁古塔的官参局在乾隆十年既已存在。又载:"(乾隆)九年奏准:奉天、吉林、宁古塔等处行放薆票,酌改官雇刨夫。无论旗民,均准给票。……至一切设立官局,出派官兵巡查,并各衙门纸张饭食等项,亦由备存银内动给。"[4] 可知吉林和宁古塔等地官参局设立的准确时间是在乾隆九年。

　　清代东北地区官参局自乾隆初年相继设立,直至清末而亡,存在一百七十余年。官参局对保证清室的人参供应,促进清代采参业的健康发展和增加国家的经济收入,曾做出过一定历史的贡献。

---

[1] 赵郁楠:《清代东北参务管理考述》,本文系中央民族大学硕士论文,中国知网。
[2] 辽宁省档案馆:《盛京参务档案史料·奉天将军衙门为遍行晓谕领取票前往额勒敏、哈勒敏刨参事咨掌管理盛京内务关防佐领等》,辽海出版社,2003,第132页。
[3] 《钦定大清会典事例》卷二三二,《户部·薆务·额课》,台湾新文丰出版股份有限公司,1971,第8168页。
[4] 《钦定大清会典事例》卷二三三,《户部·薆务·公用》,台湾新文丰出版股份有限公司,1971,第8180~8181页。

清朝参务管理制度的嬗变*

众所周知，人参是东北地区的三宝之一。清朝统一中国后，将其纳入到地方土特产的重要贡品之列。刨采人参是一项比较复杂的生产活动，主要包括招募刨夫、筹措采参资金、选择采参时间和地点、防范偷参行为和验收贡参标准等诸多环节，清廷为此建立了相应的参务管理制度。

清朝参务管理制度的建立，并非一蹴而就，而是经历了八旗分山制、盛京上三旗包衣采参制、招商采参制和官办参务等多种形式方才定型。通过对上述四种主要参务管理形式及其嬗变的研究，并以此为视角，借以揭示清朝最高统治者的管理经济理念、地方官员的执行情形、普通百姓的应对办法等，颇具学术意义与社会意义，此乃笔者撰写本文之初衷。

如上所述，清朝的参务管理制度是逐步建立起来的，主要经历了八旗分山制、盛京上三旗包衣采参制、招商采参制和官办参务四种参务管理形式，现分述如下。

一 八旗分山制

满族起源于东北，自古以来便以狩猎和采集为生。17世纪初建州女真迅速崛起，其首领努尔哈赤创建兵民合一的组织——八旗，颇具战斗力。八旗旗主满语称为固山额真，是努尔哈赤麾下开疆辟土的骨干力量，不仅具有很高的政治和军事地位，而且享有经济特权。努尔哈赤晚年，实行八和硕贝勒共治国政，进一步确立了八旗旗主的重要地位。天命十一年努尔哈赤去世，皇太极继承汗位，亦宣布遵守八王共治的原则。在这一原则下，

---

* 原载《理论研究》2013年第11期。

"有人必八家分养之，土地必八家分据之"。① 在采参方面也体现了这种八家分肥的精神，实行八旗分山制，据史料记载，各旗所分山场如下：

镶黄旗：赫彻穆、马佳河、尼哈尔哈、色钦、洮佳河、额尔敏（也称额勒敏）河、哈尔敏（也称哈勒敏）河、佟佳河、拉哈河、奇尔萨河；

正黄旗：穆钦、呼浑浴背山傍、幽呼罗东界、克彻穆、肥牛村、土克善梅佛黑齐、乌兰、额尔敏河、哈尔敏河、佟家江、拉哈多布库河、呼济河、见得黑山；

正白旗：呼兰（雷）、康萨岭、栋鄂、巴勒达冈、济尔格河、瓦尔喀什、窝集岭、安巴舍哩、阿沙哈河、绵滩厄母皮里、阿什汗河、呼兰（原作湖南股）、呼兰河（原作湖南岭）、布鲁张市、拉欣河、梭希纳、牛旺彦舍里、库布尔亨河；

正红旗：尼哈尔哈、萨穆当阿、刘姑山岭、乌尔珲噶哈、安巴嘎哈、穆敦、古黑岭背山傍、汗察罕河、锡伯河、乌尔珲山、阿密达、爱密达；

镶白旗：刘姑山岭、萨穆当阿、张而都科八罗欢他、呼勒英额、康删岭、多布库罗门、呼济；

镶红旗：嘉哈河、萨穆禅河、伊彻东五、扎穆毕罕扎木图赖、伊穆逊、阿布达哩、乌尔珲河布达哩、白母白力、萨哈连、安巴乌尔呼、纳孟额、阿沙哈沃赫、额赫、古黑岭南山傍、斡穆胡、汗处掀谷、倭赫、合哩；

正蓝旗：栋鄂（原作东胜阿）、嘉哈（原作加哈岭）、瓦尔喀什、扎尔呼河、金木新河、书谷、乌尔珲噶哈、安巴嘎哈、萨穆禅山、湾他哈、钮旺坚谷、费叶棱乌、阿什哈温拉黑；

镶蓝旗：扎穆毕罕、扎东阿、色钦、扎库穆、额呼峰、都林、温泉、扎尔呼河、倭赫堡三村。②

并且规定："八旗分山采参，彼此不得越境。"③ 当时由于同明朝处于战争状态，为了鼓励武将奋勇杀敌，文臣建功立业，皇太极于崇德八年又附加了一项："凡戮力行间，勤敏素著者，准令其部下自行采参。"④ 即准许表

---

① 《天聪朝臣工奏议》卷上，《胡贡明五进狂瞽奏》，辽宁大学历史系编印《清初史料丛刊》，1980，第30页。
② 长顺修、李桂林纂，李澍田等点校《吉林通志》卷三十五，《食货志八》，上册，《长白丛书》，吉林文史出版社，1986，第625页。
③ 《钦定大清会典事例》卷二三二，《户部·参务·山场》，台湾新文丰出版股份有限公司，1971，第8164页。
④ 《清太宗实录》卷六十五，崇德八年七月戊午。

现突出的文臣武将部下自行采参。

顺治元年,清朝定鼎北京。在采参方面,仍然实行八旗分山制。但随着皇权的不断加强,八旗贵族和大臣的既得利益开始受到触动。顺治五年议定:"停止大臣采薓(同"参"字)。"① 文臣武将私人采参的权利被取消。顺治六年决定:"王贝勒贝子公等采取官薓,各照分定人数发往。"② 王、贝勒、贝子公的采参权利虽尚未取消,但其采参人数已被限制。顺治八年,朝廷进一步明确了八旗贵族前往乌喇各山场的采参人数,规定:

> 亲王一百四十丁,世子一百二十丁,郡王一百丁,长子九十丁,贝勒八十丁,贝子六十丁,镇国公四十五丁,辅国公三十五丁,镇国将军二十五丁,辅国将军二十丁,奉国将军十八丁,奉恩将军十五丁③。

康熙二年,奏准:"每年四月八月采薓时,应行派兵巡捕。……又奏准:采取官薓,由工部将山名人名造册,给予执照遣往。……又奏准:三旗包衣采薓人采获之薓,由盛京户部咨送户部。"④ 从此规定:八旗贵族每年四月、八月采参时,须由政府派兵随同"巡捕";又规定:八旗贵族刨采官参,须由朝廷户部将所赴参山和采参人员名号记录在册,并发给执照,方可遣往;又规定:正黄、镶黄和正白上三旗包衣所采人参,经由盛京户部送交朝廷户部。由此可知,朝廷不但加强了对八旗贵族采参的监管,而且还将正黄、镶黄和正白上三旗包衣刨采之参直接收归皇室所有。

二 盛京上三旗包衣采参制

如此一来,便形成了八旗分山制和盛京上三旗包衣采参制并行的局面。据档案记载,康熙六年总管内务府行文盛京上三旗包衣佐领辛达里称:"查得,原本分派盛京三佐领下人丁及本府各佐领下差丁共同挖参,后停止派

---

① 《钦定大清会典事例》卷二三二,《户部·薓务·额课》,台湾新文丰出版股份有限公司,1971,第8165页。
② 《钦定大清会典事例》卷二三三,《户部·薓务·禁令》,台湾新文丰出版股份有限公司,1971,第8187页。
③ 杨宾:《柳边纪略》卷三,《辽海丛书》,第1册,辽沈书社,1985,第252页。
④ 《钦定大清会典事例》卷二三二,《户部·薓务·关汛巡防》,台湾新文丰出版股份有限公司,1971,第8173页。

出本府佐领下差丁前往挖参,仅派盛京三佐领下人丁挖参。今臣等议得,应派出盛京三佐领下150丁挖参运来,等因。面奏奉旨:着盛京三佐领下人丁挖参。钦此,钦遵。嗣后每年到挖参时节,派出盛京三佐领下人丁150名挖参。"① 可知盛京上三旗采参制的初期,即康熙二年至康熙六年,其采参活动是由代表朝廷的总管内务府和盛京上三旗包衣佐领共同负责,康熙六年以后,则主要由盛京上三旗包衣佐领独自负责。

关于盛京上三旗包衣采参的时间问题,据档案记载,康熙五年,"六月二十日由盛京起程,八月二十日入边"。② 可知按规定:采参队伍每年六月二十日由盛京出发,八月二十日即可采参归来,进入柳条边,这是一般的情形,个别年份也有不同,又据档案记载,康熙十一年,"七月初一日由盛京起程,八月初一日入边"。③ 康熙二十二年,"闰六月初一日出发,八月初一日进边"。④

关于盛京上三旗包衣采参的人数和采参数量问题,据档案记载:"康熙十三年,镶黄旗三官保佐领下五十丁采得鲜参一百四十九斤,正黄旗鄂博依佐领下五十丁采得鲜参一百零七斤,正白旗辛达里佐领下五十丁采得鲜参一百十二斤,三佐领下共采得鲜参三百六十八斤,将其晒得干参七十五斤。"⑤ 可知每年每旗各派采参者50名,三旗共150名。每旗所采人参不等,平均一百二十余斤。这是康熙十三年的情形,其他年份与此出入不大。

关于每旗采参队伍的组成问题,据档案记载:"正黄旗鄂博依佐领下去挖人参领催高阳德、胡戴明,加上伊等本身共五十二人,马十八匹、牛三十九头,相应知会发给伊等出兴京架子门执照。"⑥ 可知每旗除了50名采参者,还有2名负责带队的领催,共52人。此外配备18匹马,39头牛。每年配备的牛马数目不等,但亦与此出入不大。有的年份在领催之外,还配

---

① 辽宁省档案馆藏:《黑图档》,第5册,第71页。
② 辽宁省档案馆:《盛京参务档案史料·工部为请晓谕挖人参规定事谕上三旗包衣佐领等》,辽海出版社,2003,第1页。
③ 辽宁省档案馆:《盛京参务档案史料·盛京工部为请晓谕挖人参规定事咨盛京包衣佐领等》,辽海出版社,2003,第6页。
④ 辽宁省档案馆:《盛京参务档案史料·盛京佐领富贵等为请发给镶黄旗去挖参之人出边执照事咨工部》,辽海出版社,2003,第21页。
⑤ 辽宁省档案馆:《盛京参务档案史料·盛京佐领辛达里等为报采得人参数目事呈总管内务府》,辽海出版社,2003,第8页。
⑥ 辽宁省档案馆:《盛京参务档案史料·盛京佐领鄂博依等为请发给正黄旗去挖参人等出边执照事咨工部》,辽海出版社,2003,第9页。

清朝参务管理制度的嬗变

备披甲人和朱显达各一名,披甲人即卫士,朱显达为一定数目的参丁之长。

关于采参的地点问题,据康熙二十二年档案记载:"准贵部咨开,三旗挖人参、采松子、打蜜、打围之山河距盛京有多少里,逐一查明造送。等因。据此,查得镶黄旗……挖人参山额勒敏山距离三百里……;正黄旗……挖人参山哈勒敏山距离六百里……;正白旗……挖人参山,岗山距离三百里。"① 可知镶黄旗的采参地点在额勒敏山,正黄旗的采参地点在哈勒敏山,正白旗的采参地点在岗山。又据《盛京通志》记载:"哈勒们河:国语,哈勒们,车头也。(吉林)城西南六百三十五里。源出分水岭,南流入佟家江。额勒敏河:国语,额勒敏,未备马鞍驹也。(吉林)城西南六百三十五里。源出分水岭,会哈勒们河。"② 可知额勒敏河和哈勒敏河距离很近,皆发源于分水岭,分水岭是龙岗山之别名,龙岗山位于通化市西南,也就是说额勒敏山和哈勒敏山皆在今通化市西南。龙岗山也应该在这儿附近。

关于采参者的报酬问题,据档案记载,康熙十五年,上三旗采参伙长达留、秦有强等人诉称:

> 身等每年前去采参,因系贫困之人,靴子、护膝、口袋等物均指靠由采得人参所赏布匹借得。人参布匹于采参之年不给,须待来年四五月份才给。身等均系生活贫困艰难之人,若于采参之年给领,所借债务若能还给,于贫困之人亦为有益。若逾年方给,于发给布匹之前,采牲人等则致潦倒亦未可料,且贫困之人亦不能还清借债。恳请大人怜悯我等,于打牲之年给领。等情。据此,我等查得,每年定例三佐领下一百五十丁采参,采得鲜参由盛京工部秤收,每年于来年毛青布同时报送干湿人参斤数,于四五月份文到之时,方将毛青布发给采参人等。每年根据该部所秤鲜参斤数定给布匹,嗣后请于该部秤完本属采得人参斤数后即于打牲之年发给布匹。等因。札交到库。职等议得,查向例,盛京三佐领下丁采得鲜参一斤按赏八度蓝布计算,一年几斤即按斤数发给布匹,即于此处行文送毛青布之人当即发给。③

---

① 辽宁省档案馆:《盛京参务档案史料·盛京佐领富贵等为报去挖参打蜜之山距盛京里程事咨工部》,辽海出版社,2003,第23页。
② 《盛京通志》卷二十七,《山川三》,辽海出版社,1997,第487页。
③ 辽宁省档案馆:《盛京参务档案史料·总管内务府为当年即发给采参人等应得之布事咨盛京佐领富贵等》,辽海出版社,2003,第10页。

由此可知以下五点：一，官府主要补偿采参者的物品是毛青布。二，采参者进山之前所需靴子、护膝、口袋等必要斧资，皆须以毛青布租借，实际上就是自备斧资。三，进山前斧资既须以毛青布租借，而官府补偿采参者的毛青布于采参之年不能到位，要迟至翌年四五月份方才发放，采参者乃是穷困潦倒之人，无钱垫资租金，故此向官府提出于当年发放毛青布的诉求。四，按当时官府规定：一斤鲜参可得八庹毛青布。庹，古代度制单位，约合现在5尺长度。五，官府最终答应了采参者们的请求。

关于防范偷参的问题，据史料记载，康熙二十一年议准："凡采取官蓡之人，各给印票，以便稽查。如无信票，私自行走，或有信票，越界行走，并不照票内定数多带人畜者，巡查官即拿送部。徇情纵放，并得财纵放及将人蓡隐匿入己者，革职。官员一年内拿获百名以上者纪录一次，二百名以上者纪录二次，三百名以上者纪录三次，四百名以上者准加一级，多者按数议叙，如诬告无辜之人革职。"① 可知康熙二十一年朝廷规定：凡由官方组织的采参者，皆发给票照。票照内注明本人姓名，何时前往何山采参，以及该票额定的人畜数目等必要信息。旨在防止无票偷参者和有票多采私藏人参者。巡查官如拿获这些人犯，则加级升官；若徇情枉法或者诬告，则撤销官职。

清廷虽然禁止偷采人参，并且制定了相应的防范措施，但实际上作用十分有限。如康熙八年，官府就曾查获有人在"哈勒敏山偷挖所得干参十九斤、烂参二斤十两"②。

三 乌苏里等处大参场的开辟与八旗分山制的式微

康熙二十三年，清廷在东北参务管理制度上做出重要决定："嗣后八旗俱往乌苏里等处采蓡。其分山各入之例，暂行禁止。"③ 即开辟乌苏里等处大参场。以后八旗采参的主要地点不再是位于今天吉林通化市西南部的额

---

① 《钦定大清会典事例》卷二三三，《户部·蓡务·考成》，台湾新文丰出版股份有限公司，1971，第8186页。
② 辽宁省档案馆：《盛京参务档案史料·盛京佐领辛达里等为报采得人参数目事呈总管内务府》，辽海出版社，2003，第4页。
③ 《钦定大清会典事例》卷二三三，《户部·蓡务·山场》，台湾新文丰出版股份有限公司，1971，第8164页。

勒敏、哈勒敏和龙岗山等近处山场，而是位于今天黑龙江省东北部，甚至俄罗斯境内的遥远乌苏里江流域。此令颁布之后，原来八旗分山制暂行停止。

关于今后八旗前往乌苏里等处新参场采参的办法，清廷决定："遣往时，盛京上三旗包衣，或骁骑校，或司库；下五旗自王以下，奉恩将军以上，各择包衣一名为首，额设丁夫，给票采取。"① 可知盛京上三旗和下五旗均可派人率领一支限定参丁数目、持有票照的采参队伍，赴乌苏里等处新参场采参，但新参场不再划出各旗采参的专属区域。由于新参场路途遥远，清廷对盛京上三旗的采参时间也做了相应的调整，"议得因开始到乌苏里采参路途遥远，四月初一日由盛京起程，十月初一日进边"。② 较原来"六月二十日由盛京起程，八月二十日入边"的规定，提前了两个月二十天，整个采参活动也由两个月延长至四个月。

清廷为什么在东北参务管理制度上做出这样重要的决定？史料没有记载，根据笔者的研究，至少有以下两个原因。

其一，额勒敏、哈勒敏和龙岗山等吉林通化西南部的旧山场，经过多年的开采，尤其是康熙前期年复一年的大规模开采，人参资源虽尚未枯竭，但已明显减少。关于这一点，可见表1。

表1 吉林通化旧山场采参情况

年 份	上三旗采参数目	年 份	上三旗采参数目	年 份	上三旗采参数目
康熙七年	515 斤	康熙十四年	283 斤	康熙二十年	98 斤
康熙八年	434 斤	康熙十六年	174 斤 6 两	康熙二十一年	121 斤 14 两
康熙九年	419 斤	康熙十七年	177 斤	康熙二十二年	109 斤 12 两
康熙十一年	277 斤	康熙十八年	161 斤	康熙二十三年	119 斤 2 两
康熙十三年	368 斤	康熙十九年	101 斤 8 两		

注：此表根据《盛京参务档案史料》一书整理③。

---

① 《钦定大清会典事例》卷二三三，《户部·薆务·禁令》，台湾新文丰出版股份有限公司，1971，第8190页。
② 辽宁省档案馆：《盛京参务档案史料·盛京工部为知会嗣后到乌苏里采参于四月初一日起程事咨盛京包衣佐领等》，辽海出版社，2003，第26页。
③ 见辽宁省档案馆：《盛京参务档案史料》，辽海出版社，2003，第2页、第4页、第5页、第7页、第8页、第10页、第11页、第13页、第15页、第15页、第18页、第20页、第25页、第30页。

由上可知，自康熙七年至康熙二十三年，盛京上三旗的采参产量明显呈下降趋势。如以康熙七年的采参515斤和康熙二十三年的采参119斤2两相较，产量下降近400斤，如以康熙七年的515斤和康熙二十年的98斤最低值相较，产量下降则400斤有余。

然而自康熙二十四年赴乌苏里等处大参场采参后，盛京上三旗的人参产量大幅度上升。关于人参产量的计算问题，与前有所不同。因乌苏里等处大参场路途遥远，往来颇费时日，鲜参易烂，只能就地晾晒成干参运回。干参远较鲜参为轻，根据档案记载："由工部将潮参十五斤六两秤送本处。相应将其晾晒，得干参十三斤，此一斤干参按鲜参四斤五两折算，则为鲜参五十六斤。"① 可知一斤干参约合四斤五两鲜参。康熙二十四年之后，有关档案有时以干参的斤数进行统计，我们根据一斤干参约合四斤五两鲜参来换算，便可由干参推知鲜参的斤数。关于康熙二十四年以后的具体采参数量，可见表2。

表2　康熙二十四年至康熙三十年上三旗采参情况

年　份	上三旗采参数目	年　份	上三旗采参数目
康熙二十四年	干参240斤8两，约合鲜参1037斤2两	康熙二十七年	鲜参1490斤
康熙二十五年	鲜参1917斤8两	康熙三十年	干参198斤4两，约合鲜参855斤
康熙二十六年	干参298斤，约合鲜参1285斤1两		

注：此表根据《盛京参务档案史料》一书整理②。

由上可知，自康熙二十三年清廷决定开辟乌苏里等处大参场和康熙二十四年盛京上三旗首次前往乌苏里等处大参场采参之后，采参量飙升。如以康熙二十三年的119斤2两和康熙二十四年的1037斤2两相较，产量增长接近900斤；如以康熙二十三年的119斤2两和康熙二十五年的1917斤8两最高值相较，产量增长接近1800斤。

---

① 辽宁省档案馆：《盛京参务档案史料·盛京佐领辛达里等为说明鲜参数目与干参折算数目不符之原因事呈总管内务府》，辽海出版社，2003，第2页。
② 见辽宁省档案馆：《盛京参务档案史料》，辽海出版社，2003，第35页、第36页、第40页、第42页、第43页、第58页。

通过康熙二十三年前后两组采参数字的比对,可知自康熙七年至康熙二十三年,盛京上三旗的采参产量明显呈下降趋势,而自康熙二十三年清廷决定开辟乌苏里等处大参场和康熙二十四年盛京上三旗首次前往乌苏里等处大参场采参之后,采参量飙升。这足以说明:清廷之所以开辟乌苏里等处大参场,额勒敏、哈勒敏和龙岗山等吉林通化西南部旧山场的人参资源迅速减少是重要原因之一。尽管以上列举的只是盛京上三旗的采参相关档案资料,但其他下五旗的采参状况也不会与上三旗有太大的出入,所以得出这一结论应该是没有问题的。

其二,开辟乌苏里等处大参场,为加强皇权和逐步削弱八旗贵族的势力提供了难得的契机。如前所述,早在清前时代,努尔哈赤和皇太极为了依靠八旗兵和文臣武将建功立业,开疆拓土,曾给予他们很高的政治地位和经济利益。清朝统一全国后,形势发生了根本性变化,加强皇权,逐步削弱八旗贵族和大臣的势力,成为清朝最高统治者的主导思想。顺治五年,取缔了大臣自行采参的权利,顺治六年,对八旗贵族的采参人数进行了限制。康熙二年,朝廷不但加强了对八旗贵族采参的监管,而且将正黄、镶黄和正白上三旗包衣刨采之参直接收归皇室所有。康熙十二年,三藩之乱爆发,对中央政权造成了严重的威胁,嗣经八年的战争,方将这场叛乱平定。此次事件之后,更坚定清廷进一步削弱八旗贵族和权臣势力的决心。康熙二十三年,适逢额勒敏、哈勒敏和龙岗山等旧山场资源的日趋枯竭,清廷便借开辟乌苏里等处大参场之机,不再为八旗贵族分配新的采参专有领地。这个决定,是清朝自清初以来实行加强皇权、逐步削弱八旗贵族和权臣势力政策的继续,也是情理中之事。所以说加强皇权、逐步削弱八旗贵族的势力,也是促使清廷决定开辟乌苏里等处大参场的重要原因之一。

四 从招商采参制到官办参务

康熙二十三年开辟乌苏里等处大参场之后,人参产量大幅度提高,但也带来了新问题。新参场路途远,采参周期长,所需斧资数倍于前,不但形成了对政府的经济压力,而且也导致采参成本的增加。采参成本的增加又引起人参价格的上涨,在高额利润的诱惑下,偷参者开始大量出现。据杨宾《柳边纪略》记载，康熙二十八年"走山者日益多，岁不下万余人"①。时人称偷参者为"走山者"，走山者每年达一万余人，其数目远远超过皇家和八旗贵族的采参队伍。康熙三十三年，走山者人数又有大幅度增加，据"镇守黑龙江等处将军萨布素奏称：人已至三万余"②。尽管清廷采取了加强边门管理、严查采参票照、增设卡伦和制定查拿偷参者官吏的奖惩条例等措施。然而在暴利的驱使下，偷参者不畏清廷的严刑峻法，铤而走险，加之山场辽阔，难以尽查，结果巡山官兵只能是顾此失彼，收效甚微。康熙四十八年，清廷将八旗分山制完全废止，接管了原来八旗的全部参务。如此一来，虽然皇权加强了，但也增加了工作量。总之，所有这一切都使清廷疲于应付，颇感头痛。

康熙五十三年，清廷决定甩掉这个包袱，实行招商政策，由富商承包具体参务事宜。盛京富商王秀德等首先应征，承领参票八千张，招募刨夫八千人前往山场采参，后继者又有王会敏、权守中等富商以及中小商人，承领参票不等。康熙五十七年，因"王秀德等假造私票、多放人数、偷刨人参"。③ 被人告发，受到朝廷查究，其他中小商人亦因获利不多，而投机取巧又担心受到处罚，不愿再承领参票。康熙六十一年，清廷终因无人承领参票而不得不停止招商，又回归到官办参务体制。然而官办参务体制的困扰并未解除，所以雍正"八年奏准：乌苏里、绥芬等处薓山招商刨采，给票一万张，随身红票十张。令商人雇夫一万名，每票一张，收薓十六两，十两交官，六两给商作本"。④ 在这次比较优惠的政策下，大商人范毓斌、范清柱（注）父子随即应征。经过多年经营，获利不菲。据档案资料记载，乾隆五年，范毓斌"于奉天、吉林乌拉、宁古塔三处共放出参票四千五百六十二张，应纳人参四万五千六百二十两"。⑤ 按照时价一两人参约合二十两白银计算，四万五千六百二十两人参，约合九十一万二千四百两白银。又按照官十、商六的分成比例计算，范氏应得银三十四万二千一百五十两。

---

① 杨宾：《柳边纪略》卷三，《辽海丛书》，第1册，辽沈书社，1985，第253页。
② 辽宁省档案馆：《盛京参务档案史料·盛京兵部为知会奏准惩治盗挖人参规定等事咨盛京包衣佐领等》，辽海出版社，2003，第62页。
③ 《清圣祖实录》卷二八〇，康熙五十七年七月甲寅。
④ 《钦定大清会典事例》卷二三二，《户部·薓务·额课》，台湾新文丰出版股份有限公司，1971，第8167页。
⑤ 辽宁省档案馆编译《盛京参务档案史料·奉天将军衙门奏准辛酉年参务仍交商人范毓斌承办事咨掌管盛京内务关防佐领等》，辽海出版社，2003，第170页。

即使除去必要的刨夫口粮、马匹、帐篷和炊具等项支出，获利亦十分可观。

清廷见有利可图，复生垄断参务之意。乾隆九年宣布："盛京、吉林、宁古塔等处行放蓤票，因招募商人承办，私弊较多，官票放不足额，嗣后改官雇刨夫，并选派京员前往帮办，无论旗民均准给票刨采。"① 以招商承办参务私弊较多为借口，遂复改为官办参务。如上所述，实行官办参务，朝廷就不可避免地要付出大量的行政管理成本，为加强政府管理参务的职能，清廷开始在盛京、吉林、宁古塔等地设立了参务的专门管理机构——官参局。关于官参局设立的时间问题，学界有不同的意见。笔者根据一则最新发现的档案资料记载："乾隆二年三月初四日……今部派员解来前往额勒敏、哈勒敏刨参参票二千张，相应札饬放票官员，照往年之例，除设立局子，张贴告示晓谕外，行文贵处遍行晓谕所辖人等，若有情愿领票刨参者，速速呈领参票前往刨挖。为此咨行。"② 认为文中所谓"局子"，即是与参务有关的官参局。本则档案资料乃乾隆二年三月初四日发布，可知至少在乾隆二年盛京官参局便已设立。官参局的设立，标志着官办参务体制的回归和最终确立。

五　人参资源的危机和嘉庆十五年参务案

自康熙二十三年决定开辟乌苏里等处大参场之后，经过四十余载年复一年的开采，至雍正年间人参资源已大为减少。雍正八年清廷决定："乌苏里、绥芬等处蓤山，开采二年，停歇一年。"③ 雍正十年决定："乌苏里、绥芬、宁古塔等处，分年采蓤。"④ 乾隆九年决定："乌苏里等处放票收蓤，试开二年，停止一年；或连刨三年，歇山一年。"⑤ 乾隆四十七年决定："吉林

---

① 《钦定大清会典事例》卷二三二，《户部·蓤务·额课》，台湾新文丰出版股份有限公司，1971，第 8167~8168 页。
② 辽宁省档案馆编译《盛京参务档案史料·奉天将军衙门为遍行晓谕领取参票前往额勒敏、哈勒敏刨参事咨掌管理盛京内务关防佐领等》，辽海出版社，2003，第 132 页。
③ 《钦定大清会典事例》卷二三二，《户部·蓤务·山场》，台湾新文丰出版股份有限公司，1971，第 8164 页。
④ 《钦定大清会典事例》卷二三二，《户部·蓤务·山场》，台湾新文丰出版股份有限公司，1971，第 8164 页。
⑤ 《钦定大清会典事例》卷二三二，《户部·蓤务·山场》，台湾新文丰出版股份有限公司，1971，第 8164 页。

所属大山：乌苏里、绥芬；小山：罗拉米玛延、英额岭，自四十九年起，各放票二载，嗣后大小山林，轮换歇山。"① 即实行了所谓的歇山轮采制。

乌苏里等处大参场的资源减少之后，采参者的日子更不好过。原本因乌苏里等处大参场路途遥远，采参者自备斧资增加，已疲惫不堪，现在又参苗难觅，所获无几，致使有些采参者不赚反赔，这严重影响了刨夫们承领参票的积极性。乾隆五十五年，大臣嵩椿等奏称："去年所领参票五千张，仅放出二千三百三十余张，余剩反至大半。"② 乾隆五十九年，大臣福康安奏称："查四十二年，臣福康安在任时，吉林本城放票多至一千四百张，后渐减至千余张及八百余张，自五十年以后，实效票数，仅止四百余张至二百余张不等。"③ 参票发行量的锐减，不仅使一些刨夫失业，也使清廷的参务工作陷入危机之中。

面对这种不利的局面，对东北地方政府而言，若使皇家的人参收益受损，必招致朝廷工作不力的斥责。无奈之下，便想出了变通的办法。

变通办法一——参余银。乾隆五十年，吉林参票发放未能足额，尚余180张无人认领。按照朝廷参务管理制度的规定，没有发放出去的参票，最后也要折合成与参票价值相等的银两，上交朝廷户部。为了筹措到这笔价值180余张参票的银两，时任吉林将军的都尔嘉便动员参商，购买刨夫完纳额定官参后的所剩余参。这种办法初名商捐，后更名参余银。

变通方法之二——烧锅票。康熙晚年，社会经济呈现繁荣景象，东北地区的烧锅业开始兴起，但在封建农本思想的影响下，清廷并未给予烧锅业以合法地位。参山路途遥远，刨夫自备斧资支出不小，这也是影响刨夫领票积极性的重要原因。烧锅业主虽然社会地位较低，但具有一定的经济实力。为了保证朝廷每年发放的参票都能够足额完成，东北地方政府便请烧锅业户承领参票。承领参票的烧锅业主实际上也无须前往参山采参，只需在经济上接济刨夫的入山斧资和担保他们采参归来即可。对于地方政府加在自己身上的额外负担，烧锅业主皆乐于接受，因为这就等于地方政府承认了他们的合法地位，至少不会总找他们的麻烦。对于这种不规范的做

---

① 《钦定大清会典事例》卷二三二，《户部·薓务·山场》，台湾新文丰出版股份有限公司，1971，第 8164~8165 页。
② 《清高宗实录》卷一千三百四十六，乾隆五十五年正月癸巳。
③ 中国第一历史档案馆：《乾隆五十九年吉林参务案·钦差大臣福康安等为遵旨重拟参务章程事奏折》，《历史档案》2000 年第 1 期。

法，既然能够保证完成发放参票的任务，朝廷最终予以承认，准许："吉林开设烧锅之人，与刨夫熟识，力能帮贴刨夫口粮，责成通融办理。"①

变通方法之三——船规银。船规银属于国家的正常税收，挪作他用本不合适。嘉庆五年，盛京将军晋昌以为，盛京距离北部参场较吉林路途更远，所需斧资费用更高。仅有烧锅票帮扶尚感不足，便将所征商船税款之大半补贴参务。后来继任盛京将军富俊奏说："近年刨采路远工价较贵，除殷商保领各票外，其余未领之票全仗船规帮贴，方无亏额，若责令商民追缴，恐不免借口苦累，且已行之七年，骤难更改。"②希望将盛京地区业已行之七年的船规银办法予以承认，嘉庆十二年也得到了朝廷的应允。

东北地方政府在实行上述这些变通办法的同时，也向朝廷陈述了目前乌苏里等处大参场的资源也开始紧张，参苗不足，希望能够得到朝廷的理解。但朝廷只是勉强地承认了东北地方政府的这些变通办法，对参场资源减少的说法并不认可。乾隆五十九年，朝廷派到吉林调查参务案的钦差大臣福康安奏称："历任将军恐以短放干咎，仍每年以虚数奏报，惟谕局员设法办理塞责，一时致成挪移重弊。夫借口参苗稀少，其言固不足为凭。"③福康安乃皇帝身边的近臣，朝廷当然相信福康安的说法。

东北地方政府通过以上变通办法虽然暂时解决了刨夫入山之前的斧资问题，但是承领参票的刨夫在入山之后，仍然面临着人参资源日趋匮乏的不利形势。若采参歉收，刨夫不仅要无功而返，甚至有可能偿还不上地方政府或者烧锅业主在入山之前借贷给他们的斧资。为此刨夫在采参时，发现尚未成熟的参苗，也刨挖出来，在山中另辟一畦，集中栽培，以俟将来成熟，再挖出交官。

这种经过人工栽培或者种植的人参，称为秧参。秧参虽然便于集中栽培或者种植，但在质量上远逊野生老山参。诚如清末士人吴樵在《宽城随笔》中所说："老山蓡（同'参'字）外为移山蓡及种参，功效亦具，特远不如老山矣。"④所谓"移山参"，即将老山参参苗移植进行人工栽培的人

---

① 《钦定大清会典事例》卷二三二，《户部·蓡务·额课》，台湾新文丰出版股份有限公司，1971，第8170页。
② 辽宁省档案馆编译《盛京参务档案史料·盛京将军衙门为抄送奏准之盛京参务章程一折事咨盛京内务府衙门》，辽海出版社，2003，第251页。
③ 中国第一历史档案馆：《乾隆五十九年吉林参务案·钦差大臣福康安等为遵旨重拟参务章程事奏折》，《历史档案》2000年第1期。
④ 吴樵：《宽城随笔》，锡成公司代印，民国六年，第12页。

参；所谓"种参"，即以参籽进行人工种植的人参，两者皆为秧参。

由于秧参质量低劣，清廷早在乾隆四十二年便宣布："收买薆秧（秧参）栽种，以及偷刨薆秧货卖等弊，即将此等人犯严拿究办，一律治罪。"① 即禁止秧参的买卖和生产，当然更不能作为贡参交官，违者严加惩处。

清廷宣布的这条禁令并没有产生太大的效果，至嘉庆初年，秧参开始大量出现。由于秧参在外貌上不仅与老山参十分相似，而且枝条肥大、色泽红润，颇似老山参中之极品。嘉庆十四年末，刨夫将其作为贡品上交，竟然蒙混过了地方官府这一关，但运抵京师终被发现。结果嘉庆帝大怒，训示臣下说：

> 至种参一项，以伪乱真，殊干例禁。乃近年各该处办理官参，竟有掺杂秧参情事。此等秧参形状虽觉肥润，而性味实薄，是以每年赏给大臣等售卖之参，多不得价。因尚未查得确据，未经核办。现据内务府参奏，此次验收官参，系会同稽察御史，令各解员眼同拆封，并添传经纪、铺户人等认看：盛京票参四十八斤十二两内，堪用参十三斤四两，泡丁十五斤八两，外有秧参十八斤十二两及带铅泡丁一斤四两；吉林票参五十九斤七两五钱内，堪用参一斤十二两，泡丁十八斤十五两三钱，外有秧参三十七斤十三两二钱，带铅泡丁十五两；宁古塔票参十七斤十二两八钱内，堪用参八斤十二两，泡丁六斤十二两九钱，外有秧参一斤十四两九钱，带铅泡丁五两等语。宁古塔秧参尚只一斤有余，盛京已十居其六，吉林竟至好参转不及一成。又，盛京四等以上参六斤内，亦有秧参二斤；吉林四等以上参三斤二两、大枝参十两竟全系秧参。该将军等不能认真查办，均有应得之咎。②

由上可知，在盛京、吉林和宁古塔三个地区所交贡参中，盛京有秧参18斤12两，吉林有秧参37斤13两2钱，宁古塔有秧参1斤14两9钱。此外在盛京所交的四等以上参中有2斤为秧参，吉林所交的四等以上参3斤2

---

① 《钦定大清会典事例》卷二三三，《户部·薆务·禁令》，台湾新文丰出版股份有限公司，1971，第8195页。
② 中国第一历史档案馆：《嘉庆朝参务档案选编（上）·吏部尚书庆桂等为尊旨拟处办理不力之盛京将军等官员事奏折》，《历史档案》2002年第3期。

两以及特等大枝参 10 两,竟全部为秧参。尤须一提的是,三地区在所交贡参时,还要附交一定数量的泡丁,而在三地区所交的泡丁之中,皆发现带铅泡丁。所谓"带铅泡丁",就是把铅灌注到泡丁之中,旨在增加其重量。众所周知,铅金属进入人体后会形成铅中毒。

嘉庆帝认为,此次秧参事件虽是刨夫所为,但如果地方官员能够恪尽职守,严查秧参,便不会发生这种情况。遂下决心对这些地方官员进行调查,由此引发了嘉庆十五年参务案。

为了能够使调查得以顺利进行,嘉庆帝首先对这次事件负有主要责任的吉林将军秀林、盛京将军富俊和宁古塔副都统富登阿及其所属承办官员停职查办,宣布:"该将军等不能认真查察,均有应得之咎。……所有吉林将军秀林等及各该承办官员,著交部严加议处;盛京将军富俊及各该承办官员交部议处;宁古塔副都统富登阿及各该承办官员,交部察议。"① 然后命赛冲阿接替秀林为吉林将军,又任文宁为钦差大臣,赴吉林对吉林的参务运行情况进行专门调查。文宁调查的结果是:"该处历任将军、副都统等无不侵用累累,而秀林侵蚀之数为甚。自十二年以后,共侵用银三万数千两之多。"② 朝廷遂将秀林革职,并查抄家产,抵偿所欠。

随着调查的进一步深入,文宁又发现吉林官参局佐领富通阿、明保和骁骑校穆隆阿与偷种秧参者通风报信,致使偷种秧参者预先获知官兵搜山,得以逃逸。三人有与偷种秧参者进行权钱交易之嫌,遂将他们押解进京,交与刑部审讯③。又发现另一协领萨音保有额外多收参余银等违规行为,并"侵用参务银两……得银四千两"④,将公款 1500 两银子私赠他人,以及指使局员钱保向朝廷户部胡书办行贿 2100 两银子的罪行,亦将二人押解进京,交与刑部审讯。

朝廷在委派文宁赴吉林调查参务案的同时,又委派英和为钦差大臣调查盛京参务案。英和抵达盛京之后,即有以宋刚为首的 45 家烧锅业主控告包门阎锡栋、傅应兰等人"于汪清边门内各处设立参园,遍种秧参,因结

---

① 《清仁宗实录》卷二二六,嘉庆十五年二月辛亥。
② 长顺修、李桂林纂,李澍田等点校《吉林通志》卷二,《圣训志二》,上册,《长白丛书》,吉林文史出版社,1986,第 23 页。
③ 中国第一历史档案馆:《嘉庆朝参务档案选编(下)·钦差大臣文宁等为讯得秧参情弊令人犯戴罪办事奏折》,《历史档案》2002 年第 4 期。
④ 中国第一历史档案馆藏《仪亲王永璇奏为遵旨会同审拟吉林将军秀林等侵用吉林参务银两案事》,嘉庆十五年九月初四日,档号:03—2397—034。

局员把持参务，近复将本年自京驳回秧参，勒令各烧锅分领出银筹款"。①所谓"包门"，就是帮助承领参票的烧锅业主招募刨夫的中介者。在此烧锅业主们状告包门阎锡栋、傅应兰等人不守本业，在汪清边门内四处开辟参园，种植秧参，还揭发他们结交和依仗官参局官员，将近来由京师驳回的秧参，强行卖给各烧锅业主。英和遂命传讯包门阎锡栋、傅应兰等被告。阎锡栋、傅应兰等被告对自己的所作所为不仅供认不讳，还检举揭发了盛京官参局协领扎布札那向他们索要修庙赞助费的犯罪事实。调查清楚后，英和向嘉庆帝做了汇报：

> 现据阎锡栋、傅应兰、许汉章等供认，在边门内栽种秧参凿凿可据，并称现任局员协领阿尔嵩阿、吉勒杭阿，佐领吉龄阿、刘杰知情不究，前任局员协领扎布札那曾经索要修庙银两，是各该地方官员亦必有通同舞弊情事。且据将军富俊称，本年通饬各边门地方官严禁秧参，均报并无其事，出结存案，其为蒙蔽上官可以概见。②

嘉庆帝得知情况后，命盛京将军富俊协助英和把盛京官参局的贪污腐败案彻底调查清楚，结果富俊却百般回护下属，拖延办案时间，使协领扎布札那乘机畏罪自杀，逃脱了法律的制裁。嘉庆帝大怒，将富俊革职，调乌里雅苏台将军正白旗汉军都统观明接替盛京将军的职务。

文宁在吉林结案后，即奉旨前往宁古塔进行调查。结果是宁古塔副都统富登阿及其官参局官员并无贪污情节，但有擅自增收商人的参余银两之罪，最终宁古塔副都统富登阿，宁古塔的官参局官员也受到了不同程度的处罚。

六　官办参务体制的凋敝与秧参的复兴

嘉庆十五年参务案不但对贪污腐败的东北地方官员进行了严厉打击，而且也使参商的利益受到了很大的损害。嘉庆十五年八月清廷宣布："栽养

---

① 中国第一历史档案馆：《嘉庆朝参务档案选编（下）·钦差大臣英和为报违例栽种秧参情形并参奏有关官员事奏折》，《历史档案》2002 年第 4 期。
② 中国第一历史档案馆：《嘉庆朝参务档案选编（下）·钦差大臣英和为报违例栽种秧参情形并参奏有关官员事奏折》，《历史档案》2002 年第 4 期。

之参性味不同、功力浅薄,不惟掺和交官,查出定干严咎,即民间买卖有犯亦所必惩。俾商民等共知秧参为违禁之物,买者不肯徒费资财,卖者亦不敢公然出售。"① 即此后秧参既不可以交官,也不可以买卖。参商以往之所以愿意负担商捐,也就是后来更名的参余银,在于可以利用秧参,以次充好,赚取高额利润,正如吉林将军秀林受审时交代的那样,参商因"近年秧参虽多,而支样肥壮,商人承贩余参赴各省销售,多获大价,所以肯帮银两"。② 禁止买卖秧参,参商自然不愿再出参余银两。参余银乃是地方政府为刨夫筹措入山斧资的重要来源之一,此项钱款既难以归集,整个参务活动势必受到严重的影响。

嘉庆十五年参务案后,不仅商人失去了对参务的热情,刨夫承领参票的积极性也受到了挫伤,正如新上任的吉林将军赛冲阿等在奏折中所说:"现值本年放票之期,奴才等督饬局员认真散放。无如该刨夫等以年来参稀路远,此时入山刨采劳费既已倍增,又现奉查禁秧参,将来到局交收挑拣,尤难弊混,遂各互相观望,领票竟不能踊跃如前。"③ 路远参稀,成本倍增,已使刨夫疲惫不堪,严查秧参,而真参难求,又使刨夫所赚无几,甚至不赚反赔,因而承领参票者锐减。

至于嘉庆十五年之后清廷实际发放的参票数目,史书记载多不明确,仅有《吉林通志》一则史料弥足珍贵,内称道光十四年"本年部发参票二千五百张,内实在放出额票一千七百五十二张,查与历年散放数目相符"。④ 可知在道光十四年之前的一段时间里,清廷实际发放的参票数目都是1752张左右。这一指标若与清朝参务的鼎盛时期相比,显然有很大的差距。据档案资料记载,乾隆四年,"查额定一万张票,原系询问刨参商人王绍德而议定之,并不浮多,仍照原议定额一万张,限额八千张必须放出,二千张以备不足之用。"⑤ 可知乾隆四年前后,清廷放票数目应在8000张左右。道

---

① 中国第一历史档案馆藏《吉林将军赛冲阿奏报遵旨派员解送萨音保并示禁秧参及办理抄产事》,嘉庆十五年八月二十二日,档号:04—01—35—0552—015。
② 中国第一历史档案馆编《嘉庆道光两朝上谕档》,第15册(嘉庆十五年),第927条,广西师范大学出版社,2000,第351页。
③ 中国第一历史档案馆:《嘉庆朝参务档案选编(上)·吉林将军赛冲阿等为酌拟参务章程十二款请旨允行事奏折》,《历史档案》2002年第3期。
④ 宋抵、王秀华编著长白丛书第五集《清代东北参务》,吉林文史出版社,1991,第136页。
⑤ 辽宁省档案馆编译《盛京参务档案史料·奉天将军衙门为知会招募商人张凤于乌苏里、绥芬等地刨参咨掌盛京内务府衙门》,辽海出版社,2003,第144页。

光十四年与乾隆四年所放参票相较,已下降了78.1%,差距可谓不小!

道光二十六年,发放参票的数目进一步下滑。盛京将军奕湘向朝廷提出了参票减半的建议。咸丰三年,参务凋敝已极,终难回天,加之国内农民起义风起云涌,国外列强步步紧逼。吉林将军景淳再次提出彻底废除业已减半的参票的建议,最终获得朝廷批准。景淳又补充说:"参务既停,票银抵饷。凡产薲山场如吉林之英额岭,三姓之乌苏里江,宁古塔之绥芬河,阿勒楚喀之罗拉密山,一律封禁。"① 即所谓参务虽废,但烧锅票不可废,主张将这些银两用于筹措兵饷,以备战时需要。至此清朝行之二百余年的参务管理制度基本终止。光绪七年,开始向秧参种植者征税,这标志着清廷的参务管理制度彻底结束。

七 后论

以上简略阐述了清朝的参务管理制度及其嬗变的历史过程,通过对这一问题的研究,似可总结出以下几点认识。

(1)清代的历朝皇帝大都是急功近利者。纵观清朝参务管理制度的嬗变过程,其发展轨迹很不平衡。这种发展的不平衡,主要源于清代历朝最高统治者大都表现出来的急功近利的思想。具体来说,就是只知向青山索取,不知休养生息。如前所述,康熙初年,清廷年年组织盛京上三旗包衣150人前往近山额勒敏、哈勒敏和岗山采参,此外还有八旗贵族和偷参者的队伍。这样一来,在仅仅二十年左右的时间里,近山额勒敏、哈勒敏和岗山的人参资源便已接近枯竭。康熙二十三年,清廷又开辟了远山乌苏里等处大参场,仍不吸取教训,年复一年地进行开采,加之偷参者骤增,达三万余人。又经过四十余年的开采,远山乌苏里等处的人参资源也明显减少,至雍正年间,便开始实行歇山轮番制,或开采二年歇山一年,或开采三年歇山一年。然而人参生长十分缓慢,人参古称人薲、人薓、人蔘,薲、薓、蔘三字,皆为浸渐之义,野生老山参的生长周期约需百年以上,所以这样的歇山频率,若要使人参休养生息,可谓杯水车薪。人参资源的匮乏,迫使难觅真参的刨夫开始栽种秧参,秧参出现之后即受到清廷的严厉打击,

---

① 长顺修、李桂林纂,李澍田等点校《吉林通志》卷三十五,《食货志八》,上册,《长白丛书》,吉林文史出版社,1986,第625页。

刨夫无生路可走，不愿再领参票，从而导致清朝参务活动的迅速萎缩，于咸丰三年最终停止。

（2）清代的历朝皇帝大都是与民争利者。采参的刨夫大都是贫苦的参农，他们在参加政府组织的采参活动中，进山之前所需的斧资还要自备，尤其是康熙二十三年开辟乌苏里等处大参场之后，路途遥远，时间延长，采参成本骤增，中央政府不但不予以补贴，而且还督促地方政府须完成朝廷下达的采参任务。在这种形势下，许多刨夫因斧资不足，无力再进山采参。地方政府被逼无奈，只得出台并不规范的参余银、烧锅票和船规银等旨在筹措刨夫进山斧资的变通办法，中央政府最终皆一一予以承认。对参农而言，清廷中央政府是与民争利者；对地方政府而言，清廷中央政府则是"逼良为娼"者。

（3）地方政府及其官参局官员通过参务活动贪污公款，中饱私囊。一方面地方政府官员慑于清廷中央政府的权威，不敢坚持正义，提出异议。另一方面地方政府及其官参局官员在参务活动中瞒天过海，以权谋私，堪称长项。他们或者通过多收商人的参余银，中饱私囊；或者通过与偷种秧参者勾结，谋取好处，甚至索贿受贿。最终在嘉庆十五年参务案中，行迹暴露，皆被查处，落得个身败名裂的可耻的下场。

（4）人民群众的力量最伟大。在清朝中央政府、地方政府和参农三者之间，围绕着人参利益的博弈，参农显然是弱势群体，但是从历史的长河来看并非如此。康、雍、乾年间，由于清廷对人参资源的过度开发，至嘉庆时参农已难觅真参，遂开始种植秧参。嘉庆十五年清廷对秧参实行严厉的查禁和打击，秧参似乎从此销声匿迹，但"青山遮不住，毕竟东流去"，至咸丰三年秧参再次复兴，光绪七年终于获得了合法的身份。

乾隆五十九年参务案[*]

人参为东北三宝之一，自古价值不菲。满族发源于东北，狩猎和采集是他们的主要生产方式，人参在他们的经济生活中占有重要的地位。清朝定鼎北京后，便将人参列为重要贡品。为了有效地开发东北的人参资源，清朝制定了相应的参务管理制度。

近年来，学界对清朝的参务管理制度开始着手研究，然而这些研究大都是总体性的、概括性的，很少见到对清朝参务管理制度的某一个案进行比较深入的探索。有鉴于此，笔者拟就乾隆五十九年参务案问题进行一番阐释和分析，借以推动该领域里的学术发展，并求教于方家。

一 清朝参务管理制度概略

如上所述，清朝统一全国后，对人参的采集工作十分重视，并建立了相应的参务管理制度。清朝的参务管理制度建立之后，由于形势的不断变化，也相应地不断进行调整，因而其参务管理制度大体出现和经历了八旗分山制、盛京上三旗包衣采参制、吉林打牲乌拉采参制、招商采参制和官办参务制等多种形式。

尽管清朝的参务管理制度曾出现过多种形式，但无论是哪种形式，都是在清朝中央政府的统一领导下进行的，因而具体的参务管理办法相对稳定，变化不大。清朝的参务管理办法主要包括采参活动的具体组织者、刨夫的招募、采参经费的筹措、采参的地点和时间、上交官参的验收、人参的买卖及其税课、偷参的防范等一系列内容。

关于采参活动的具体组织者问题，不同时期不同地点有不同的角色。

---

[*] 原载《满族研究》2013年第4期。

清初实行的是八旗分山制,八旗贵族从朝廷那里分封得到各自的采参山场,采参活动亦由八旗贵族分别组织实施。康熙初年,随着皇权的不断加强,朝廷实行了盛京上三旗包衣采参制,起初由朝廷总管内务府和盛京上三旗包衣佐领共同经办,后来由盛京上三旗包衣佐领独自管理。与此同时,清朝在吉林实行了吉林乌拉采参制,具体采参事宜由隶属于朝廷总管内务府的吉林打牲乌拉衙门负责。康熙末年,朝廷彻底废除八旗分山制,将采参权完全收归国有,然而参务量大增,不胜其扰。为了从繁复的参务工作中解放出来,朝廷决定实行招商采参制,即由富商组织采参活动。乾隆初年,朝廷见富商获利过多,复将其收归国有,并在东北的主要城市和产参地区成立了参务管理的专门机构——官参局,实行官办参务制。

关于刨夫的招募问题。在康熙初年朝廷实行的盛京上三旗包衣采参体制下,盛京正黄旗、镶黄旗和正白旗三旗分别从各自旗中抽调出50名参丁,前往参山采参。康熙末年朝廷改为招商采参制,具体办法为:四处张贴告示,百姓自愿报名。报名后,政府即发给票照,票照上书采参者的姓名、旗佐、住址、所去何山、任何差事等信息,领票人系上三旗者钤盖户部内务府印章,下五旗者钤盖户部印章,以备随时查验。

关于采参经费的筹措问题。刨夫入山之前,须预先准备采参所需的工具、车马、衣食、帐篷等斧资。康熙年间朝廷在盛京实行的上三旗包衣采参制和在吉林实行的吉林打牲乌拉采参制,刨夫皆须"自备资斧采薓(同'参'字)"。① 采参归来后,刨夫所采人参一斤可换取大毛青布二匹。康熙末年以后,朝廷相继实行了招商采参制和官办采参制,政府不再给予刨夫大毛青布,改为刨夫完纳官参后所剩余参归己的办法,予以补偿。

关于采参的地点问题,康熙初年盛京上三旗包衣采参主要在额勒敏、哈勒敏和岗山,这些参场在今吉林省通化市西南的群山和辽宁的新宾境内,吉林乌拉采参主要在本地,即今吉林省吉林市附近的山中,八旗采参也主要在这里。康熙二十三年,由于上述参场参源日趋枯竭,清朝便开辟了远在吉林省东部的乌苏里等处大参场,从此乌苏里等处大参场成为清朝各路采参队伍的主要采参点。

关于采参的时间问题,在康熙初年的盛京上三旗包衣采参体制下,一

---

① 《钦定大清会典事例》卷二三二,《户部·薓务·额课》,台湾新文丰出版股份有限公司,1971,第8166页。

般是每年的"六月二十日由盛京起程,八月二十日入边"。① 所谓"入边",即采参归来,进入柳条边。康熙二十三年乌苏里等处大参场开辟之后,由于路途遥远,所需时间较长,改为"四月初一日起程,十月初一日回来"。② 采参周期由两个月延至六个月。

关于上交官参的验收问题。清朝十分重视参务工作,当采参归来验收之时,地方最高官员将军和副都统等皆须亲自主持验收事宜,通过之后,运送至京师,总管内务府还要做最后的验收。验收的内容主要有两项:其一,核对是否足斤足两;其二,核对是否夹带有秧参。秧参系人工培育之参,性味远逊野山参,为清朝所禁。

关于人参买卖及其税课问题。除特殊时期之外,一般来说清朝允许人参买卖。刨夫采参归来,完纳官参后所剩余参,即可卖与持有红票的商人,红票是政府授权允许买卖人参的商人执照。商人买到人参后,经过山海关时,亦须出示红票,并按照一斤人参征银六两的税率完纳后,方可放行。

关于防范偷参的问题,清朝制定了严刑峻法。有关惩治偷参者的刑罚,各时期不尽一致。顺治十五年规定:"有偷采人薆者,将带至之头目斩决,余众治罪。"③ 具体治罪条例如下:犯罪者如系旗人,戴枷一月鞭抽三百,牲畜和所得人参,全部没收。如系家奴犯罪,主人知情者,问偷盗治罪。犯罪者本人戴枷一月鞭抽三百,并入官府为奴,牲畜和所得人参,全部没收;主人不知情者,免于处罚。犯罪者本人戴枷两月鞭抽一百,牲畜财物全部没收;主人知情而诡称不知情者,加等治罪,其家人入官为奴。奉天民人犯罪者,戴枷一月板打四十,牲畜财物全部没收。蒙古、锡伯、瓜尔察人有犯罪者,交理藩院议处。

二 人参资源的过度开发

如前所述,满族起源于东北,狩猎和采集是其主要生产方式,尤其采

---

① 辽宁省档案馆编译《盛京参务档案史料·工部为请晓谕挖人参规定事谕上三旗包衣佐领等》,辽海出版社,2003,第1页。
② 辽宁省档案馆编译《盛京参务档案史料·盛京包衣佐领等为需火速请示熬参膏之处请给驿马事咨奉天将军衙门》,辽海出版社,2003,第32页。
③ 《钦定大清会典事例》卷二三三,《户部·薆务·禁令》,台湾新文丰出版股份有限公司,1971,第8187页。

参在社会经济中占有十分重要的地位。早在努尔哈赤时期，后金便与明朝时常进行人参贸易，据史书记载，当时女真人"刨采人参，未谙制法，渍之以水。明人伴不欲市，国人恐朽败，急售，鲜所利益。上教以制法，令熟而乾之，可以经久，不急售，仍许通市于明。所济甚众，民用益饶"。① 可知这一时期的人参贸易所得，已经是后金的重要经济来源之一。

努尔哈赤征战一生，然而直至晚年，在选择自己接班人的问题上始终未能决定。临死之前，宣布实行八和硕贝勒共治国政。皇太极继承汗位后，鉴于各旗旗主的强大势力，只能继续实行八王共治的原则。在这一原则下，"有人必八家分养之，土地必八家分据之"。② 在采参方面便实行了八旗分山制。

清朝入主北京之后，仍然实行八旗分山制，但随着皇权的不断加强，八旗贵族的利益逐渐受到削弱。顺治八年，朝廷对八旗贵族漫无节制的采参现象，对前往乌喇各参场的采参人丁数量进行了限制，规定：

亲王一百四十丁，世子一百二十丁，郡王一百丁，长子九十丁，贝勒八十丁，贝子六十丁，镇国公四十五丁，辅国公三十五丁，镇国将军二十五丁，辅国将军二十丁，奉国将军十八丁，奉恩将军十五丁③。

由此可知，尽管朝廷对八旗贵族的采参人丁进行了限制，但采参人丁的数目仍然很多。据此试作统计：从亲王到奉恩将军，若每旗均以一人计算，共有参丁748名，八旗便有参丁5984名，然而实际上每旗从亲王到奉恩将军不可能仅有一人，八旗贵族允许拥有参丁数目之多可见一斑。

康熙二年，随着皇权的进一步加强，又将盛京上三旗包衣所采人参收归国有，据史书记载："三旗包衣采薐人采获之薐，由盛京户部咨送户部，将斤数缮明印记，咨送山海关城守尉过秤放入。"④ 可知具体程序是：盛京户部将上三旗参丁所采到的人参，另附一份上面缮写人参斤数并加该印章

---

① 《清太祖实录》卷三，乙巳年三月乙亥。
② 《天聪朝臣工奏议》卷上，《胡贡明五进狂瞽奏》，辽宁大学历史系编印《清初史料丛刊》，1980，第30页。
③ 杨宾：《柳边纪略》卷三，《辽海丛书》，第1册，辽沈书社，1985，第252页。
④ 《钦定大清会典事例》卷二三二，《户部·薐务·关汛巡防》，台湾新文丰出版股份有限公司，1971，第8173页。

的行文，经山海关城守尉过秤验文，最后送至京师户部。康熙六年，朝廷将盛京上三旗包衣的采参规模确定下来，并由总管内务府将这一决定通知盛京佐领辛达里，据档案记载："奉旨：著盛京三佐领下丁采挖。钦此。钦遵。嗣后于每年采挖之际，由三佐领下派出一百五十丁采挖。为此咨行。"①可知最终确定的采参规模是盛京上三旗包衣共150名参丁，即正黄旗50丁，镶黄旗50丁，正白旗50丁。以上150名参丁每年采参一次，从此成为定例。

朝廷除了拥有盛京上三旗包衣采参队伍外，吉林乌拉打牲采参队伍亦直属朝廷总管内务府。关于吉林乌拉打牲采参的规模及其采参年份，因史料阙如，无法窥其全貌，但有一则档案史料可供参考，据载："顺治四年乌拉捕牲人丁采得人参奖给毛青布事。内务总管府寄给安达木、布达西的书信：为乌拉捕牲人丁采得人参奖给毛青布由，每采得人参一斤奖与大毛青布二匹。……以上总计人参四百四十二斤二两，皆应奖给毛青布。"②可知顺治四年吉林乌拉打牲的一次采参量是442斤2两。

当时尚有偷采人参者，如康熙八年便查获："偷挖所得干参十九斤、烂参二斤十两。"③康熙十一年又查获："偷挖人参之吴二、杨瞎子等挖得鲜参三十六斤。"④康熙十一年又查获："偷挖得鲜参三十六斤。"⑤康熙二十三年，鉴于偷采人参者人数愈来愈多，奉天将军衙门为此发文称："现查得沿途偷参之人甚众，并且查得有到采牲河内偷捕蛤蜊，有去此等打牲之山河偷参、捕貂及采东珠者亦未可料，若于额尔色等处偷采，则致使上用牲物不得之极矣。……时日长久，因巡查官兵及看守边口沟口官兵怠慢懒散，致使偷采之人渐多矣。"⑥建议移文盛京将军、宁古塔将军，重申防止偷参

---

① 辽宁省档案馆编译《盛京参务档案史料·总管内务府为奏准嗣后每年盛京三佐领下派出一百五十丁挖参事咨盛京佐领辛达里等》，辽海出版社，2003，第1页。
② 辽宁省档案馆藏《盛京内务府档》，转引自宋抵、王秀华编著长白丛书第五集《清代东北参务》，吉林文史出版社，1991，第63~64页。
③ 辽宁省档案馆编译《盛京参务档案史料·盛京佐领辛达里等为报采得人参数目事呈总管内务府》，辽海出版社，2003，第4页。
④ 辽宁省档案馆编译《盛京参务档案史料·盛京刑部为将偷挖之参入于官参之内等事咨盛京佐领辛达里等》，辽海出版社，2003，第7页。
⑤ 辽宁省档案馆编译《盛京参务档案史料·盛京佐领辛达里等为报采得人参数目事呈总管内务府》，辽海出版社，2003，第7页。
⑥ 辽宁省档案馆编译《盛京参务档案史料·奉天将军衙门关于禁止偷挖人参事之晓谕》，辽海出版社，2003，第26页。

禁令。可知康熙初年，不仅偷采人参之事时有发生，而且呈上升趋势。

由于八旗采参、吉林乌拉采参以及偷参等方面的史料不足，我们难以得知康熙初年之前的准确采参人数和采参斤数，只能窥其大略，但盛京上三旗包衣采参的史料尚称丰赡，若能将其厘清，虽仅为盛京上三旗包衣采参之一端，亦可推知自康熙初年以后整个清朝参务发展演变的大势。

根据有关档案史料，现将康熙七年至康熙二十三年盛京上三旗包衣每年的采参数目列表1，以资参考。

表1 康熙七年至康熙二十三年盛京上三旗包衣采参情况

年 份	盛京上三旗采参数目	年 份	盛京上三旗采参数目	年 份	盛京上三旗采参数目
康熙七年	515 斤	康熙十四年	283 斤	康熙二十年	98 斤
康熙八年	434 斤	康熙十六年	174 斤 6 两	康熙二十一年	121 斤 14 两
康熙九年	419 斤	康熙十七年	177 斤	康熙二十二年	109 斤 12 两
康熙十一年	277 斤	康熙十八年	161 斤	康熙二十三年	119 斤 2 两
康熙十三年	368 斤	康熙十九年	101 斤 8 两		

注：此表根据《盛京参务档案史料》一书整理[①]。

如上所述，盛京上三旗包衣采参每年均为150人，而每年的采参数目却相差很大，其基本走向十分明显，即采参数目逐步降低。在这段时期内，康熙七年参产量为515斤，康熙二十三年参产量为119斤2两，十六年间参产量降低至23%，年均降低近9.6%。

在采参人员不变的条件下，而参产量逐年下降，这说明山场的参源在不断减少，刨夫越来越难寻觅到人参。盛京上三旗包衣采参的情况如此，其他采参队伍与盛京上三旗包衣采参的地点大致相同，所以情况也概莫能外。如前所述，清初的采参山场主要在吉林省通化市西南的群山和辽宁省的新宾县境内，这片山场早在清前便有人采参，经过近百年，尤其是康熙初年以来实行有组织的、多种方式的、一年一度的频繁开发，参源日趋枯竭也在情理之中。

在这种形势下，康熙二十三年朝廷决定："嗣后八旗俱往乌苏里等处采

---

① 辽宁省档案馆编译《盛京参务档案史料》，辽海出版社，2003，第2页、第4页、第5页、第7页、第8页、第10页、第11页、第13页、第15页、第15页、第18页、第20页、第25页、第30页。

薅，其分山各入之例，暂行禁止。"① 即开辟新的乌苏里等处大参场，此后旧山场基本停止采参，八旗分山制亦至此中止。由于乌苏里等处大参场资源十分丰富，因而参产量陡增，仍以盛京上三旗包衣采参为例，康熙二十四年收获干参 240 斤 8 两，约合鲜参 1037 斤 2 两②，较康熙二十三年的 119 斤 2 两增长近 8 倍，康熙二十五年收获鲜参 1917 斤 8 两，较康熙二十三年的 119 斤 2 两增长 15 倍多！

乌苏里等处大参场开辟之后，使参产量大幅度提高，然而又出现了新的问题。由于新参场路途遥远，采参周期延长，刨夫所需进山斧资数倍于前。采参成本的增加又导致人参价格的上涨，在高额利润的诱惑下，偷参者开始大量出现。据杨宾《柳边纪略》记载，康熙二十八年"走山者日益多，岁不下万余人"。③ 所谓"走山者"，即为偷参者，时人之称谓也。康熙三十三年，走山者人数又有增加，据"镇守黑龙江等处将军萨布素奏称：人已至三万余"。④ 尽管朝廷采取了加强边门管理、严查采参票照、增设卡伦和制定查拿偷参者官吏的奖惩条例等措施，然而在暴利的驱使下，偷参者不畏清廷的严刑峻法，铤而走险，加之参场辽阔，难以尽查，结果巡山官兵只能是顾此失彼，收效甚微。

在如此疯狂的采参状况下，复经四十余载，参源再次出现紧张局面。雍正八年清廷决定："乌苏里、绥芬等处薅山，开采二年，停歇一年。"⑤ 雍正十年决定："乌苏里、绥芬、宁古塔等处，分年采薅。"⑥ 乾隆九年决定："乌苏里等处放票收薅，试开二年，停止一年；或连刨三年，歇山一年。"⑦ 乾隆四十七年决定："吉林所属大山：乌苏里、绥芬；小山：罗拉米玛延、

---

① 《钦定大清会典事例》卷二三二，《户部·薅务·山场》，台湾新文丰出版股份有限公司，1971，第 8164 页。
② 辽宁省档案馆编译《盛京参务档案史料·总管内务府为咨取一名熟悉乌苏里地方山水之采参人事札盛京佐领等》，辽海出版社，2003，第 35 页。
③ 杨宾：《柳边纪略》卷三，《辽海丛书》，第 1 册，辽沈书社，1985，第 253 页。
④ 辽宁省档案馆编译《盛京参务档案史料·盛京兵部为知会奏准惩治盗挖人参规定等事咨盛京包衣佐领等》，辽海出版社，2003，第 62 页。
⑤ 《钦定大清会典事例》卷二三二，《户部·薅务·山场》，台湾新文丰出版股份有限公司，1971，第 8164 页。
⑥ 《钦定大清会典事例》卷二三二，《户部·薅务·山场》，台湾新文丰出版股份有限公司，1971，第 8164 页。
⑦ 《钦定大清会典事例》卷二三二，《户部·薅务·山场》，台湾新文丰出版股份有限公司，1971，第 8164 页。

英额岭，自四十九年起，各放票二载，嗣后大小山林，轮换歇山。"① 只能实行所谓的"歇山轮采制"。

三 参务案

如前所述，康熙二十三年开辟乌苏里等处大参场之后，参产量曾有大幅度提升，然而因新参场路途遥远，采参周期由二个月延至六个月，刨夫所需斧资数倍于前。按照清朝参务管理制度的规定，刨夫进山前的所需斧资均为自筹，这样一来刨夫的负担便大为增加，为此朝廷调整了对刨夫采参的补偿政策，由原来奖赏大毛青布变为刨夫完纳官参后的所剩余参归己。康熙中晚期由于参源丰富，刨夫所获归己余参较多，尚能维持度日，雍乾以后参源再度紧张，朝廷实行歇山轮采制，此后人参难觅，所剩余参少之又少，以至无力备办翌年进山所需斧资，这严重影响了刨夫承领参票的积极性。为了保证参务活动的正常运转，东北地方官员便想出了两条并不规范的变通办法：一是动员比较富裕的烧锅铺户为刨夫进山垫资，称为烧锅银。一是动员在参商购买刨夫完纳额定官参后的所剩余参时，加附一定银两交官，或做翌年官府为刨夫进山所需斧资垫资之用，或做买补缺额官参之用，或做充抵历年刨夫难以归还的死账呆账之用，这部分加附银两初名商捐，后更名为参余银。这两种变通办法虽然在一定程度上缓解了刨夫购买进山斧资的经济困难，但仍然未能扭转参票发放量大幅度萎缩的基本态势，乾隆五十五年，大臣嵩椿等奏称："去年所领蒦（同'参'字）票五千张，仅放出二千三百三十余张，余剩反至大半。"② 乾隆五十九年，大臣福康安奏称："查四十二年，臣福康安在任时，吉林本城放票多至一千四百张，后渐减至千余张及八百余张，自五十年以后，实效票数，仅止四百余张至二百余张不等。"③ 参票发行量的锐减，使朝廷的参务工作陷入危机之中。乾隆五十六年、五十七年，吉林接连两次失火，将刨夫采参所需的工具、车马、衣食、帐篷等斧资基本烧毁，又使吉林的参务工作雪上加霜。

---

① 《钦定大清会典事例》卷二三二，《户部·蒦务·山场》，台湾新文丰出版股份有限公司，1971，第 8164～8165 页。
② 《清高宗实录》卷一三四六，乾隆五十五年正月癸巳。
③ 中国第一历史档案馆：《乾隆五十九年吉林参务案·钦差大臣福康安等为遵旨重拟参务章程事奏折》，《历史档案》2000 年第 1 期。

乾隆五十八年，朝廷在吉林下达了翌年发放八百余张参票的任务，结果有近六百张的参票无人认领。为了完成朝廷的指标，吉林将军恒秀无奈之下，被迫下令：将未能发放出去的200张参票强行摊派给民户，188张参票摊派给铺户。同时说明：若本人不能进山采参，亦可折交银两，每票折银200两。民户和铺户本无承领参票的义务，此令一出引起轩然大波，适逢新任吉林副都统秀林到任，有民户向秀林控告，秀林不敢隐瞒，将此事上奏朝廷，遂引发了当时震惊朝野的乾隆五十九年参务案。

乾隆帝闻报大怒，即命四川总督福康安、刑部尚书胡季堂、户部侍郎松筠为钦差大臣赴东北审理此案。

时吉林将军恒秀正在盛京，乾隆五十九年一月十九日福康安一行抵达盛京，随即传讯恒秀，将秀林首告奏文向其出示，命恒秀就首告奏文中提出的问题一一从实作答。恒秀看过首告奏文后，当即跪下磕头供称：

> 我系宗室，受恩深重，畀任将军。今办理参务未能妥协，愧惧无地。我于五十四年初任吉林将军，未及收参即调任西安。迨五十六年冬间复任吉林将军，始行经手收放参票。缘吉林向例每年放参票八百余张。雇觅刨夫俱以殷实揽头具保。其夫力稍乏者，酌借接济银两，俟刨夫出山交过官参外，余参听其售卖缴还借项，揽头亦得分沾余润。若有交不足数及事故不出山者，所有应交官参及借给官银，俱责令揽头赔缴。从前偶有拖延，尚不致递年积压。自四十八年霍隆武以参苗稀少奏请停采一年，四十九年复行开山，刨夫、揽头等闲居日久，私债甚多，不能置办入山器具、衣粮，复经官为酌借。刨夫等虽得一时接济，而出山之后扣项愈多，遂致不能年清年款。承办官员又设法向参客言明，于伊等所买余参内，每参一两捐银十数两，以补刨夫、揽头不能完全之官项。所有前任将军都尔嘉等俱系如此办理。五十六年麟宁任内吉林失火，我于五十七年在任又遭失火，均在四月刨夫起身进山以前，伊等锣锅、帐房、衣粮等件正值置备齐全，一时俱被烧毁，不得不再借官项，以期无误刨采。是以垫发未完之项日积日多。每年所收商捐银两约得三四万两不等，既须买补缺额官参，又须扣抵节次借项。此外，尚有协领等因一时官项不敷，向铺户代为筹借帮给之项；刨夫无力归还者亦于此项内酌量扣还。所有节年亏欠，仍属不敷弥补，此系历年亏短实在情形。再，每年额放参票内如有无人承领放不足数

者，承办官例干严议。五十六年麟宁任内，五十七年我任内，均有未能放完之票，所有应交额参，亦即用商捐银两买足补交。至五十八年，领票刨夫日益稀少，我更十分着急，随于上年春间与吉林、宁古塔等处副都统索喜、那奇泰、额勒博克、德清阿及承办参务协领诺穆三等公同详议，查照乾隆三十二年以前旧例，将刨夫不能全领之参票，散给吉林铺户一百余张、民户四百余张，听其自行雇夫或亲自刨挖，其衣物等件即不必官为借项置给。该铺户、民人等，或照例交参，或折价交银，皆随其便。如此办理，不但参额无缺，而匀出商捐银两抵补向来刨夫积欠，不过二三年，便可全行补足，是以冒昧试行。随据各铺户领票去后，于秋间陆续缴过银三万余两，并无控诉之事。上年十一月秀林到任，曾有民人持参票两张向伊控告。我闻知后，即向秀林说知原委，并与商量将散给民人四百张参票尽行撤回，我随遵旨前来署事，意欲询明盛京办理参务情形，再行公同参酌奏办。此系我办理实在情形，不敢稍有隐讳捏饰。至节年亏欠银两，均系刨夫辗转拖欠，我实无侵挪情弊。到吉林后可以查案提人，四面质对的。但我于到任之初，既查知库项亏短，即应立时参奏，乃因循姑息，已有不是，今又不将设法办理情形据实奏明请旨，辄私自通融办理，实属糊涂错谬，自取咎戾，只求将我从重治罪。①

以上恒秀主要就自己强行摊派民票的行为进行了详细的交代，归纳起来其要点有六：其一，以往吉林每年放票皆为 800 余张，当时刨夫少有拖欠官银现象，即使偶有发生，也不至于出现连年积重难返的形势。其二，乾隆四十八年因参苗稀少歇山。翌年开采时，刨夫及其包工头揽头等因失业一年而无力自筹进山斧资，唯有向官参局借贷。由于这年所需贷款过多，开始出现不能年清年款的情况。为了解决官银亏空的问题，前任将军都尔嘉便想出个变通的办法，使参商在收购刨夫所剩余参时，每收购余参一两便捐银十余两，即所谓"商捐"。其三，乾隆五十六年、五十七年吉林接连失火，刨夫所需斧资俱被焚毁，不得不再向官参局借贷，致使官银死账呆账愈积愈多。官参局每年虽有商捐银约三四万两可用于充抵，但远远不够，这就是历年官银亏欠的实情。其四，如某年发放参票未能足额，按照规定

---

① 中国第一历史档案馆：《乾隆五十九年吉林参务案·钦差大臣福康安等为询问吉林将军恒秀供情并请旨革职事奏折》，《历史档案》2000 年第 1 期。

地方官员就要送部严议。乾隆五十六年麟宁任内和五十七年恒秀任内，均未发放足额，所欠应交额参，皆用商捐银两买足补交。其五，乾隆五十八年，刨夫领票益少，恒秀更为着急，遂于上年春季与吉林、宁古塔等处副都统索喜、那奇泰、额勒博克、德清阿以及官参局协领诺穆三等共同商议，并参照乾隆三十二年以前曾有发放民票旧例，将剩余参票摊派给吉林铺户一百余张、民户四百余张，结果被民户告发。其六，官银连年亏损皆为刨夫辗转拖欠，恒秀并无贪污和挪用钱款情节。恒秀之错在于到任之初，既知官银亏欠，便应及时上奏，却私自变通，遂铸成大错。

讯后福康安向乾隆帝汇报说："查办理参务，理宜恪守原定章程，妥为经理。即或前后情形不同，必须随时酌剂，亦当据实奏闻请旨。今恒秀既未将库项亏短情节参奏于前，遽将参票散给铺户居民。虽据称设法补放额票起见，而未经奏明，辄援三十二年以前久废不行之例私自通融办理，实属任意妄为。且恐有受馈染指重情，其所供均难遽信。"①认为恒秀发现刨夫拖欠官银积重难返的问题，便应立即奏明，岂可援引乾隆三十二年久废不行的事例，向民户、铺户强行摊派参票，真是胆大妄为！另外是否有贪污情节，其所供不可马上便信。同时建议：立即下旨将恒秀先行革职，以便于将其带往吉林后做进一步调查。至于事实是否像恒秀所说库银亏欠数万两皆为刨夫辗转拖欠？铺户所交民票银三万余两是否被贪污？俟臣至吉林后，便立即提审同案证人，彻底查清。另外吉林官参局协领诺穆三等人是否有贪污和挪用公款情节，也要一并查清。

前任吉林将军麟宁当时亦在盛京，一月二十一日福康安对其进行问话，据称：

> 我在吉林将军任内，曾于五十六年放过参票一次。是年四月，吉林城内失火，将刨夫置备齐全之锣锅、帐房、衣服、器具等件尽行烧毁。刨夫不能入山，复行动给官项接济。后来刨夫出山应交借项，我已调任，未及追完，交与恒秀办理。至我五十六年任内所有未能放完之票，亦系商捐银两买参补交。②

---

① 中国第一历史档案馆：《乾隆五十九年吉林参务案·钦差大臣福康安等为询问吉林将军恒秀供情并请旨革职事奏折》，《历史档案》2000年第1期。
② 中国第一历史档案馆：《乾隆五十九年吉林参务案·钦差大臣福康安等为询问前任吉林将军麟宁等供情事片》，《历史档案》2000年第1期。

福康安随即向乾隆帝汇报："其前后各任借出库项，递年积压情形，俱与恒秀所供无异，询之索喜所称亦同。又现任盛京副都统灵泰，曾任吉林协领，经办参务，必知详悉。就近询问，亦无异词。"① 即据询问麟宁证实：其五十六年任内，吉林城内失火，将刨夫进山斧资焚毁，官参局予以接济，从而导致官银连年亏欠积压的形势。所说与恒秀无异，又询问曾任吉林副都统的索喜和曾任吉林官参局协领的盛京副都统灵泰，亦皆相同。

一月二十七日，福康安一行押解恒秀抵达吉林。副都统秀林随即将业已羁押的官参局协领诺穆三、托蒙阿，官参局账册，本案其他涉嫌人犯供词，以及秀林上告奏文和乾隆帝回复的圣谕等，皆移交上来。福康安首先从官参局的账册和银库入手，逐一过目，详加核对。结果库内现存银共计164040两，其中用于支付俸饷、赏恤等银两，皆实贮在库，唯参银亏欠共计129029两。福康安当即传讯诺穆三、托蒙阿，先行摘去二人的顶戴花翎，宣旨革职查办，然后命交代如何亏欠参银129029两？诺穆三等坚称并无侵吞分毫，皆系以公济公。供云：

> 实因近年山内参苗不如向时旺盛，刨夫不能人人得利，应募日渐稀少，前经奏明借垫接济，方能进山。至出山以后，复有拖欠，追比无完，渐至官票不能放散及额。历任将军恐因短放参票，致干严处，惟责令我等设法买补，不得已于五十年回明将军都尔嘉，始向买参商人劝捐。在所买余参内，每参一两，各年酌捐银自八两至二十三两不等，交入参局。原冀渐次抵还刨夫积欠并收买余参，以足未放官票参数，不意五十六七两年连次失火，刨夫借项叠经倍给，出山之后扣项愈多，殷实揽头亦于被焚之后日形消乏。我等见情形不好，于将军都尔嘉、麟宁、恒秀在任时，每年均将实放数目回明历任将军，请将不能散放及额之处据实奏明，历任将军总要如额交参，坚谕设法通融办理。我等节年辗转亏挪官项，并陆续揭借铺户私债二万六千余两凑入，尚不敷用。惟将军麟宁任内，于五十五年奏过短放参票二百张，经部议将军议处，我等俱革职留任。将军恒秀亦于五十七年业将短放参票缘由拟定奏稿，后来又恐不能如前任所放之数，似属无能，有关脸面，仍照节年多放，虚数具奏。迨至五十八年，我等进退无计，查得

---

① 中国第一历史档案馆：《乾隆五十九年吉林参务案·钦差大臣福康安等为询问前任吉林将军麟宁等供情事片》，《历史档案》2000年第1期。

乾隆三十二年以前吉林原放过民票八九年，遂于五十八年春间将军自京回任，各城副都统俱来吉林恭请圣安时，我等将参票短放太多，请暂行试放民票，匀出商捐银两抵补积年库项亏缺缘由，公同禀商，将军、都统等均素悉参务难办情形，我等实为权宜济急起见，许令试行，遂将未经放出之参票五百八十余张散给铺户、民户，后铺户因不能交参，按所散参票一百八十八张，每票一张交银二百两，共收银三万七千两。我等素以二万两弥补库项，其余一万七千两入于参局补还旧欠。三姓、宁古塔利银、公用参银等项，俱有档案可查。其民户迁延未交，于副都统秀林到任时呈控，随将所放民票四百张概行撤回，后来秀大人细问我们办理情形，我等即据实禀明。至五十八年应交官参，我等业照节年成例，预指商捐银两赊买商人红票余参，现已足数，分起送京。①

由诺穆三的以上供词可知：其一，诺穆三坚称从未侵吞公款，官参局参银亏欠 129029 两，皆系以公济公。其二，官银之所以出现亏欠，缘于近年来参源匮乏，刨夫难于获利，借贷官银归还不上，如此年复一年，导致出现大量死账呆账。其三，历任将军唯恐放票不足，交部严议，便令下属设法变通办理。唯有将军麟宁于乾隆五十五年奏明朝廷短放参票 200 张，结果遭到议处，诺穆三等官参局官员皆革职留任。将军恒秀于乾隆五十七年已将参票短放缘由拟定奏稿，后来又恐所放参票数目不及前任，似属无能，有关脸面，最终仍依旧虚数奏报。其四，乾隆五十八年摊派给民户、铺户的民票，是经过将军恒秀以及各城副都统共同商议，并援引乾隆三十二年以前吉林曾经发放民票八九年之例，最终决定的。此次发放民票共收银 37000 两，其中以 20000 两弥补银库，17000 两用于归还官参局以往旧欠。至于三姓、宁古塔利银、公用参银等项，皆有档案可查，并未有分毫入己。其五，乾隆五十八年应交官参，诺穆三等官参局官员已经按照往年惯例，预支商捐银两赊买商人红票余参，现已足数，将分批运送京师。

福康安复向诺穆三讯问：查秀林原奏文中曾提到诺穆三等于上年卖参八十余两，得银九千八百两弥补银库，这批人参从何而来？为何以往总说

---

① 中国第一历史档案馆：《乾隆五十九年吉林参务案·钦差大臣福康安等为严讯承办参务协领诺穆三等并查明库项事奏折》，《历史档案》2000 年第 1 期。

官参不足？这显然有平时克扣积存人参的问题，从实招来！

诺穆三供称：

> 我等因署将军那奇泰催令迅速弥补亏项，我等一时着急，向素日认识之买参商人吴自强、赵宽挪借银一万两。吴自强等已将银两收买人参，不能借给，又转浼铺户张玉衡向新到商人徐翌宸、马天叙说合，将吴自强、赵宽买得红票余参八十二两卖给徐翌宸、马天叙，先兑银一万零四十两借给我等，折实库银九千八百两入库补帑。所有前项参斤并非侵扣所得。①

诺穆三在此说明：上年所卖人参82两乃是参商吴自强、赵宽，并非自己；弥补银库的九千八百两银两也是从参商吴自强、赵宽那儿借贷，并非己有。

就此问题福康安向乾隆帝汇报说："检查副都统秀林送到卷内，有借参之吴自强，出银之徐翌宸、马天叙，说合之张玉衡各原供。惟赵宽未经到案，复行传到与吴自强等质证，供俱符合。惟与原奏所称诺穆三等自将人参售卖之处不符，恐有串供掩饰情弊，复询之秀林，亦称彼时实缘缮折匆匆，未暇详询人参来历，后来才审出借售实情。是前项人参尚未该协领诺穆三等侵扣所得，似属可信。"② 可知福康安经过调查研究，基本认定所供是实，诺穆三没有侵吞人参和银两的问题。

福康安复向诺穆三、托蒙阿讯问：你们都是吉林的殷实人家，而且掌管官参局多年，为何住房之外仅有八九十间房屋出租，并别无田产？这显然是有预先安排将财产隐匿。如不及时据实交代，吉林地方耳目众多，不难调查，若别经发现，罪行更重。

诺穆三供称：

> 我业于副都统秀大人处呈明，立昌号帽铺有我本银一千两，源盛号钱铺有我本银二千两，又取租房屋大小一百十间；又，赵干屯看坟房三间、地五十晌，东门外看坟房三间、地五十晌，外屯喂养骡马十

---

① 中国第一历史档案馆：《乾隆五十九年吉林参务案·钦差大臣福康安等为严讯承办参务协领诺穆三等并查明库项事奏折》，《历史档案》2000年第1期。

② 中国第一历史档案馆：《乾隆五十九年吉林参务案·钦差大臣福康安等为严讯承办参务协领诺穆三等并查明库项事奏折》，《历史档案》2000年第1期。

二四;又,衣裳躺箱二个,皮棉夹衣五十余件。①

托蒙阿供称:

> 我亦于秀大人处呈出泰来当有我本银一千两,开合号杂货铺有我本银五百两。我兄弟永安亦呈出依兰岗屯草房六间、地五十晌。②

诺穆三、托蒙阿二人在此详细地交代了自己所拥有的商铺本钱、房产、地产,以及牲畜、衣物等,此外再无其他隐匿财产。

就此问题福康安向乾隆帝汇报说:"核之秀林,先后查出该二员资产清册,均各相符,但为数究属无多,且并无细软衣物,所控恐仍有不实不尽,复向严加究诘。又据同供:从前原各有些须细软衣物,皆因遇火被焚,委无丝毫隐寄,查出愿甘加倍治罪等语。虽供吐确凿,究恐不足凭信,其所存各铺本银是否该协领等旧有资产,抑或管理参局后所余,现在会同秀林一体严密访查,并调齐各铺底账核对,以凭究办。"③ 可知福康安经过与秀林查出的二人资产清册核对,同二人供词完全一致。但觉得二人所供财产数目不多,而且还没有细软衣物,再次向二人追问,二人答以均遭火焚。

福康安复向诺穆三讯问:摊派民票是否系你等怂恿将军所致?诺穆三对此则供认不讳。又询问恒秀为何听信诺穆三之言?恒秀供称:"我到任之初,既未将节年亏短刨夫垫资恭奏,任内又未将放票不能及额情形据实奏闻,惟恐干咎,意谓可以权宜济事,又有三十二年以前办过成例,一时轻听,如今悔之无及。"④ 回答之所以这样做而没有上奏,主要是担心朝廷降罪。

福康安又对诺穆三、托蒙阿说:你二人平时一定对将军有送礼巴结之事,所以你二人才能操纵将军,令将军言听计从。如今你二人已经身败名裂,恒秀也被革职,如果你们之间有何贪污分赃之事,可以据实交代,不必有所顾虑。诺穆三、托蒙阿二人供称:"参务近年如此拮据难办,我等官

---

① 中国第一历史档案馆:《乾隆五十九年吉林参务案·钦差大臣福康安等为严讯承办参务协领诺穆三等并查明库项事奏折》,《历史档案》2000年第1期。
② 中国第一历史档案馆:《乾隆五十九年吉林参务案·钦差大臣福康安等为严讯承办参务协领诺穆三等并查明库项事奏折》,《历史档案》2000年第1期。
③ 中国第一历史档案馆:《乾隆五十九年吉林参务案·钦差大臣福康安等为严讯承办参务协领诺穆三等并查明库项事奏折》,《历史档案》2000年第1期。
④ 中国第一历史档案馆:《乾隆五十九年吉林参务案·钦差大臣福康安等为严讯承办参务协领诺穆三等并查明库项事奏折》,《历史档案》2000年第1期。

欠私债积累至十余万两，安能再为馈送上司？况我等身犯重罪，俱系历任将军不肯据实奏明，逼令我等设法筹办所致，如果有需索勒派情事，岂肯代为徇隐。"① 福康安就此事询问现任代理将军的那奇泰，那奇泰说："该协领诺穆三等以暂放民票禀请将军恒秀时，我亦在座。缘该协领等实因参票不能放足，为权宜济急起见，又三十二年以前放过民票亦属众所共知，是以随同听从，今方知办理错谬，惶惧无地。"② 可知诺穆三等在请示将军恒秀暂放民票时，那奇泰适逢在座，从而证明诺穆三等当时确为救急起见，而且乾隆三十二年曾发放过民票，也是人所共知，因而那奇泰亦表示赞同。既然如此，当然也就不存在诺穆三等收买和操纵将军之事。

对于以上各犯供词，福康安经过多方核对，并无出入，似觉不错，但仍不敢轻易相信，遂传讯拖欠官银的刨夫和揽头，做最后印证。拖欠官银的刨夫和揽头到案后，福康安见到他们"均系赤贫"，问以拖欠官银之由，"同称实因参山开采日久，进路较远，食物增昂，一夫进山，资粮、衣履需费银至二十余两，出山后，除应交官参外，所剩余参多不敷刨采食用。复以五十六、五十七两年吉林连次失火，不但刨夫衣物叠被焚烧，即向时殷实揽头能领票至三四十张者，无不日形消乏。近年领票，我等虽亦曾充揽头领票三四张至一二十张不等，但自己并无资本，全仰参局代挪铺帐，增借官银，方能入山。其出山后，所得余参偿还公私负欠尚得稍沾余润者，十常不得四五，以此领票之夫，日渐稀少，官项拖欠，年亦增多。此皆实在情形，共见共闻。"③ 此据刨夫和揽头解释拖欠官银的主要原因是：入山时，路远参稀，成本剧增而得参甚少。出山后，所剩余参甚至不过糊口，乾隆五十六、五十七两年吉林又接连失火，更是雪上加霜。此后入山斧资，全部仰赖官银和铺户的贷款，因而承领参票者日渐稀少，拖欠官银者与日俱增。与恒秀、诺穆三等人所言基本相符。

通过审讯犯人、核查账册和多方印证，至此案情已基本清楚，福康安最后向乾隆帝做总结性汇报：一、关于刨夫拖欠官银的问题。因近年来路

---

① 中国第一历史档案馆：《乾隆五十九年吉林参案·钦差大臣福康安等为严讯承办参务协领诺穆三等并查明库项事奏折》，《历史档案》2000年第1期。
② 中国第一历史档案馆：《乾隆五十九年吉林参案·钦差大臣福康安等为严讯承办参务协领诺穆三等并查明库项事奏折》，《历史档案》2000年第1期。
③ 中国第一历史档案馆：《乾隆五十九年吉林参案·钦差大臣福康安等为严讯吉林将军恒秀等人事奏折》，《历史档案》2000年第1期。

远参稀，采参成本剧增，"刨夫内渐有贫乏不能进山者，参局官员始向各铺户代挪私帐，酌量资给"。① 后经乾隆五十六、五十七两年大火，刨夫更加贫困，进山斧资，惟仰赖官银，出山之后，大部分刨夫"不能交还官欠，惟赤手待责。节年压欠，追比无完，册档所载不一而足。此刨夫拖欠官项之原委也"。② 也就是说刨夫拖欠官银主要是近年来路远参稀、采参成本剧增造成的，并无地方官员敲诈勒索之事。二、关于官参局局员亏欠挪用库银的问题。因乾隆"五十六七两年短放票张，诺穆三等复将难办情形节次回明将军麟宁、恒秀。麟宁以奏过短放官票一次，曾经议处，不便再奏；恒秀初已听许，后复谕令勉力设法代挪，仍以八百张虚数奏报，不准稍短。诺穆三等既不敢短交额参，复恐刨夫有误进山，参斤益致减少，因而不顾何项辗转挪移。……此局员因刨夫积欠亏挪库项之原委也"。③ 也就是说前任将军麟宁曾就参票发放不足额的情形上奏过朝廷，结果受到议处。现任将军恒秀担心也受到议处，便命下属虚报发放参票数额，不再向朝廷事先奏明。为了弥补短交官参的所需银两和保证刨夫进山的斧资，官参局协领诺穆三只能东挪西借，致使官银亏欠。可知诺穆三挪用官银确系以公济公。三、关于强行摊派民票问题。其经过是："诺穆三、托蒙阿邀同在局行走之协领永保、色布苏讷等，以三十二年以前曾有放过民票之事，禀请暂放民票，便可省出商捐银两，以为弥补刨夫积欠之用。恒秀意以照此办理似可权宜济事，面与各城副都统商议，均各随同附和，未经阻止，恒秀遂准试行，于年额应放八百余张参票内，将未经放出之一百八十八张散给铺户，四百张散给民户。……每票一张，不能交参折交银二百两，共交银三万七千余两。诺穆三等回明恒秀，以二万两交库补帑，以一万七千余两交局补还参局各项公欠，俱有帐据可凭。……此派散民票之原委也。"④ 也就是说摊派民票原为权宜济事，摊派民票所得三万七千余银两，亦用于以公济公。四、关于将军恒秀是否有贪污腐败问题。福康安就此问题进行了多方调查，

---

① 中国第一历史档案馆：《乾隆五十九年吉林参务案·钦差大臣福康安等为审明吉林参务案并定拟事奏折》，《历史档案》2000 年第 1 期。
② 中国第一历史档案馆：《乾隆五十九年吉林参务案·钦差大臣福康安等为审明吉林参务案并定拟事奏折》，《历史档案》2000 年第 1 期。
③ 中国第一历史档案馆：《乾隆五十九年吉林参务案·钦差大臣福康安等为审明吉林参务案并定拟事奏折》，《历史档案》2000 年第 1 期。
④ 中国第一历史档案馆：《乾隆五十九年吉林参务案·钦差大臣福康安等为审明吉林参务案并定拟事奏折》，《历史档案》2000 年第 1 期。

其过程是："讯之诺穆三、托蒙阿,复据同供:'我等公私负欠积至如此之多,将军不肯奏出难办实情,致我等身罹重罪,如更有恃势勒索情事,何肯不行供出?将军实无其事,我等亦不敢妄供。'臣等以局员众多,耳目不能尽掩,随遍讯之同案各员,永保、和德等所供均属相同,并询之副都统秀林,亦称并无见闻。又,讯以前后正署各将军可有受尔等馈遗之事,亦坚供并无其事。"①也就是说经多方查证,恒秀并无贪污腐败情节。五、关于诺穆三、托蒙阿是否有贪污腐败的问题。时房屋买卖须在所在旗过户,"查该旗将诺穆三、托蒙阿所封房屋查明置买年分、有无隐匿诡寄。据该旗复称:诺穆三、托蒙阿旧有房屋俱系祖遗之产,今年以来旗档并无载有新置房屋,此外亦别无隐寄财产。取具各该协领、佐领、长命保等,如有隐匿扶同,愿甘治罪,印结送案。……臣等又以诺穆三等所供代挪铺帐各一二万两不等,或系藉此为词,即冒商捐,又拖官欠,复具诺穆三等呈出铺帐,遍传各铺户陈明、赵隆等到案调帐查对,亦属确实"。②也就是说诺穆三、托蒙阿二人房产俱系祖传,并非新购。另外诺穆三等所供代为挪用铺账的银两,经与各铺户核对,亦无贪污之事。六、关于本案各犯的处理意见。福康安等认为:本案各犯"即或并无入己,而亏帑至十余万两,亦应按律定拟,着落分赔"。③也就是说即使本案各犯没有任何贪污问题,但造成官银十余万的亏损,也要依法判刑并附带赔偿责任。

据此,朝廷做出如下判决:"诺穆三依拟应斩,著监候秋后处决;恒秀依拟应绞,著监候秋后处决。至此案历任将军、副都统等,办理参务不能妥协、因循掩盖,以致酿成积弊,予以革职降调本属罪有应得。姑念伊等只系经理不善,尚无侵肥入己情事,都尔嘉著革职从宽留任;庆桂著降一级从宽留任;那奇泰著降二级从宽留任;索喜、灵泰著降一级从宽留任。余依议。钦此。"④乾隆五十九年参务案至此终结。

---

① 中国第一历史档案馆:《乾隆五十九年吉林参务案·钦差大臣福康安等为审明吉林参务案并定拟事奏折》,《历史档案》2000年第1期。
② 中国第一历史档案馆:《乾隆五十九年吉林参务案·钦差大臣福康安等为审明吉林参务案并定拟事奏折》,《历史档案》2000年第1期。
③ 中国第一历史档案馆:《乾隆五十九年吉林参务案·钦差大臣福康安等为严讯吉林将军恒秀等人事奏折》,《历史档案》2000年第1期。
④ 中国第一历史档案馆:《乾隆五十九年吉林参务案·著将诺穆三等人分行处罚事上谕》,《历史档案》2000年第1期。

四　后论

清朝历史上的"康、雍、乾盛世"一直为封建史家所称道，的确，在康熙、雍正、乾隆这130余年间，国家强盛，百姓富庶，社会安宁，疆土辽阔，为清朝的鼎盛时代。然而这是就其总体而言，我们若从某些个案入手，如在东北地区实行的参务管理制度，就会发现与之相反的另一面，足以令人深思，具体来说有以下五点。

第一，清初最高统治者急功近利，目光短浅。人参是一种十分稀珍的植物，其生长非常缓慢，古称人参为"人薓""人蓡""人葠"，"薓""蓡""葠"三字皆为渐侵之意，真正能够成熟的野生老山参约需百年以上。如前所述，清初的主要采参地点在额勒敏、哈勒敏和岗山，这些参场自清前便开始有人刨挖，经过近百年，尤其是经过康熙初年大规模有组织的频繁开采，参源已近枯竭。为此清朝在康熙二十三年又决定开辟乌苏里等处大参场，复经百余年的开采，至乾隆末年新山场的参源亦近枯竭。从长远来看，这种只知向青山索取不知休养生息的掠夺式开采，造成了参业发展的不可持续性，实为清廷参务战略之败笔。从当时来看，参源的枯竭导致参产量的下降和参农的贫困，参农的贫困又导致参局的借贷和官银的亏欠，官银的亏欠又导致地方政府被迫做出摊派民票的决定。由此可见，清朝最高统治者的急功近利思想乃是造成乾隆五十九年参务案的根本原因。

第二，清初最高统治者与民争利，锱铢必较。按照清朝参务管理规定，刨夫的进山斧资皆须自备。清初的采参地点主要在额勒敏、哈勒敏和岗山，即今吉林省通化市西南，由于路途较近，刨夫的采参活动尚能维持，康熙二十三年清朝开辟乌苏里等处大参场之后，由于路途遥远，采参成本飙升，清朝最高统治者对此不闻不问，皆由刨夫自行消化。乾隆末年，由于乌苏里等处大参场参源日趋枯竭，一参难觅，致使有些刨夫不赚反赔，清朝最高统治者对此仍熟视无睹。地方政府官员为了保证参务活动的正常进行，被迫为刨夫借贷，结果导致官银的大量亏损。由此可见，清朝最高统治者的与民争利思想也是造成乾隆五十九年参务案的重要原因。

第三，乾隆帝专横武断，冷酷无情。吉林将军恒秀决定向民户、铺户强行摊派民票是引发这次参务案的直接导火线，应当说发生这种事，委派钦差大臣赴吉林进行调查是正常的。钦差大臣福康安等经过多方调查表明：

其一，恒秀做出这项决定是为了弥补官银的巨大亏欠。其二，恒秀之所以事前未将参票发放不足的真实情况奏明朝廷，是因为有前任吉林将军麟宁曾遭到朝廷议处惩罚的顾虑。其三，恒秀在参务上并无丝毫贪污腐败行为。总之做出这一决定实属无奈之举。在这种情况下，作为一代明君，本应还恒秀以清白之身，并对处罚麟宁的行为深自反省，结果却误听福康安之言，以恒秀客观上造成官银十余万两的损失为由，判处监候秋后绞杀这样的重刑！至于官参局协领诺穆三则更为冤枉。其一，诺穆三不过是在将军领导下的执行者。其二，当诺穆三发现参票发放严重不足额时，曾向将军及时做过汇报。其三，诺穆三为了参务活动不至中断，甘冒风险，东挪西借，没有功劳，也有苦劳，亦无贪污情节，结果被判以监候秋后处决的重刑，真是令人费解！如果说要追究损失十余万官银的责任，主要过错也不在恒秀和诺穆三等人身上，如上所述，清初最高统治者的与民争利思想乃是造成刨夫赤贫的重要原因，刨夫的赤贫状态又导致参局的四处借贷和最终积重难返的亏损。作为一代盛世明主，乾隆帝如此处理问题，真可谓盛名之下，其实难副。

第四，地方官员畏君如虎，忍辱负重。发放参票不足，源于刨夫之赤贫。刨夫致贫之由有三：其一，新参场路途遥远，采参成本飙升。其二，参源日少，刨夫难以获利。其三，吉林两次大火，刨夫一贫如洗。作为地方官员，尤其是专门从事参务管理工作的官参局官员，对此心知肚明，然而面对专横跋扈的君主，他们既不敢提出意见，又不敢不完成发放参票的任务，只能在自己的职权范围内，冥思苦想，起初出台一些并不规范的融资变通办法，如商捐和烧锅票，后来官银亏欠日积月累，数额巨大，商捐和烧锅票的补偿只是杯水车薪，被逼无奈之下，决定向民户、铺户强行摊派民票，结果为民所告，不仅前途断送，而且被判以重刑。可见即使是康、雍、乾盛世，君臣之间也难以沟通，更谈不上推心置腹地处理政事，因而并非像有的史家形容的那样政治清明，政通人和。

第五，刨夫一贫如洗，勉强度日。开发人参资源，关系到利益分配问题。通过参务研究这一视角，可以窥见清初诸帝在处理参农和国家经济利益分配问题上的态度。如前所述，清初最高统治者在参务方面实行的是与民争利政策。在这种政策下，当参农遇到路远参稀和吉林两次大火的波折后，清朝最高统治者本应在经济上予以扶持，却不加考虑，唯知向地方政府施压，强调完成当年发放参票的任务，参农终因赤贫而无力承领参票。

这一结果不仅使参农长期处于贫困之中，而且放票不足额也影响了最高统治者的经济利益。

当然清朝也并非一无是处，清初诸帝在参务管理问题上历来强调刨夫领票自愿的原则，严禁"官为逼勒"，更不允许将发放参票的任务强加给参农以外的民户和铺户身上。因而一旦有民户控告，便立即着手调查，并予以严厉打击。但总的来看，清初诸帝在参务政策方面，尤其是乾隆帝在处理本案的过程中，过远大于功，这一点毋庸置疑。

急功近利的清朝参务*

人参是东北的三宝之一，自古以来人们便视其为稀缺之物，不仅具有药用价值，而且还具有经济价值。清前时期，后金政权曾与明朝经常进行人参贸易。据《清太祖实录》记载，因人参易烂，明人乃佯装不欲交易，以压低价格。努尔哈赤遂发明人参煮晒法，可经久不腐。明人无奈，只得与后金进行正常贸易，结果"所济甚众，民用益饶"。可知人参贸易在后金时期已经占有很重要的经济地位。

清朝定鼎北京之后，由于八旗贵族的势力强大，基本实行的是人参资源共享的"八旗分山制"。随着皇权的不断加强，至康熙初年，清朝的参务管理制度开始逐步建立起来。康熙二年组建了由皇室掌控的盛京上三旗包衣采参队伍，此外皇室还掌控乌拉打牲的一支采参队伍。这样就形成了皇室与八旗贵族共同采参的格局。

按照参务管理制度的规定，盛京上三旗包衣采参队伍共由150名参丁组成，其中正黄旗、镶黄旗和正白旗各出参丁50名，此为还有领催等少量监管官员。这支采参队伍每年皆由盛京启程，前往吉林通化附近的额勒敏山、哈勒敏山和辽宁新宾境内的岗山采参。据辽宁省档案馆编译的《盛京参务档案资料》记载：康熙七年该采参队伍共收获人参515斤人参，人均采参3.4斤。康熙三年乌拉打牲收获人参31.8斤，按人均采参3.4斤计算，采参队伍应为9人。如果与皇室的采参队伍人数相比，当时八旗贵族的规模要大得多，据《钦定大清会典事例》记载，康熙二十三年，朝廷共发给八旗贵族采参参票3019张，每张限定4人采参，这样八旗贵族的采参队伍应为12076人。如仍以人均采参3.4斤计算，每年应采参41058斤。此外还有私闯参山的偷参者，据清人杨宾在《柳边纪略》一书中记载："走山者日益

---

* 原载《光明日报》（理论周刊）2014年11月12日。

多，岁不下万余人。"偷参者时称走山者。如按走山者万人计算，每年应偷参34000斤。

参，古写作"薓"或"蓡"。薓与蓡皆为渐浸之意，即生长十分缓慢，山中自然生长的老山参成熟约需百年以上。经过清朝皇室与八旗贵族年年有组织的大规模开采，以及为数众多的走山者偷盗，额勒敏山、哈勒敏山和岗山的人参资源日趋减少，人参产量也一年不如一年。据《盛京参务档案资料》一书记载，康熙初年盛京上三旗包衣采参产量的走势如下：

康熙七年515斤；康熙八年434斤；康熙九年419斤；康熙十一年277斤；康熙十三年368斤；康熙十四年283斤；康熙十六年174斤6两；康熙十七年177斤；康熙十八年161斤；康熙十九年101斤8两；康熙二十年98斤；康熙二十一年121斤14两；康熙二十二年109斤12两；康熙二十三年119斤2两。

由上可知，自康熙七年至康熙二十三年，盛京上三旗的采参产量明显呈下滑趋势。如以康熙七年的采参515斤和康熙二十三年的采参119斤2两相较，产量下降接近4倍，如以康熙七年的515斤和康熙二十年的98斤最低值相较，产量下降则4倍有余。至于八旗贵族采参以及走山者的偷参数量，因史料缺乏，我们尚不可考，但其采参产量的大致走势，应当与此相类，这是没有什么问题的。

鉴于清初主要的采参山场，即额勒敏山、哈勒敏山和岗山的人参资源日趋枯竭状况，康熙二十三年清廷决定开辟新的大参场，诏令："嗣后八旗俱往乌苏里等处采薓。"即开辟远在黑龙江的乌苏里等处大参场。

乌苏里等处大参场开辟之后，人参产量确实有大幅度提升，康熙二十四年，即得干参240斤8两，约合鲜参1037斤2两，康熙二十五年采参1917斤8两。如以康熙二十三年的119斤2两和康熙二十四年的1037斤2两相较，产量增长接近8倍；如以康熙二十三年的119斤2两和康熙二十五年的1917斤8两最高值相较，产量增长15倍有余。

清初额勒敏山、哈勒敏山和岗山旧山场的资源几近枯竭，并未使清廷从中吸取教训，自乌苏里等处大参场开辟之后，由于人参产量的大幅度增加，反而使清廷倍感兴奋，变本加厉地扩大采参队伍，毫无顾忌地继续向参山索取。尤其是康熙四十八年，清朝下达一万斤的采参任务，派出一万名满族士兵去采参。具体分配的名额是：盛京将军派出满族兵4000名，宁

急功近利的清朝参务

古塔将军派出满族兵 4000 名，乌拉打牲总管派出满族兵 2000 名。这样的采参规模，若与康熙初年相较，在采参数量上已超过 18 倍，在采参人数上已超过 62 倍。

康熙末年，为了摆脱繁重琐碎的参务工作，清朝决定实行采参招商制，即由朝廷选任具有经济实力的大商人，承包具体参务，年底与朝廷分成。雍正即位后，继承了康熙朝的这一做法，也保留了康熙朝的采参规模。据《钦定大清会典事例》记载：雍正十年，清朝命承包参务的大商人招募采参刨夫一万名，发放采参票照一万张。然而自康熙二十三年开辟乌苏里等处大参场以后，经过四十余年的大肆开采，至雍正朝也已出现资源危机的端倪，因而在本年采参过后，清朝旋即宣布今后实行"刨采二年，停歇一年"的政策，即所谓的歇山轮采制。

乾隆帝即位之后，并未对业已出现危机信号的人参资源引起足够的重视，仍发行参票一万张。后乾隆帝见商人获利巨大，更以"召募商人承办，私弊较多"为由，将参务收归国有，为此在盛京、吉林和宁古塔成立了官参局，专门管理具体参务。然而人参资源的日趋减少，终究会影响朝廷发放参票的数目和刨夫领票的积极性，至乾隆九年，清朝虽然仍发行参票一万张，但实际上落实的只有 6000 张，即盛京 3500 张、吉林 1500 张、宁古塔 1000 张，其他 4000 张只能留作备用。乾隆朝也实行了歇山轮采制，但在执行中很随意，如乾隆四十八年清朝决定："盛京歇山以后，虽严行查拿，尚有偷挖之弊，歇山实属无益。请自次年起，照常行放薆票。"也就是说，因这年发现了偷参者，就认为实行歇山轮采制毫无意义，决定从翌年起停止歇山，仍照常放票采参。

至嘉庆朝，乌苏里等处大参场的人参资源已严重匮乏，发放参票的数额陡然下降。如嘉庆四年，盛京参票的数额已减至 1752 张，吉林的参票减至 450 张，与以往已不可同日而语。由于刨夫们这时在山上很难遇到参枝，在这种情况下，有些刨夫便将发现的参苗，集中移植到山中的一处，围成参园进行培育，待数年之后稍大，挖出来交官。当时称这种人工培育的人参为秧参。秧参在外形上与山中自然生长的老山参十分相似，但性味相去甚远。为此清朝坚决禁止栽种秧参，尤其是严禁将秧参冒充老山参上交官府。领票刨夫们因真参难觅，又要完成朝廷规定的采参额度，乃不顾禁令，铤而走险。嘉庆十四年末，盛京、吉林和宁古塔在上交朝廷的贡参时结果发现了大量秧参。嘉庆帝大怒，这便引发了当时震惊朝野上下的嘉庆十五年参务案。在案件的调查过程中，发现有些基层地方官员以权谋私，收受贿赂，纵容私种秧参刨夫的违法行为。有些地方大员，如吉林将军秀林亦因贪污数额巨大、盛京将军富俊包庇有罪属下、宁古塔副都统富登阿玩忽职守，均被撤职查办。

嘉庆十五年参务案后，刨夫们更加艰难，承领朝廷参票者已寥寥无几。道光十二年，仅放票1752张，二十七年又降至1161张，实际上这一千余张参票也不能完全落到实处。至咸丰三年，传统的皇家采参方式终因参山资源枯竭而走到了绝境，在吉林将军景淳的建议下，清朝正式废止了自清初在东北行之二百余年的参务制度。

通过以上的叙述，我们似可得到以下三点认识：第一，清前期的历代统治者大都具有急功近利的思想意识。如上所述，康熙二年清朝组建了盛京上三旗包衣150人的采参队伍，年年赴额勒敏山、哈勒敏山和岗山采参，此外还有更加庞大的八旗贵族的采参队伍和偷参者。结果仅用了二十一年的时间，近山额勒敏、哈勒敏和岗山的人参资源便已近枯竭。康熙二十三年，清廷开辟了远山乌苏里等处大参场，仍不吸取教训，年复一年地进行开采，又经过四十余年，远山乌苏里等处的人参资源也开始出现危机。至雍正朝，虽然实行了歇山轮番制，但并未得到认真执行。至乾隆朝，因为发现在歇山期间有偷参者，便认为歇山毫无意义，下令翌年仍进山采参。至嘉庆朝，参山几乎无参可采，刨夫们无奈，只得偷种秧参。众所周知，人参生长十分缓慢，这种只知向青山索取，不知休养生息的采参理念，最终导致野生老山参资源基本荡尽，至今没有复苏迹象。第二，清朝打击秧参亦为失策。秧参在质量上虽不及野生老山参，但具有生长快、产量高的特点。如果取消对培育秧参的限制，辩证地看，不但有利于保护野生老山参资源，而且还增加了人参的一个品种，人们也多了一种选择。第三，天然药品最为珍贵。由上而知，早在清初人们便发现了经过人工培育的秧参在药效上远不及野生老山参。人参是这样，其他药品乃至食品也一定如此。以史为鉴，合理有效地利用自然资源，这个问题应当引起人们足够的思考和重视。

清代盛京上三旗包衣采参事略

满族世代生活在东北地区，以采集和打猎为生。人参是东北的三宝之一，也是满族采集的主要对象。满语称人参为"额尔和多"，意为百草之王，最为珍贵。满族之所以对人参情有独钟，是因为他们认为人参可医治百病，无病食之亦可延年益寿。

早在清前时代，满族的先民建州女真人便与明朝经常进行人参贸易，鲜参易腐烂，明朝人为了压低价格，佯装不急于购买，建州女真首领努尔哈赤乃发明煮晒法，即把鲜参煮熟后晒干，便可经久不腐。明朝人无奈，只得与建州女真人进行正常的人参贸易。此后"所济甚众，民用益饶"。可见人参在当时后金的女真社会经济中是占有十分重要地位的。

清朝入主北京之后，由于八旗贵族的势力还很强大，顺治朝在人参利益分配上实行的是"八旗分山制"，即八旗贵族共享参山资源。随着中央集权的不断加强，康熙二年朝廷开始建立皇室的专门采参组织——盛京上三旗包衣采参队伍。所谓"上三旗"，即正黄旗、镶黄旗和正白旗。以上三旗素来直属清朝最高统治者，地位较高，故称上三旗，其他五旗一般归属亲王，地位相对较低，故称下五旗。所谓"包衣"，系满语，全称为包衣阿哈，汉译为家奴。

盛京上三旗包衣采参事宜最初由京师总管内务府和盛京上三旗包衣佐领共同负责，康熙六年以后，则主要由盛京上三旗包衣佐领负责。

盛京上三旗包衣采参的队伍共计参丁 150 人，其中盛京正黄旗、镶黄旗和正白旗各 50 名参丁。在组织进山采参时，事实上很少三旗联合行动，而是正黄旗、镶黄旗和正白旗三旗分别前往。三旗的每支采参队伍除了 50 名参丁之外，还有领催、骁骑校和披甲人等少量监管人员。进山之前，还必

---

* 原载《友报》2014 年 10 月 24 日和 10 月 31 日（连载）。

须携带必要的用具，如米、锅、布、靰鞡鞋、帐篷、牲口、车等。这些用具按规定皆由参丁自备。

人参是稀缺和昂贵之物，为防止偷参，这支采参队伍在采参之前，须经盛京佐领通知工部，由工部下发出兴京架子门执照。兴京即今辽宁省新宾县，这里是由盛京前往参山的出口和必经之路。除了每支采参队伍须凭执照前往参山之外，进山的所有人员皆发给票照，票照上印有个人的姓名、年龄、旗佐、家庭住址、相貌特征、何时前往何山采参，以及该票额定的人畜数目等信息，以备关口哨兵查验和巡山官兵稽查。清朝不但防范无执照和票照的偷参者，而且对持有票照的参丁们也有严格的纪律要求，如进山之后严禁砍伐带有蜜蜂蜂巢的树木，不得捕鱼，不得携带弓箭，不得进入其他旗分所属之山等。

盛京上三旗包衣采参时间主要是在夏季，一般情况是：采参队伍每年六月二十日由盛京出发，八月二十日采参归来，进入柳条边。个别年份也有不同，如康熙十一年，七月一日由盛京起程，八月一日进入柳条边；康熙二十二年，闰六月一日出发，八月一日进入柳条边。

盛京上三旗包衣采参的地点主要是在额勒敏山、哈勒敏山和岗山。额勒敏山和哈勒敏山在今吉林省通化市西南的群山中，岗山在今辽宁省新宾县境内。按规定：镶黄旗的采参地点在额勒敏山，正黄旗的采参地点在哈勒敏山，正白旗的采参地点在岗山。

盛京上三旗包衣采参每年的收获量不尽相同，据有关档案资料记载，康熙十三年镶黄旗采参149斤，正黄旗采参107斤，正白旗采参120斤，三旗共计采参376斤，晒成干参后是75斤。这是康熙十三年的情形，其他年份与此出入不大。

参丁的劳动报酬不是人参而是毛青布。据档案资料记载：康熙八年上三旗参丁共采鲜参434斤。按规定，1斤鲜参给予2匹毛青布，当年共发给参丁868匹毛青布，平均每名参丁能够得到5.8匹的毛青布。参丁得到毛青布后，须将其卖掉，这部分钱款既要养家糊口，又要筹办明年进山的斧资。由于毛青布价格低廉，养家糊口尚可勉强度日，筹办进山斧资则明显不足。

康熙十五年，曾发生参丁伙长达留、秦有强等人进京上告之事，他们说："身等每年前去采参，因系贫困之人，靴子、护膝、口袋等物均指靠由采得人参所赏布匹借得。人参布匹于采参之年不给，须待来年四五月份才给。身等均系生活贫困艰难之人，若于采参之年给领，所借债务若能还给，于贫困之人亦为有益。若逾年方给，于发给布匹之前，采牲人等则致潦倒亦未可料，且贫困之人亦不能还清借债。恳请大人怜悯我等，于打牲之年给领。"也就是说，以达留、秦有强为代表的参丁请求朝廷在采参之年发给应得的布匹，否则不但还不清债务，而且很有可能因为穷困潦倒而不能成行，朝廷最终同意了这个请求，决定按照上一年，即康熙十四年发放布匹的标准进行发放。

八月采参归来之后，至十月，由掌管盛京内务关防佐领派人将人参送往京师。押送人参的组成人员一般是：司库一人、库使一人、领催一人、披甲六人、随从九名、赶车人一名、拉车马一匹、骑乘马三十匹。京师接收贡参的具体部门是总管内务府。

如前所述，尽管清朝严禁偷参，但由于人参价昂，仍有为数不少的人偷参。康熙二十八年，由京师北上黑龙江宁古塔流人戍所探望服刑父母的山阴人杨宾，历经坎坷，备尝艰辛，并用笔详细记录了沿途所见所闻，书成名为《柳边纪略》。书中记载说："走山者日益多，岁不下万余人。"时人称偷参者为"走山者"，走山者每年达一万余人，其人数远远超过盛京三旗包衣的采参队伍。由于偷参者大都系贫苦之人，而上山偷参亦需要上述米、锅、布、鼬子鞋、帐篷、牲口、车等必要斧资，因而往往由财主出资，或三五人结成一伙，或四六人结成一队，潜入参山，进行偷参活动。清朝打击人参采活动的策略是重惩首犯，即出资的财主。据《钦定大清会典事例》一书记载，康熙八年朝廷决定："偷采人参，出财之主，并为首之人，已得参者，照例拟死；未得参者，系旗人，枷两月，鞭一百；系民，枷一月，责四十板，入官。为从之人，各枷一月。"由此可知，在偷参团伙中，出资为首的财主判刑最重。偷得参者，处以死刑。偷参未果者，如是旗人，即满族人，处以戴上枷锁两个月、鞭抽一百次的刑罚；如是民人，即汉族人，处以戴上枷锁一个月、打四十大板的刑罚，然后还要入官为奴。胁从偷参人犯，仅处以戴枷锁一个月的刑罚，即为结案。

清朝对偷参者虽施以严刑峻法，但收效甚微。这就如同清朝实行东北封禁一样，愈禁而闯关东者愈多。打击偷参者也是如此，愈打击偷参者愈多，至康熙三十三年，据镇守黑龙江等处将军萨布素上奏朝廷说，偷参者已达到三万余人。真可谓人为财死，鸟为食亡。

康熙二十三年，由于多年的开采，额勒敏山、哈勒敏山和岗山的人参资源已近枯竭，清朝决定在乌苏里和绥芬一带开辟新的大参场，同时随着皇权的进一步加强，宣布在新的大参场不再为八旗贵族分配专门的采参区域，也就是说废除了八旗分山制。

康熙五十三年，由于参务工作十分繁复，不胜其扰，清朝决定放弃这个包袱，实行招商政策，即由富商承包具体参务事宜。盛京富商王秀德等首先应征，承领参票八千张，招募刨夫八千人前往参场采参，后继者又有王会敏、权守中等富商以及中小商人跟进，承领参票不等。这样盛京上三旗包衣采参的组织便基本停止，取而代之的是由富商发行参票招募刨夫的采参方式。

盛京上三旗包衣采参的组织虽然基本停止，但盛京采参的活动并没有结束。招商采参政策实行三十年，至乾隆九年，清朝以为商人获利太大，复将参务收归国有，并在东北重要的产参区域建立了官参局，专门负责具体参务的管理事务。据考证，盛京官参局位于今沈阳市沈河区中街金利来商厦附近。

至嘉庆年间，乌苏里和绥芬一带的大参场资源也开发殆尽，刨夫们一参难觅，便将尚未成熟的参苗移植到参园，加以人工培育，待成熟后挖出交官，时称"秧参"。秧参在外形上与野生参十分相似，但功效远不及野生参，故清朝严禁种植秧参。嘉庆十五年，因刨夫将秧参冒充野生参交官，事发后朝廷将负责验收的东北有关地方官员停职调查，由此引发一场震惊当时朝野的嘉庆十五年参务案。

嘉庆十五年参务案后，由于参山资源枯竭，秧参移种又遭到重大打击，刨夫们无路可走，很少有人再去承领参票，从此清朝的参务日趋萎缩，至咸丰三年，清朝终于宣布废除参务管理制度，盛京乃至整个东北的采参活动也基本停止。

清朝在东北地区实行的参务政策[*]

俗话说：东北有三件宝，人参、貂皮、乌拉草。在清前时期，人参曾是后金政权的重要经济来源。据史料记载，当时女真人"刨采人参，未谙制法，渍之以水。明人佯不欲市，国人恐朽败，急售，鲜所利益。上教以制法，令熟而干之，可以经久，不急售，仍许通市于明。所济甚众，民用益饶。"[①] 由此可知在努尔哈赤之时，后金政权与明朝经常进行人参贸易，还发生过这样的事：起初女真人将采摘的人参浇之以水，愈益烂，明朝人假意不肯与之交易，以压低人参价格，女真人几乎无钱可赚。后来努尔哈赤想出了一个办法，将鲜参煮熟后晒干，这样人参便不易烂，明朝人只得与女真人进行正常的人参贸易，结果不但使很多女真人脱贫，而且百姓愈来愈富足。

清朝定鼎北京后，加强了对东北地区的人参管理，明确了旨在维护满洲八旗贵族经济利益的"八旗分山制"，规定"八旗分山采参，彼此不得越境"，[②] 即将东北的参山划分给八旗贵族，并禁止相互侵占。可知清建国之初，八旗贵族的势力还是很强大的。

随着皇权的不断加强，中央政府开始对八旗贵族在人参上的特殊利益做出种种限制。康熙二年，朝廷规定："每年四月八月采参时，应行派兵巡捕。……又奏准：采取官参，由工部将山名人名造册，给予执照遣往。……又奏准：三旗包衣采参人采获之参，由盛京户部咨送户部。"[③] 此后八旗贵族每年四月、

---

[*] 原载《兰台世界》2014 年第 30 期。
[①] 《清太祖实录》卷三，乙巳年三月乙亥。
[②] 《钦定大清会典事例》卷二三二，《户部·参务·山场》，台湾新文丰出版股份有限公司，1971，第 8164 页。
[③] 《钦定大清会典事例》卷二三二，《户部·参务·关汛巡防》，台湾新文丰出版股份有限公司，1971，第 8173 页。

八月采参时，须由朝廷派兵随同"巡捕"；八旗贵族采摘官参，须由朝廷工部将所赴参山山名和采参人员姓名记录在案，并发给执照，方可放行；又规定：正黄、镶黄和正白上三旗包衣所采人参，须由盛京户部上交朝廷户部。由此可见朝廷不但加强了对八旗贵族采参的限制，而且还将正黄、镶黄和正白上三旗包衣所采的人参收归皇室所有。

朝廷将正黄、镶黄和正白上三旗包衣采参权收归皇室所有之后，便形成了盛京上三旗包衣采参制和八旗分山制并存的局面。

盛京上三旗包衣采参活动最初是由代表朝廷的总管内务府和盛京上三旗包衣佐领共同领导，后来主要由盛京上三旗包衣佐领负责。

盛京上三旗包衣采参的一般情形是：每年正黄旗、镶黄旗和正白旗各出50名包衣（即家奴）采参；采参时间是每年六月二十日由盛京出发，八月二十日归来；采参地点主要是额勒敏山和哈勒敏山，二山皆在今通化市西南。采参方式是由采参刨夫自备进山所需马匹、帐篷、靴子、护膝、口袋等必要斧资，归来时官府按照采参的数量而发给毛青布，多劳多得。应该说刨夫们所得的回报是很微薄的，据有关档案记载，康熙十五年采参伙长达留、秦有强等人曾向官府诉称：

> 身等每年前去采参，因系贫困之人，靴子、护膝、口袋等物均指靠由采得人参所赏布匹借得。人参布匹于采参之年不给，须待来年四五月份才给。身等均系生活贫困艰难之人，若于采参之年给领，所借债务若能还给，于贫困之人亦为有益。若逾年方给，于发给布匹之前，采牲人等则致潦倒亦未可料，且贫困之人亦不能还清借债。恳请大人怜悯我等，于打牲之年给领。等情。①

由此可知：刨夫进山前斧资须以毛青布租借，而官府发给刨夫的毛青布在采参当年不能立即到位，要迟至翌年四五月份才发放，而刨夫无余钱垫资租金，所以只得向官府提出于当年发放毛青布的诉求。

众所周知，人参是一种稀有资源，成熟的老山参需生长百年以上。额勒敏山、哈勒敏山等参山经过多年的开采，尤其是康熙初年以来有组织、大规模地开采，至康熙二十三年以后诸山的参源已大不如前，几近枯竭。

---

① 辽宁省档案馆编译《盛京参务档案史料·总管内务府为当年即发给采参人等应得之布事咨盛京佐领富贵等》，辽海出版社，2003，第10页。

清朝在东北地区实行的参务政策

是年清廷在东北参务政策上做出重大调整，决定："嗣后八旗俱往乌苏里等处采参。其分山各人之例，暂行禁止。"① 即将采参地点迁移至今天黑龙江省东北部和俄罗斯境内的乌苏里江流域，同时宣布八旗贵族的分山制自然终止。此后八旗贵族虽仍允许随同为皇室服务的盛京上三旗至乌苏里流域采参，但新的参场不再为他们划分专有的采参领地。这个决定是在清朝进一步加强中央集权的背景下做出的，实质上是对满族贵族特权的进一步削弱。

乌苏里等处大参场开辟之后，由于参源丰富，人参产量数倍于前，同时也带来了新的问题。乌苏里等处大参场路途遥远，刨夫所需采参成本迅速飙升。采参成本的迅速飙升，又带来人参市场价格的上涨。人们见采参业有暴利可图，便铤而走险，前往新参场偷参。据杨宾《柳边纪略》载，康熙二十八年"走山者日益多，岁不下万余人"。② 走山者，即偷参者，时人之谓也。偷参者不下万余人，这远远超过了朝廷每年派出的采参队伍。由于乌苏里等处参山辽阔广大，路途遥远，朝廷难以实行有效控制，徒费监管行政资本，无奈之下，清廷决定甩掉这个包袱，于康熙五十三年实行招商政策，即由拥有一定经济实力的富商承揽一切采参事宜，具体来说，朝廷每年印制入山参票，参商负责发放，刨夫自愿认领，采参归来后由朝廷和参商按一定比例分成。

实行招商政策，调动了参商的积极性。刨夫领票踊跃，参商获利颇多，朝廷坐享其成。尽管其间也曾出现过一些波折，但总的来说采参业呈现了较为繁荣的景象。至乾隆九年，朝廷见参业有利可图，参商获利独多，复生垄断之念，乃下令："盛京、吉林、宁古塔等处行放参票，因招募商人承办，私弊较多，官票放不足额，嗣后改官雇刨夫，并选派京员前往帮办，无论旗民均准给票刨采。"③ 以参商私弊较多为借口，终将参务收归国有。参务收归国有后，大量繁复的参务工作并未减少，清朝乃于盛京、吉林、宁古塔等地设立了参务的专门管理机构——官参局。

自康熙二十三年开辟乌苏里等处大参场之后，经过四十余年的开采，

---

① 《钦定大清会典事例》卷二三二，《户部·参务·山场》，台湾新文丰出版股份有限公司，1971，第8164页。
② 杨宾：《柳边纪略》卷三，《辽海丛书》，第一册，辽沈书社，1985，第253页。
③ 《钦定大清会典事例》卷二三二，《户部·参务·额课》，台湾新文丰出版股份有限公司，1971，第8167~8168页。

至雍正年间人参资源又趋枯竭。雍正八年朝廷不得不宣布:"乌苏里、绥芬等处参山,开采二年,停歇一年。"① 此后便实行了所谓的"歇山轮采制"。

自乌苏里等处大参场开辟之后,由于路途遥远,采参成本倍增,刨夫的日子已不好过。乌苏里等处大参场资源锐减之后,刨夫进山的成本未见减少,而收获却大不如前,这严重影响了刨夫们领票的积极性。乾隆五十五年,大臣嵩椿等奏称:"去年所领参票五千张,仅放出二千三百三十余张,余剩反至大半。"② 其结果就是刨夫领参票者愈来愈少。

完不成刨夫的最低额定领票任务,皇室的贡参就要受到影响,作为东北的地方长官就要受到朝廷的责怪。为了筹措到每年采参所需的启动资金,吉林将军都尔嘉便强迫商人购买刨夫完纳额定官参后的归己余参,所得钱款交与官府。这种方式初名商捐,后改名参余银。此外还有烧锅票名目,即强迫烧锅酿酒业户在经济上无偿帮扶刨夫,保证他们能够正常工作。此外还有船规银名目,盛京将军晋昌以为盛京地区拥有出海口可资利用,便将所征商船税款之大半挪用参务。

东北地方政府以上这三种变通方式本不合法,乾隆五十九年朝廷派往吉林调查参务案的钦差大臣福康安奏称:"历任将军恐以短放干咎,仍每年以虚数奏报,惟谕局员设法办理塞责,一时致成挪移重弊。夫借口参苗稀少,其言固不足为凭。"③ 福康安的调查结果基本属实,但否认参苗稀少却有失公允。

地方政府尽管通过变通方式暂时解决了刨夫进山所需的斧资问题,但参山人参匮乏状况无法改变。无奈之下,有的刨夫便将一些尚未成熟的参苗也采挖下来,另辟一畦,集中栽培,以待将来长成交官,庶几可免参枝难觅之窘境。然而人参一经人工栽培,虽枝繁叶茂,但功效却远逊野山参。

嘉庆十五年末,朝廷在验收东北地方上交的贡参中发现大量的秧参混杂其间,甚至还有灌铅以增加重量的情况,嘉庆帝大怒,由此引发了嘉庆十五年参务案。在这次案件的调查中,结果发现吉林"该处历任将军、副都统等无不侵用累累,而秀林侵蚀之数为甚。自十二年以后,共侵用银三

---

① 《钦定大清会典事例》卷二三二,《户部·参务·山场》,台湾新文丰出版股份有限公司,1971,第 8164 页。
② 《清高宗实录》卷一三四六,乾隆五十五年正月癸巳。
③ 中国第一历史档案馆:《乾隆五十九年吉林参务案·钦差大臣福康安等为遵旨重拟参务章程事奏折》,《历史档案》2000 年第 1 期。

万数千两之多"，① 遂将秀林革职，并查抄家产，抵偿所欠。盛京官参局协领扎布札那对违法栽种秧参的参农不究，还以捐资修庙为名，进行敲诈勒索，中饱私囊。盛京将军富俊不辨是非，对下属扎布札那多方包庇，结果富俊亦被革职，扎布札那畏罪自杀，宁古塔副都统富登阿亦因擅自增收商人的参余银两，被交部议处。

嘉庆帝严厉打击参务领域的腐败现象无疑是正确的，然而刨夫同时也失去了地方政府在经济上的基本支持，领票者益少。

此后领票挖参这种官办参务的形式虽说没有断绝，但也仅是维持而已，大不如前。咸丰三年，几乎无人再肯领票，加之国内外局势动荡，吉林将军景淳遂提出废除参务政策，获得朝廷批准，至此清朝行之二百余年的参务管理制度寿终正寝。虽然官办参务停止，但民间私种秧参的行为悄然兴起。光绪七年，清廷开始向秧参种植者征税，这标志着秧参的合法化和政府禁秧政策的彻底失败。

以上简要地叙述了清朝在东北实行参务政策的一般情况，由此我们可以总结出以下三点认识。

第一，清朝统治者具有急功近利思想。众所周知，人参生长十分缓慢，清廷本应做出长远的人参刨采规划，在发展的基础上加以有效利用，相反却年复一年地向参山索取，杀鸡取卵，致使野生山参很快消失殆尽，至今难觅踪影。

第二，清朝统治者具有与民争利思想。实行参务政策之初，刨夫须自备进山斧资，然尚可维持生活，乌苏里等处大参场开辟之后，因路途遥远，采参成本倍增，清廷不但视而不见，还严令东北地方政府必须完成采参指标。结果地方政府无奈之下只能出台变通办法，盘剥参商；刨夫因斧资不足，领票骤减。

第三，东北地方政府官员在执行参务政策时，借机以权谋私，贪污公款，索贿受贿，最终落得身败名裂的下场。

---

① 长顺修、李桂林纂，李澍田等点校《吉林通志》卷二，吉林文史出版社，1986，第23页。

清朝对偷参活动的惩治*

清朝对人参颇为重视,众所周知,满族本以狩猎和采集为生,早在后金时期人参便是女真人的重要经济来源之一。据《清实录》记载:"刨采人参,未谙制法,渍之以水。明人佯不欲市,国人恐朽败,急售,鲜所利益。上教以制法,令熟而干之,可以经久,不急售,仍许通市于明。所济甚众,民用益饶。"① 可知在明末后金政权便经常与明朝进行人参贸易,因鲜参容易腐烂,明人故意拖延买卖时间,以压低人参价格,努尔哈赤于是发明人参煮晒法,明人无奈,只得与后金进行正常的人参贸易,结果许多女真人不但摆脱了贫困,而且百姓日益富足。

清军入主中原之后,进一步加强了对人参的管理,逐步建立了一整套参务管理制度。主要内容包括:全部人参资源归国家所有;由朝廷组织采参队伍;规定采参的时间和地点;制定防止偷参的办法及其惩治的措施。其中清朝制定的防止偷参的办法及其惩治的措施,正是本文所要探讨的问题。

一 偷参活动的各种形式

清朝人对人参较现代更加看重。据清末曾来东北旅行的日本人小越平隆说:"满洲语谓人参为额尔和多,盖药品中最贵重之义也。"② 也就是说将人参视为药品中之最上乘者,价格自然不菲。

由于当时人参价格不菲,便吸引了不少的偷参者。据史料记载,康熙

---

* 原载《辽宁大学学报》(哲学社会科学版)2014年第6期。
① 《清太祖实录》卷三,乙巳年三月乙亥。
② 〔日〕小越平隆著《满洲旅行记》卷下《物产》,克斋译,上海广智书局,光绪二十八年,第22页。

清朝对偷参活动的惩治

二十八年"走山者日益多,岁不下万余人"。① 时人称偷参者为"走山者",走山者每年达一万余人,其人数远远超过皇家和八旗贵族的采参队伍。康熙三十三年,走山者人数又有大幅度增加,据镇守黑龙江等处将军萨布素奏称:"人已至三万余。"② 至雍正初年,在盛京城内偷参已形成一种社会风气,据史料记载:"盛京城内酒肆几及千家,平素但以演戏饮酒为事,稍有能干者,俱于人参内谋利。"③ 盛京城内的风气如此,东北的其他地区也势必受到影响。

偷参者不但人数多,而且偷参的手段也不少,归纳起来主要有以下几种。

第一,直接潜入参场偷参。如前所述,按照清朝参务管理制度的规定,全国所有人参资源皆归国家所有,任何人不准无故私入参场禁区。然而在利益的驱使下,一些偷参者铤而走险,潜入参场偷采人参。如康熙三十三年,盛京刑部通知盛京包衣佐领缉拿偷参之人刘天禄等,便是这类案例,据档案资料记载:"讯据张成秀、张成德、张四、崔大供:我等四人及逃走之刘大、韩十子、李二,我等七人,由首领刘天禄把我等领去,刘天禄把我等领到牛毛盛河处,我等四人挖得三两人参,逃走之刘天禄等得多少不知道,跟踪之佐领把我等四人抓获,刘天禄等跑进丛林内,今已逃走,不知道在何处。"④ 由此可知,本案的主犯是刘天禄,从犯是张成秀、张成德、张四、崔大、刘大、韩十子和李二,所闯参场禁地是牛毛盛河。张成秀、张成德、张四和崔大四人共偷采人参三两,刘天禄、刘大、韩十子、李二四人共偷采人参几许,因人已逃走,不得而知。这类案例乃是偷参者的最常见手段。

第二,夹带黑人。按照清朝参务管理制度的规定,国家组织的采参刨夫皆发给票照,一人一票,作为进入参场的凭证,而有些刨夫为了私利,采取种种蒙混手法,一票或进数人,这便是夹带黑人。如乾隆二十四年,盛京正白旗衙门向盛京将军呈报李三冒充财主,多带四名黑人,据档案史料记载:"查得粘单内开,李三供:我是盛京正白旗包衣下壮丁,年四十三岁,我于乾隆二十二年领了宁古塔一张票,余外又雇了四个黑人,就是刘

---

① 杨宾:《柳边纪略》卷三,《辽海丛书》,第一册,辽沈书社,1985,第253页。
② 辽宁省档案馆编译《盛京参务档案史料·盛京兵部为知会奏准惩治盗挖人参规定等事咨盛京包衣佐领等》,辽海出版社,2003,第62页。
③ 《清世宗实录》卷三十一,雍正三年四月庚辰。
④ 辽宁省档案馆编译《盛京参务档案史料·盛京刑部为请缉拿偷挖人参之刘天禄等人事咨盛京包衣佐领等》,辽海出版社,2003,第65页。

贵、邢茂、马士进、刘朋，我们到了阿苦里地方，他们四个人共刨了四两五钱参，我的票上共刨了十三两五钱参。"① 由此可知，本案的主犯是李三，随同的黑人是刘贵、邢茂、马士进和刘朋，结果被官府拿获，李三只得交代他们的罪行。之后这种形式的犯罪愈演愈烈，至乾隆四十二年已难以控制，只得承认这一现实。据史料记载："四十二年奏准：吉林、宁古塔等处行放蔄②票向系一票一人，交官蔄五钱。今刨夫夹带黑人，放票日少，蔄斤不能充裕。改为一票四人，交官蔄二两。或有刨夫情愿多带人夫者，即作为余夫，于票尾注写姓名，每名交蔄五钱。"③ 由此可知，因许多刨夫夹带黑人，不但影响了刨夫领票的积极性，还使收获的人参大量流失，为改变这种事态，清廷取消了对黑人的限制，条件是每人须交五钱人参，这样一来朝廷至少在政策上避免了一定的损失。

第三，过冬不归。按照清朝参务管理制度的规定，承领朝廷参票的刨夫每年春季启程，前往参山采参，秋季携参返回。然而有些刨夫却隐匿山中，过冬不归。据史料记载："乌苏里等处出产人参，查有偷采之人，多于山内搭盖窝铺过冬，至夏间或留人种地，或入山私采。"④ 由此可知，这些越冬不归的刨夫在山中搭建窝棚，潜伏下来，显然是意在翌年夏季，无官兵监督，一面种粮自给，一面偷采山参，收获后完全归己。

第四，并包。按照清朝参务管理制度的规定，朝廷招募的刨夫如果没有完成所持参票要求的采参指标，其缺额应当翌年采参后补齐，然而有些刨夫却使用并包的手段，逃避所欠人参的责任。所谓"并包"，据史料记载："负欠刨夫明知出山后余参到官，尽当扣抵官项，或先于山内暗嘱不负官欠之刨夫代为携带，谓之并包。"⑤ 也就是说，拖欠官府人参的刨夫，将翌年所采人参并入其他未曾拖欠的刨夫参包之内，以蒙混过关。这种做法实质上也是一种偷参行为。

第五，卖放。为了防止偷参，官府在通往参山的各个路口设有卡伦，

---

① 辽宁省档案馆编译《盛京参务档案史料·正白旗为报壮丁李三私充财主刨参所得卖参银两业已追出送交盛京刑部事呈咨盛京将军衙门》，辽海出版社，2003，第186页。
② 蔄，古"参"字。
③ 《钦定大清会典事例》卷二三二，《户部·蔄务·额课》，台湾新文丰出版股份有限公司，1971，第8169页。
④ 《清高宗实录》卷一八七，乾隆八年三月辛未。
⑤ 中国第一历史档案馆：《乾隆五十九年吉林参务案·钦差大臣福康安等为遵旨重拟参务章程事奏折》，《历史档案》2000年第1期。

非常时期卡伦的数目还要有所增加。卡伦的主要职能是严格盘查出入参山的刨夫等采参之人，上山时重点检查刨夫的票照，下山时重点检查刨夫的参包。所谓"卖放"，就是偷参者为逃避下山时的非法所得被卡伦兵丁没收而采取的一种手法，据史料记载："议请添设卡伦，酌增赏项，原为严查偷漏起见。但闻刨挖黑参之人，虽有官兵搜捕，惟是穷乏兵丁易为财动，难保无临时卖放。"① 即偷参者利用守卡兵丁大都较为贫穷的弱点，通过使钱的手段，将其放行。

第六，隐匿旧票。按照清朝参务管理制度的规定，刨夫须持票照入山采参，然而有的刨夫将旧票隐匿下来，至翌年拿出再用，所得人参便无须上交新一年的额定官参，完全归己所有，实际上也是一种偷参的行为，故清廷严加禁止。乾隆十年下令："拿获隐匿旧票偷刨者，将旧票解部销毁。"② 一旦发现这种情况，将偷参者逮捕并将旧票上交户部销毁。

第七，利用其他进山票照偷采人参。在物产丰富的山区，清廷实行封禁。有些民人便利用从旗人手中得到的砍伐木植票照，入山偷采人参。据史料记载，宁古塔将军鄂弥达等曾奏称："近旗人因砍伐木植渐远，水路渐隔，不能自备盘费，将所领官票，转给民人，以致奸民借端多带米粮、人夫，偷挖人参。"③ 建议今后要严禁旗人将手中的砍伐木植票照转给民人。还有一些蜜丁持采蜜票照进山，偷采人参，据史料记载："前由贵部将卖人参之人李忠贞拿送本部后，讯据李忠贞供称：此人参原系镶黄旗采蜜之人徐奎五带来交给我卖的，财主、领去把头均系徐奎五、金四。"④ 由此可知，李忠贞因非法贩卖人参被官府抓捕，其所卖人参原从蜜丁徐奎五处得来。蜜丁徐奎五显然借进山采蜜之机偷采了人参。

二 防范偷参活动的措施

为了防范偷参，清廷采取了相应的一系列措施，主要有以下几项。

---

① 中国第一历史档案馆：《乾隆五十九年吉林参务案·钦差大臣福康安等为遵旨重拟参务章程事奏折》，《历史档案》2000年第1期。
② 《钦定大清会典事例》卷二三三，《户部·蓘务·禁令》，台湾新文丰出版股份有限公司，1971，第8192页。
③ 《清高宗实录》卷一五七，乾隆六年十二月乙卯。
④ 辽宁省档案馆编译《盛京参务档案史料·盛京刑部为请查拿贩卖人参案内之徐奎五等人事咨盛京包衣佐领》，辽海出版社，2003，第60页。

1. 颁布防范偷参的一般性制度

康熙二年诏令："每年四月八月采薐时，应行派兵巡捕。著交镇守直隶奉天等处将军、奉天府尹、直隶顺天等八府，一体严行传布。又奏准：采取官薐，由工部将山名人名造册，给予执照遣往，令边门章京亲身验放。将人数出何处边门、采取之处，由该部官缮明，豫咨奉天将军，定日给予执照，照数验放出边。又奏准：三旗包衣采薐人采获之薐，由盛京户部咨送户部，将斤数缮明印记，咨送山海关城守尉过秤放入。"① 由此可知，清朝在这里首次颁布了三条防范偷参的措施：第一，每年四月至八月采参时节，派兵沿途巡查，严防偷参。第二，朝廷每年组织的采参队伍，预先须将采参刨夫的人数、姓名，以及所往何处参山、所经何处边门等信息，上报至朝廷工部，并由朝廷工部根据这些信息，缮写清楚，装订成册，然后通知奉天将军，定日发给出边执照。驻守边门的章京将认真检查出边执照，确定没有问题后方可放行。第三，每年盛京上三旗，即正黄旗、镶黄旗和正白旗，各出50人组成共150人的采参队伍，所采人参数目，先由盛京户部造册缮写清楚，并加盖印章，报送朝廷户部，再由朝廷户部将此清单备案后，下发至山海关城守尉。山海关城守尉据此将盛京上贡给朝廷的人参，过秤查验，货色、数目与清单相符，然后放行。这一规定的目的，主要是防止贡参在运送的过程中缺斤少两，当然也有防止夹带私参的目的。

2. 在参山以及通往参山的路途要冲、关口，设置卡伦

清朝设置卡伦应当较早，但因缺乏这方面史料，具体时间已不可考，但至少在康熙三十九年业已设有卡伦，据史料记载："不肖之人为利，将牲口、米、布赊给无产之人，派去偷挖人参，被卡伦官兵拿获后，致使或连妻一并为奴，或使本身不得保全矣。"② 资料中不仅记载了卡伦，而且卡伦官兵还曾拿获偷参者。更为详尽记载设置卡伦的资料是康熙四十五年的一则资料："四十五年议准：盛京古河卡伦一座，官一员，兵二十七名。观音岭卡伦一座，官一员，兵十名。永甸卡伦一座，官一员，兵二十名。土门卡伦一座，官一员，兵二十名。长岭子卡伦一座，官一员，兵二十名。又

---

① 《钦定大清会典事例》卷二三二，《户部·薐务·关讯巡防》，台湾新文丰出版股份有限公司，1971，第8173页。
② 辽宁省档案馆编译《盛京参务档案史料·奉天将军等衙门为请张贴晓谕严禁偷挖人参事咨盛京包衣佐领等》，辽海出版社，2003，第68页。

议准：盛京边外、辉发、三桐河口、三桐渡口、坦品河、费德里、萨哈连浪土、福尔兼哈达、嘉勒图库、伊米孙、萨哈连费音、朱尔和阿师哈、东阿、看船沟、鸭尔河、果河等处，安设卡伦。出派协领、城守尉等，追踪缉捕。"① 由此可知，卡伦的规模大致是一名长官，二十名士兵。根据需要，也有规模稍大者，此处记载为二十七名士兵，也有稍小者，此处记载为十名。至于设置卡伦的地点，为数较多，此后随着形势的发展需要，又时有增加，这里难以一一叙述。此清廷设置卡伦之大致情形也。

3. 互保连坐

如前所述，由于当时人参价格昂贵，尽管清廷三令五申，偷参者仍然铤而走险，并且已呈社会化趋势。雍正帝登基伊始便颁布诏令："采薆虽经严禁，盗窃究不能除，与其肆令盗窃，莫如定制收课。"② 决定放宽限制，对领票的参农实行风行一时的征税政策。在实行征税的政策过程中，为了避免某些参农逃税，又实行了互保连坐法，据史料记载："十人一长，五十人一领首，互相连保。将领票人数、姓名、旗分、佐领、住居注册，按册收税。"③ 也就是说在领票的参农中，十人立一长，五十人立一首领，实行互保。如有一人逃避交参或交税，其他人就要受到牵连，十人长和首领更要承担领导责任。清廷不但在参农中实行互保连坐法，后来在一般平民百姓中也推行了这一政策。乾隆六年再次诏令："查明本人原籍年貌，五人书一名牌互保。五人内如有一人偷挖人参，私买貂皮，擅垦地亩，隐匿熟田，及财博滋事者，将犯枷责递解外，仍将连保四人，一并递解。地方官知情，不行查拿，按溺职例议处。"④ 也就是说在百姓居住的村落，以五人为单位，书写名牌，实行互保。五人之中，如有一人犯法，如偷挖人参、私买貂皮、擅垦地亩、隐匿熟田和赌博等，除将犯罪本人戴上枷锁解交官府外，其他四人也须一同随往。

4. 巡查海口

偷参者须将人参出卖兑现，在关内更能卖个好价钱，但山海关检查严格，很难蒙混过关，于是便选择了走海路。据史料记载，嘉庆十五年诏令："每年

---

① 《钦定大清会典事例》卷二三二，《户部·薆务·关讯巡防》，台湾新文丰出版股份有限公司，1971，第8173~8174页。
② 《钦定大清会典事例》卷二三二，《户部·薆务·额课》，台湾新文丰出版股份有限公司，1971，第8166页。
③ 《钦定大清会典事例》卷二三二，《户部·薆务·额课》，台湾新文丰出版股份有限公司，1971，第8166页。
④ 《清高宗实录》卷一五〇，乾隆六年九月戊辰。

奉天巡查海口，仅由将军府尹派员前往，恐仍不免疏漏。著该将军奏明请派盛京侍郎一员，带领协领一二员，前往缉查。如拿获私薓，即著该侍郎具奏，将薓斤解京，并将该侍郎及协领等一并议叙。其山东海口，专令登州总兵巡缉，亦尚未周，著添派登、莱、青道会同稽查，如拿获私薓上岸，即报明山东巡抚具奏，薓斤解京，将该镇道议叙，并将派查之盛京侍郎协领等官一并议处。"① 由此可知，早在嘉庆十五年之前，清廷在盛京地区各海口便已实行了巡查制度。嘉庆十五年，嘉庆帝以为每年仅由奉天府尹派员前往巡查，很可能会有疏漏，嗣后应由盛京将军奏明朝廷，委派侍郎带协领一二名，前往稽查。如果查获私参，即由该侍郎上奏朝廷，并将查获的人参送至京师。至于山东各海口，仅命登州总兵巡查，尚恐不够周全，应增派登州、莱州和青州道一同稽查。如果查获私参，立即上报山东巡抚奏明朝廷，将查获人参送至京师。与此同时，因负责奉天海口的盛京侍郎和协领有疏漏之罪，交朝廷议处。

三 惩治偷参活动的刑罚

清廷对偷参活动的打击是很严厉的，为此在朝廷刑部专门设置了惩治偷参罪犯的机构。据史料记载："刑部侍郎，满洲一人。掌谳盛京及边外蒙古之狱，凡盗薓②者皆治焉。"又"（刑部所属官衙）肃纪后司郎中一人、员外郎一人、主事一人，掌治私刨薓者与私贩者"。③ 由此可知，在刑部主管惩治偷参犯罪的是刑部侍郎，具体负责惩治偷参犯罪的机构是肃纪后司。另外乾隆年间，在东北还设立了官参局，具体来说，乾隆二年设立了盛京官参局，乾隆九年设立了吉林和宁古塔官参局。④ 官参局负责管理具体参务事宜，其中防范偷参活动也是重要的职能之一。

清承明制，基本上仍沿袭明律笞、杖、徒、流、死五刑，此外还有枷号、刺字、论赎等杂刑。清廷在惩治偷参者的过程中，依据罪行轻重的不同而使用不同的刑罚。

---

① 《清仁宗实录》卷二三三，嘉庆十五年八月丙申。
② 薓，古"参"字。
③ 《奉天通志》卷一二四，《职官三·清》，东北文史丛书编辑委员会点校并组织出版，1982，第2826页。
④ 廖晓晴：《清代盛京、吉林、宁古塔官参局设立时间考》，《辽宁大学学报》（哲学社会科学版）2012年第5期。

一般来说，清廷对偷参罪犯的所施刑罚基本是按照清律条文来实行的，但随着时代的发展变化，清律的条文也有所增删，另外在判刑时还存在皇帝以及主刑官员的主观因素，因此本文只能就清廷的有关惩治偷参罪犯的重要法律条文并结合典型案例，加以阐述。

顺治朝有关惩治偷参罪犯的重要律令，颁布于十五年："有偷采人薓者，将带至之头目斩决，余众治罪。"① 又"旗下人偷采人薓者，枷一月、鞭三百，牲畜及所得之薓一并入官。官民家下人有犯，其主知情者，本犯枷一月、鞭三百，薓与人畜皆入官，其主问偷盗之罪。不知情者免议，本犯枷两月、鞭一百，牲畜财物入官。若其主知情诈称不知者，加等治罪，家人入官。奉天等处民人有犯者，枷一月、责四十板，人畜财物入官。蒙古、锡伯、瓜尔察等处人有犯者，交理藩院议处"②。由此可知，顺治朝对偷参罪犯的主犯打击最为严厉，最高可判死刑。从犯也要治罪，即偷参的旗人枷号一月，鞭笞三百，偷参使用的工具、牲畜和赃参，官府全部罚没。官员和民人的家奴有偷参者，主人知情的，家奴本人枷号一月，鞭笞三百，所得赃参、牲畜罚没入官，家奴本人转入官府为官奴，主人判以偷盗之罪；主人不知情的，家奴本人枷号两月，鞭笞一百，牲畜和个人财物皆罚没入官。如果主人知情而谎称不知情的，加等治罪，家人入官为奴。奉天等地民人有犯偷参之罪者，枷号一月，杖四十，牲畜和个人财物皆罚没入官，本人也要入官府为奴。有必要指出的是，顺治朝在处理偷参从犯的问题上存在着满汉差别，对旗人主要是体罚和没收牲畜和赃参；对民人不仅要体罚、没收牲畜和赃参，还要本人入官为奴。至于蒙古、锡伯、瓜尔察等地的偷参罪犯，因涉及民族政策，交理藩院特殊处治。

康熙朝对偷参罪犯的刑罚略有减轻。康熙帝于五十年谕令："朕综理政事，以人命为重，务必再三斟酌，除情实死罪外，其余皆酌量宽宥。如偷盗人参等案，为从者俱照例完结，其为首之人，拟绞罪在狱者甚多，此等人到秋审时，亦宜赦之。时值立夏，天气渐热，监禁人犯，易于染病致毙，甚为可悯，著交与刑部酌量减等议奏。"③ 由此可知，康熙帝即位后，以为人命关

---

① 《钦定大清会典事例》卷二三三，《户部·薓务·禁令》，台湾新文丰出版股份有限公司，1971，第8187页。
② 《钦定大清会典事例》卷卷二三三，《户部·薓务·禁令》，台湾新文丰出版股份有限公司，1971，第8187页。
③ 《清圣祖实录》卷二四六，康熙五十年四月庚申。

天，除主犯确应判死罪外，其他从犯往往酌情宽免。即使是判为绞刑的偷参主犯，要等到秋后处决，然而正当夏季，天热易染疾病，命刑部亦酌情减刑。

此虽为康熙帝一时顿生怜悯之心所下诏令，但康熙朝的刑罚确实较前代轻，据康熙朝史料记载："查得定例内载：凡过渡口到禁山禁河之旗人、民人偷挖人参者，如已得人参，将财主及领去之把头均拟绞监候，秋后处决，从犯若是盛京等处包衣佐领下另户之人，送京城入于辛者库当官差，若是内地民人，发配乌拉、宁古塔给贫穷披甲为奴。"① 清朝死刑分为斩、绞二种，斩为重，绞为轻。如前所述，顺治朝对偷参主犯处以"斩决"，即斩立决，而康熙朝对偷参主犯则处以绞监候，显然相对较轻。至于处治偷参从犯，虽然取消了体罚和没收财物，但旗人送京城辛者库做官差，较顺治朝仅进行体罚和没收财物，量刑有所加重；民人发配乌拉、宁古塔给贫穷披甲人为奴，因带有流放性质，较顺治朝体罚、没收财物和入官为奴，量刑大体持平。在处理偷参从犯的问题上，若旗人与民人两相比较，旗人送京城当差，民人发配到乌拉、宁古塔为奴，显然还是前者量刑略轻，后者量刑略重，这反映了康熙朝在处理偷参从犯的问题上同样存在着满汉差别，不过这种差别较顺治朝略有减少而已。

雍正朝有关惩治偷参罪犯的重要律令，颁布于二年："偷采人薓，出财之主，并为首之人，其一人所放之人至百名以上，所收之薓至五百两以上者，仍照旧例拟绞监候。人不满百名，薓不满五百两者，出财之主，并为首之人，枷三月、鞭一百。为从，枷两月、鞭一百。或一二人刨薓所得不至十两者，交与盛京刑部。旗人，鞭一百；民人，责四十板。递回原籍。"② 三年，又对这项律令有所修改："凡财主及率领头目，一人名下，所放之人至百名以上，所收之薓至五百两以上者，仍照例拟绞监候。所放之人不满百名，所收之薓不满五百两者，杖一百、流三千里。一二人刨薓，所得人薓不及十两者，交与盛京刑部。系旗下，鞭一百；系民，杖一百。递回原籍。"③ 由此可知，雍正初年所定律令基本上还是遵循康熙朝严惩首恶的原

---

① 辽宁省档案馆编译《盛京参务档案史料·盛京刑部为请造送失察李天义偷挖人参之该管官职名事咨盛京包衣佐领等》，辽海出版社，2003，第79页。
② 《钦定大清会典事例》卷二三三，《户部·薓务·禁令》，台湾新文丰出版股份有限公司，1971，第8191页。
③ 《钦定大清会典事例》卷七九三，《刑部·刑律贼盗·盗田野谷麦二》，台湾新文丰出版股份有限公司，1971，第15110页。

则，对主犯实行绞监候，但有所区分，即以所带之人百名，所获之参五百两为量化指标，这个指标以上者依旧例绞监候，这个指标以下者枷三月、鞭一百。枷三月、鞭一百，对于主犯来说，量刑显然过轻，有矫枉过正之嫌。翌年重新修改，即杖一百、流三千里。即使如此，较前代绞监候来说还是有所宽缓。对于从犯，枷两月、鞭一百。对于一二人的个体罪犯，所获人参不及十两，交与盛京刑部。旗人鞭一百，民人四十板，翌年民人改为杖一百。皆遣送原籍。从雍正朝对从犯和个犯的处罚来看，其一，较康熙朝为轻。如前所述，康熙朝规定：旗人送京城辛者库做官差，民人发配乌拉、宁古塔给贫穷披甲人为奴，前者具有徒刑性质，后者具有流刑性质。雍正朝仅枷两月、鞭一百，系笞刑。笞刑较徒刑减轻二等，较流刑减轻三等。其二，仍然保留满汉差别，即同为个犯，旗人鞭一百，民人杖一百。鞭系笞刑，杖系杖刑，笞刑较杖刑减轻一等。

从雍正朝开始，判处流刑的偷参罪犯大量增多。如前所述，康熙朝对偷参主犯，不论组织规模大小和偷采人参多少，一律处以绞监候。雍正朝则对组织人数不满百人，偷采人参不足五百两者改判杖一百、流放三千里，因此出现大量的流刑罪犯。清初的主要流放地点是黑龙江的宁古塔和盛京的尚阳堡，流放罪犯的主要成分是因文字狱、科场案、逃人法、忤旨、叛逆而获罪者，以及康熙平定三藩之乱被俘的士兵。雍正时期东北流放地已达到人满为患的程度。为了消除罪犯之间相互串联、啸聚一方的隐忧，雍正朝将偷参罪犯的流放地点逐渐转向关内和南部边疆，据史料记载："偷刨人薓应拟发遣之犯，系满洲蒙古，发江宁、荆州、西安、杭州、成都等处满洲驻防省城当差。民人，全妻发广东、广西等处烟瘴地方当差。系汉军，发广西、云南、贵州等处烟瘴地方当差。"① 由此可知，旗人和蒙古人主要流放到关内江宁、荆州、西安、杭州、成都等驻防八旗的省城当差，民人连同妻子主要流放到广东、广西等烟瘴地方当差，汉军旗人主要流放到广西、云南、贵州等烟瘴地方当差。同样的罪名，民人处理较重，汉军旗人次之，满洲旗人和蒙古人较轻。

雍正朝在惩治偷参罪犯过程中还使用了刺字。据史料记载，三年规定："凡免死强盗、三次窃盗、诱卖人口、私铸制钱、偷刨人薓、并行凶等犯应

---

① 《钦定大清会典事例》卷七九三，《刑部·刑律贼盗·盗田野谷麦二》，台湾新文丰出版股份有限公司，1971，第15111页。

发黑龙江等处者，除另户外，其民人及奴仆，即将所犯罪由在左右脸面上分刺满汉字样发遣，仍照例分别枷责。若从发处逃回者，亦照此例刺发。"①刺字属于杂刑的一种，刺字虽非体罚，但对人的精神伤害很大。

乾隆朝曾多次颁布惩治偷参罪犯的律令，本文因篇幅所限，难以一一介绍。在这多部律令中，内容大同小异，而以二十一年所定律令更具典型性，此予以引证。据史料记载："旗民人等偷刨人薓，人至一百名以上，薓至五百两以上者，为首之财主及率领之头目，并容留之窝家，俱拟绞监候。为从，系民人，发云、贵、两广、烟瘴地方。旗人，发打牲乌拉，查明正身家仆，分别当差为奴。均照窃盗例，分别刺字。所获牲畜等物，给拿获之人充赏，薓入官。拟绞人犯，遇赦减等者，亦照为从例发遣。其未得薓者，各减一等。如人自一二名至十名，薓自一二两至十两者，财主头目，系民人杖一百、徒三年；旗人，枷四十日、鞭一百。人数至二十名，薓至五十两者，财主头目，系民人，发云、贵、两广、烟瘴少轻地方；系旗人，发打牲乌拉。刨薓未得，人自一二名至十名者，杖一百、徒三年；系旗人，各照例折枷鞭责发落。为从者，各减一等。容留之家，罪同。若并无财主，一时乌合，各出资本者，按人数、薓数、已得未得，照财主例，减罪二等科断。代为运送米石者，亦如之。贩薓人犯拿获时，查明薓数，照财主头目偷刨人薓例，减一等治罪。至刨薓犯内有家奴，讯系伊主知情故纵者，将伊主杖八十；不知者，不坐。其潜匿禁山刨薓人犯被获治罪，递回旗籍后，复逃往禁山者，各于应得本罪上加一等问拟；若系旗下家奴人等，即发往拉林，给种地人为奴。"② 由此可知，乾隆二十一年律令具有以下四个特点：第一，基本上继承了前朝惩治偷参罪犯的主要内容。如对于组织人至百名以上，偷参至五百两以上的主犯，仍处以绞监候；死刑而下处以大量流刑；家奴犯罪，其主人区分知情与否；笞、杖、徒、枷号、刺字等各种刑名齐备，在量刑程度上也与前朝大体平衡。第二，刑罚等级更加细化。如将偷参团伙划分为四个等级，即人至百名以上、参至五百两以上者；人至二十名、参至五十两者；人一二名至十名、参一二两至十两者，以及无组织的各出资本者。又将偷参罪犯划分为已得与未得两种。在量刑上根据

---

① 《钦定大清会典事例》卷七四一，《刑部·名律例·徒流迁徙地方一》，台湾新文丰出版股份有限公司，1971，第14610页。

② 《钦定大清会典事例》卷二三三，《户部·薓务·禁令》。台湾新文丰出版股份有限公司，1971，第8193~8194页。

犯罪等级的不同,处罚程度亦相应递减。第三,补充一些新内容。如窝藏判绞监候的主犯,与其同罪;偷参罪犯落网,缴获的牲畜作为奖赏赐予抓获的官兵,人参归官府;在押绞刑犯遇到朝廷大赦,处罚减等,即依照从犯案例,改为流放;走私人参罪犯,依照偷参主犯减一等治罪等。第四,依然存在同罪不同罚的民族差别。如对人至百名以上、参至五百两以上犯罪团伙中的从犯处罚,民人流放至云、贵、两广烟瘴地方;旗人,发配至打牲乌拉当差。对人一二名至十名、参一二两至十两犯罪团伙中的主犯处罚,民人杖一百、徒三年;旗人枷四十日、鞭一百。旗人显然较民人处罚为轻。

嘉庆朝也曾颁布过惩治偷参罪犯的律令,与前代相比,内容基本相似,实际上不过略备具文而已。因为这时清廷的防范重点已经由偷参逐渐转移到秧参上来了。所谓"秧参",就是刨夫将山中人参秧苗移植到参园进行培育,即人工养育之参。秧参具有生长快、产量高的特点,然而其药效却远逊山中自然生长的老山参。领票刨夫之所以更愿意栽种秧参,除了具有生长快、产量高的特点之外,还因为老山参经过清朝二百余年有组织、大规模的开采,至嘉庆朝已接近枯竭,踪迹难寻了。如此一来,领票刨夫便利用秧参与老山参外形十分接近的特点,一方面以假乱真,以次充好,将秧参作为贡参交与官府,另一方面将交与官府剩下的余参,以低廉的成本卖真参的高价。对于这种违法行为,清廷是坚决予以打击的。嘉庆帝于十五年诏令:"近询之曾任奉天大员,俱云移养薲秧,不知起自何年?不但在本山培养,并有沿及附近山场之处。本日该将军奏折内亦有此语。此等积弊,竟系明目张胆,毫无畏惧,该将军等岂得诿为不知?若不严行查禁,则以伪乱真,必至正薲日少,尚复成何事体!嗣后当随时查禁,如有移秧培养之处,即行实力严拿,毋得泄泄干咎。"[①] 由此在东北地区引发了一场震惊全国的嘉庆十五年参务案。在这场参务案件的查办过程中,发现许多负责参务的东北地方官员受利益驱动,收受秧参参农的贿赂,充当他们的保护伞,甚至东北的地方大员,如盛京将军富俊、吉林将军秀林和宁古塔副都统富登阿,或因包庇有罪下属,或因贪污数额巨大,或因玩忽职守,全部落马。

嘉庆十五年参务案之后,由于清廷加大了打击偷参和秧参的力度,经

[①] 《钦定大清会典事例》卷二三三,《户部·薲务·禁令》,台湾新文丰出版股份有限公司,1971,第8197页。

常派兵去巡山，加之参源至此已几近枯竭，偷参和栽种秧参的活动基本绝迹。如道光二十四年，吉林副都统萨炳阿率队巡山后奏报说："沿途所遇刨夫等查验，俱有腰牌，并无偷挖情弊。"① 又如咸丰元年吉林副都统盛桂巡山后亦奏报说："沿途刨夫等查验，俱有腰牌，并无偷挖情弊。"② 参源几近枯竭不仅使偷参活动绝迹，也使朝廷组织的采参队伍日趋萎缩。咸丰三年，在吉林将军景淳的建议下，清廷废止了自清初在东北行之二百余年的参务制度，从此基本不再组织采参队伍。光绪七年，清廷开始向秧参种植者征税，秧参终于获得了合法地位。从此人工种植的秧参迅速发展，自然生长的老山参愈难见到，直至今日依然如此。

四　后论

综上所述，可知清廷在惩治偷参罪犯方面，主要集中在顺、康、雍、乾、嘉五朝，发展特点大致呈由重到轻、由粗到细和由简到繁这样一种趋势。尽管如此，偷盗行为最高可判死刑，应当说当时打击偷参活动的法律手段还是很严厉的。

事实上清廷的严刑峻法并没有起到预期的效果。据史料记载："采薓虽经严禁，盗挖究不能除。"③ 此事便如同清廷实行东北封禁一样，有关法规不可谓不严，但结果是愈禁闯关东者愈多。之所以出现这种情况，主要有以下三个方面的原因：第一，从客观方面看，东北的参山幅员辽阔，官府不可能有足够的兵力将所有的参山全部封锁。第二，从刨夫方面看，他们或是闯关东的逃荒者，或是一般平民，收入微薄，接近赤贫状态，而当时人参价格高昂，面对这种诱惑，他们便不惜铤而走险，侥幸一搏，故偷参者前仆后继，屡禁不止。第三，地方官员执法不力。考之清廷实行的惩治偷参活动的制度，虽三令五申，但地方官员落实往往并不到位，诚如道光帝所说："此项流民据称自嘉庆年间陆续进山，彼时将军、副都统等竟成木

---

① 《吉林副都统萨炳阿奏报巡查吉林所属东北一带参山事竣事》（道光二十四年五月初六日），中国第一历史档案馆，档号：04-01-35-0558-042。
② 《吉林副都统盛桂奏为查竣产参山场事》（咸丰元年四月二十五日），中国第一历史档案馆，档号：03-4489-028。
③ 《钦定大清会典事例》卷二三二，《户部·薓务·额课》，台湾新文丰出版股份有限公司，1971，第8166页。

偶,因循疲玩已极,实属有乖职守者。道光六年八月,上谕军机大臣等,惟念该流民无籍可归,未忍遽令失所。该处东近参山,西近围场,断不容令其仍前居住。该将军当不惮繁难,另筹善策。"① 更有甚者,有些管理参务的基层官员为了中饱私囊,以权谋私,收受和索要刨夫贿赂,私放偷参者。如乾隆三十五年,"额尔图身为佐领,与骁骑校孟忒皆系职官,既查偷参人犯,即应解送究治,乃敢受贿故纵,实属藐法营私"。② 也就是说,佐领额尔图和骁骑校孟忒拿获偷参罪犯之后,并未交官,而是收受贿赂,将偷参罪犯私自放走。管理地方的基层官员是这样,地方大员贪污数额更加巨大。吉林是东北产参大省,这里出现的腐败现象也最让人触目惊心,如在嘉庆十五年参务案中,经朝廷派往吉林调查案情的钦差大臣文宁查实:"该处历任将军、副都统等无不侵用累累,而秀林侵蚀之数为甚。自十二年以后,共侵用银三万数千两之多。"③ 秀林系嘉庆朝吉林将军,为吉林地区最高军政长官。由此可见,因为参务有利可图,围绕着这块肥肉,东北地方大小官员争相追逐,统统作弊,朝廷所定的参务管理制度遂成为一纸空文。这表明:清朝地方官员因被赋予的权力过大,且无监督机制,从根本上造成参务管理制度的失败。

---

① 《宣宗纯皇帝圣训》卷八《圣治二》(道光六年七月丙戌),辽宁省档案馆,全宗号:JB2。
② 辽宁省档案馆编译《盛京参务档案史料·户部为审理额尔图等人受贿案训谕各官员事咨盛京内务府》,辽海出版社,2003,第228页。
③ 长顺修、李桂林纂,李澍田等点校《吉林通志》卷二,吉林文史出版社,1986,第23页。

论龚鼎孳*

龚鼎孳，字孝升，号芝麓，庐州府合肥（今安徽省合肥市）人，祖籍江西临川（今江西省抚州市），生于明万历四十三年。作为明末清初的著名文人和学者出身的官员，龚鼎孳经历了明清社会转型的关键时期。当国家出现危机时，中国古代知识分子素有以天下为己任的优良传统，当时的顾炎武为反清复明，撰写《日知录》，顾祖禹撰写《读史方舆纪要》，皆为待后起王者所用，黄宗羲起兵抗清，兵败退隐，著书立说，终生不食清禄，都是这方面的杰出代表。另有一些知识分子因慑于新王朝的政治权威，不得不俯首听命，甚至努力为新王朝工作，希冀能够得到重用，龚鼎孳就是这方面的典型代表。

以往史学界对顾炎武、顾祖禹和黄宗羲等人研究颇多，对龚鼎孳研究甚少。较之前者，龚鼎孳似无可称道之处，却是当时绝大部分知识分子的现实选择，通过对龚鼎孳这个个案的研究，有助于我们了解当时知识分子群体在政府高压政策下的一般心理、态度和表现，此乃笔者撰写本文之初衷。

一 少年得志

龚鼎孳出身于书香门第，祖父龚玄鉴任职州县，龚鼎孳自幼"随祖父玄鉴公攻读"。[①] 父亲龚孚肃，"少负文名"，犹长古诗文，"著有《眉斋集》"。[②]

鼎孳自幼聪颖，且刻苦好学。在祖父的督导下，诵习经书，读书常至深夜。稍长攻习制举业，出类拔萃，并兼通史学、楚辞、诗赋和古文词。

---

* 原载《满学研究》第四辑，辽宁民族出版社，2014。
① 董迁：《龚鼎孳年谱》，《中和月刊》1942 年第三卷（上），第 38 页。
② 董迁：《龚鼎孳年谱》，《中和月刊》1942 年第三卷（上），第 37 页。

每出所作,"老儒见之,罔不推服"。① 崇祯五年,成诸生,六年中举人,七年中进士。时年十九岁。

崇祯八年,出任湖广蕲水(今湖北浠水)知县。当时李自成和张献忠的起义军部队时常途经此地,难免侵扰。龚鼎孳上任之后,即"筹划守御,调停民食,高城浚池,无不悉当"。② 十一年,洪承畴率明军在潼关击败李自成起义军,形势稍缓,龚鼎孳乃"暇与士民讲诗说礼,激发忠义,问民疾苦,兴除利弊,种种善政不遑枚举,更为阐扬理学,劝课多士,齐安九邑文士,多来就社"。③ 蕲水县百姓不仅安居乐业,而且文教事业也逐渐兴盛起来。

崇祯十四年秋,在蕲水知县任上届满,以考绩第一,授兵科给事中,专司规谏皇帝、稽查兵部和弹劾百官之职。是年冬进京,翌年觐见崇祯帝,崇祯帝见龚鼎孳甚悦,诏命察理畿南广平等处。龚鼎孳遍历辖内州县,详览形势,了解地方政事与民情,一月之间,上疏十七次。十六年,闻词臣黄道周受廷杖之刑,跛足不能行走,凄然泪下,上疏请罢诏狱廷杖;鉴于遭受兵燹的州县经济凋敝,疏请蠲免这些州县三年田赋;大学士周延儒罢归,王应熊应召将至京师。龚鼎孳上《政本关系安危,已误不容再误疏》,弹劾应熊结纳延儒,营求再召。指出:"陛下召应熊,必因其秉国之日,众口交攻,以为孤立无党;孰知其同年密契,肺腑深联,恃延儒在也。臣去年入都,闻应熊贿延儒为再召计。延儒对众大言,至尊欲起巴县。巴县者,应熊也。未几,召命果下。以政本重地,私相援引,是延儒虽去犹未去,天下事何堪再误!"④ 疏入朝中,尚未能定,适逢延儒在途中被捕,有意不即刻赴京,希望应熊先入朝,代为纾解。崇祯帝既知之,赐死延儒,遣归应熊。

龚鼎孳官位虽卑,而职掌弹劾百官,数年之间,权贵多为之落马,至人"皆畏之如虎"。⑤ 对此龚鼎孳却浑然不知,自以为得志,且变本加厉。十六年,兵部尚书陈新甲犯罪,论为弃市。鼎孳以为吕大器系陈新甲心腹之人,不宜委以总督山东、河南之任,上疏参劾。结果忤旨,被降级,继

---

① 严正矩:《大宗伯龚端毅公传》,《龚端毅公奏疏》附录,清刊本。
② 董迁:《龚鼎孳年谱》,《中和月刊》1942年第三卷(上),第39页。
③ 董迁:《龚鼎孳年谱》,《中和月刊》1942年第三卷(上),第40页。
④ 《明史》卷二五三《王应熊传》,中华书局,1974,第6531~6532页。
⑤ 李清:《三垣笔记》(中),《崇祯》,中华书局,1982,第53页。

而又上《庇贪误国疏》，参劾首辅陈演，崇祯帝大怒，下之于狱。至此龚鼎孳方才悔悟，但为时已晚。后来他回忆这段经历时说："会以参论故辅陈演庇贪误国一疏，昌昧无当，先帝下之于理，幸荷旷恩，待以不死，俾得列名城旦。尝为废人，职亦自分，秉末归田，无意人间事矣。"①

二 两改其衷

崇祯十七年一月二十八日，传大顺军已攻陷平阳，京师大震。陈演乃上书朝廷，建议尽快审结狱中诸臣。二月一日，崇祯帝下《哀痛诏》，龚鼎孳得以出狱，但不免刑罚，被流放戍边。方启程，适逢大顺军攻陷北京，鼎孳乃更名改姓，混迹于百姓之间。不久与诗友方以智邂逅于破庙中，二人别后，方以智为大顺军所获，供出鼎孳行踪。鼎孳被俘后投降大顺军，并"受伪直指使职，巡视北城"。②

顺治元年五月，多尔衮率兵击败大顺军，定鼎北京，龚鼎孳再次投降清廷。清廷初授龚鼎孳在明政府的原来官职兵科给事中，十月升任吏科右给事中，十二月又升任礼科都给事中。二年八月，给事中许作梅、庄宪祖等人交章劾奏弘文院大学士冯铨。摄政王多尔衮集科道各官咨问，龚鼎孳言："冯铨乃背负天启，党附魏忠贤作恶之人。"冯铨言："流贼李自成将我故主崇祯陷害，窃取神器，鼎孳何反顺陷害君父之李贼，竟为北城御史？"龚鼎孳言："岂止鼎孳一人？何人不曾归顺。魏徵亦曾归顺唐太宗。"多尔衮笑道："人果自立忠贞，然后可以责人。己身不正，何以责人？鼎孳自比魏徵，以李贼比唐太宗，殊为可耻，似此等人，何得侈口论人！但缩颈静坐，以免人言可也。"③ 遂置冯铨不问。

三 才子佳人

如前所述，龚鼎孳曾投降大顺军，对背明一事，恐招致物议，故向人言："我原欲死，奈小妾不肯何？"④ 将易主之事归之于小妾。所谓"小

---

① 龚鼎孳：《衰病残躯不能供职谨补陈情乞恩允放启》，《龚端毅公奏疏》附卷。
② 《清史列传》卷七十九《龚鼎孳传》，中华书局，1987，第6593页。
③ 《清世祖实录》卷二十，顺治二年八月丙申。
④ 计六奇：《明季北略》卷二十二《幸免诸臣·龚鼎孳》，中华书局，1984，第631页。

妾",即顾媚。顾媚,字眉生。顾媚本秦淮名妓,端庄秀雅,风姿绰约,鬓发如乌云,面容似桃花,更兼通晓文史,擅长画兰。家有眉楼,绮窗绣帘,书画堆列几案,琴瑟陈设左右,四周香烟缭绕,人们不称"眉楼",而戏称"迷楼"。江南文人多愿前来设宴,但如无媚娘在座,众皆不乐。崇祯十三年,龚鼎孳在顾媚的画像旁写诗赞道:"腰妒杨枝发妒云,断魂莺语夜深闻。秦楼应被东风误,未遣罗敷嫁使君。"[1] 二人从此定情,不久龚鼎孳斥千金以赎之,顾媚成为龚鼎孳的侧室。大顺军攻占北京后,顾媚曾劝其勿死,故龚鼎孳有是语。

顺治二年九月,龚鼎孳晋升太常寺少卿。三年六月,龚鼎孳闻讯父亲逝世于家乡合肥,向朝廷提出丧假并申请抚恤之礼。给事中孙珀龄疏言:"鼎孳明朝罪人,流贼御史,蒙朝廷拔置谏垣,优转清卿。曾不闻夙夜在公,以答高厚,惟饮酒醉歌,俳优角逐。前在江南用千金置妓,名顾眉生,恋恋难割,多为奇宝异珍,以悦其心。淫纵之状,哄笑长安,已置其父母妻孥于度外。及闻父讣,而歌饮留连,依然如故。亏行灭伦,独冀邀非分之典,夸耀乡里,欲大肆其武断把持之焰。请敕部察核停格。"[2] 疏下部议,降二极调用,旋遇恩诏免罪。九月,官复原职。

龚鼎孳偕侧室顾媚乘舟南下,为奔父丧,回到故里。在守丧期间,龚鼎孳除了家居之外,还顺便游览江南,往来于南京、丹徒、苏州、杭州、扬州、镇江等地之间,拜访往日诗友,做文酒之会。席间相互唱和,彼此激发,得妙言佳句颇多。龚鼎孳之弟龚孝绪在杭州为官,故龚鼎孳夫妇在杭州逗留时间较久,寓居西子湖畔。顾媚婚后多年无子,百计求之而不得,乃以奇香之木料雕刻成男孩,四肢皆可活动,包裹以锦绣,雇乳母开怀哺育,保姆还揭开孩子衣襟做便溺状,家内外皆呼为小相公,龚鼎孳也不加禁止。这些行为颇招物议,杭州人皆视其为人妖。原配童氏,明朝时曾两次被封为孺人,龚鼎孳虽在清廷做高官,但童夫人言:"我经两受明封,以后本朝恩典让顾太太可也。"[3] 始终居住合肥,不肯随迁京师,顾夫人因得专宠并接受清朝封号。八年夏,龚鼎孳守丧期满,乘舟北还京师。

---

[1] 陆以湉:《冷庐杂识》卷七《顾横波小像》,中华书局,1984,第386页。
[2] 《清史列传》卷七十九《龚鼎孳传》,中华书局,1987,第6593~6594页。
[3] 余怀:《板桥杂记》卷中《丽品》,《香艳丛书》第七册,上海书店,1991年影印本,第189~191页。

四　多有建言

顺治十年四月，晋升刑部右侍郎。龚鼎孳上《遵谕陈言疏》，其要义有七："一、诸司问拟大小狱情，宜悉依律文确议，不得弃律科罪；一、折狱务得其情，虚者即为申雪，实者推详定案，毋持两可；一、狱讼宜令满汉司官会讯，录词呈堂，复审或拟罪或释放，加以勘语，付司存案；一、处决重囚，宜令科臣将应决人犯，详注姓名，其有情罪失当者，许即时执奏；一、遣戍罪人，宜就原籍远近，定地发遣；一、畿辅州县旗、民交讼，惟命盗案情，仍赴部质审，斗争细事，请即令各州县审拟，申报督抚结案；一、老幼笃病，律有收赎之条，请再为申明，凡重犯连坐之家属，即与依律科断。"① 由上可知，龚鼎孳提出的这七条有关司法工作的建议，显然是具有针对性和合理性的。如主张审讯定罪应以法律为准，切忌随意为之；断案须得真相，证据不足即刻撤案，切忌模棱两可；处决死刑犯，务必验明正身，若发现有误，允许即刻上奏，刀下留人；发配流犯，应当根据罪人家乡与流放地的距离远近，依法定地遣送；老幼重病人犯，法律有允许亲属以钱赎身的条文，请朝廷再次申明等，对客观施法和保护犯人的正当权益应当说是有进步意义的。主张朝廷刑部只应接受命案和偷盗等大案的诉讼，打架斗殴等小事经过地方政府审理，呈报督抚结案即可等，对合理调整司法结构是有益的。主张诉讼时应满汉司法官员同堂会审，不可使满洲官员独审，汉族官员无事可做，对真正实现满汉司法权的平等也是有一定促进作用的。

十一年二月，转为户部左侍郎。五月，晋升都察院左都御史。六月，龚鼎孳等奏言："皇上展谒山陵，孝思笃切，臣等何敢渎陈，但频年水灾未消，小丑未靖，大兵屡勤征讨，粮饷方急转输，国计民生，各处奏报，事事仰烦宸虑。臣等愚见，望皇上以太祖太宗安定天下之心为心，暂辍启行，俟年丰时平，修恭谒山陵之礼，似为未晚。"② 清帝东巡盛京祖陵，路途1500余里，一般随行数千人，用时2~3个月，其间遇水搭桥，逢山开路，人吃马喂，耗费人力物力财力巨大，还要骚扰沿途的地方官员和百姓，尤

---

① 《清史列传》卷七十九《龚鼎孳传》，中华书局，1987，第6594页。
② 《清世祖实录》卷八十四，顺治十一年六月己卯。

其是连年的水灾尚未完全消除，平定南明的大军几度出师，正当国贫民穷之际，因而规谏顺治帝暂时不要东巡。应该说龚鼎孳的这一建议是有利于国力恢复和百姓安定的。

十一月，龚鼎孳疏言："招纳流民，先择寺院聚处，编列保甲，互为稽查，仍仿京师赈粥例，有司亲为经理；其往他省者，即令所在道厅招集，量给资本留屯，毋令失所。"① 提出对待流民不能放任自流，应当为他们找到寺庙等暂时住所，并无偿提供米粥，愿意迁往外省的流民也应当给予他们一定的资金，以使他们在新的环境里安居乐业。

十二年正月，龚鼎孳疏言："海贼郑成功旋抚旋叛，攻陷漳泉。浙闽总督刘清泰剿抚无能，藉病息肩，宜加处分。同安侯郑芝龙不能训子革心，又不束身待罪，早宜防范，以肃清内外。"② 顺治帝命下部密议此事。郑成功后来率兵收复台湾，成为民族英雄，但在当时的历史背景下，龚鼎孳提出处分清剿郑成功不力的浙闽总督刘清泰和提醒清朝注意防范郑成功之父郑芝龙，也是出于对国家整体利益的考虑。

此后龚鼎孳在仕途上开始走下坡路：

十二年十月，顺治帝令吏部传讯龚鼎孳道："朕每览法司覆奏本章，龚鼎孳往往倡为另议。若事系满洲则同满议，附会重律；事涉汉人则多出两议，曲引宽条。果系公忠为国，岂肯如此！龚鼎孳蒙恩擢任总宪，不思尽心报国，乃偏执市恩，是何主意！"③ 龚鼎孳具疏引罪。顺治帝以鼎孳偏执沽名，回奏文过饰非，有负朝廷重任，下部议罪。部议龚鼎孳应革职，诏令改降八级调用。由此可知，龚鼎孳尽管为清廷所用，但在处理案件时往往对满洲人犯施以重典，对汉族人犯曲引宽条，这显然是维护汉人利益潜意识的自然流露。

十二年十一月，因荐举犯贪污罪伏法之顺天巡按顾仁，再降三级调用。

十二月，鼎孳因定朱四之狱，仍引前议，再降一级调用。

十三年四月，降补为上林苑监蕃育署署丞。

闰五月，大学士成克巩提出龚鼎孳党护左通政使吴达，隐瞒其弟吴遂犯有反清复明之罪，请求审讯。结果龚鼎孳以不知吴遂为吴达之弟申辩，

---

① 《清史列传》卷七十九《龚鼎孳传》，中华书局，1987，第 6594 页。
② 《清世祖实录》卷八十八，顺治十二年正月戊申。
③ 《清世祖实录》卷九十四，顺治十二年十月戊辰。

被罚俸一年。

此后龚鼎孳奉使颁诏粤东,历任太仆寺主簿、上林苑丞。

十五年,任国子监助教。

十七年三月,吏部等衙门奉旨甄别四品以下京官,龚鼎孳以索行不孚众论,降三级调用。

康熙帝即位之后,降调已久的龚鼎孳又开始恢复官位。

康熙元年六月,康熙帝谕吏部:"赵开心、龚鼎孳降调处分已久,著遇侍郎缺补用。"① 二年六月,龚鼎孳以降调候补侍郎恢复都察院左都御史之职。

八月,上疏:"钱粮新旧并征,参罚叠出。那见征以补带征,因旧欠而滋新欠?请将康熙元年以前催征不得钱粮概行蠲免。有司既并心一事,得以毕力见征,小民亦不苦纷纭,得以专完正课。"② 建议将百姓在康熙元年以前的所欠钱粮一概蠲免,朝廷予以采纳。

三年十一月,升刑部尚书。上疏:"法司审拟事件,若非徇私枉法,虽或议罪稍轻,引律未协,既行改正,应免处分。"③ 提出司法机构只要不是有意徇私枉法,即使议罪较轻,援引法律条文不甚准确,指出后更正,也应免于处分,朝廷予以采纳。

五年九月,转兵部尚书。八年五月,转礼部尚书。九年二月,充会试正考官。十二年二月,再充会试正考官。九月二日,以病致仕。病笃之际遇到才华横溢的学子徐釚,叮嘱梁清标说:"负才如虹亭,可使之不成名耶?"④ 临终不忘提携后学。徐釚后来因梁清标举荐,考试博学鸿儒,得入史馆。

九月十二日,逝世于京师家中,朝廷依例赐以祭葬之礼,谥号"端毅"。乾隆三十四年,朝廷又取消了这一谥号。

五 后论

由上可知,龚鼎孳出身于书香门第,自幼聪敏,尤得祖父的亲自教诲,

---

① 《清圣祖实录》卷六,康熙元年七月壬申。
② 《清圣祖实录》卷九,康熙二年八月辛丑。
③ 《清史列传》卷七十九《龚鼎孳传》,中华书局,1987,第6595页。
④ 《清史稿》卷四八四《龚鼎孳传》,中华书局,1977,第13325页。

既熟读诗书，又兼通制举业，故得连中举人和进士，二十岁即为知县，进入仕途。龚鼎孳虽然大半生在清廷做高官，但身后其文名已远过政名。龚鼎孳长于作诗，尤以文思敏捷著称。每当文酒之会，觥筹交错，歌舞欢笑，满堂喧嚣之际，龚鼎孳诗兴大发，瞬间立得数纸，客未及散，妙语佳句，已传诵全座。又善作步韵之诗，天然无牵强之感，即逢险韵，愈以偏师胜人。顺治帝叹曰："龚某下笔千言，如兔起鹘落，不假思索，真当今才子也！"① 清初诗坛有"江左三大家"之称，即钱谦益、吴伟业和龚鼎孳。三人皆为诗友，钱谦益曾言："吾友孝升，今世吟坛之渠帅也。"② 沈德潜在《清诗别裁集》中评论道："时有合钱、吴为三家诗选，人无异辞，惟宴饮酬酢之篇多于登临凭吊，似应少逊一等。"③ 也就是说，三人在诗作的艺术水准上无可挑剔，但在诗作的内容上龚鼎孳平生多宴饮应酬之作，在思想境界上似乎不及钱、吴二人。龚鼎孳不仅有才，而且爱才，绝无文人相轻习气。康熙初年，学子携诗文至京师求教者，首先拜见龚鼎孳，龚鼎孳临终之际还想着嘱托梁清标提携才华横溢的后学徐釚。此外龚鼎孳还曾解囊相助过著名学者朱彝尊、诗人陈维崧，从狱中救出过著名书法家、医学家傅山，诗人阎尔梅等。

作为明末清初的著名学者和明朝命官，龚鼎孳经历了明清之际的社会大变动。如上所述，中国古代知识分子素有以天下为己任的优良传统，当时的顾炎武为反清复明，撰写《日知录》，顾祖禹撰写《读史方舆纪要》，皆为待后起王者所用，黄宗羲起兵抗清，兵败退隐，著书立说，终生不食清禄。这种为拯救天下而奋不顾身的民族精神，至今为后人所称颂和景仰。与这些具有崇高气节的知识分子不同，龚鼎孳选择了另外一条路，当李自成攻陷北京城时，投降了大顺军，并接受了直指使一职，多尔衮击败大顺军后，又投降了清廷。一年之内，两改其衷。这是与中国古代传统伦理道德思想严重背离的，对此不要说殉国的崇祯帝和败死的李自成如何看待他，就是接受龚鼎孳投降的多尔衮也始终在骨子里瞧不起他，认为像龚鼎孳这种不忠之人没有资格对别人说三道四，夹起尾巴苟且偷生一世就可以了，清代的《清史列传》也将龚鼎孳列入《贰臣传》之中。据此笔者认为：一

---

① 郑方坤：《又三十二芙蓉诗钞小传》，闵尔昌辑《碑传集补》卷四十四。
② 《定山堂诗集》，钱谦益《旧序》。
③ 沈德潜编《清诗别裁集》卷一《龚鼎孳》。

方面我们要弘扬顾炎武、顾祖禹和黄宗羲等人以天下为己任的崇高民族气节，另一方面对龚鼎孳的选择也应予以再认识，不能简单地指责他就是叛徒，似乎不去死难就不可饶恕，否则就是苛求古人、苛求历史，因为毕竟当时大部分知识分子只能走这条路，只能面对现实，更何况龚鼎孳也是迫不得已，如前所述龚鼎孳在定案时曾因惠及汉人而受到顺治帝的严厉斥责和降级处罚，便很能说明问题。当然我们也不能赞扬龚鼎孳的这种变节行为。作为后世的史学工作者，我们说龚鼎孳投降大顺军是应当肯定的，因为李自成领导的大顺军是汉族农民起义军，也许能够成为一说；以当今观点我们说龚鼎孳投降清军也是应当肯定的，因为满族不但是中华民族大家庭的一员，而且代表了统一中国的政治力量，也许也能够成为一说。然而龚鼎孳在做出人生的这两次重要决定时，肯定不会考虑到这些因素。因而历史唯物主义认为：无论评价历史人物还是历史事件都应当放在当时的历史背景下来进行。

　　过分贪恋女色也是龚鼎孳在个人生活上的一个突出特点。如上所述，龚鼎孳本有妻室童氏，然而他在南京秦淮河嫖妓时又结识了青楼女子顾媚。顾媚面容姣好，更兼通晓琴棋书画，龚鼎孳斥千金以赎之，成为侧室。此后便很少回乡探视父母，仅留童氏在老家照顾父母和抚育幼子，童氏之艰辛可想而知。其实童氏本人也不愿随夫在京享受荣华富贵，曾说："我经两受明封，以后本朝恩典让顾太太可也。"可以品味得出：童氏不仅对丈夫另结新欢不满，而且对龚鼎孳投降清廷也有鄙视之意。所有这些，严重影响了龚鼎孳在朝野内外的声名，顺治十七年朝廷以"鼎孳素行不孚众论，复降三级调用，罢署丞"。① 当然这都属于道德范畴的问题，但也可以看出龚鼎孳在做人方面的缺失。

　　龚鼎孳为官的大部分时间是在做言官，其所建言大都颇有利于时政，如他于顺治十年四月所上《遵谕陈言疏》，对清廷在司法工作中出现的七个方面问题，大胆地提了出来，并得到朝廷的采纳。这对于维护法律的尊严、维护犯人的合法权益和合理调整政府的司法结构皆有裨益。顺治十一年二月规劝顺治帝取消东巡的谏言，有利于与民休息，节省政府开支。顺治十一年十一月提出的处理流民问题的意见，有利于安置流民，稳定社会，为身处困境的流民做了一件好事。顺治十二年正月提出对骚扰东南地区的郑

---

① 《清史列传》卷七十九《龚鼎孳传》，中华书局，1987，第6595页。

氏父子之对策，体现出他维护国家统一的大局意识和对清朝统治者的尽心。康熙元年八月提出蠲免康熙元年以前百姓所欠钱粮的疏言，有利于纾解民困，减轻农民的沉重经济负担和发展生产。当然龚鼎孳也曾利用职权，构陷与己不合的同僚冯铨，诋毁冯铨在明朝时党附奸臣魏忠贤，经查并不属实。总的来说，龚鼎孳的建言积极方面是主要的，诋毁他人只是个别现象。

综上所述，对于在明清交替之际龚鼎孳所做出的三易其主行为，尽管有悖于中国古代传统的伦理道德，但作为后世的史学工作者，我们应给予再认识。此外龚鼎孳在为官期间，提出了不少于国于民有益的建言，在诗文方面颇有造诣，为后世留下了许多精神财富，对此我们也应予以肯定。

史学理论篇

杜佑与《通典》*

杜佑（735~812），字君卿，京兆万年（今陕西省西安市长安区）人，出身于世代官僚大地主家庭。青年时代"以荫入仕"，此后多为掌管财政之官，到了晚年，"摄冢宰"，当上了一人之下、万人之上的宰相。

杜佑一生虽政务繁多，但从未辍学，他读书并非漫无目的，而是"将施有政"，求"富国安人之术"。他20岁的时候，"安史之乱"爆发了，虽然这场历时八年之久的兵乱最终被平息，但昔日繁荣昌盛的大唐帝国已不复可见。为什么在这短短的几十年之中，天下的形势就发生了如此急剧的变化？作为地主阶级有识之士的杜佑，陷入了深深的沉思。最后他决定通过著书立说，来总结历史经验，找出挽救大唐王朝的办法。

与杜佑同一时代的刘秩，是唐代著名史学家刘知几的儿子，他曾搜罗经史百家有关典章制度方面的资料，撰成《政典》一书。杜佑见后，觉得堪为济世之用，但惜其"条目未尽"，于是参考《开元礼》《乐》等书，按照自己的编排体例，历时36年，撰成《通典》200卷。

一 《通典》的史学价值

《通典》共计187万余言，记述了上自黄帝下迄唐玄宗天宝末年历朝历代的典章制度，是中国史学史上第一部有关论述政治制度方面的专门通史，具有较高的史学价值。概括起来，主要有以下四个方面。

第一，创立了撰史的政书体裁。在《通典》出现之前，社会上通行的是纪传体和编年体史书，随着史学内容的不断丰富和发展，以上两种体裁已不能满足撰史的需要。刘知几曾说："丘明传《春秋》，子长著《史记》，

---

* 原载《社会科学辑刊》1991年第6期。

载笔之体于期备矣。后来继作相与因循，假有改张，变其名目区域有限，孰能逾此？"① 岂知在他故去的几十年之后，即公元801年，唐代史家杜佑便突破了"六家二体"的藩篱，于纪传体、编年体之外，卓然创立了第三种撰史体裁——政书体裁，开辟了一条撰修典章制度通史的新径，此后的《三通》《九通》和《十通》都是《通典》政书体系的余续。《通典》在体例上共分为九大类，即食货、选举、职官、礼、乐、兵、刑、州郡和边防。九大门类之下分别设目，目下又分子目，有的篇章根据需要，再分二级子目和三级子目。在叙述方法上，则以每一门类为单位，按照史事时间发展的先后顺序逐条排列。这便是《通典》政书体裁的基本框架。值得一提的是，该书九大门类的排列次序并非随意置之，它反映着作者对封建社会中某一朝代内部结构之间相互关系的认识。另外，史事按时代发展的先后次序排列，亦寓有深意，这样便于人们把握封建国家中某一具体制度的古今变化大势。实际上，这是一种以九大门类为纬、以时间发展顺序为经的编纂史书方法，目的在于起到会通古今史事的功效。当然《通典》的政书体裁并非一人一时所为。就其撰述内容来说，与正史之书志部分存在着渊源关系。自马班创立书志这种体例后，许多正史大都沿袭下来，这对于保存我国社会经济史料和自然科学史料都曾起过十分积极的作用，但这些性属不同专史的书志在与前代史书的对应部分衔接时，会出现某些技术性的问题：如果只记本朝史事，则不明因果，如果追述前代，又不免有繁复之嫌，至于那些不收书志的史书（如《三国志》），因有断档之虞，则问题会更大。正如清代史家梁启超所说："苟不追叙前代，则源委不明；追叙太多，则繁复取厌。况各史非皆有志，有志之史，其篇目亦互相出入，遇所阙遗，见斯滞矣。于是乎有统括史志之必要，其卓然成一创作以应此要求者，则唐杜佑之《通典》也。"② 梁氏称《通典》有统括整个正史书志之功，未免过誉，但说它统括唐以前之政治制度史则当之无愧。就其撰述形式来说，则与会典、会要体裁史书关系密切。较早出现的会典体史书是署名为唐玄宗御撰、李林甫注释的《唐六典》。曾南丰在《乞赐唐六典状》中介绍说："本原设官，因革之详，上及唐虞，以至开元。其文不烦，其实甚备，可谓善于述作者。"可见，该书亦为有关历代官制沿革损益的一部专史。杜佑在

---

① 《史通通释》卷二《二体》，上海古籍出版社，1978，第27页。
② 梁启超：《中国历史研究法》，《饮冰室史著四种》，江苏广陵古籍刻印社，1990，第21页。

撰写《通典》时，正当此书流行，其中的体例格式不能不对杜佑有所影响。另外，《唐会要》与《通典》亦有相通之处。《唐会要》虽署名为北宋初年的王溥所著，但发起工作是与杜佑同时的苏冕，《四库全书总目提要》说："初，唐苏冕尝次高祖至德宗九朝之事，为《会要》四十卷，宣宗大中七年，又诏杨绍复等次德宗以来事，为《续会要》四十卷，以崔铉监修。段公路《北户录》所称会要，即冕等之书也。惟宣宗以后，记载尚缺，溥因复采宣宗至唐末事续之，为新编《唐会要》一百卷。"[①] 苏冕与杜佑是同时代人，两书又俱系典章制度性质之专史，它们在体例上应会互有影响。

第二，议论体例，独具匠心。中国古代史书大都有"议论体例"，它们虽名目繁多，而意则一揆。刘知几说："《春秋左氏传》每有发论，假君子以称之，二传云'公羊子''谷梁子'，《史记》云'太史公'，既而班固曰'赞'，荀悦曰'论'，东观曰'序'，谢承曰'诠'，陈寿曰'评'，王隐曰'议'，何法盛曰'述'，扬雄曰'谍'，刘昞曰'奏'，袁宏、裴子野自显姓名，皇甫谧、葛洪列其所号，史官所撰，通称'史臣'。其名万殊，其义一揆。"[②] 杜佑著《通典》则别具心裁，他不仅把议论体例分为"说""议""评"三种形式（有时也用"论"），而且都赋予它们以不同之含义："凡义有经典文字其理深奥者，则于其后说之以发明，皆云'说曰'；凡义有先儒各执其理，并有通据而未明者，则议之，皆云'议曰'；凡先儒各执其义，所引据理有优劣者，则评之，皆云'评曰'。"[③] 这些议论体例不仅分工细腻，而且在设置上亦十分灵活，有感则发，无感宁付阙如，决不复蹈中国旧史书"限以篇终各书一论"的僵化做法，在表述风格上亦追求朴实自然，深合《史通》"事无重出，文省可知"之理。

第三，"自注"体例，别具一格。在《通典》一书中，普遍采用了"自注"体例，这在中国的其他史籍中是不多见的。《通典》的"自注"概括起来有六类：其一，解释文字之音义；其二，补充必要之史料；其三，说明有关之掌故；其四，考证可疑之史料；其五，交代内容之互见；其六，阐明写作之意图。史家著史，往往会遇到以下的矛盾，收入史料过多，难免有芜杂之讥；收入史料过少，又担心失去有价值的史料。中国史学，前代

---

① 永瑢等撰《四库全书总目》卷八十一《史部·政书类》，中华书局，1965，第694页。
② 《史通通释》卷四《论赞》，上海古籍出版社，1978，第81页。
③ 杜佑：《通典》卷四二《礼典》二，中华书局，1984，第242页。

尚简，后代尚繁。仅65卷的陈寿《三国志》，如无裴松之为之做注，留给今日的"史学悬案"定会不少。元代官修《宋史》，共计496卷，其中不乏繁复重叠之处，故被后代史家指斥为芜杂之典型。清代史家章学诚曾立志要加以改造，但惜其未果。可见撰史取舍之事，实为史家之难事。杜佑使用"自注"，便解决了这一矛盾。他把那些重要史料，经过史家特有的别出心裁的加工，编入正文，作为史家"成一家之言"的著述部分；把那些相对次要但又有保留价值的史料置于"自注"，起辅助说明正文的作用。这样处理史料，既得史家著述之名，又不失保存史料之实，同时也免去后人增补作注之劳，真是一举而数得。《四库全书总目提要》称《通典》"详而不烦，简而有要"，可谓中肯之言。这是与"自注"的作用分不开的。

第四，保存了大量珍贵史料。《通典》在体裁上采取了以类相从、以门统目的编纂方法，颇似会要和类书体例，十分利于保存原始资料。《通典》成书达36年之久，主要吸收了经、史、汉魏六朝人有关政论的文集和奏章，史料至为弘富。其中一些史料如今业已失传，史家可根据《通典》做辑佚工作；还有一些史料今日虽未失传，但由于年代久远，转相传抄，已失其本来面目，又可依据《通典》予以订正。《通典》不仅对校勘、订正和辑佚史籍很有帮助，更为可贵的是该书保留了一大批唐朝当代史资料，这部分资料多为作者所见，可信程度较高。例如《通典·食货典》中之"赋税"一目，便载有当时天下287个府、郡每年所贡贡品的种类和数目，这对研究唐代经济史的价值极高，而《新唐书》《旧唐书》却未收录。另外，《通典·刑法典》记载了大唐开元二十五年九月颁布的法律条文，也较《新唐书·刑法志》《旧唐书·刑法志》记载得更为详细。因此《通典》亦为研究隋唐史的必读之书。

当然《通典》在体例上也并非尽善尽美。首先，《通典》未能尽"会通"之能事。如前所述，《通典》以时间为经、以九大门类为纬，力图反映古今政治制度的演变大势和某一朝代内部结构之间的相互关系，在相当大的程度上体现了"会通"的特点，但遗憾的是未能尽如人意。自司马迁著《史记》创立"表"的体例后，许多史家纷纷效法，"表"有许多其他体例不及之处，它既能起到简化语言的作用，又善于表现各种纵横交错的复杂关系，使人一目了然。《通典》既以"会通"名世，就应该善于利用这一特殊体例，譬如说，《通典》如增"大事年表"一项，就会使所要表现的因果关系更加清晰，近代黄炎培先生撰修《川沙县志》采用了这一体例，结果大为时贤所称道。另外,《通典》之"历代盛衰户口"一节,文字零碎纷乱,如能辅之以《历代盛衰户口表》,定会收到意想不到的奇效,皆惜为《通典》所未采!其次,繁简失当,《礼典》过滥。《通典》共九门200卷,可仅《礼典》一门就占100卷之多!各门之间的比例显得很不协调。究其原因,除作者本人热衷于封建礼仪的繁文缛节外,可供参考的资料丰富也是一个客观原因。据杜佑讲,在编纂《礼典》时,仅直录《大唐开元礼》就达35卷之多:"谨按斯礼开元二十年撰毕……今则悉依旧文,不辄有删改。本百五十卷,类例成三十五卷,冀寻阅易周,览之者幸察焉。"① 作者既然声称首重食货,为何却收入这么多"礼"?

二 《通典》的史学思想

如前所述,《通典》中有许多"议""评""说""论"和概述一类的文字,作者通过这些议论文字提出对历史事件的看法,评价历史人物的功过,阐发对当时社会的政见,是我们今天研究杜佑史学思想的主要资料,概括杜佑的史学思想,主要有以下四个方面。

第一,强调农业手工业生产的重要作用,指出这是从事任何政治活动的物质基础。《通典》在体例上共分为九大门类,这九大门类在编排次序上又反映了作者对当时封建社会结构的认识,那么其内容究竟如何呢?作者在开篇之首便已揭示,他说:"夫理道之先,在乎行教化,教化之本,在乎足衣食。《易》称聚人曰财,《洪范》八政,一曰食,二曰货。管子曰:'仓廪实知礼节,衣食足知荣辱。'夫子曰:'既富而教,斯之谓矣。'夫行教化在乎设职官,设职官在乎审官才,在乎精选举,制礼以端其俗,立乐以和其心,此先哲王致治之大方也。故职官设然后兴礼乐焉,是以食货为首,选举次之,职官又次之,礼又次之,乐又次之,刑又次之,州郡又次之,边防末之。或览之者,庶知篇第之旨也。"② 从这段话中我们得知,《通典》之所以把食货放在九门之首,是因为农业和手工业乃是封建国家赖以生存的物质基础,如果百姓衣食不足,国家就不可能推行其政令,只有把农业和手工业生产搞好,国家才有可能进而对百姓实行治理,而要实行对百姓

---

① 杜佑:《通典》卷一〇六《礼典》六十六,中华书局,1984,第561页。
② 杜佑:《通典》卷一《食货典》"序",中华书局,1984,第9页。

的治理，首先就要设立治理百姓的官僚机构，要建立一套工作效率较高的官僚机构，又必须搞好选拔人才的工作，因此"选举"列入第二项，"职官"列入第三项。"百官"既已设置，方进入对百姓的实际治理阶段，对百姓的治理主要有两种手段，即文治与武功。聪明的先王以为须先文治而后武功，所以属于文治的"礼"为第四项，"乐"为第五项，属于武功的"兵"为第六项，"刑"为第七项。以上所举各项皆为内政范畴。除此之外，还须时刻提防外族的颠覆破坏，因此"州郡"列为第八项，"边防"列为第九项。这就是作者设置九大门类的基本思路。应该看到，在当时的历史条件下能够具有这种史识的史家并不多见，《通典》这种先生产、后教化的政治主张，反映了杜佑的朴素唯物主义思想意识和进步的历史观，在客观上也有利于促进生产的发展和人民生活水平的提高。杜佑这种重视农业和手工业物质生产之思想的形成，除了以上的原因，还与他所处的时代背景有关。杜佑生活的时代，正值唐王朝的多事之秋，连年不断的战事，使当时的社会经济遭到巨大的破坏，许多农民和手工业者被迫四处逃亡，造成土地的大量荒芜和生产的急剧衰退。出于挽救唐王朝的动机，杜佑企图通过著书立说来陈述自己的政治见解，希望最高统治者能够采纳并及时调整统治策略，切实抓好物质生产，减轻人民的生活负担。杜佑提出的以上政治主张无疑都是切中时弊的，体现了他卓越的政治才干和非凡的史识。

第二，提出"民贵君轻"的思想。唐初由于实行了旨在与民休息的轻徭薄赋政策，隋末以来凋敝的社会经济很快得到了恢复和发展。中唐之后，各代皇帝开始穷奢极欲，鱼肉人民，下面的贪官污吏也竞相效仿，把百姓当成了自己的奴仆。腐朽的政治导致了安史之乱，大唐统治从此一蹶不振。作为历史学家和统治集团一员的杜佑对此十分感慨，他认为，大唐统治之所以衰落得如此之快，皇帝应负主要责任。他在书中写道："夫天生烝人，树君司牧，是以一人治天下，非以天下奉一人。"① 指出皇帝既为天下人所立，当为天下人服务的道理。杜佑这一观点的提出，实际上是对孟子以来古代"民贵君轻"思想的继承和发展。在中国长期的封建社会里，能够提出这一思想的史家并不多见。

第三，提出"今胜于古"的历史进化论思想。虽然杜佑时常流露出对传说中"大同"社会的羡慕之情，但他同时也认识到古今异势，今天再不

---

① 杜佑：《通典》卷一七一《州郡典》"序"，中华书局，1984，第907页

可能回到昨天，他说："人之常情，非今是古，不详古今之异制，礼数之从宜。"① 在谈到郡县制和分封制的优劣时，他认为两者各有短长，但前者利大于弊，后者弊大于利。他说："夫立法作程，未有不弊者，固在度其为患之长短耳。政在列国也，其福有维城磐石之固，其末有下堂中肩之辱，远则万国屠灭，近则鼎峙战争，所谓其患也长；政在列郡也，其初乃四海一家之盛，其末有土崩瓦解之虞，高光及于国初，勘足之勋易集，所谓其患也短，岂非已然之证欤！"② 表达了他"今胜于古"的历史进化论思想。

第四，严谨求实的治学态度。当时的封建文人在著书立说时，往往喜爱采撷奇闻逸事以哗众取宠，杜佑对这一不良习气甚为鄙视，他说："后代纂录者，务广异闻，如范晔《叙蛮夷》、廪君《盘瓠》之类是也。辄以愚管所窥，宜皆不足为据。"③ 对于那些把人事附会天意的做法，他提出了质疑："将诸国上配天文，既多舛谬，或无凭据……有览之者当以见察。"④ 遇到有疑义的历史问题，他决不回避，如对黄河河源的考察，他翻阅了大量的历史资料，经过多方的论证，提出了自己的不同看法，⑤ 表现了一个历史学家应有的严谨治学态度。

杜佑在史学思想上有许多进步之处，这无疑都应该肯定，但我们在肯定他主流的同时，亦有必要指出其历史局限。其一，他的封建礼教观念至为严重，他说："夫理道之先，在乎行教化；教化之本，在乎足衣食。"⑥ 这就是说，他之所以首重食货，不过是出于宣扬封建礼教的需要而已，认识到这一点，我们便不难理解为什么《礼典》竟占全书篇幅的一半之多！宣扬封建礼教固然在当时能起到一定的麻痹人民和稳定社会的作用，但其对后世的流毒之广、危害之深是难以估计的。其二，主张实行"愚民政策"。他说："民者，瞑也。可使由之，不可使知之。"⑦ 杜佑既反对国君过分地掠夺人民，又主张实行"愚民政策"，这说明他所提出的与民休息的主张，归根结底是出于巩固封建统治的需要而已。其三，反对与少数民族以及邻近国家交往，主张"闭关锁国"政策。杜佑认为，无论是与外族和亲，还是

---

① 杜佑：《通典》卷五八《礼典》十八，中华书局，1984，第337页。
② 杜佑：《通典》卷三一《职官典》十三，中华书局，1984，第177页。
③ 杜佑：《通典》卷一七四《州郡典》四，中华书局，1984，第924页。
④ 杜佑：《通典》卷一七二《州郡典》二，中华书局，1984，第913页。
⑤ 杜佑：《通典》卷一七四《州郡典》四"后论"，中华书局，1984，第924页。
⑥ 杜佑：《通典》卷一《食货典》"序"，中华书局，1984，第9页。
⑦ 杜佑：《通典》卷一二《食货典》十二，中华书局，1984，第71页。

与外族交恶，对大唐来说都毫无必要，他说："通贡献，则去锦缋而得毛革；讨负约，则获犬马而丧士人；许和亲，则毁礼义而顺戎俗。张骞使西域，得摩诃兜勒曲，汉武采之，以为鼓吹。东汉、魏、晋乐，则胡笛箜篌。御则胡床，食则羌炙、貊炙，器则蛮盘，祠则胡天。"① 这实际上是老子"小国寡民，老死不相往来"和"夜郎自大"的思想。张骞通西域，首次沟通了内地与西域的联系，增进了中原人民与西域人民之间的友好往来，在中国历史上立下了不朽的功勋；东汉、魏晋南北朝时期的民族大融合，促进了各民族之间的经济交流和友好往来，对今天中华民族的形成和发展曾起过重要作用。一个民族乃至一个国家如果处处故步自封、闭关锁国，其终将为历史所淘汰。

---

① 杜佑：《通典》卷二〇〇，《边防典》十六，中华书局，1984，第1087页。

刘知几与章学诚*

刘知几为唐代杰出史评家，著有《史通》；章学诚为清代著名史评家，著有《文史通义》。关于二书在中国史学史上之地位，近人金毓黻曾作过这样的评价："刘、章两家为评史家之圭臬。"又说："踵刘氏之后而续其书者，殊罕其伦。章学诚《文史通义》虽文史并释，实以释史为主，谓为刘氏以后仅见之作，谁曰不宜？"[①] 可见两书虽悬隔千余年，然前后辉映，共同筑起了中国史学史上的两座高峰。

由于刘知几与章学诚在中国史学史上占有十分重要的地位，因而有关介绍、评论和研究二人的论著发表出版了不少。这些论著对于阐发他们的主要学术观点及其学术价值，并推动中国史学史研究，无疑具有十分积极的作用。在此基础上，笔者以为，若将刘知几与章学诚的主要学术观点进行比较研究，必能相互佐证，从而进一步推动该领域的学术研究。

这就是笔者欲撰写本文之初衷。

一　个人志趣和时代背景

一个人的学问并非与生俱来，而是经过长期学习和研究获得的。在这个过程中，个人志趣和时代背景，对其学术特点之形成，具有重要的影响，所以阐明刘知几与章学诚少年的个人志趣和所处的时代背景，有助于深入理解他们的学术主张。

刘知几，字子玄，徐州彭城人。生于唐高宗龙朔元年，卒于唐玄宗开元九年。出身于书香门第，据《旧唐书·刘胤之传》记载：刘知几族祖刘

---

* 原载辽宁大学历史文化学院编《明清史论丛——孙文良教授诞辰七十周年纪念文集》，辽宁大学出版社，2004。

① 金毓黻：《中国史学史》，中华书局，1962，第218～229页。

胤之，在唐高宗永徽年间曾任弘文馆学士，并参与国史和实录之修撰。父亲刘藏器任宋州司马，亦有词学。刘知几在家庭的影响下，自幼颇好读书，始学《古文尚书》，继学《左传》，又学《史记》《汉书》《三国志》等，打下了良好的史学和文学功底。弱冠以后，参加朝廷科举考试，中进士，授获嘉主簿，从此开始进行史学研究的工作。刘知几后来在谈到自己少年时的志向和爱好时说：

> 自小观书，喜谈名理，其所悟者，皆得之襟腑，非由染习。故始在总角，读班、谢两《汉》，便怪《前书》不应有《古今人表》，《后书》宜为更始立纪。当时闻者，共责以为童子何知，而敢轻议前哲。于是赧然自失，无辞以对。其后见张衡、范晔集，果以二史为非。其有暗合于古人者，盖不可胜纪。始知流俗之士，难与之言。凡有异同，蓄诸方寸。
>
> 及年已过立，言悟日多……①

由此可见，刘知几自幼不仅诵习了许多中国古代文史典籍，而且在阅读这些古代文史典籍时，往往能够发现其中之瑕疵，并颇与古人暗合，显示出非凡的史评天赋。也许正是这个缘故，使刘知几最终决定放弃文学而走上史学道路。

刘知几生当盛唐，经济繁荣，国家高度统一。在文化建设方面，朝廷亦十分重视，开始设置专门机构进行管理。唐朝以前，虽然已有史官制度，但是管理粗放，许多重要史学著作，如《史记》《汉书》《后汉书》和《三国志》等皆由私撰。为了总结历史经验教训，以保证封建国家的长治久安，唐朝建立后不久，便设立了史馆，旋即移至皇帝直接控制之门下省，由宰相兼领其事。

唐朝设立史馆是有其实在内容的。从唐高祖到唐高宗曾先后颁布了三道诏书，即高祖《命萧瑀等修六代史诏》、太宗《修晋书诏》和高宗《简择史官诏》。从唐太宗贞观三年到唐高宗显庆四年，共修成八部纪传体正史，即《梁书》《陈书》《北齐书》《周书》《隋书》《晋书》《南史》和《北史》，此外还修成了几部实录。

---

① 《史通通释》卷十《自叙》，上海古籍出版社，1978，第289页。

刘知几与章学诚

官修史书能够从财力、物力和人力等各方面加以保障，本应是件好事，然而史馆的领导层大都是官僚，由此滋生出种种弊端，结果事与愿违，官修反不如私撰。

据《旧唐书》本传载："知几长安中（701~704），累迁左史，兼修国史。"后来又"擢拜凤阁舍人，修史如故"，"景龙初再转太子中允，依旧修国史。"可知刘知几大约四十岁以后基本上是在史馆里工作。由于他长期在史馆里工作，因而对其中之弊病，不仅了如指掌，而且深恶痛绝！大约景龙二年或者稍后不久，刘知几曾致书当时的国史监修官萧至忠等，痛陈史馆制度之"五不可"。现摘要述之于下：

> 古之国史，皆出自一家……未闻借以众功，方云绝笔。……今者史司……每记一事，载一言，皆阁笔相视，含毫不断。故头白可期，而汗青无日。其不可一也。
>
> 前汉郡国计书，先上太史，副上丞相。后汉公卿所撰，始集公府，乃上兰台。由是史官所修，载事为博。爰自近古，此道不行。……虽使尼父再出，犹且成于管窥；况仆限以中才，安能遂其博物！其不可二也。
>
> ……近代史局，皆通籍禁门，深居九重，欲人不见。寻其义者，盖由杜彼颜面，防诸请谒故也。然今馆中作者，多士如林，皆愿长喙，无闻龁（龁拼音体）舌。倘有五始初成，一字加贬，言未绝口而朝野具知，笔未栖毫而缙绅成诵。夫孙盛实录，取嫉权门；王劭直书，见仇贵族。人之情也，能无畏乎？其不可三也。
>
> 古者刊定一史，纂成一家，体统各殊，指归咸别。……顷史官注记，多取禀监修，杨令公则云"必须直词"，宗尚书则云"宜多隐恶"。十羊九牧，其令难行；一国三公，适从何在？其不可四也。
>
> 窃以史置监修，虽古无式，寻其名号，可得而言。夫言监者，盖总领之义耳。……今监之者既不指授，修之者又无遵奉，用使争学苟且，务相推避，坐变炎凉，徒延岁月。其不可五也。①

由此可知，刘知几之所以对史馆提出上述批评，主要是由于在这种官修体制下，领导修史的监修们大都为政客出身，他们席丰履厚，彼此推诿，

---

① 《史通通释》卷二十《忤时》，上海古籍出版社，1978，第590~592页。

号令不一，政出多门，令修史者无所适从。朝廷又变更旧例，将第一手档案资料锁于深宫而秘不示人，令修史者"巧妇难为无米之炊"。实事求是本是修史的基本原则，然而在这种制度下，笔未落纸而言已传出，权衡利害，令修史者裹足不前。此外由于众手成书，在修史者当中也易形成相互推诿的关系，结果只能是效率低下，工程无期。

鉴于此，刘知几对史馆已完全失去了信心，遂生私家撰史之意。他说："嗟乎！虽任当其职，而吾道不行；见用于时，而美志不遂，郁怏孤愤，无以寄怀，必寝而不言，嘿而无述，又恐没世之后，谁知予者。故退而私撰《史》，以见其志。"① 由此可知，《史通》之问世，从写作动机来看，乃是作者因不满史馆制度和自己寄怀见志的结果。

章学诚少年时与刘知几在个人志趣上颇为相类。章学诚，字实斋，号少岩，浙江会稽（今浙江省上虞县道墟镇）人，生于乾隆三年，卒于清仁宗嘉庆六年。亦出身于书香门第，祖父章君信，以博闻多识闻名乡里，尤其喜好历史，晚年闭门谢客，专心诵读《资治通鉴》。父亲章镳，亦勤奋好学，年少时常借书抄书而读，后考取进士，任湖北应城知县，还写得一手好书法。在家庭的影响下，章学诚年轻时酷爱读书，曾将妻子首饰变卖，换来笔纸，雇人日夜抄录春秋内外史、东周史、战国史和诸子书。他在谈到自己少时的志趣时说：

> 十五六岁时，尝取《左传》删节事实，祖父见之，乃谓编年之书，仍用编年删节，无所取裁，曷用纪传之体，分其所合？吾于是力究纪传之史，而辨析体例，遂若天授神诣，竟成绝业。祖父当时，亦咤为教吾之时，初意不及此也，而不知有开于先，效如是尔。②

又说：

> 史部之书，乍接于目，便似夙所攻习然者。③

又说：

---

① 《史通通释》卷十《自叙》，上海古籍出版社，1978，第290页。
② 章学诚：《章学诚遗书》卷九《家书》三，文物出版社，1985，第92页。
③ 章学诚：《章学诚遗书》卷九《家书》六，文物出版社，1985，第93页。

> 吾于史学，盖有天授，自信发凡起例，多为后世开山。①

由此可见，章学诚亦出身于书香门第，自幼在长辈的指导下，阅读了中国古代许多文史典籍，尤其是在论列史书体例得失方面，显示出良好的史评潜质。只是在仕途上远不如刘知几顺利，屡次参加科举而不中。虽最终得中，然年已愈不惑，乃改变本志，退而潜心著述，走上了一条以学养学的艰苦人生道路。

章学诚虽亦逢盛世，然而清朝的学风却与刘知几所处时代迥然不同。清朝定鼎北京之后，以顾炎武为代表的一批爱国知识分子认为，明朝的灭亡主要是明末儒生空谈义理、不务实际的恶劣学风造成的，所以欲反清复明，在治学上须以"经世致用"为宗旨，以考据为手段，方能从根本上解决问题。在这种思想的指导下，萌发了清朝的考据学风。对于清朝统治者来说，他们在以武力统一中国之后，亦认识到马上取天下易而马上治天下难，所以很快把注意力转移到文化领域。为了彻底摧毁知识分子的反清复明意识，清朝统治者大搞"文字狱"，迫使他们放弃"经世致用"宗旨，仅保留考据的形式，从而走上为考据而考据的单纯治学道路。在这种学风的影响下，知识分子们只能闭门读书，不能过问政治，终日爬罗剔抉，劳形案牍，皓首穷经。对于这种理论严重脱离实际的学风，章学诚十分不满，他在与汪龙庄的书信中说："近日学者风气，征实太多，发挥太少，有如桑蚕食叶，而不能抽丝。……拙撰《文史通义》，中间议论开辟，实有不得已而发挥，为千古史学辟其蓁芜。"② 由此可知，《文史通义》之问世，乃是作者为针砭时弊和倡导学以致用优良学风的结果。

二 关于史法

如前所述，刘知几对史馆完全失去了信心，遂生私撰一史之意，以不辱没平生。

中国自古以来，便有隔代修史的传统。至刘知几所处的唐朝，社会上已积有相当多数量的史书。这些史书形式多样，内容丰富，蔚为大观。例如：就史书的形式而言，至少已经出现编年体、纪传体、国别体、谱牒、

---

① 章学诚：《章学诚遗书》卷九《家书》二，文物出版社，1985，第92页。
② 章学诚：《章学诚遗书》卷二十九《与汪龙庄笺》，文物出版社，1985，第334页。

史考体、传记、起居注、实录等体裁；就纪传体而言，至少已经出现本纪、列传、世家、书志和表历等体例，客观上亟待有人去总结和研究。刘知几既然自幼有此天赋，又应时代之要求，撰写一部贯通古今的史评著作，自然成为刘知几的选择。

《史通》分为内外两篇，每篇各十卷，共二十卷。内篇包括三十九目，其中"体统""纰缪""弛张"有目无文。外篇包括十一目，其中"杂说"一目析为上、中、下三部分。该书约写于长安二年，完成于景龙四年。

作为史评的拓荒之作，《史通》首先必须回答史法这一史学上的最基本问题，因而该书在这方面的内容也占据主要篇幅。下面就史法问题，将刘知几的观点简要分述如下。

1. 论古今史学流派及历史文献分类

如前所述，至刘知几所处的唐朝，社会上已积有相当多数量的史书。欲言史法，首先须对古今史学流派进行商讨和对历史文献加以分类。关于古今史学流派，刘知几将其概括为"六家二体"。所谓"六家"，他在《六家》篇中这样解释：

> 古往今来，质文递变，诸史之作，不恒厥体，权而为论，其流有六：一曰《尚书》家，二曰《春秋》家，三曰《左传》家，四曰《国语》家，五曰《史记》家，六曰《汉书》家。

所谓"二体"，他在《二体》篇中这样解释：

> 丘明传《春秋》，子长著《史记》，载笔之体，于斯备矣。后来继作，相与因循，假有改张，变其名目，区域有限，孰能逾此！……惟此二家，各相矜尚。

由上而知，《春秋》和《史记》二体是包括在"六家"之内的，那么"六家"与"二体"两者之间的关系如何呢？清人浦起龙曰："六家举史体之大全，二体定史家之正用。"[①] 也就是说，六家概括了当时全部史书的六种体裁，或者说六大流派，《春秋》编年体和《史记》纪传体则是这六种体裁中的两种最主要的史书体裁。

---

① 《史通通释》卷二《二体》，上海古籍出版社，1978，第29页。

此外，刘知几还从历史文献学的角度，将浩如烟海的史籍按其性质分为两大类："正史"与"杂史"。所谓"正史"，即上述六家之书及后来的官修国史；所谓"杂史"，即自古以来的私撰史籍。刘知几在《杂述》篇中将杂史分为十类：一曰"偏记"，二曰"小录"，三曰"逸事"，四曰"琐言"，五曰"郡书"，六曰"家史"，七曰"别传"，八曰"杂记"，九曰"地理书"，十曰"都邑簿"。

2. 论史书内容

关于史书之内容，刘知几认为事多则详，事少则略。他在《烦省》篇中说：

> 至如秦燕之据有西北，楚越之大启东南，地僻界于诸戎，人罕通于上国，故载其行事，多有阙如。且其书自宣成以前，三纪而成一卷。至昭襄已下，数年而占一篇。是知国阻隔者，记载不详，年浅近者，撰录多备。此丘明随闻见而成传，何有故为简约哉？

刘知几在这里是从空间和时间两个方面来说的。就空间而言，距中原愈近，资料就愈多，则应详细；距中原愈远，资料就愈少，则应简略。就时间而言，同一道理，距今愈近，资料就愈多，亦应详细；距今愈远，资料就愈少，亦应简略。一言以蔽之，事多则详，事少则略。主张顺其自然，反对为简约而简约。刘知几的这一观点，实开现代撰写史志"详今略古"原则之先河。

3. 论史书体裁

关于史书之体裁，刘知几反对模拟古典史书体裁之形式，主张模拟古典史书体裁之精神。他在《模拟》篇中说：

> 盖貌异而心同者，模拟之上也；貌同而心异者，模拟之下也。然人皆好貌同而心异，不尚貌异而心同者，何哉？盖鉴识不明，嗜爱多僻，悦夫"似史"，而憎夫"真史"，此子张所以致讥于鲁侯，有叶公好龙之喻也。

这实际上是一个继承与创新的问题。对于古典史书体裁，只能作为参考，而不能照搬。因为历史是在发展的，事物是在变化的。所谓继承传统，当指学习古人善于总结前贤，并在此基础上找到适合当时的史书体裁这种精神，而非学其皮毛，囿于形式。既然如此，选择和提炼目前流行史书体裁，就未必是一件俗事。

4. 论史书语言

关于史书之语言，刘知几反对使用业已死亡的古代语言，主张使用正在流行的当代语言。他在《语言》篇中说：

> 夫天长地久，风俗无恒，后之视今，犹今之视昔，而作者皆怯书今语，勇效昔言，不亦惑乎！苟记言，则约附《五经》；载语，则依凭三史；是春秋之俗，战国之风，恒两仪而并存，经千载其如一，奚以今来古往，质文之屡变者哉！

撰写史书是给今人和后人看的，所以应使用当代语言。况且后人看待今时，亦犹今人看待往昔，因而今人使用当代语言最终也要成为古代语言，却保留了这一时代的特点。如果今人效法上古语言，后人亦效法上古语言，史书语言经千载而不变，这岂不是文化的僵化和史学的灭亡之日吗！

5. 论史书叙事

关于史书之叙事，刘知几以为其法有二：一曰简要；二曰隐晦。所谓"简要"，他在《叙事》篇中说：

> 夫国史之美者，以叙事为工，而叙事之工者，以简要为主。

撰写国史之以简要为美，从消极意义上说，去其枝叶，刈其芜蔓，文体自无其负累；从积极意义上说，简要之文体，传达的是自然、凝重、睿智和整饬的信息，因而产生美感。《三国志》堪称这方面的典范之作。

所谓"隐晦"，他在同篇中说：

> 晦也者，省字约文，事溢于句外。然则晦之将显优劣不同，较可知矣。夫能略小存大，举重明轻，一言而巨细咸该，片语而洪纤靡漏，此皆用晦之道也。

由此可见，隐晦之法较之简要之法更为精练。简要之法尚可见文句，而隐晦之法言近旨远，辞浅义深，全以神行。这是对叙事更高层次的要求，没有极深之文字修养，难臻此境。《春秋》与《左传》堪称这方面的典范之作。

此外，在史书叙事的问题上，刘知几十分反对因袭古史旧文。因为世迁事异，其文在彼时尚可，在此时若尽行抄录，不加稍改，小则感觉不真切，大则会闹出笑话。

6. 论史书断限

关于史书之断限，刘知几这里专指断代史。他认为：既断代为书，则非本代之事绝不应收录。

为此，他在《断限》篇中批评某些断代史书不遵守这一原则、自乱体例的做法。如说《汉书》："表志所录，乃尽牺年。"又："《宋史》则上括魏朝，《隋书》则仰包梁代。"应该说，刘知几这一观点是有些道理的，然而也不能一概而论。沈约所著《宋书》，内有八志。各志之内容，往往上溯三代，中及汉魏，于当代更为详尽。《宋书》在体裁上虽失之断限，但因《三国志》无志，这一做法恰好可补前史缺漏。

7. 论史书书法

所谓"史书书法"，即指史家在表述当朝阴暗面时之书写手法。史家在表述这方面的书写手法颇多，然要而言之，不外乎直书与曲笔两种。秉笔直书，是中国古代史学的优良传统。刘知几在这里再次重申了对直书史家的敬重和对曲笔史家的鄙视。他在《直书》篇中说：

> 若南、董之仗气直书，不避强御；韦、崔之肆情奋笔，无所阿容。虽周身之防，有所不足，而遗芳余烈，人到于今称之。与夫王沈《魏书》，假回邪以窃位；董统《燕史》，持诡媚以偷荣。贯三光而洞九泉，曾未足喻其高下也。

秉笔直书，虽是一个老话题，但在中国古代能够做到这一点的史家，可谓寥若晨星。至于今人，若以同样标准衡量，恐怕怀愧汗颜者亦有许多。

8. 论纪传体各部门

在中国古代史书中，最具影响者当属纪传体体裁。为深入分析和研究这一史书体裁，刘知几就纪传体内部诸体例分别进行了具体评说。对于本纪，根据以往史书曾经出现过的情况，刘知几认为：非天子者、无年号或国统者和琐细之事皆不应入内。对于世家，刘知几认为：无世可继、无家可承者，官仅大夫者和有名无实之汉代诸侯，皆不应入内。对于列传，刘知几认为：非卿大夫者、非人名者、异代合传者、附传无突出行名者和事迹平庸者，皆不宜入内。对于表历，刘知几基本持否定态度。认为事迹既见诸文字，而又重复以表，实为画蛇添足。对于书志，刘知几十分赞赏，然而认为应删除《天文志》《艺文志》和《五行志》；增加《都邑志》《氏族志》和《方物志》。

以上简要地阐述了刘知几在历史编纂学上的基本观点和主张。与刘知几相比，章学诚既生于其后，没有必要再重复前说，只能就史法的个别问题，或者补充，或者提出新的见解。

然而必一点深入，务求隐微。具体来说，章学诚在史法方面有四项主张，现分述如下。

1. **主张因事命篇**

因事命篇是章学诚在历史编纂学上总的指导思想。他认为，史书是撰述往事的，以事件为中心选择体裁，内容方能真正不为形式所拘。为此他在《文史通义·书教》下篇中说：

> 夫史为记事之书。事万变而不齐，史文屈曲而适如其事，则必因事命篇，不为常例所拘，而后能起迄自如，无一言之或遗而或溢也。

刘知几殁后，史馆制度非但没有削弱，反而一直延续下来。纪传体作为官修史书选定的御用体裁，随着时间的推移，其自身固有的缺点愈加显露出来，即"一事而复见数篇，宾主莫辨"[①]。同时"二体"中之编年体亦有不完善之处，即"一事而隔越数卷，首尾难稽"[②]。南宋史学家袁枢在阅读《资治通鉴》时，便有感于此，遂以事件为中心，打破原来结构，进行重新排列组合。这种方法从根本上解决了千百年来困扰编年体和纪传体的问题。其优点是在内容上既不重复，又不分散，叙述历史事件有始有末、有原有本，实际上是创立了中国史书的另一重要体裁——纪事本末体。纪事本末体在中国史学史上获得的巨大成功，当然亦是创立者袁枢始料未及的。章学诚虽非该体裁的发明者，却是其知音和真正认同者。纪事本末体之所以后来昌明于天下，与章学诚的积极提倡是分不开的。

2. **设想新史体**

章学诚称赞纪事本末体，实际上是仅就其因事命篇、史不拘例这一精神而言的，并非全盘照搬。关于史书体裁，章学诚则另有新的设想。他在

[①] 永瑢等撰《四库全书总目》卷四十九《史部·纪事本末类》，中华书局，1965，第437页。
[②] 永瑢等撰《四库全书总目》卷四十九《史部·纪事本末类》，中华书局，1965，第437页。

与好友邵晋涵的书信中曾说:"今仍纪传之体,而参本末之法,增图谱之例,而删书志之名,发凡起例,别具《圆通》之篇,推论甚精,造次难尽,须俟脱稿,便为续奉郢质也。"① 但遗憾的是,章学诚由于为生计所累等,《圆通》篇的写作功亏一篑,所谓新史体之具体设想亦未能流传于世。不过我们今天仍可从《文史通义·书教》等篇中得观其崖略。

总的来看,新史体可分为四个部分:第一,本纪。章学诚虽仍冠以本纪之名,但与纪传体中之本纪在内容上已完全不同。作为纪传体中之本纪,在许多历史学家的意识里,应当只记天子。司马迁在《史记》中将项羽等人收入本纪,因而遭到以刘知几为代表的一些史学家反对。如刘知几曾说:"项羽僭盗而死,未得成君……诸侯而称本纪,求名责实,再三乖谬。"又说:"纪者,即以编年为主,唯叙天子一人。"② 表现出强烈的封建正统观念。章学诚则不以为然,他说:"纪传虽创于史迁,然亦有所受也。观于《太古年纪》《夏殷春秋》《竹书纪年》,则本纪编年之例,文字以来即有之矣。"指出本纪虽为司马迁所开创,但作为一种编年史体例,早在这之前就已存在了。可见在章学诚心目中,本纪就应该是依照年代先后次序而编排的大事纪要。第二,传。同本纪一样,新史体中虽仍用传名,但对其内容已进行了大幅度的改造。他说:"以《尚书》之义,为迁《史》之传,则八书三十世家,不必分类,皆可仿左氏而统名曰传。"在《史记》一书中,"书"主要记载文化与典章制度;"世家"主要记载王侯贵族及其世系;"传"主要记载社会各方面有杰出贡献和才能的代表人物。章学诚的想法是,仿左丘明为《春秋》作传之法,将书、世家和传三者之间的分类界限完全打破,合并后仍统称曰"传"。这种新意上的传,是以《尚书》因事命篇为原则,借鉴袁枢纪事本末体之体裁,形成以事件为中心的诸多专题。这些专题"或考典章制度,或叙人事终始,或究一人之行,或合同类之事,或录一时之言,或著一代之文"。形式自由活泼,灵活多变,最适合表现他历来主张的史义。虽说以纬本纪,却是章学诚新史体中之主要内容。第三,表。章学诚说:"人名事类,合于本末之中,难于稽检,则别编为表,以经纬之。"书、世家和传三者合一后,原来冠于它们之前的名号不见了,若要查询某人,或某一文化现象,或某一典章制度,就不如从前那样方便了。

---

① 章学诚:《章学诚遗书》卷九《与邵二云论修宋史书》,文物出版社,1985,第81页。
② 《史通通释》卷二《本纪》,上海古籍出版社,1978,第37~38页。

为此，章学诚还同意保留表，将史书中的人物、文化现象和典章制度的名号胪列其中，以便解决这个新出现的问题。这种意义上的表，实际上是辅助传的附属体例，其功用类似于现代的索引，因此与旧史中大事记性质的表亦完全不同。第四，图。章学诚说："天象地形，舆服仪器，非可本末该之，且亦难以文字著者，别绘为图，以表明之。"主张设立图的体例，将古代那些象形性事物以图的方式来表述。其实上古时代的史书便是有图的，即所谓"左图右书"。然而自司马迁著《史记》，采用本纪、世家、列传、书和表五种体例，而无图，后世史家遂视为成法，相沿不改。以刘知几之史识亦熟视无睹，而未能发现其中不当之处。至宋代史学家郑樵著《通志》，内有《图谱略》。他说："图至约也，书至博也。即图而求易，即书而求难。古之学者，为学之要，置图于左，置书于右，索象于图，索理于书。故人亦易为学，学亦易为功。"[①] 这就是说，图自有特殊的功用。对于那些易于目见而难以言传的形象事物，文字愈繁而意义愈晦。若置换以图，便可一目了然，所以说图是至为简约的手段。遗憾的是，郑樵虽然意识到了图的重要作用，但仅列于略下，并未把它作为一级体例推出。在郑樵的影响下，章学诚于青年时代便认为史书中应当加图，年长此志弥坚。因而在设想新史体时，毅然将图置于重要地位，这在中国史学史上还是第一次。

3. "撰述"与"记注"

中国史籍历来都是按照史书体裁进行分类的，而章学诚则不然，他根据史著与史料的不同性质，首次将所有史籍区别为两大类，即"撰述"与"记注"。关于撰述与记注的概念，章学诚在《书教》下篇中说：

> 《易》曰："著之德圆而神，卦之德方以智。"闲尝窃取其义，以概古今之载籍。撰述欲其圆而神，记注欲其方以智也。夫智以藏往，神以知来。记注欲往事之不忘，撰述欲来者之兴起。故记注藏往似智，而撰述知来拟神也。藏往欲其赅备无遗，故体有一定，而其德为方；知来欲其决择去取，故例不拘常，而其德为圆。

这就是说，撰述即史学著述，要求见解精辟，预知未来；记注即史料类编，要求分类清楚，包揽无遗。至于两者之间的关系，章学诚将其形象地比喻为韩信用兵和萧何转饷，也就是记注为撰述提供资料服务。

---

① 郑樵：《通志》卷七十二《图谱略·索象》，浙江古籍出版社，2000，第837页。

章学诚将史籍分为撰述和记注两大类，是有其实际意义的。据此，他将正史中的"前四史"，即《史记》《汉书》《后汉书》和《三国志》列为撰述，而将唐代以后的官修史书皆列为记注。其理由是：前四史具有"心裁别识，家学具存"，"其离合变化，义无旁出，自足名家学而符经旨。"①也就是说具有史家个人的独到见解和鲜明观点，成一家之言，能够体现史义和基本符合《春秋》经旨，所以足称撰述。而唐代以后的官修史书，"开局设监，集众修书……以待后人之论定则可矣，岂所语于专门著作之伦乎？"②也就是说唐代设立史馆之后，官修史书如同政府公文一样，按照既定的格式，填充各类史料，内容虽比较丰富，思想却十分贫乏，所以只能算作记注。由此可见，刘知几和章学诚在对待正史的态度上是基本相同的，即都认为前四史优于唐以后官修正史；史馆之内不可能写出成一家之言的高质量史书。只是刘知几生活在史馆建立不久的唐代，对官修史书制度之弊病还不过是感性认识，而章学诚生活在清代乾隆年间，官修史书制度之弊病已历经千载，暴露无遗，所以他能够有比较深刻的认识，并从理论的高度加以总结和说明。

4. 当立《史官传》

章学诚除了指出应设图的体例之外，还主张应立《史官传》，这是他为历史编纂学所做出的第二项具体贡献。关于这两点看法，章学诚早在青年时代便已萌生，而且终生未改。他在与子孙的家书中说：

> 廿三四时所笔记者，今虽亡失，然论诸史，于纪、表、志之外，更当立图；列传于《儒林》《文苑》之外，更当立《史官传》。此皆当日之旧论也，惟当时见书不多，故立说鲜所征引耳，其识之卓绝，则有至今不能易者。③

章学诚提出立《史官传》的问题是颇有见地的。在纪传体正史之中，《儒林传》主要记载经学家与哲学家，《文苑传》主要记载文学家与艺术家，唯独史学家无传可入、无家可归，这显然是一个纰漏。中国素以历史悠久著称于世，隔朝修史，代代相承，可以说是中国古代史学的一个优良

---

① 章学诚著，叶瑛校注《文史通义校注》卷五《答客问上》，中华书局，1985，第471页。
② 章学诚著，叶瑛校注《文史通义校注》卷五《答客问上》，中华书局，1985，第471页。
③ 章学诚：《章学诚遗书》卷九《家书》六，文物出版社，1985，第93页。

传统。遗憾的是，一部二十四史竟然没有《史官传》，致使中国史学发展脉系存在诸多不明之处，对中国史学史研究造成很大不便。此外著书立说还有个文责的问题。应该说中国古代大多数史家是基本能够坚持秉笔直书这一原则的，但也确曾有一些缺乏史德之辈，他们或者企图取悦当朝权贵而曲笔回护，"为尊者讳"；或者由于接受贿赂，为不应立传者立传，而且立佳传；或者传主因与之有隙，公报私仇，极尽诋毁之能事。例如，北朝史家魏收便是如此，所著《魏书》世称"秽史"。如果史书增立《史官传》，不仅据此可以了解史书的可信程度如何，而且也能够惩戒那些缺乏史德者。

三 关于史观

史观乃是史家对历史的根本看法和观点，是基于史法之上的精神范畴。如前所述，刘知几所著《史通》，主要侧重史法问题的研究，而章学诚则在此基础上主要侧重史论问题的研究。章学诚之所以侧重史论问题的研究，除了中国史学史发展的逻辑关系之外，还是为了矫正不良的时代学风，即以突出史义相号召，倡导经世致用的治学宗旨，摒弃当时学界为考据而考据的僵化做法。

关于史观，《史通》中很少有专篇论述，后世总结刘知几的史学思想，大都从其他文字中分析得出。总的来看，刘知几在史观上主要有以下三个方面的特点。

1. 反对"祥瑞""灾异"说

在中国古代封建社会中，祥瑞灾异之说十分流行。皇帝登极之前，多呈祥瑞；朝代将要灭亡，必有灾异。这些祥瑞或灾异，有时是自然巧合，有时是投机者暗中所造，以取悦君王。刘知几对此颇不以为然，他说：

> 凡祥瑞之出，非关理乱，盖主上所惑，臣下相欺，故德弥少而祥弥多，政愈劣而瑞愈盛。[①]

又说：

[①] 《史通通释》卷八《书事》，上海古籍出版社，1978，第231页。

> 斯皆妖灾著象而福禄来踵，愚智不能知，晦明莫之测也，而古之国史闻异则书，未必皆审其休咎，详其美恶也。①

由于受历史和科学的条件限制，祥瑞灾异之说在封建社会得以大行其道，并且成为封建统治集团用于包装自己和攻击对方的手段之一。作为一名史学家，并长期在史馆工作，不但博览群书，而且对唐朝统治集团内部的权力争斗和愚昧无知，皆亲眼所见，亲身所历，十分熟悉，因而能够得出上述比较客观和与众不同的结论。是否相信祥瑞灾异之说，质言之，是一个如何看待天人关系的问题。刘知几从无神论者的角度出发，否认"天道"决定"人事"，否认祥瑞灾异之说，体现出可贵的唯物主义倾向。

2. 反对"历史命定论"

汉代司马迁所著《史记》是一部既有思想性又有学术性的中国古代史学名著，然而受历史的局限，作者亦曾表露出某些历史命定论的倾向，刘知几对此提出了批评，他说：

> 《魏世家》太史公曰："说者皆曰魏以不用信陵君，故国削弱至于亡。余以为不然，天方令秦平海内，其业未成，魏虽得阿衡之徒，曷益乎？"夫论成败者，固当以人事为主，必推命而言，则其理悖矣。②

即认为历史上任何朝代之兴替、人物之成败，皆非由天命，而系人事。人事包括的内容颇为广泛，例如个人志向、政治才能和军事才能等。有了个人志向，才能有努力的目标；有了政治才能，才能得到人民的支持和联合各方面的政治力量；有了军事才能，才能攻城略地、克敌制胜。这些都是决定成功的主要因素。当然决定成功的还有其他因素，人们常说，"时势造英雄"或"英雄造时势"。可见"时势"也是不可忽视的一个重要方面。然而时势并不等于天命，时势是某一特定时代的发展趋势。这种趋势可以造就英雄人物，英雄人物反过来又可以影响或者扭转这种趋势。由此可见，上帝命令天子统治世间的说法是十分荒谬的。刘知几这一思想，实际上是与否认祥瑞灾异之说相联系的，即否认"天道"决定"人事"，因而也是进步的。

---

① 《史通通释》卷三《书志》，上海古籍出版社，1978，第63页。
② 《史通通释》卷十六《杂说》上，上海古籍出版社，1978，第462页。

3. 反对厚古薄今

在中国封建社会中存在一种明显的尚古意识。论说必引古贤之语；行动须有前史之例，尤其是把上古时代描绘成相互平等、彼此礼让、选贤与能、递相禅让的理想社会。刘知几认为这完全是杜撰出来的，根本不可能有那样的事。他说：

> 观近古有奸雄奋发，自号勤王，或废父而立其子，或黜兄而奉其弟，始则示相推戴，终亦成其篡夺。求诸历代，往往而有。必以古方今，千载一揆。斯则尧之授舜，其事难明，谓之让国，徒虚语耳。①

上古时代的情形究竟如何，这里权且不论。然而儒家确实有美化先世之嫌的，身处春秋乱世的儒家创始人孔子十分向往西周的礼制社会，曾说："一日克己复礼，天下归仁焉！"后世统治者为保护自己的既得利益，只求平安，不思变革，有意纵容和利用儒家的复古主义，因而在中国封建社会里普遍存在一种厚古薄今的思想观念。刘知几为了追求真理，不畏权贵，不畏惊世骇俗，敢于向圣贤孔孟提出质疑，敢于向传统观念进行挑战，这种精神在中国封建社会是十分难能可贵的。

章学诚所著《文史通义》，如名所示，主要是探讨史观的。其史观主要有以下几个特点。

1. 朴素的唯物主义世界观

与刘知几一样，在章学诚的思想意识里亦常常闪烁出唯物主义的火花，而且章学诚的唯物主义思想意识较刘知几更集中、更明确。

章学诚在《文史通义·匡谬》篇中说："盈天地间惟万物，屯次乾坤之义也。"即认为世界完全是由物质构成的，意识是对客观物质世界的主要映象，物质第一，意识第二；同时还认为意识也不是被动的，对物质具有反作用，如他在《天喻》篇中说："天定胜人，人定亦能胜天。"认为人只要掌握了客观规律，就可以发挥自己的主观能动性，利用客观规律为人服务。

在这一思想的指导下，章学诚对中国古代学术思想史上的诸多哲学范畴都能够做出基本正确的解释。如在解释"道"与"器"的关系时，他在《原道》篇中说："道不离器，犹影不离形。"指出事理依赖于事物，就好像人影离不开人形一样。在解释"名"与"实"的关系时，他在《黜陋》篇

---

① 《史通通释》卷十三《疑古》，上海古籍出版社，1978，第384页。

中说:"名者,实之宾,徇名而忘实,并其所求之名而失之矣。"指出实在内容是第一位的,名号不过由其所派生。如果只看重名号,而忘记实在内容,不但获取不到实在内容,恐怕名号也要一并失去。在解释内容与形式的关系时,他在《砭俗》篇中说:"夫文生于质也……文生于质,视其质之如何而施吾文焉。"指出内容是第一位的,形式是由内容派生出来的,因而亦应随着内容的变化而变化。

由此可见,章学诚的认识与今天的辩证唯物主义已经比较接近了。

2. 标榜史意

标榜史意,是章学诚史学理论的核心内容,也是与刘知几史法相区别的最主要标志。

史意是相对于史事、史文而言的。一般来说,史事指历史事实,史文指历史文辞,史意(也称史义)指历史理论与观点。三者合称史学。

史事、史文和史意三者之间是有联系的,但它们的地位和作用不相同。章学诚在《文史通义·史德》篇中说:"史所贵者,义也;而所具者,事也;所凭者,文也。"在《方志立三书议》一文中又说:"国史方志,皆《春秋》之流别也。譬之人身,事者其骨,文者其肤,义者其精神者也。"在这里,章学诚明确地指出在史事、史文和史意三者之中,史意的地位最为尊贵,还形象地把史意比作人的精神,并说史事与史文是为体现史意服务的。可见,章学诚首重史意的观点是十分明确的。

章学诚这种尚意史学的观点,如果探求其渊源,可以上溯至孔子。章学诚在《文史通义·申郑》篇中说:"孔子作《春秋》,盖曰其事则齐桓、晋文,其文则史,其义则孔子自谓有取乎尔。夫事,即后世考据家之所尚也;文,即后世词章家之所重也。然夫子所取,不在彼而在此,则史家著述之道,岂可不求义意所归乎!"孔子曾以鲁国史为蓝本,经过删削加工,编成《春秋》一书。该书的宗旨是:通过叙述鲁国的史事,以充分体现尊奉和维护周王朝统治的精神。据此,凡是具有政治意义的历史事件,虽小必书,否则虽大不载。另外,为了让后世的乱臣贼子知惧,《春秋》在选词用字上还十分讲究,特别制定了义例,如"杀人"一义细分为"弑""诛"和"杀"三种用法:以下杀上谓之"弑";杀有罪者谓之"诛";杀无罪者谓之"杀"。这就是所谓的"春秋书法"。章学诚所撰《文史通义》一书,虽然与孔子的《春秋》不同,但在著史重意这一点上,却是一脉相承的。

章学诚把尚意思想作为自己史学理论的核心,主要是针对当时的考据学风。乾隆年间，考据学如日中天，学者们大都追逐时风，竞为章句之学，似乎天底下唯有此一门学问。章学诚却不以为然，他在《答客问》中篇中说："高明者多独断之学，沉潜者尚考索之功。天下之学术，不能不具此二途。譬犹日昼而月夜，暑夏而寒冬，以之推代而成岁功，则有相需之益；以之自封而立畛域，则有两伤之弊。"章学诚在这里不但说明了于考据学之外，尚有所谓的"独断之学"，即以体现史意为主的一家著述，而且还进一步指出了两者之间的关系是相互补充的，合之则双美，分之则两伤。既然世上有此两大门类学问，章学诚以为就要选择那些较少有人去做的学业。这样做的目的并非只是寻找冷门，而是旨在扭转偏颇的学风。今日无人研究的学问，尽管不合时尚，但很可能是明日社会上最需要的知识，终究会得到世人的承认。他在《原学》下篇中说："天下不能无风气，风气不能无循环，一阴一阳之道见于气数者然也。所贵君子之学术，为能持世而救偏，一阴一阳之道，宜于调剂者然也。"鉴于古今学风质文递变的发展规律，章学诚敏感地觉察到目前的考据学风，必为未来的尚意史风所替代。这不由人的意志所决定，是"气数"使然。所以有识之士，不当随波逐流，人云亦云，而应挽末世之颓风，开一代之新学，方能有益于学术。

　　章学诚在史学理论上标榜史意，也是为了不落前人窠臼，与刘知几所言史法相区别。前文曾经说过，章学诚自幼便对史学理论发生了浓厚的兴趣，并显露良好的个人天赋。然而若要真正成为一名史学理论家，也不是件容易的事。他必须在古代大师缜密的学术体系中，寻觅到留给后人的空隙，才有可能做到发前人所未发，论前人所未论，有所创新，卓然成家。刘知几所撰《史通》，是中国第一部史学理论著作。该书对唐代以前的中国史学做了全面系统的总结和批评，其中尤以论述史法内容为主，而于史观方面涉猎较少。章学诚撰写《文史通义》，以史意相标榜，恰好弥补了《史通》之不足，从而使章学诚得以成为中国史学史上唯一能够与刘知几齐名的史学理论家。治学成家，最忌重复别人的言论，而没有自己的独立见解。所以当有人把他比做刘知几时，他不但不高兴，反而极力申辩说："人乃拟吾于刘知几，不知刘言史法，吾言史意；刘议馆局纂修，吾议一家著述，截然两途，不相入也。"[①]后来他在《和州志·志隅自叙》中又再次强调说："郑樵有史识而未有史学，曾巩具史学而不具史法，刘知几得史法而不得史

---

① 章学诚：《章学诚遗书》卷九《家书》二，文物出版社，1985，第92页。

意，此予《文史通义》所为作也。"声称他撰写《文史通义》一书的目的，就是为了申明史意。

3. 学贵贯通

学贵贯通，是章学诚史学思想的重要组成部分之一。他的重要史学理论著作《文史通义》以及校雠学、目录学专著《校雠通义》，都是以"通义"二字命名。另外他还在《文史通义》一书中，撰写了《释通》《横通》两篇论文，专门就"通"的问题进行讨论。

章学诚在《横通》篇中说："通之为名，盖取譬于道路，四冲八达，无不可至，谓之通也。亦取其心之所识，虽有高下、偏全、大小、广狭之不同，而皆可以达于大道，故曰通也。"这里除了对通的本意再次进行诠释，还进一步指出了通在治学方面的引申意义，即通就是指史家的主观认识，尽管在程度、范围、水平、角度、方式等许多方面有所不同，但最终都能够殊途同归，基本上反映历史问题的最一般本质。

为了体现贯通思想，章学诚倡导撰写通史体裁著作。他在《释通》篇中说："夫通史人文，上下千年，然而义例所通，则隔代不嫌合撰。"还具体指出了撰写通史有"六便""二长"。通史是相对断代史而言的。通代为史，不仅可以避免断代史经常出现的抵牾之处或梗阻现象，而且易于使人们了解兼跨数代的历史发展大势。只有这样，才能体现史意，才能学以致用。

章学诚认为，通史著作仅仅是实现贯通思想的形式之一，另外在同一朝代之内，将当时社会上的各行各业联合起来考察，亦可收到横向贯通的效果。他在《释通》篇中说："六卿联事，职官之书，亦有通之义也。奈何潘迪取有元御史之职守，亦名其书谓之《宪台通纪》耶？"六卿，即上古时代分别掌管治典、教典、礼典、政典、刑典和事典的六官。撰写官制史，如果把六卿所掌管的六个不同的部门分别孤立起来，亦可造成部门与部门之间的"梗阻"现象；相反，如果把这六个部门联系起来写，同样会具有贯通的意义。

由此可见，章学诚的贯通思想，应是包括在时间上兼跨数朝的纵通和在社会各个部门之间相互联系的横通两种形式。实际上，这是对中国古代会通思想的继承和发展。

应该说刘知几也是赞同贯通思想的。他将自己的史评著作命名为《史通》，并解释说："昔汉世诸儒，集论经传，定之于白虎阁，因名曰《白虎通》。予既在史馆而成此书，故便以《史通》为目。且汉求司马迁后，封为史通子，是知史之通称，其来自久。博采众议，爰定兹名。"① 从文字的表面意义上看，因《白虎通》出于白虎阁，又司马迁之后封为史通子，知上古"史""通"异词而同义，故刘知几以《史通》为名。然而若进一步分析，《白虎通》旨在"疏通经学，定为标准"，实际上是一部钦定的经学通义和经学法典；汉朝之所以封司马迁后为"史通子"，由于《史记》乃通史体裁，而且旨在"通古今之变，成一家之言"，尤其应当注意的是，《史通》本身就是一部关于史评的通史著作，诚如许凌云先生所说："《史通》通古今，通左右。……说它是古代史学通史，这是从纵向考察说的；说它是古代史学通论，这是从横向考察说的。"② 可见，刘知几在这个问题上的主张与章学诚是基本一致的。章学诚之所以撰专篇来讨论这个问题，是因为他生于清代乾嘉时代，为了扭转僵化的考据学风，重振清初"经世致用"的治学宗旨，有针对性地遍考古今通史著作和贯通思想，并加以理论上的总结，从而丰富和发展了刘知几的贯通思想。

4. "六经皆史"

所谓"六经"，即指《尚书》《诗经》《礼》《乐》《春秋》和《易》六部儒家经典著作。自西汉武帝"废黜百家，独尊儒术"之后，中国历代封建统治者，都把儒学作为巩固其封建统治的指导思想和理论基础，故尊称这六部儒家著作为"六经"。

章学诚是一位勇于创新，大胆疑古的真正学者。他在《文史通义》一书中开篇即说："六经皆史也。"明确表明自己对六经的看法。即认为世人尊奉的所谓六经，实际上都是史书，不仅这六部儒家著作是史书，而且"盈天地间，凡涉著作之林，皆是史学。六经特圣人取此六种之史，以垂训者耳。子集诸家，其源皆出于史。"也就是说经、史、子、集四部，乃至世上的所有著作皆属于史学的范畴。

章学诚主张"六经皆史"也是具有时代现实性的。乾嘉时代虽然考据学大盛，但仍存在汉宋之争。以顾炎武为代表的清初学者认为，明朝之所以灭亡，主要是明末儒生侈谈义理的空疏学风，因此开创了以求真务实为特点的考据学。浙江鸿儒黄宗羲亦有感于明末空疏学风的危害，同时开辟

---

① 《史通通释·史通原序》，上海古籍出版社，1978，第1页。
② 许凌云：《刘知几评传》，南京大学出版社，1994，第175页。

了研经与治史相结合的道路，成为浙东史学的创始者。章学诚作为浙东史学的殿军，直接继承了黄宗羲的治学精神，因而提出了"六经皆史"这一命题，向宋学的壁垒发起最后的进攻。章学诚"六经皆史"的提出，不仅对扭转明人的空疏学风具有一定的现实意义，而且扩大了史学的范围，提高了史学的地位，从而推动了中国史学向前发展。

在这个问题上，刘知几虽然没有专门论述，但显然也是基本认同的。众所周知，《尚书》和《春秋》这两部书为儒家著名经典，且名在六经之中。而刘知几在《史通·六家》篇中，按体裁将古今史籍分为六大史学流派，其中《尚书》家和《春秋》家名列一、二，可见在刘知几心目中是不存在经史差别的。

5. 经世致用

在治学宗旨上，章学诚主张"经世致用"。他在《浙江学术》篇中说："史学所以经世。"认为史学之所以存在，主要因为具备经世致用的功能。章学诚这种经世致用的思想，应当说是受到顾炎武的影响，然而由于两人所处的时代背景不同，因此对经世致用的理解也有差别。具体来说，章学诚认为经世致用主要应包括以下五个方面内容：第一，明道。他说："学问所以经世，而文章期于明道，非为人士树名地也。"① 那么"道"的含义是什么呢？他又说："文章学问，毋论偏全平奇，为所当然，而又知其所以然者，皆道也。"② 可见章氏之道，并非宋人空谈天人性命之道，而是强调抓住事物背后本质性的规律，勿做皮相之论。第二，有益于世教。他说："古之作者，不患文字之不工，而患文字之徒工而无益于世教。"③ 章氏所谓之"世教"，当然指儒家的伦理道德和行为准则，毋庸讳言，这正是章学诚的历史局限所在，但他主张学以致用的精神无疑是可取的。第三，切合人事。他说："史学所以经世，固非空言著述也，且如'六经'同出于孔子，先儒以为其功莫大于《春秋》，正以切合当时人事耳。"④ 章氏这里也是有所指的，一方面当时汉学醉心考据，离宗背本；另一方面宋学空言性天，脱离实际。两者观点虽异，但缺点是相同的，即皆为治学而治学，不能切合当时之人事。第四，注重当代古今典章制度的研究。他说："君子苟有志于

---

① 章学诚著，仓修良编《文史通义新编》卷四《说林》，上海古籍出版社，1993，第158页。
② 章学诚：《章学诚遗书》卷九《与朱沧湄中翰论学书》，文物出版社，1985，第83页。
③ 章学诚：《章学诚遗书》补遗《评沈梅村古文》，文物出版社，1985，第613页。
④ 章学诚著，叶瑛校注《文史通义校注》卷五《浙东学术》，中华书局，1985，第524页。

学，则必求当代典章以切于人伦日用，必求官司掌故而通于精微，则学为实事而文非空言，所谓有体必有用也。"① 治学既然要切合人事，而当代典章制度于国计民生至关重要，所以史学就必须研究天底下这个最大的学问。第五，挽救偏颇之学风。他说："天下事凡风气所趋，虽善必有其弊，君子经世之学，但当相弊而救其偏。"② 这就是说，天下一旦形成某种风气，即使有其合理之处，不过既称为风气，就必然也有其偏颇之处。史学若要经世，就必须察知其偏颇之处，而设法挽救之。综上所述，可知章学诚之经世致用思想虽然在内容上与顾炎武有所不同，甚至对考据学基本持否定态度，但是在精神上是一致的，即主张历史研究应学以致用，因而完全可以这样认为，章学诚是在新形势下对顾炎武经世致用思想的继承和发展。

四 关于史学家之修养

品评古今史学著述是史评家的基本工作，然而史学著述是由史学家撰写的，史学著述之成功与否，同史学家的个人文化修养有着直接的关系，所以关于史学家之文化修养，也是史评家不可或缺的重要研究内容。

刘知几在其《史通》中并未设专篇进行讨论，但在其他场合谈到过这一问题。对此，《唐会要》和新旧唐书都有明确的记载，以《新唐书·刘弦传》为例，其内容如下：

> 礼部尚书郑惟忠尝问："自古文士多，史才少，何耶？"对曰："史有三长，才、学、识，世罕兼之，故史者少。夫有学无才，犹愚贾操金，不能殖货；有才无学，犹巧匠无梗柚斧斤，弗能成室。善恶必书，使骄君贼臣知惧，此为无可加者。"时以为笃论。

从以上引文中可以看出："才"当指写作才能；"学"当指学问渊博；"识"虽未明言，但指"善恶必书"之胆识无疑。刘知几在这里首先提出了关于史学家修养的问题，并将其概括为才、学、识"三长"。刘知几的"三长"说对后世产生了十分深远的影响。

作为清朝史学理论家，章学诚对刘知几的"三长"说是基本认同的，

---

① 章学诚著，叶瑛校注《文史通义校注》卷三《史释》，中华书局，1985，第231页。
② 章学诚：《章学诚遗书》卷七《淮南子洪保辨》，文物出版社，1985，第62页。

并在此基础上多有完善与发展，这主要表现在以下几个方面。

1. **明确才、学、识的定义**

关于才、学、识的定义，章学诚在《文史通义·史德》篇中做了简明的概括，他说："记诵以为学也，辞采以为才也，击断以为识也。"这就是说，"才"指史书的写作方法与修辞技巧，"学"指通过记诵而得来的渊博历史知识，"识"指分析和判断历史问题的能力。值得注意的是，章学诚在这里不仅为"三长"做了更为准确的定义，而且将"识"诠释为分析和判断历史问题的能力，并非"善恶必书"，使人们对这一问题的认识更趋合理。

2. **在阐释才、学、识三者关系的基础上，确立"识"的主导地位**

关于才、学、识三者之间的关系，章学诚在《文史通义·说林》篇中说："文辞，犹舟车也；志识，其乘者也。轮欲其固，帆欲其捷，凡用舟车，莫不然也。东西南北，存乎其乘者矣。知此义者，可以以我用文，而不至以文役我者矣。"又说："记诵者，学问之舟车也。人有所适，必资舟车，至其地，则舍舟车矣。"在这里章学诚把"才"与"学"比喻为舟车，而把"识"比喻为掌舵或方向盘的乘者，十分形象地说明了"识"在三长中的主导地位。

3. **于才、学、识三长之外，更增补史德**

如前所述，刘知几将"识"解释为"善恶必书"，其实"善恶必书"当属史德范畴。尽管刘知几对史德的内容已有所涉猎，但并没有把它作为专门问题明确提出来，给予同才、学、识一样的地位。鉴于此，章学诚在《文史通义》中特撰《史德》篇，于才、学、识之外更增补史德，由三长而成四长。章学诚不仅主张"四长"说，而且就史德的意义加以进一步的引申。他在《史德》篇中说："德者何？谓著书者之心术也。"指出史德即史家著书时应有的公正的心态。然而仅有公正的心态没有深厚的学养也是不行的，他说："所患夫心术者，谓其有君子之心，而所养未底于粹也。"既然如此，史家就要进一步提高自己的学养，尤其要提高史识水平，同时在阐述历史事件时，亦须避免受其感染，为"气"与"情"所役使，尽量做到保持平和的写作心态。当然即使这样，也不可能做到尽善尽美，他说："夫有君子之心，而所养未粹，大贤以下，所不能免也。……以此责人，不亦难乎？"即使如此，史家也不可以就此放弃了追求，只要尽自己的最大努力，尽可能地做到主观与客观相统一，也就足矣。因而他又说："盖欲为良史者，当慎辨于天人之际，尽其天而不益以人，虽未能至，苟允知之，亦足以称著述之心术矣。"

"尽其天而不益以人"，这是章学诚"史德"论的核心内容，学术界对此评价甚高。如施丁先生便说："'当慎辨于天人之际，尽其天而不益以人'这个看法，在古代史学上是一个新的光辉思想，比刘知几的'直书'论前进了一大步。"① 笔者以为，这是很有些道理的。

五 章学诚的方志学理论

章学诚不但是一位著名的史学理论家，而且是一位杰出的方志学家。尽管在方志学领域，因刘知几未曾论列，二人无从比较，然而由于史志同科，章学诚的许多主张，尤其是历史编纂学思想主要体现在方志学理论之中，故不避迂阔，择要赘述于后。

1. "志属信史"

关于方志的性质，历来是方志学界争论最为激烈的焦点问题。在这个问题上主要有两种观点：一是地理学派，即认为方志属于地理学科，主要应记载一方之地理沿革；一是历史学派，即认为方志属于历史学科，不仅应记载一方之地理沿革，更要重视一方历史文献之研究。作为清朝方志历史学派的主要代表人物，章学诚明确提出了"志属信史"的主张，认为方志应属于史学的范畴。他在《文史通义·州县请立志科议》一文中指出："有天下之史，有一国之史，有一家之史，有一人之史。传状志述，一人之史也；家乘谱牒，一家之史也；部府州县，一国之史也；综纪一朝，天下之史也。"这就是说，方志与国史只有范围广狭、层次高低的区别，而无本质上的不同，都属于历史性质，不过方志较国史更具体而微罢了。章学诚"志属信史"主张的提出，在方志学史上具有重要的意义。它不仅明确了方志属于史学这一性质，同时也为章学诚方志学学科体系的建立奠定了坚实的理论基石。

2. "三书""四体"

"三书""四体"是章学诚创立的方志新体裁。所谓"三书"，是就其整体结构而言的，因它主要是由志、掌故和文征三大部分组成，故名；所

---

① 施丁：《章学诚的史学思想》，《史学史研究》1981年第3期。

谓"四体",是就三书之一——志的内部体例而言的,因它一般是由外纪、年谱、考、传四种体例组成,故名。章学诚曾撰《文史通义·方志立三书议》,就此进行了专门的阐发。

三书之中,志为主体,是"仿纪传正史之体而作"的著述部分。既是著述,就要讲究"词尚体要"。具体来说,史家须运用别识心裁,对搜集到的全部史料进行剪裁,并赋之以理论和观点,以成一家之言。成一家之言,方能实现史学经世的目的,真正发挥史志惩恶扬善的社会作用。

掌故是"仿律令典例之体而作",如同会典、会要,是一方典章制度原始档案的汇编。在章学诚所修的《湖北通志》中,掌故下分吏、礼、户、兵、刑、工六项。章学诚之所以立掌故一书,是因为这些典章制度原始档案虽然在撰写志的部分时业已经过剪裁,但如果弃之,又转觉可惜,日后或有所用,因而设此一书,借以保存这部分典制资料,使其与志并行,两相印证,这样便解决了简洁志体与保存典制资料之间的矛盾。

文征是"仿文选文苑之体而作",是一方文献的汇编。《湖北通志》将文征分为八集:甲集(上、下)裒录正史列传论,乙集(上、下)裒录经济策划论,丙集(上、下)裒录词章诗赋论,丁集(上、下)裒录近人诗文论。与掌故相似,一方文献经过志体的剪裁,同样出于突出史义和保存地方文献资料的目的,而专设本书。

三书之中,虽志为主体,掌故和文征同处于附庸地位,但章学诚强调:"三书相辅而行,阙一不可;合而为一,尤不可也。"

如前所述,志是"仿纪传正史之体而作",其中包括外纪、年谱、考、传四种体例。

外纪,仿自正史本纪或纪。为了严格名分,不载帝王之后妃,只录"皇恩庆典"。后来章学诚的思想有所发展,把外纪改为按年代顺序编写的大事记。他在《文史通义·为毕秋帆制府撰石首县志序》一文中说:"志者,史所取裁。史以记事,非编年弗以为纲也。"

年谱,仿自正史年表。最初以记载官吏为主要内容,后来径直称"表",在内容上也有所发展。以《湖北通志》为例,包括职官、封建、选举、族望和人物五表。此外,鉴于《食货考·赋役门》内容过于庞杂的客观情况,在其内部设立了《赋役表》,以厘清其头绪。

考,仿自正史书志。《湖北通志》共有六考,即府县考、舆地考、食货考、水利考、艺文考和金石考。章学诚认为考易失于琐碎,时下许多志书大都"猥琐繁碎,不啻市井泉货注薄,米盐凌杂",① 易犯这一毛病。这主要是因为修志者不知归类,而又划分题目过细的缘故。若要克服这一毛病,只要多加注意,提高史识水平,便可解决这个问题。

传,仿自正史列传。初期传仅限于记载"人物名宦",后来在内容上亦有所发展。不但可以记人,也可以记事。如在修《永清县志》时便增加载有阙疑待访内容的《阙访列传》和载有概述旧志内容的《前志列传》,《湖北通志》还设立了《嘉定蕲难传》和《明季寇难传》等叙事性质的列传。

如上所述,在三书之中,志是主体。然而章学诚的创新之处却不主要在此,而在于掌故和文征。

乾嘉时代以前的方志大都是"纂类家言",章学诚从"志乃史体"和"作史贵知史意"的观点出发,认为方志亦应著述成家。而要使方志著述成家,就会遇到一个与国史同样的问题,即要对所搜集的原始资料进行剪裁。因此著述之体虽优,但同时也产生一个严重的缺憾,就是不如旧志能够保存比较丰富的原始资料。这样一来,如何使著述之作既能发挥其优势,又能免除其缺憾,便成为章学诚创立新志体的出发点和关键所在。

其实,这一问题至少在唐代开设史馆时便已显露出来,刘知几为此曾说:"为史之道,其流有二。何者?书事记言,出自当时之简;勒定成书,归于后来之笔。"② 南宋郑樵又说:"有史有书。学者不辨史、书。史者,官籍也;书者,儒生之所作也。自司马以来,凡作史者,皆是书,不是史。"③ 可见,他们二人虽然觉察到了著述与保存资料之间的矛盾,但并没有提出解决这个问题的办法。

如前所述,章学诚首次提出撰述与记注的史籍分类方法。撰述,即著述之作;记注,即类纂之作。史籍如此分类,史家既可以撰成一家之言,又不必担心保存史料的问题,实为自古以来一种良法。

显而易见,三书体裁的构成,便是从史学的撰述与记注编纂理论发展而来的。志既是著述之体,于史当为撰述;掌故、文征既是资料汇编,于史当为记注。只是有了掌故与文征,志才得到真正的解放。因此说章学诚开创的新志体,掌故与文征的设立实为关键之所在。

---

① 章学诚著,叶瑛校注《文史通义校注》卷八《答甄秀才论修志第二书》,中华书局,1985,第826页。
② 《史通通释》卷十一《史官建置》,上海古籍出版社,1978,第325页。
③ 郑樵:《夹漈遗稿》卷二《寄方礼部书》,中华书局,1985,第16页。

章学诚三书四体新志体的创立，在中国方志学史上具有十分重大的意义。清末著名学者梁启超对此给予很高评价，他说："向来作志者皆将'著述'与'著述资料'混为一谈。……实斋'三书'之法，其通志一部分，纯为'词尚体要'，'成一家之言'之著述；掌故、文征两部分，则专以保存著述所需之资料。既别有两书以保存资料，故'纯著述体'之通志，可以肃括闳深，文极简而不虞遗阙。其保存资料之书，有非徒堆积档案夸繁富而已，加以别裁，组织而整理之，驭资料使适于用。"① 可谓知言。

3. "方志辨体"

清朝是中国方志长足发展的时代，不仅数量成倍增长，而且品种也日益丰富。除了总志、通志、府志、州志、县志、乡志和镇志之外，山水、书院和寺庙等也都修志，可谓盛况空前。

由于方志品种甚多，这就出现了如何处理各级方志之间的关系问题。当时的一般做法是：若干县志相加便成为州志，若干州志相加便成为府志，若干府志相加便成为通志。反之亦然，即通志可析成若干府志，府志可析成若干州志，州志可析成若干县志。

章学诚对各级方志之间这种简单相加或相减的做法，大不以为然。为此，他特别撰写了《方志辨体》一文，就此问题进行了专门的阐发。章学诚认为各级方志应有各自不同的义例。他说："如修统部通志，必集所部府、州而成，然统部自有统部志例，非但集诸府、州志可称通志，亦非拆统部通志之文即可散为府、州志也。诸府之志又有府志一定义例，既非可以上分通志而成，亦不可以下合州、县属志而成。"那么各级方志的各自不同义例是什么呢？从章学诚所修《湖北通志》来看，便是将湖北所属十一府、州的主要大事，提炼出来，加以概述。以此类推，府、州志便是概述所属各县的主要大事，县志便是概述所属各乡的主要大事。如此一来，各级方志皆体现出自身存在的价值，它们之间不可相互加减，彼此替代。应该说，章学诚的这一见解是颇有道理的。

方志辨体，具有较大的学术意义和实践意义。它不仅明确了各级方志之间的关系问题，而且避免了重复劳动，节省了大量的人力物力，成为章学诚方志理论的重要组成部分。

---

① 梁启超：《中国近三百年学术史》，东方出版社，1996，第327页。

六　结语

综上所述，作为中国古代两位齐名的杰出史评家，刘知几与章学诚的共同之处无疑是主要的，在这一前提下，当然也存在继承和发展的关系，甚至是差异之处。总的来说，在个人志趣上，两人皆素来喜爱品评历代史书，并且自幼便显示出良好的天赋。不过，由于时代的关系，刘知几将自己的学识主要应用于总结历代史书和构建史法体系方面，而章学诚则将自己的学识主要应用于史论和构建方志学理论体系方面。两人可谓异曲同工，共同奠定了中国古代的史学理论基础。史法是刘知几研究和论述之重点，主要包括论古今史学流派及历史文献分类、论史书内容、论史书体裁、论史书语言、论史书叙事、论史书断限、论史书书法、论纪传体各部门等，其特点是系统全面，总结性强。章学诚虽然在这方面叙述较少，但亦有所涉猎。如主张因事命篇、设想新史体、提出撰述与记注的史籍分类方法和当立《史官传》的主张等，尤其是在设想新史体中，描述了颇具新意的编写史书体裁，很有创造性。此外章学诚还是一位方志学家，他所提出的"三书""四体"，实际上是史法在方志学领域里的具体运用。在史论上，刘知几较少专论，其史观基本是从他的论著或言论中抽绎和推论而来；而章学诚的研究和论述重点正在于此，其主要观点包括标榜史意、学贵贯通、六经皆史和经世致用等。这些史学思想在一定程度上是应运而生的，主要是为了扭转当时学术界为考据而考据的不良学风。在史家修养论上，刘知几首次提出了著名的"才、学、识"三条标准，章学诚在此基础上进一步强调了"识"的重要作用，并增加了"史德"，从而使这一内容更趋完善。

以上简要地比较了刘知几与章学诚在史学理论上之异同，并通过这种方式介绍了二人的主要学术观点和成就。刘知几与章学诚之学说，不仅奠定了中国古代史学理论的基础，而且对当今史学界也有许多借鉴和启迪之处可谓意义非凡，影响深远。

民国时期方志学理论述评[*]

1911年辛亥革命后，中华民国成立。民国时期，虽然政治动荡，外患频仍，但由于中国古代传统文化的深厚底蕴，纂修方志的脉络从未中断。三十余年中，全国各地先后共修成省志、府志、州志、县志以及乡镇志一千余种。这些志书虽然仍旧是半封建、半殖民地社会的产物，但腐朽的清王朝毕竟已被推翻，政治结构发生相当大的变动，民本主义思想有了新的发展。民本主义思想的影响是深刻而广泛的。在方志学领域，首先引起了修志宗旨的变化，而修志宗旨的变化又使方志性质、方志体例、方志编纂法等做出了相应的调整，从而形成了民国方志学理论。民国虽然短祚，但其方志学理论较之封建时代，有其独特的民主性与进步性。兹不揣浅陋，拟做一些力所能及的分析与论述。

一 关于修志宗旨

中国有上千年纂修志书的历史。民国以前，几乎历朝历代的修志者和方志学家，皆将修志宗旨定为"资治"，即为巩固封建帝王的统治服务。例如，李绂在《广西通志·序》中便公开地说："地必有志，所以大一统，征文献，备王会之盛，而尊朝廷也。"对于为维护封建统治服务的百官公卿，也极尽颂扬之能事。在人物传记等篇章中，连篇累牍地记载其治理百姓的功绩，至于一般平民，则在志书中毫无地位，即使像章学诚这样伟大的史学理论家兼方志学家，因时代局限，亦曰："民贱，故仅登户口众寡之数，卿大夫贵，则详系世之牒，理势之自然也。后代史志，详书户口，而谱系

---

[*] 原载《辽宁大学学报》（哲学社会科学版）2004年第1期。

之作无闻,则是有小民而无卿大夫也。"① 与此修志宗旨相联系,旧志大都首列"皇言""宸翰""恩泽"等体例,封建色彩十分浓厚。

民国建立以后,志风为之一变,许多具有进步思想意识的志家开始试图突破封建桎梏,从民主观点出发,提出修志新宗旨。如这一时期的方志学家甘云鹏在《方志商》中说:"开宗明义先定宗旨。国体改矣,修志宗旨与往日微有不同,往日修志,于民事殊略;今日修志,应于民事加详。民主国,民为重也。……民国修志,固应力矫其弊,宗旨与往日不同者以此。"② 明确指出,国体既由专制改为共和,志书亦应随之变革。而志书欲变,首先当变其宗旨。专制时代,君贵民贱,故于民事记载颇为简略;民国时代,崇尚民主,故于民事记载尤应详赡。李泰棻在《方志学》中说:"若在现代修志,仍如以往故调,则以不修为愈,盖现代无论何事,均需普遍的、多数的,始为合理。"③ 亦指出今日修志如仍遵旧旨,则不如不修。时下倡导民主风气,故新修志书应以反映国民的政治斗争与生产斗争为主要内容。

既然民国修志应以民为本,那么怎样才能实现这一修志宗旨呢?许多方志学家就此做了进一步的探讨与阐述。

首先,应注意反映民事。甘云鹏指出:"至于民事,更无一措意者,此旧志所短也。民国修志,民事乌得不详!"④ 认为忽略民事,是以往旧志的通病。如今民国修志于民事自应详加记载。刘盼遂指出:"盖一县之设,正以为人民,故歌于斯、哭于斯、聚国族于斯者,皆一邑中之氏族也。然则氏族一志在邑乘中诚莫要于是矣,亦莫极于是矣。"⑤ 认为县为人民而设,故于氏族门中应以记载人民的衣食住行与悲欢离合为主要内容,此乃当今修志之首要问题。

其次,应注意反映与民生密切相关的经济活动。甘云鹏指出:"'食货志'详人民业务,亦民事也。农、工、商、矿、林、渔六者,为民生之本,亦为立国之本。人非此无以资生,国非此不能立国。"⑥ 认为方志中的"食

---

① 章学诚著,叶瑛校注《文史通义校注》卷六《和州志氏族表序例》中,中华书局,1983,第627页。
② 甘云鹏:《方志商》,《方志学两种》,岳麓书社,1984,第159页。
③ 李泰棻:《方志学》第六章第二节,商务印书馆,1935。
④ 甘云鹏:《方志商》,《方志学两种》,岳麓书社,1984,第157页。
⑤ 刘盼遂:《长葛县志》"凡例",民国十九年铅印本。
⑥ 甘云鹏:《方志商》,《方志学两种》,岳麓书社,1984,第191页。

货志"记载的都是关系国计民生的重要内容。农业、工业、商业、矿业、林业和渔业，不仅是民生之根本，也是立国之基础，因而在目前形势下，"食货志"应予以特别充实和加强。

再次，应注意反映人民的社会活动。瞿宣颖指出："人民之社会活动，在往时似甚幼稚，然如慈善堂、书院、社学、社仓之组织，及一切地方公益之提倡，实未尝缺乏。……今后宜将此类问题汇为一编。名曰'社会活动'，近世发生之新事业，如慈善、如卫生、如出版，以及上述之宗教，至是皆有所容纳矣。"[①] 其认为以往志书由于为封建统治者服务，对于一般平民的社会活动，往往略而不载，今后修志应当对这个问题加以注意，建议开创"社会活动"一门，把社会上出现的新事物，诸如教育、慈善、卫生、出版和宗教等活动，统统收罗进去，方能体现时代与创新精神。

最后，对民国以前旧志中极具封建色彩的内容与体例坚决应予摒弃。民国时期的修志者和方志学家一方面主张顺应形势，调整修志宗旨，主要记载人民的政治斗争与生产斗争等各项活动，另一方面也主张对旧志中的封建思想坚决予以摒弃和批判。1933年4月，《上海通志馆期刊》在其发刊词中说："我们以为编新志书，至少在消极方面，应当肃清迷信的色彩，摆脱封建的思想，扫除崇拜古昔的观念。"[②] 可以说代表了这一阶段方志学界的普遍要求。

由此可见，在关于修志宗旨这个问题上，民国时期的修志者和方志学家们较以往封建时代有了本质性的变化，他们基本上能够顺应形势，主张撰修新志书应突破封建思想的约束，树立为平民服务的意识，注意反映人民的主体地位，注意反映与民生密切相关的经济活动和社会活动等，应该说这是方志史上的一个较大进步。

二 关于方志性质

在方志学理论中。关于方志性质问题十分重要，它决定着方志的内容、体例、作用和编纂方法等一系列问题。民国以前，尤其是清代，方志学界曾就这个问题进行过长期的争论。降及民国，围绕着这个"历史遗留"问

---

① 瞿宣颖：《志例丛话》，《东方杂志》1934年第31卷第1号。
② 《上海通志馆期刊》发刊词，1933年4月。

题，方志学者们的争论仍然继续着。按照他们所持观点的不同，可以划分为三个流派。

1. 地理学派

这一学派的主要代表人物是贾恩绂，他曾担任过《河北通志》总纂，撰修过《盐山县志》《定县志》和《南宫县志》等，是民国初年多产的方志学家。在方志性质问题上，贾恩绂坚持地方志书应以记载地理内容为主的观点，认为地理内容是"股"、是"本"，人文内容是"指"、是"末"。他说，"杜佑曰：'言地理者，在辨区域、征因革、知要害、察风土。'谅哉其明于体要也。……夫方志以疆域为主体，善辩者无以易也。旁及政典，已失谨严，乃人物、选举、金石、艺文之属，广收兼蓄，以多为宝，驯至指大于股，末大于本，直一方之杂俎耳、谈丛耳，以云著述，抑何其远？"①贾氏不但在理论上这样认为，而且在修志实践中也是这样做的。他在继任《河北通志》总纂后，竟然决定把原志中的人物、金石和艺文等人文内容从书中分离出去，另为专书行世，表现出强烈的地理学派观点。后来地理学派在与历史学派的长期争论中逐渐衰微，至新中国成立前，持这种观点的人已经不多见了。

2. 历史学派

这一学派的阵容较强，许多知名方志学者，如王树枏、瞿宣颖、李泰棻等皆为其主要代表。他们大都承认"志属信史"，基本上继承了清人章学诚的观点，并对章氏之说有所发展，现将其主要观点分述如下。

王树枏是民国初年的方志学者，曾参与过《河北通志》的编纂工作。他认为："夫志者，史之例也"②，"志与史一也，但有偏全广狭之分，其体裁则大半相类。"③也就是说，"志"就是"史"，"史"就是"志"。两者仅有层次上的不同，并无本质上的区别。在此基础上，他对贾恩绂将《河北通志》的人文内容从中分离出去的做法提出了批评："奉读《河北通志·叙例》，……以人物、金石、艺文恐其指大于股，别为专著，究竟三者与全书，是一是二？古今无此体裁。"④ 表现出鲜明的历史学派观点。

瞿宣颖赞同章学诚"志属信史"的说法，并对此做了进一步的发挥。

---

① 《河北省通志馆近况续记》，《河北月刊》1933 年第 1 卷第 12 期。
② 王树枏：《冀县志》"自序"，民国十八年铅印本。
③ 《河北省通志馆近况续记》，《河北月刊》1933 年第 1 卷第 12 期。
④ 《河北省通志馆近况续记》，《河北月刊》1933 年第 1 卷第 12 期。

他说："章氏但曰方志非可轻视而已，曰方志乃国史之基而已。方志果为何物，章氏惜未尝明诠也。……方志者，地方之史也。……故欲了解国家与民族粲然万殊之习性情状，必自了解各地方之史始。"① 指出章氏只言方志为国史之基础，并未给方志下一个明确的定义。瞿氏认为，所谓"方志"，即为"地方史"。为方志下这一定义是有其实际意义的。中国幅员广阔，地区民风、民俗各异，欲深入了解本民族之性格，推进民主化之进程，编修与查阅地方史自然必不可少。

李泰棻亦持同类观点，他说："方志者，即地方志，盖以区别国史也。依诸向例，在中央者，谓之史，在地方者，谓之志。"② 亦指出史志只有层次上的差别，性质上没有什么两样。但是他认为仅仅停留在这一点上是不够的，要赋予方志以"新意"。既然方志是史，那么方志就应该像史书一样，成为记载和研究一方人类进化现象之科学，他说："史乃记载和研究人类进化现象者，然则方志，亦必为记载及研究一方人类进化现象者无疑。"③ 李氏对方志性质的这一表述，实际上是受欧美资本主义国家"史"的概念影响。在当时的历史条件下，对改造几千年来的封建旧志是具有一定积极意义的，同时对证明"志属信史"这一命题也具有一定的参考作用。

3. 史地两性学派

史地两性学派认为，无论单方面强调方志的地理性还是历史性都是错误的，方志应当兼记一方的地理和历史的主要内容，两个方面缺一不可。该观点的明确提出是从民国开始的，为这一时期的新派。该学派的主要代表是黎锦熙。

黎锦熙在《方志今议》一书中特设"次立两标"一节来专门讨论这个问题。在这里，他首先表明了对方志性质的认识："方志为物，史地两性，兼而有之。"④ 然后指出它们在志书中的密切关系，即地志之历史化和历史之地志化："惟是兼而未合，混而未融。今立两标，实明一义，即方志者：（一）地志之历史化……（二）历史之地志化。"⑤ 为何地志必须历史化，历史必须地志化呢？对这个问题，他又结合当时社会的具体情

---

① 瞿宣颖：《志例丛话》，《东方杂志》1934年第31卷第1号。
② 李泰棻：《方志学》第六章第一节，商务印书馆，1935。
③ 李泰棻：《方志学》第六章第一节，商务印书馆，1935。
④ 黎锦熙：《方志今议》，《方志学两种》，岳麓书社，1984，第21页。
⑤ 黎锦熙：《方志今议》，《方志学两种》，岳麓书社，1984，第21页。

况，做了比较深入的探讨，他认为方志记载地理之所以不能脱离历史，是因为志书不仅要记述一地事物变化的整个过程，更重要的是通过这些事物的变化过程，总结出因果关系一类的规律："方志固为'方域之地志'，然须将境内事事物物，穷原究委，非但考其迹象之沿革而已，必使读者能就演变之实况，推知驱引之总因。……是为'地志之历史化'。"[①] 同样，历史也脱离不了地理，这是因为，民族兴衰的原因需要史家去探讨；国家政策的制定，也需要历史的经验做借鉴，但史书由于篇幅所限，论述的一般都比较抽象、笼统，距离实际现状相差较远，这就需要方志去补充："方志固为'地方之历史'，然全国民族之荣瘁隆污，史家笼统抽象之谈，须待此而征实、而灼知；本乎史而定施政设教之方针，亦待此而后能备纤悉周到之方案，而后能谋部分具体之实践。……盖英雄大刀阔斧，方志乃为之具细缕密针；史家活剥生吞，方志乃引之使浅斟细嚼，是为'历史之地志化'。"[②] 在这里，黎氏不但表明了自己的观点，而且对这一学派的理论做了十分系统和深入的探讨，可以说是民国时期这一学术流派的主要代表人物。

以上三个学派代表了民国时期方志学界对方志的三种基本认识，也就是为方志下的三种定义。地理学派在这一时期虽然依然存在，但在与历史学派的长期争论中，逐步走向衰微；历史学派虽然人数较多，他们的看法也表现出了各自的特点，但总体上都未出章氏之说；只有史地两性学派勇于突破前人之藩篱，大胆地提出了自己的主张，走在了时代的前列。正如方志学家朱士嘉后来指出的那样："黎氏自称得到章学诚方志学说的启发，但能从实践中把理论水平提高一步，突破了章氏以方志为地方全史的观念，他认为'方志为物，史地两性，兼而有之'。"[③]

史地两性派之所以能够走在时代的前列，显示出强大的生命力，这有其深刻历史原因的。从中国方志发展史上看，不同时代的特点决定不同性质的方志，方志的性质永远不会是固定不变的。梁启超说："最古之史，实为方志，如孟子所称晋《乘》、楚《梼杌》、鲁《春秋》，墨子所称周之《春秋》、宋之《春秋》、燕之《春秋》，庄子所称百二十国《宝书》。"[④] 春

---

① 黎锦熙：《方志今议》，《方志学两种》，岳麓书社，1984，第21~22页。
② 黎锦熙：《方志今议》，《方志学两种》，岳麓书社，1984，第21~22页。
③ 朱士嘉编著《中国旧志名家论选》，《史志文萃》编辑部，1986，第232页。
④ 梁启超：《清代学者整理旧学之总成绩（续）》，《东方杂志》1924年第21卷第18号。

秋战国时期的这些方志之所以产生,是与当时封建割据形势相联系的;秦汉时期出现的全国性区域志,"是随着中央集权的封建政府的发展和巩固而编辑出来的";东汉魏晋南北朝时期"地记"的出现,"反映了当时地方经济的发展与门阀豪族势力的增长";[1] 隋唐时期兴盛起来的"图经","与军事学和绘图学发展有密切的联系";[2] 南宋以后,地方志的内容扩充到人文历史方面,这是与当时封建专制集权的高度集中和社会经济的繁荣分不开的。所以我们肯定民国时期的史地两性派观点,并不是说它已经完美无缺了,而是从它能够顺应时代的要求、反映丰富的社会内容、合乎方志的发展规律这一点而言的。

三 关于方志体例

如前所述,进入民国后,修志宗旨随之而变。修志宗旨的改变势必牵涉方志的内容与体例关系的调整。经过一场学术讨论,多数进步志家都认为:方志内容决定方志体例,方志体例应为表现方志内容服务,并随着方志内容的变化而变化。如此一来,便为摆脱封建旧志的束缚带来了难得的历史契机。经过不懈地努力与探索,民国方志学家们在体例创新上取得了一定的成绩,具体表现在以下两个主要方面。

(一) 对传统旧志体例的继承和发展

1. 纪传体学派

纪传体是以人物传记为中心的一种编纂形式。该体裁最基本的体例有"纪""传"和"志"等。方志纪传体是从封建时代的"正史"体裁中借鉴而来的,最早始于宋人周应合的《景定建康志》,此后志家们便竞相效法。降及民国,仍然是方志体例学派中最大的一支。但由于时局的变动,一些进步志家提出了要改变旧志体,以适应新志内容的要求,因而在这一时期里,该体例有所发展。在这方面取得成就较大的有余绍宋、傅振伦等,现将他们二人的体例主张分述如下。

余绍宋是民国名志——《龙游县志》的纂修人,这部方志在当时便得

---

[1] 仓修良、魏得良《中国古代史学史简编》,黑龙江人民出版社,1983,第119页。
[2] 朱士嘉:《中国地方志浅说》,《文献》1979年第一辑。

到了一些著名学者的赞赏。该书在体例上共分为两大部分，即"正志"部分和"附志"部分。正志分为"纪""考""表"和"传"四门，据他自己说："正志略拟正史"，表明其方志纪传体主张；附志包括"丛载""掌故"和"文征"三种体例，以便保存那些不宜在正文中多载，但又有保存价值的文献、艺文、档案、琐事、畸言等资料。

"文征""掌故"和"丛载"三种体例无疑是从清人章学诚《湖北通志》体例中借鉴而来的，然而并非抄袭照搬，而是有所发展。在章氏《湖北通志》中，"志"是成一家之言的"撰述"部分，"文征"和"掌故"是借以保存资料的"记注"部分，那么很明显，"志"的部分与"文征"和"掌故"两部分之间具有统属关系，但章氏把它们三者的地位同等看待，称之为"三书"，这显然是不合适的。章氏的"三书体"不仅在理论上说不通，在修志的实践中也引出不少麻烦，这是因为各地有各地的实际情况：如有的地方虽然文献资料丰富，可立"文征"，但有关典章制度的档案、文件等资料很贫乏，不足以立"掌故"。如果牵强附会，便会重犯以文害义的旧志通病。针对章氏的这一问题，余绍宋做了大胆的改革。在《龙游县志》中，把"文征""掌故"和"丛载"三种"记注"体例归为一类，作为正志的"附志"并行于世，不为"三体"，而成"二志"，从而完善了章氏之法。著名学者梁启超对此评价甚高，把它列于"十长"之首："越园（即余绍宋）之学，得诸章实斋者独多固也，然以此书与实斋诸志较，其史识与史才突过之者盖不鲜，掌故、文征两部分，实斋特创，越园因之，然实斋之《永清志》掌故部分题曰'政书'，杂厕书中，紊其伦脊。其《湖北志》则与正志并列为'三书'，未免跻附庸于宗国，越园别为'附志'，以隶于正志，主从秩然。"① 此后的许多志家在修志实践中大都采用了余氏的办法，或为"文征"，或为"掌故"，文随义起，灵活自如，而统归之于"附志"。

作为方志学家，傅振伦曾为许多志书拟目，这些志目虽前后不尽相同，但都表现了傅氏体例的两个特点，即把"图""表"两种体例分别附入有关的门类之中和设立"别录"一门，颇具创新意识。

1933年，傅振伦在与王重民、瞿宣颖二人商讨《河北通志》体例方案时说："今兹修志，分纪、考、略、传，以图、表分见各门，以便相互发

---

① 梁启超：《龙游县志》"序"，民国十四年印行。

明，触类旁通。图、表以明之，纪以通之，考以详之，传以记之。以序录、志例、引用书目、全书目录、索引冠诸卷首，无例可归者刊之别录，编诸简末。犹经之别解，史之外传，子之外篇也。"① 由此可知：第一，傅氏提出分纪、考、略、传四篇，表明他的纪传体观点。第二，把"表""图"二种体例附于有关各门的内容之中，这样可使"表""图"与有关内容的联系更加密切，以达到彼此补充、相得益彰的目的。第三，设立"别录"一门，可以比较合理地处理那些无类可归，但又有保存价值的资料，使方志纪传体在处理各种不同性质资料的能力上又迈进了一步，对发展和完善传统纪传体做出了较大贡献。

2. 门目体学派

门目体是先按类立门，然后依门立目的一种志书编纂形式。门目体学派亦为传统方志体例学派中的重要一支。至民国，主张这种体例的仍大有人在。黎锦熙为门目体学派的主要代表人物，他在为《城固县志》拟目时主张："类目凡五部门，三十篇，附二种（计总纲三篇、自然部门六篇、经济部门六篇、政治部门七篇、文化部门八篇。附只一种，'丛录'更附于'文征'，故总为二种）。"② 引文中所谓"五部门"，即为"五门"；"三十篇"，即为五门之下分属的"三十目"。较之纪传体学派之影响，门目体学派略为逊之。在民国时期，其成就主要表现在吸取他派长处，不断完善自身等方面，具体来说主要有以下三项。

第一，采用大事编年体裁，弥补门目体之不足。门目体的特点是横排门类，其优势在于目以类归，层次分明，利于反映事物之间的逻辑关系，但也存在缺乏纵向联系的致命弱点。把史书编年体裁首次移入志书之中的是南宋高似孙，他在《剡录》中设有"县纪年"，以编年体裁的形式记载全县的大事。遗憾的是此后门目体志书中，使用这种体裁的日渐稀少。到了民国，黄炎培的《川沙县志》又采用了"大事年表"，才引起人们的足够重视。这一时期的门目体志家们纷纷效法，如黎锦熙在为《城固县志》拟目中就采用了这种编年体裁，并说："大事年表可仿民国二十五年江苏《川沙县志》体例（实系年谱之体），惟于最下辟一短栏，用小字并列'国内外大事参考'，故称表耳。惟历史上直接有关城固之事甚少，不妨定为三栏，中

---

① 《河北省通志馆近况记》，《河北月刊》1933 年第 1 卷第 4 期。
② 黎锦熙：《方志今议》，《方志学两种》，岳麓书社，1984，第 128 页。

栏专列'陕南大事',盖多少总于城固有影响也。"①

第二,吸收了旨在保存资料的"文征""掌故"和"丛谈"等记注体例,合理地处理志书正文与资料的关系。如前所述,民国著名方志学家余绍宋,把《龙游县志》分为正志、附志两部分,既不受章学诚"三书体"的约束,又吸收了该体"文征""掌故"和"丛谈"保存资料的长处。这一重大改革,对门目体学派的志家也影响不小。该学派一部分志家也开始从章学诚的"三书体"中吸取营养,为己所用。李泰棻在他的方志拟目中,设立"掌故"和"文征"两项,并说:"实斋方志,立三书议,主于志书之外,别作掌故,仿律令典制之体,本目已从其说,别立斯门;文征仿文选、文苑之体,所以收一方之诗文也,本目亦从其说,别立文征于掌故之后。"②黎锦熙在为《城固县志》拟目中设立"附"一种,附下隶之以"文征",文征之下又隶之以"丛录"。他解释"文征"说:"选辑篇章,以备甄览,爰依章氏,名以'文征'。"解释"丛录"说:"此亦仿章氏之《湖北丛谈》而为之也,轶事、琐语、畸说、异闻,以上诸门,皆不可入,次录最后,以当稗史可也。"③

第三,采用"图""表"随文而附的方式,使两者与文字结合得更加紧密,充分发挥它们在志书中的作用。瞿宣颖在《河北通志》拟目中,便采取了这样的方式,他说:"文字与图表相辅而行,行文所至,即以其有关之图画、照相、统计表附列。"④ 李泰棻在他的方志拟目中,也把"表"附于志文之中:"本目每卷,皆列详表若干,随附本文之后。"⑤

3. 其他体例学派的主张及其特点

黄炎培纂修的《川沙县志》是民国时期的名志,采用的是"平列分目体",即有目而无门。他在该志《例言》中说:"目次,序文、职名、例言、导言及图为卷首,以下首大事年表,次舆地、次物产、次实业、次工程、次交通、次财赋、次教育、次卫生、次慈善、次祠祀、次宗教、次方俗、次艺文、次人物、次职官、次选举、次议会、次司法、次警务、次兵防、

---

① 黎锦熙:《方志今议》,《方志学两种》,岳麓书社,1984,第29页。
② 李泰棻:《方志学》第六章第一节,商务印书馆,1935。
③ 黎锦熙:《方志今议》,《方志学两种》,岳麓书社,1984年,第127~128页。
④ 《河北省通志馆近况记》,《河北月刊》1933年第1卷第4期。
⑤ 李泰棻:《方志学》第六章第二节,商务印书馆,1935。

次故实、次叙录，凡二十有四，各为一卷，惟选举志分卷上卷下。"① 有必要提出的是，民国以前的"平列分目体"同"门目体"一样，缺乏目与目之间的有机联系，采用这种体例的志家也不多见。黄氏在该书中把各目之间的因果关系建立起来，使该体例更加完善，成为一个有机整体。"其分卷顺序，先天然，后人为；先生产，后教养；先经济，后财政；先科学，后宗教，而职官、选举、议会，凡偏于时间性者次之，司法、警务、兵防，凡不得已之设施又次之，故实、杂记、地方故事又次之，而以叙录殿焉。"② 黄氏在这里不仅把各目之间的因果关系建立起来，而且他所建立起来的因果关系还体现了朴素的唯物主义思想，在当时也具有一定的进步意义，体现了黄氏卓越的史识。

《川沙县志》在编纂上的特点主要有三，即增加了"大事年表""赘录"和"概述"。"大事年表"是黄氏的得意之作，也得到不少著名学者的称赞。该表取本县、本省以至全国和全世界同时发生的大事，按照时间发展的先后顺序，并通过分析这些大事之间的相互关系，以求较为深刻地认识县内发生的大事件。他说："编方志必先立大事表，余主此甚坚，史之为用，明因果而已。一般方志，偏于横剖，而短于纵贯，则因果之效不彰，必将若干年间事实串列焉，其同时者并列焉，以玩其彼此先后间之消息，又况人群社会，经多方演变，而成整个组织，交通频繁以后，各方相互之关系益广，一地方治乱兴衰，往往根于其国运，苟地位特殊，或且近而随世界大局以为转变，治方志者仅仅着眼于所在一隅，而不驰神全国乃至全世界，则所窥见之因果关系必失之偏隘，而莫能真确，故一县乃至一省之大事表，必取同时国内外大事并列，以广参证。"③ 今人来新夏对"大事年表"评价甚高，他说："黄炎培在纂修《川沙县志》时，编排的县内大事年表中，附注出国内外大事相对照，实在是个创举。"④ "赘录"体例设置后，就使得那些既有保存价值而又在断限之外的资料得到了归宿。黄氏说："本志断限，上承光绪志，始自清光绪五年，下迄民国十五年北京政府统治告终为止。前乎此，为光绪志所未载，而事实应补录者，亦酌采之；后乎此，

---

① 黄炎培：《川沙县志》"例言"，民国二十六年铅印本。
② 黄炎培：《川沙县志》"例言"，民国二十六年铅印本。
③ 黄炎培：《川沙县志》"例言"，民国二十六年铅印本。
④ 来新夏：《方志学概论》，福建人民出版社，1983，第262页。

而事实较重要,须连类及之者,名为'赘录',以附于后。"① 黄氏曾自谦地说过,"赘录"的设立是受到唐代史学家杜佑《通典》的启发,实际上黄氏对此已做了重大的革新。《通典》下限定于天宝末年,但为了避免那些发生在天宝末年以后史料的湮没,杜佑也破例把这部分断限以外的史料收了进来。杜氏这一做法,在史学界毁誉参半,评价不一。批评者认为,《通典》虽然保存了重要的历史资料,但破坏了全书的整个体例。黄氏有鉴于此,在《川沙县志》中特别开设了"赘录"体例,既可以保存断限以外的史料,又不至破坏体例的完整性,使两者完美地结合起来。

《川沙县志》在每志之首皆设立"概述"体例,使读者无需卒读全书,只阅概述,即可知本门大意:"本书各志,皆先以概述,有类实斋所为序例,而实则不同。盖重在简略说明本志内容之大要,而不尽阐明义例也。将使观此书者,读概述后,进而浏览全文,其繁者可以用志不纷,其简者亦将推阐焉而有得,或竟不及读全文而大致了了,此亦余所期期以为不可无者。"②

黄炎培是该时期在体例上创新颇多的方志学家,正如今人董一博所说的那样:"中华民国以来,鼎革新风,起例发凡,篇目刷新,尤以黄炎培《川沙县志》为代表。"③

民国时期,还有许多志书采用了"章节体",这是现代所使用的最主要写作方式。如民国《肇州县志略》,其目为:第一章总论;第二章地志,下设疆域、河流、交通等节;第三章政治,下设吏治、自治、警政、户口、礼俗、刑法;第四章教育,下设学校、宗教;第五章实业,下设农业、工业、商业、渔业、盐政、物产;第六章财政,下设田赋、捐税、钱币、度量衡制度、各项经费出入;第七章兵制,下设陆防军、民团。此外,民国《拜泉县志》《奉新乡土志》和《寻乌县志》等也都采用了这种章节体裁。当然,这种新体裁并非始于民国,据说最早见到使用这种体裁的是清光绪年间的《莲花厅志稿》,④ 但这种方志章节体裁只是到了民国时期才真正地发展起来。

1929 年,国立浙江大学校长蒋梦麟提出了新方志体例的修改议案。他

---

① 黄炎培:《川沙县志》"例言",民国二十六年铅印本。
② 黄炎培:《川沙县志》"导言",民国二十六年铅印本。
③ 董一博:《关于县志体例及篇目问题之商榷》,《中州今古》1984 年第 2 期。
④ 王晓岩:《方志体例古今谈》,巴蜀书社,1989,第 82 页。

主张将方志分为"年鉴""各门调查"和"省史"三书,彻底解散旧体。①蒋氏"三书体"与章氏"三书体"是有本质上不同的。蒋氏的"三书"并非是把重点放到著述部分,而是放在资料部分的"年鉴"和"各门调查"上,这就使方志降低到资料汇编的水平,打乱了志书内部固有的体系,变相地取消了方志,因而后来鲜有采纳者。

(二)广辟反映时代特点的新志目

经过方志内容与体例关系问题的讨论,不少志家都认识到要使志书的体例适应志书内容的要求,就必须在修志的实践中,广辟反映时代特点的新志目,同时摒弃那些具有封建色彩或明显不合时宜的旧志目。具体来说,主要表现在以下几个方面:第一,增设反映社会内容的志目。李泰棻在他纂修的《阳原县志》中首创"生活"一门,以反映百姓的衣食住行等日常生活。瞿宣颖在《志例丛话》一书中,提出开设"社会活动"一门,以反映教育、慈善、卫生和出版等社会公益事业。傅振伦、王重民在他们草拟的《河北通志大纲》中开设了"民生略",该略上部分"记社会经济",包括生产、交易、分配和消费四个方面;下部分"记社会普通情形",包括党务活动、新闻事业、教育、卫生和救济事业五个方面。第二,增设反映经济状况的志目。余绍宋在《龙游县志》中开设"物价"一门,以反映与人民生活水平密切相关的商品价格情形。邬庆时在《番禺县续志》中开设"实业"一门,以反映方兴未艾的商业形势。第三,增设体现新兴科学内容的志目。黎锦熙在《城固县志》拟目中,提出开设地质、气候、地形、水文、土壤和生物五志。吴宗慈在《江西通志体例述旨》中提出开设"地质考",以反映一方的自然资源与科技开发状况。第四,在许多新修志书中都删除了带有封建色彩和不合时宜的志目,如"皇言""宸翰""圣制""恩泽""星野""分野""星考""五行""灾祥""寓贤"和"晷度"等。

四 关于方志编纂法

民国时期,在方志编纂法上亦随着时代的变革而有所进步,这主要表现在以下四个方面。

---

① 傅振伦:《中国方志学》,福建省地方志编纂委员会办公室内部发行,1984,第59~60页。

1. 关于资料的搜集与整理

方志学家黎锦熙曾纂修过城固、洛川、同官、中部和宜川等多部县志，具有丰富的修志实践经验。在方志资料的搜集与整理方面，他结合实际情况，做了比较具体和深入的研究，黎氏认为搜集资料的范围主要应包括三个方面："一曰实际调查，二曰档案整理，三曰群书采录。"① 由于搜集资料范围十分广泛，工作相当繁重，而且经常还会遇到许多实际困难，黎氏为此提出了三条相应的变通办法，即以"方桌访问"代替"实际调查"；以"报告抄送"代替"档案整理"；以"旧志剪贴"代替"群书采录"。"方桌访问"便利之处是办事效率高："方桌围坐，按籍逐事，询记其现况及近年经过，不一周而毕矣。""报告抄送"便利之处是可以减少许多不必要的程序："一邑之各机关团体以及各级学校，岁有考成，例具报告，自著其绩，亦备概况。虽或官样文章，未尽翔实，然舍此亦难获他据，但须县府行文，克期抄送，其机关直属国、省者，呈转饬办，历年报告，应有尽抄。""旧志剪贴"的便利之处是可走捷径，经过对旧志的剪贴，便可以从容不迫地利用浩如烟海的古籍和旧志了："据此再检群书，拾补阙遗，纠绳舛误，固为至佳。"② 由此可见黎氏提出之三条变通办法，简洁、实用、可操作性强，实为多年修志心得之言。

2. 关于内容的"详"与"略"

方志在内容上哪些应详，哪些宜略，历来就有争论。多数方志学家认为，首先还要坚持详今略古的原则，所谓"详今"，在民国时期，就应详记民事及其相关的社会状况和经济状况等，这也是与新修志宗旨相统一的。

傅振伦和王重民二人认为，志书的详略与它们的层次存在着紧密的关系，层次愈低的志书，愈宜详记："一统志也，省通志也，府州厅县志也，载事之范围与详略各不同，然义则一揆，且互有关系，相需而成，后者较前者为详，且为前者资料所出，而前者又为后来体例之所自仿，前者之有助于后者较微，而后者裨益于前者实大。"③ 瞿宣颖认为，修志在时间上应详记现代，在空间上应立足本地："方志之宜详近而略远，详今而略古，重事而轻人，重例而轻文，自为不易之义。"④ 在志书的详略问题上，民国志

---

① 黎锦熙：《方志今议·洛川县志》"序"，《方志学两种》，岳麓书社，1984。
② 黎锦熙：《方志今议·洛川县志》"序"，《方志学两种》，岳麓书社，1984。
③ 《河北省方志馆近况记》，《河北月刊》1933 年第 1 卷第 4 期。
④ 《河北省方志馆近况记》，《河北月刊》1933 年第 1 卷第 4 期。

家们分别从志书的宗旨、志书的层次和志书记载的时间与空间方面谈了对这一问题的具体看法，较前代更加系统完善，尤其是提出的要详记民生及其与民生有关的社会和经济内容等，体现了新志的特点和时代的精神。

3. 关于志书的"纂辑"与"撰述"

纂修志书，应该以排比资料的方式为主？还是要有独断之学，成一家之言？民国以来，对这个问题的争论也一直在进行。

贾恩绂是撰述派的代表之一。他主张修志要篇篇成文，反对简单地直录档案和排比资料的做法："鲁絜非之志《新城》，自言吾无它长，惟篇篇成文尔。近世方志非直录档案，即贻讥市簿，篇篇成文者殊不易得。兹编力求成体，庶不为通人所哂。"① 胡行之则属于纂辑派的代表人物。他主张把志书的内容分类排比，分则各自成书，合则成一丛书。他认为这样做的优点是，容纳内容多，装订速度快，销售也方便："方志之编辑，最好是丛书式。把史事、舆地、特产、文艺各类，各自成书。如尚嫌包括过广，又可把各类再分细目，各自成册。合之为通志，分之为专著。册数不嫌其多，装订力求其便。可以分购，可以合售。"② 以上两派的主张各有利弊。按照纂辑派的观点，不但利于保存资料，而且这些资料大都经过分类排比，便于查找，适于社会日趋复杂形势的需要。撰述派强调著书要贵"独断之学"，这对于启发人们思考、探索社会发展规律是有帮助的。笔者以为两者缺一不可，志书应当把它们结合起来，正如章学诚所主张的那样，既有著述之文，又有保存资料的体例，两者切不可对立起来，偏于一端。

4. 关于志书的"续修"与"重修"

修志宜续还是宜创？民国时期的方志学者们大都主张前者。钱基博认为修志宜续不宜创，好处是新旧志书的详略可以互见："诚窃以为修志者当续前人之记载，不当毁前人之成书。"③ 瞿宣颖也主张修志宜续前志："今后修志，当严立规程，只可将前志加以整理而约取之，不得叠床架屋，修而又修。"④ 也有一些人主张重修志书。刘盼遂认为，续修与重修相比，重修的优点居多，续修的方法不合史体："修志之法有二：一为别出心裁，全部

---

① 贾恩绂：《南宫县志》"叙例"，民国二十五年刊本。
② 胡行之：《论方志的编辑》，《文化建设》1936年第2卷第12期。
③ 钱基博：《无锡县新志目说明书》，《东方杂志》1915年第15卷第9号。
④ 瞿宣颖：《志例丛话》，《东方杂志》1934年第31卷第1号。

改换；一为因仍前志，但纂续篇。两法相较，前者较后者为宜矣。"① 在志书的续与创问题上，笔者以为还以续修为好，理由有三：第一，可以为后人保存更多的第一手原始资料。第二，续修前志，可以集中力量在当代，增旧志所无，充分体现方志的"详今略古"原则。第三，续修前志还可以节省大批不必要付出的人力物力。

通过对以上诸问题的讨论，我们对民国时期方志编纂法问题有了一个比较完整的认识，其中尤需引起我们注意的有三点：第一，受民本主义思想的影响较深。如有些志家主张要详记民事，这体现了在方志编纂学问题上的进步精神。第二，在具体的编纂方法问题上取得了一定进展。如关于方志资料的搜集与整理，志家们提出了一些独到的见解，丰富了前人的理论，代表了该领域里取得的最新成就。第三，从总体上看，许多编纂方法问题都仍在争论中，突破前人之处为数不多。

五　结语

综上所述，民国时期方志理论的发展特点是与当时的历史条件紧密相连的。由于时代的发展，修志宗旨发生了变化，修志宗旨的变化又带来了方志性质、体例的编纂法等一系列问题的革新，从而取得了上述成绩。

当然这一时期的方志理论研究，还存在许多未能令人满意之处。如本阶段对方志史的研究还相对薄弱；对方志的作用、功能也探索得不够深入；许多志家大都把精力放在某些修志的具体细节上，对于方志学的重大理论问题未能取得较大的突破；由于当时修志实践同修志理论相差的距离较大，甚至一些进步志家在实际修志工作中也未能完全摆脱旧志的习惯模式，因此对民国时期方志理论的总体评价，肯定之处应恰如其分，而不宜过高。

---

① 刘盼遂：《长葛县志》"叙例"，民国十九年铅印本。

论章学诚的"贵专家之学"

章学诚（1738~1801），字实斋，号少岩，浙江会稽（今浙江绍兴）人，是清朝伟大的史学理论家和方志学家。梁启超对其评价甚高，在《清代学术概论》中说："会稽有章学诚，著《文史通义》，学识在刘知几、郑樵上。"① 然而章学诚生不逢时，正当考据学盛行的乾嘉时代，其所主张"史意"之说遂隐而不显，故梁氏在《中国近三百年学术史》中又说：章学诚之学不为时人认同，是"清代史学之耻也"。② 给予章学诚的学术思想极高评价，此后章学诚之说始为学界所了解，并成为与唐代刘知几齐名的著名史学理论家，共同筑起了中国古代史学理论领域里的两座高峰。

章学诚的史学理论和方志学理论主要反映在《文史通义》一书中，全书强调著史写志皆应体现史意，所谓"史意"，简言之，即史志学家在写作过程中从大量史料中提炼出来的具有独到见解的理论观点。在这种强调史意的史学思想指导下，全书论述的范围颇为广泛，几乎涉及整个史志领域，其中在谈及治学方法时，提出"贵专家之学"，便是章氏史学理论的重要内容之一。笔者之所以讨论这个问题，其一，时下学界大都就章氏整个史学思想而论，较少一点深入；其二，也是更重要的，就是针对当前重发表文章数量而轻文章本身质量的浮躁学风问题，通过古代史学理论大师之言，来表达一些笔者自己的看法。当然，由于笔者学疏才浅，表达不确之处，还望方家斧正。

---

* 原载《兰台世界》2010年第19期。
① 梁启超：《清代学术概论》，东方出版社，1996，第18页。
② 梁启超：《中国近三百年学术史》，东方出版社，1996，第362页。

一

关于"贵专家之学"的问题,章学诚在《文史通义·博约》篇专就此进行阐发。凡言治学者,都会遇到博与约的关系问题,首先,章学诚说明博与约二者的关系是十分紧密的,他说:"学贵博而能约,未有不博而能约者也;以言陋儒荒俚,学一先生之言以自封域,不得谓专家也。然亦未有不约而能博者也。"[①] 指出不能博学便谈不上约取,不能约取正是因为未能博学。二者相互依存,缺一不可。其次,章学诚又进一步指出:博与约虽然是相互依存,缺一不可,但二者的地位不是等同的。博是通向约的津逮,专是学者最终要达到的目的地,因而专是矛盾的主要方面,博是矛盾的次要方面。为了进一步说明二者之间的关系,章学诚还举出张网捕鸟的例子,他说:"学之要于博也,所以为知类也。张罗求鸟,得鸟者不过一目,以一目为罗,则鸟不可得也。然则罗之多目,所以为一目也。"[②] 对于那些"骛博以炫人"者,章学诚认为他们不过是迷宗忘本的陋儒,根本不值得与之论博,他在《文史通义·假年》篇中说:"古人所以贵博者,正谓业必能专,而后可与言博耳。"[③] 指出广博而能约取方足贵,否则便毫无意义。

可知在章学诚心目中的专家,不仅要学有所长,还须有广博的知识做基础,两者缺一不可。专而不博,非能真专;博而不专,迷踪忘本,意义不大。应该说,章学诚不仅力主专家之学,而且对这个问题确有颇为深入的研究。

二

章学诚的这种"贵专家之学"思想,是在他所处的特殊历史文化背景下产生的。如前所述,章学诚生活在乾嘉时代,当时考据学如日中天,绝大多数学者在这种风气的影响下,整日埋头于故纸堆中,考经证史。他们这种脱离现实、不问世事、为考据而考据的学风,章学诚是十分鄙视的。

---

① 章学诚著,叶瑛校注《文史通义校注》卷二《博约中》,中华书局,1985,第161页。
② 章学诚著,仓修良编《文史通义新编》内篇六《博杂》,上海古籍出版社,1993,第238页。
③ 章学诚著,叶瑛校注《文史通义校注》卷三《假年》,中华书局,1985,第323页。

论章学诚的"贵专家之学"

为此章学诚认为有必要提醒他们,考据与博学并不是真正的学问,只是做学问所需的功力,他在《文史通义·博约》篇中又说:"今之博雅君子,疲精劳神于经传子史,而终身无得于学者,正坐宗仰王氏,而误执求知之功力,以为学即在是尔。学与功力,实相似而不同。学不可以骤几,人当致攻乎功力则可耳。指功力以谓学,是犹指秫黍以谓酒也。"① 接着,章学诚对那些所谓的博学君子进行了嘲讽,他说:"博学强识,自可待问耳。不知约守而只为待问设焉,则无问者,儒将无学乎?且问者固将闻吾名而求吾实也;名有由立,非专门成学不可也,故未有不专而可成学者也。"② 讽刺他们最多只配做顾问,不过如果无人向他们咨询,他们胸中所学也就别无他用了。然后得出结论说,真正的学问不在于博学,而在于专精。可见章学诚力主"贵专家之学",其意义已远远超过治学经验的范畴。

章学诚的这种"贵专家之学"观点,是与他历史编纂学思想相联系的。长期以来,中国史籍大都根据史书体裁进行分类,而章学诚却打破这一常规,把史籍分为"撰述"与"记注"两大类。所谓"撰述",即指著述之书;所谓"记注",即指为著述之书提供史料的资料汇编。他在《文史通义·书教》下篇中说:"撰述欲其圆而神,记注欲其方以智也。夫'智以藏往,神以知来',记注欲往事之不忘,撰述欲来者之兴起,故记注藏往似智,而撰述知来拟神也。"③ 由此可见,著述之书是知来之学,史料汇编是藏往之学,二者在学术的层次上是不一样的,知来之学显然高于藏往之学。而与知来之学相联系的是专,与藏往之学相联系的是博,正如章学诚所说:"藏往之学欲其博,知来之学欲其精。"④ 既然知来之学在学术层次上高于藏往之学,所以专在学术层次上亦当高于博。

章学诚的这种"贵专家之学"观点,是与其方志学思想相联系的。如前所述,章学诚不仅是史学理论家,而且还是著名的方志学家,被誉为"方志学之父"。他在方志学上的最大贡献是创立了方志新体裁,这种方志新体裁的最大特点是将一部志书分为三大部分,即"通志""文征"和"掌故",章氏谓之"三书"。以往志书仅有志的部分,而没有文征和掌故,所

---

① 章学诚著,叶瑛校注《文史通义校注》卷二《博约》中,中华书局,1985,第161页。
② 章学诚著,叶瑛校注《文史通义校注》卷二《博约》中,中华书局,1985,第161页。
③ 章学诚著,叶瑛校注《文史通义校注》卷一《书教》下,中华书局,1985,第49页。
④ 章学诚著,仓修良编《文史通义新编》内篇一《礼教》,上海古籍出版社,1993,第32页。

以说章氏的具体创新之处就在于增加了文征和掌故。所谓"文征",即一方文献汇编;所谓"掌故",即一方典章制度的原始档案汇编。增加文征和掌故的主要学术意义并不在于它们本身,而在于增加这两种体例之后,使一方的文献和典章制度资料拥有了保存的载体,从而解放了通志部分的负累,使方志学家得以不再顾忌遗漏某些重要资料的问题,将主要精力投入到体现历史发展规律方面,真正发挥方志著作鉴往知来的重要作用。对此梁启超予以高度评价,他说:"向来作志者皆将'著述'与'著述资料'混为一谈。……实斋'三书'之法,其通志一部分,纯为'词尚体要','成一家之言'之著述;掌故、文征两部分,则专以保存著述所需之资料。既别有两书以保存资料,故'纯著述体'之通志,可以肃括闳深,文极简而不虞遗阙。"[①] 章氏增设文征和掌故两种体例,既然旨在使志书充分体现历史发展规律,发挥志书鉴往知来的重要作用,可知在章氏看来,撰写志书贵在精专,而后才是资料广博。章氏这种通过设立保存资料载体以充分发挥志书鉴往知来重要作用的方志新体裁,实际上正是他"贵专家之学"思想在方志领域里的具体体现和实际应用。

章学诚的这种"贵专家之学"观点,不仅体现在修志领域里,而且体现在撰史过程中。从事史学研究者皆知,在二十四史中,《宋史》部头最大,全书共496卷,500余万字,是《史记》文字量的9倍多!然而写作仅用了两年零七个月的时间,可谓匆忙成书。结果质量很差,有一人两传,无传而说有传,一事数见,有目无文,纪与传、传与传、表与传、传文与传论之间互相抵牾等诸多问题,故《宋史》在二十四史中素有繁芜杂乱之称。鉴于此,章学诚与其好友邵晋涵曾立志重写《宋史》。关于重写《宋史》的指导思想,两位史学家都曾有过说明,章学诚说:"当取名数事实,先做比类长编,卷帙盈千可也。至撰集为书,不过五十万言,视始之百倍其书者,大义当更显也。"邵晋涵则说:"如子所约,则我不能,然亦不过参倍于君,不至骛博而失专家之体也。"[②] 由此可知,章学诚打算要写的《宋史》,先做资料长编,广收博取,多至千卷,到最后成书,不过50万字。其认为只有这样,才能更加突出地体现历史发展规律和鉴往知来的"大义"。邵晋涵自以为学识水平不如章学诚,概括能力稍逊,但也表示,

---

① 梁启超:《中国近三百年学术史》,东方出版社,1996,第372页。
② 章学诚:《章学诚遗书》卷十八《邵与桐别传》,文物出版社,1985,第177页。

可将千卷的资料长编削减至 150 万字,虽然不能达到凸显大义的程度,至少打算要写的《宋史》,不会因一味追求广博而失去史学专家的水准。这说明一部优秀的史学著作不在于部头大、字数多,而在于博收约取、厚积薄发,充分体现学术性和理论性的一家之言。

三

以章学诚"贵专家之学"的理论观今日之学术界,恰与之相反,撰文追求篇数而轻质量,著书习惯拼凑而少原创,一言以蔽之,学风浮躁。所谓浮躁学风,就是治学虚浮、急功近利的学术风气。企图不付出艰苦的努力便获得显赫的学术成绩回报。浮躁学风的表现形式多种多样,原中国社会科学院院长李铁映在《关于学风问题的思考》一文中,对此种浮躁学风的几种主要表现形式归纳如下。一是浮躁而急功近利:求数量、追速度而不求质量;东拼西凑;求大而不求精,夸夸其谈,言之无物。二是缺乏学术道德:自吹自擂,目空一切,借端炒作;抄袭剽窃,招摇撞骗;违背事实,不求实证。三是教条主义严重:照抄照搬,思想僵化,墨守成规,言必称本本和国外。四是理论脱离实践:闭门造车,无的放矢,脱离现实。五是缺乏健康的学术争鸣与批评:或互相吹捧,或旁敲侧击,或互相攻讦。[①] 在这种浮躁学风的影响下,中国科学研究的实际质量十分令人担忧。以科技领域为例,据有关资料显示:1998 年,中国的科技竞争力排名世界第 13 位,2002 年已降至第 25 位。国家技术发明一等奖已连续六年出现空缺,国家自然科学一等奖也四年出现空缺。科技积累不足,缺乏重大原创,是出现最高奖项空缺的主要原因。在哲学社会科学领域也是如此,自 20 世纪 80 年代以后,论著的数目开始成倍地增长,至今却鲜见学术大师级的学者出现,其间凋零的几位国学大师,如陈寅恪、郭沫若、范文澜、季羡林等,皆在民国时期即已成名。有些学者将目前这种浮躁学风戏称为"3F"现象,即心情"浮躁"、成果"肤浅"和理论"浮夸",因三词的汉语拼音皆以 F 为声母,故有斯言。

造成这种浮躁学风的原因,应该说是多种多样的,既有主观的个人学术素养、功利思想和治学态度因素,也有客观的物质诱惑、晋级要求和社

[①] 李铁映:《关于学风问题的思考》,《学术界》2001 年第 5 期。

会风气等因素，但笔者认为更重要的还是高校和学术机构管理者为了单纯追求政绩而制定的一系列旨在短时期内极力追求学术论著发表和出版的数量、学术论著的获奖数量、学术论著转载评的数量、获得课题的数量，以及在短时期内极力追求学术论著发表和出版的级别、学术论著获奖的级别、学术论著转载评的级别、获得课题的级别等规定，因为在短期内即使是获得较高级别的发表刊物、奖项、转载评和课题，也不一定是精品，不一定经得起时间的考验。目前，绝大部分科研成果的考核皆以一年为期，学术著作一般为二至三年。业内人士皆知，在这样短的时间里，即使课题经费再多，也不可能成为厚积薄发的传世之作。古人云：十年磨一剑。试问古今中外哪一部名著不是竭一生心智所得？在今天的科研成果管理体制下，若有立志高远者，恐怕万里长征才走完第一步，便面临着年底科研成果考核不合格的尴尬局面，胸中的宏大计划便会中途夭折。当然这主要不是科研人员的错，而是高校和科研机构管理者制定的所谓"多出成果""快出成果"的竞争激励机制的错。某些高校和科研机构管理者这种在理论上漠视科学发展观，在实践上搞形式主义的做法，更深层次的根源在于高校和科研机构管理的机关化和行政化。

二十四史，学界公认前四史，即《史记》《汉书》《后汉书》和《三国志》，较后二十史在质量上为好。究其原因，主要是前四史为私家著述，后二十史基本上是官修史书。中国古代官修史书体制始于唐代，朝廷专设史馆以统其事。史馆的管理者们因指挥混乱，或者打官腔，推诿扯皮。唐代著名史学理论家刘知几就曾遭遇过史馆官员的这种摧残，最后忍无可忍，愤然离开史馆，归家专心撰写《史通》，终成传世史学名著。在《史通》一书中，刘知几特辟《忤时》篇，痛陈史馆监领修史之"五不可"。章学诚也有过类似的经历，乾隆二十三年进入朝廷所设的志局，参加《国子监志》的撰修，后因志局监领嫉贤妒能，对章学诚处处掣肘，使其才华难以施展，无奈离开。章学诚在给关心自己的朱春浦先生信中说明了离开志局的原因，并以刘知几在史馆的经历和心情与自己相比，他说："学诚用是喟然谢去，非无所见而然也。……唐史官分曹监领，一变马（司马迁，《史记》作者）班（班固，《汉书》作者）以来专业之业，人才不敌陈（陈寿，《三国志》作者）、范（范晔，《后汉书》作者），固其势也。每慨刘子元（刘知几，字子玄）以不世出之史才……而监修萧至忠、宗楚客等，皆痴肥臃肿，坐啸画喏，弹压于前，与之锥凿方圆，抵牾不入，良可伤也。子元一官落拓，十年不迁，退撰《史通》。……是以出都以来，颇事著述，斟酌艺林，作为《文史通义》。"① 由此可知，章学诚不仅与刘知几在史馆遭遇的经历相似，而且退而发奋撰写《文史通义》的结果也与刘知几撰写《史通》一致，最终亦成为传世史学名著。两人相隔一千一百余年，其经历与结局却如此相似，个中缘由，足以令人深思！

综上所述，我们是否可以这样说：做学问，应厚积薄发，树立精品意识，避免在文字量上的贪大求洋，搞学术形式主义；摒除急功近利思想，崇尚十年磨一剑精神，以探求世间真理为己任；高校和科研机构管理者应尊重知识，尊重人才，做学者的后勤部长，而不是军事化管理，当官做老爷。

---

① 章学诚：《章学诚遗书》卷二十二《候国子司业朱春浦先生书》，文物出版社，1985，第225页。

章学诚"史意"说考辨*

章学诚(1738~1801),字实斋,号少岩。浙江会稽(今浙江省上虞市道墟镇)人。清朝杰出的史学理论学家和方志学家,平生著有《文史通义》。关于章学诚在整个中国古代史学史上的地位,近人金毓黻曾作过这样的评价:"刘、章两家为评史家之圭臬。"[①] 金毓黻所说之刘氏,即唐代著名史学理论家刘知几。章学诚虽与刘知几齐名,但两人在史学理论研究领域里各有侧重,章氏曾说:"刘言史法,吾言史意。……截然两途,不相入也。"[②] 可知章学诚阐述史学理论主要侧重在史意(也称"史义")。

章学诚平生论学力主史意,然而生前并未对其史意内涵做过明确的诠释,以致引起后世对其史意内涵的歧义。近十年来,学术界就如何理解章氏史意的问题陆续发表了一些文章,然而大都仁者见仁,智者见智,迄今未能达成共识。

笔者以为,以上问题之探讨,意义不仅限于其本身,还关系到当今学术界对史学的本质、史学的功能和史学的任务之认识,故不揣浅陋,愿陈一孔之见,并祈教方家。

一 章氏有关史意之论述

如上所述,章学诚平生论学力主史意,甚至将自己的整个史学体系的特点概括为"吾言史意",章氏之所以如此标榜史意,是因为他认为史意在史学研究中最为重要,他说:"载笔之士,有志《春秋》之业,固将惟义之

---

* 原载《文史哲》2012年第4期。
① 金毓黻:《中国史学史》,中华书局,1962,第218页。
② 章学诚:《章学诚遗书》卷九《家书》二,文物出版社,1985,第92页。

求，其事与文，所以籍为存义之资也。……作史贵知其意，非同于掌故，仅求事、文之末也。……此则史氏之宗旨也。苟足取其义而明其志，而事次文篇，未尝居立言之功也。"① 又说："史所贵者义也，而所具者事也，所凭者文也。"② 即认为：孔子作《春秋》，实为史学之滥觞。史学由史意、史事和史文三个部分所组成，其中史意最为重要，它决定撰史之宗旨，乃史家立言根本，至于史事和史文不过是借以体现史意的载体，因而史意在史学的三部分中地位最为尊贵。为了更加形象具体地说明史意、史事和史文三者之间的关系，又说："国史方志，皆《春秋》之流别也。譬之人身，事者其骨，文者其肤，义者其精神者也。"③ 也就是说，如果将史学比喻成人体，则史事如骨骼，史文如肌肤，史意如精神。

从以上章氏对史意、史事和史文三者之间关系的论述来看，用现在一般通行的话说，史事即指历史事实，史文即指历史文辞，史意即指史学理论与观点。

史意即指史学理论与观点，应该说学界对此并无疑义，然而章氏的史学理论与观点究竟是什么？其特点如何？学者们的看法就大相径庭了，其分歧主要产生于对章氏以下这两段话的不同理解。

> 孔子作《春秋》，盖曰其事则齐桓、晋文，其文则史，其义则孔子自谓有取乎尔。夫事即后世考据家之所尚也，文即后世词章家之所重也，然夫子所取，不在彼而在此。则史家著述之道，岂可不求义意所归乎？④

> 史之大原，本乎《春秋》。《春秋》之义，昭乎笔削。笔削之义，不仅事具始末，文成规矩已也。以夫子"义则窃取"之旨观之，固将纲纪天人，推明大道。所以通古今之变，而成一家之言者，必有详人之所略，异人之所同，重人之所轻，而忽人之所谨。绳墨之所不可得而拘，类例之所不可得而泥，而后微茫杪忽之际，有以独断于一心。及其书之成也，自然可以参天地而质鬼神，契前修而俟后圣，此家学

---

① 章学诚著，叶瑛校注《文史通义校注》卷二《言公》上，中华书局，1985，第 171~172 页。
② 章学诚著，叶瑛校注《文史通义校注》卷三《史德》，中华书局，1985，第 219 页。
③ 章学诚著，叶瑛校注《文史通义校注》卷六《方志立三书议》，中华书局，1985，第 574 页。
④ 章学诚著，叶瑛校注《文史通义校注》卷五《申郑》，中华书局，1985，第 464 页。

之所以可贵也。①

据此，金毓黻先生说："章氏之所自负者，惟在深通史意，亦即孔子自谓窃取之义也。"② 柴德赓先生说："所谓史意，实即孔子论《春秋》所云'其义则丘窃取之矣'的义。"③ 张立新先生说："（章氏）认为，有见地、有见识的史学家，应具备两条标准：其一是精通古今之变而成一家之言，通古今之变而成一家之言是为说明'纲纪天人，推明大道'。这是对他著史出发点的要求。其二是要以《春秋》为楷模，这是讲史书应达到的效果。实际上，两条标准讲的是一个意思，即史学之精神或'史意'。由此认为，他所说的史意，就是指孔子著《春秋》的意图和目的。"④ 以上三人的观点基本上是一致的，即认为章氏史意，当指孔子著《春秋》所谓自取之义，而孔子自取之义当然是指以"三纲五常"为主要内容的儒家礼制思想。侯外庐先生说："这可见他的'史意'一名，略当文化发展史的理论，也即是他说的'议文史未能自拒于道外'。"⑤ 即认为章氏史意大致相当于今天的文化发展史理论。仓修良先生说："什么是史义呢？实际上就是史家写史所体现的观点与见解，史家总是用自己的观点来总结历史经验，探索历史规律。"⑥ 即认为史意主要特指探索历史规律。赵俊先生说："史'义'贵在创新。"⑦ 即认为史意主要特指创新。可见，学界对章氏史意之解释，可谓众说纷纭，莫衷一是。

经过对章氏以上两段文字的反复研读，笔者以为：章氏上段文字，主要是借圣人孔子著《春秋》之例，旨在说明史意在史学中的重要性，至于史意所要反映的特定内容是否与孔子一致，文中并未提及。章氏下段文字的上半部虽然说到"固将纲纪天人，推明大道"，那也是"以夫子'义则窃取'之旨观之"，即从孔夫子的角度而言，章氏对此态度如何，并未曾言明。章氏下段文字的下半部，所云"通古今之变而成一家之言"，则为引用

---

① 章学诚著，叶瑛校注《文史通义校注》卷五《答客问》上，中华书局，1985，第470~471页。
② 金毓黻：《中国史学史》，中华书局，1962，第237页。
③ 柴德赓：《史学丛考》，中华书局，1982，第302页。
④ 张立新：《章学诚"史意"概念发微》，《贵阳师专学报》1999年第4期。
⑤ 侯外庐：《中国思想通史》第五卷，人民出版社，1963，第493页。
⑥ 仓修良：《章学诚的"成一家之言"》，《史学史研究》1994年第2期。
⑦ 赵俊：《说"义"——史学批评范畴研究》，《中国社会科学院研究生院学报》1996年第5期。

司马迁语，至于章氏本人是否同意该语句就是史意的特指内涵，亦不曾明言。笔者以为，章氏以上所言，最多只能说明这样两层意思：其一，章氏举孔子著《春秋》以"纲纪天人，推明大道"为义旨之例，说明学者著书立说必求史意。其二，又举出司马迁撰《史记》为体现"通古今之变而成一家之言"的史家义旨之例，说明在史料剪裁标准上，凡是能够体现史家义旨的史事则详之，否则略之，不必顾忌常人之成见；在选择史书体裁时，凡是能够充分体现史家义旨内容的则用之，否则弃之或改之，不必拘泥体裁之成例。在此基础上，便可独断一心，书成之后，自可成一家之言，无愧前贤而传诸后世。至于章氏本人的史意特指内涵如何，两段引文中皆未置一词。

也许有人认为：章氏所举孔子"纲纪天人，推明大道"和司马迁"通古今之变而成一家之言"两例，暗示着他的史意特指内涵就是以上两点。笔者以为，若要真正了解章氏史意的特指内涵，就不可停留在反复纠缠章氏所说的某一两段字句上，而应当从章氏的整个史学理论体系及其方志学的理论和实践中，去进行综合性考察和进一步印证。孔子云：听其言而观其行。史意乃章氏史志理论之灵魂，章氏史学理论体系及其方志学的理论和实践势必要体现这个核心内容。只有这样做，才能拓展思路，得到比较令人满意的结论。

二　史意与历史编纂学

自古以来，中国史籍都是按照史书体裁进行分类的，而章氏则不然，他根据史著与史料的不同性质，首次将史籍区别为两大类，即"撰述"与"记注"。

关于撰述和记注的概念，章氏在《文史通义·书教》篇中说：

> 《易》曰："著之德圆而神，卦之德方以智。"闲尝窃取其义，以概古今之载籍。撰述欲其圆而神，记注欲其方以智也。夫智以藏往，神以知来。记注欲往事之不忘，撰述欲来者之兴起，故记注藏往似智，而撰述知来拟神也。藏往欲其赅备无遗，故体有一定，而其德为方；知来欲其决择去取，故例不拘常，而其德为圆。[①]

[①] 章学诚著，叶瑛校注《文史通义校注》卷一《书教》下，中华书局，1985，第49页。

这就是说，撰述要求见解精辟，预知未来，章氏在其他场合也称之为"著述"，或"专门著述"等；记注要求分类清楚，内容包揽无余，章氏在其他场合也称之为"比类""比类纂辑"和"整齐故事"等。

至于撰述和记注二者之间的关系，章学诚在《报黄大俞先生》一文中说："两家本自相因而不相妨害。……盖著述譬之韩信用兵，而比类譬之萧何转饷，二者固缺一而不可。"① 韩信用兵，须运筹帷幄，用心用智；萧何转饷，须粮草充足，保障后勤。可见在章氏心目中，撰述是第一位的，记注是第二位的。然而二者又是交相为用，缺一不可。记注的存在价值主要体现在保存原始资料，为撰述所剪裁，并解决撰述在剪裁史料之后挂一漏万的后顾之忧，一言以蔽之，即记注为撰述服务。

平心而论，章氏把中国古代浩如烟海的史籍仅分为撰述和记注两大部分，似乎此图书馆式分类没有什么意义，读者也难以借此查找资料。其实章氏在历史编纂学上之所以如此立论，其旨趣并不在于讨论史籍分类的本身，而是为了提高撰述的地位。如前所述，撰述乃是史家借以体现自己史学见解的著作，换句话来说，也就是史家借以体现史意的著作。章氏在上段引文中指出：撰述"神以知来"，"欲来者之兴起"，由此可知，其史意的特指内涵就是鉴往知来。

三　史意与史评

章氏既然是著名史学评论家，且平生以标榜史意为特点，自然在评价历代史书时，会以是否具备史意为标准定其优劣，从中我们有可能窥见其史意特指之内涵。

从事史学理论的研究者皆知，章氏平生最推崇的便是宋代史学家郑樵及其通史体裁著作《通志》，他在《文史通义》一书中特置《申郑》篇予以褒扬：

> 郑樵生千载而后，慨然有见于古人著述之源，而知作者之旨，不徒以辞采为文，考据为学也。于是遂欲匡正史迁，益以博雅；贬损班固，讥其因袭。而独取三千年来遗文故册，运以别识心裁，盖承通史家风，自为经纬，成一家言者也。②

---

① 章学诚：《章学诚遗书》卷九《报黄大俞先生》，文物出版社，1985，第77页。
② 章学诚著，叶瑛校注《文史通义校注》卷五《申郑》，中华书局，1985，第463页。

这就是说，自西汉史学家司马迁撰成纪传体通史《史记》之后，东汉史学家班固继承其纪传体例，而摒弃通史体裁，撰成纪传体断代史《汉书》，此后所谓正史皆秉承班固断代为史的遗规，直到一千余年之后的宋朝仍然如此。唯有郑樵颇具史识，认为古人著史，首重义旨，而史书要体现义旨，通史体裁最为合适。司马迁《史记》为通史体裁，然其纵贯有余，因资料搜集尚不能称丰赡，故横贯稍逊；至于班固《汉书》，因袭《史记》纪传体体例，全无创新，尤其是断代为史，流弊千年，似此皆须匡正。遂取三千年遗文故册，以通史体裁撰成《通志》一书，终成一家之言。

由此可见，章氏之所以褒扬郑樵，主要是因为他能够秉承通史家风。那么郑樵究竟是如何秉承通史家风的呢？搞清这一点，对于我们进一步认识章氏史意之内涵，是会有帮助的。

众所周知，郑樵所著《通志》是以"会通"名世的，关于会通的重要意义，郑氏在该书的《总序》中有明确的说明：

> 百川异趋，必会于海，然后九州无浸淫之患；万国殊途，必通诸夏，然后八荒无壅滞之忧。会通之义大矣哉！自书契以来，立言者虽多，惟仲尼以天纵之圣，故总诗、书、礼、乐而会于一手，然后能同天下之文；贯二帝三王而通为一家，然后能极古今之变。是以其道光明，百世之上、百世之下不能及。①

从郑氏赞扬孔子之语中可知：所谓"会"，就是汇集天下之书，达到天下同文的目的；所谓"通"，就是将历代重大历史事件按照时间先后的发展顺序贯穿起来，探索其发生源流，梳理其发展脉络，以实现"极古今之变"的著书义旨。

这就很清楚了，郑樵之所以力主会通而撰写通史，就是为了同天下之文和极古今之变。关于郑樵力主撰写通史，旨在极古今之变这一点，在其所撰《通志》一书中还有具体的体现。

《通志》中之《二十略》为郑樵所独创，最为学界称赞。《二十略》不仅是通史性质，而且在内容较为庞杂、头绪较为纷乱的《六书》《七音》《天文》《地理》《礼》《乐》《职官》《食货》和《昆虫草木》等略中，又分别设置了类例，使其庞杂纷乱的内容有类可分，有例可归。郑樵解释其

---

① 郑樵：《通志·总序》，浙江古籍出版社，2000，第1页

功能说："类例既分,学术自明,以其先后本末具在。"① 这样一来,上述门类的学术发展脉络便会清晰,不致因内容繁复而受到影响,便于人们了解其中内在的学术规律。由此可知,类例的设置与采用通史体裁是出于同样的考虑,只不过是具体而微罢了。白寿彝先生称其为郑氏"会通的逻辑根据",② 信为知言。

《二十略》而外,《通志》纪传部分基本上是根据正史旧文损益而成,因系二手资料,故学界对其评价相对较低。不过有些学者仍然认为,纪传部分也有其特殊的学术价值和作用。厦门大学历史系郑樵研究小组在《郑樵史学初探》一文中便说:"我们认为,从研究各代的历史来说,不看《通志》的纪传而看正史是可以的,因为《通志》毕竟不是第一手资料。但是要研究郑樵,研究中国史学的发展,却不能不读它,因为我们从他对旧史的损益中,可以看出他的取舍、增删、改写、编排的原则,从而看出他的史学思想和编纂方法。"③ 郑樵以会通为治学特点,他在编纂方法上对旧史纪传部分进行的取舍、增删、改写和编排,当然是为了突出"极古今之变"的史学思想。

《通典》《通志》和《文献通考》合称"三通"。章氏对以"会通"为著述义旨的《通志》十分推崇,对唐人杜佑以"将施有政"④ 著述义旨的《通典》也予以肯定,唯独对元人马端临的《文献通考》大加贬抑,原因在于《文献通考》有"通"之名而无"通"之实。马端临在《文献通考·自序》中说:该书的旨趣在于"博闻而强识之"⑤,即意在广泛搜集史料,使其内容丰富。史料搜集宏富,而少有剪裁,当然枝叶繁茂,使人们很难从中看出历史发展过程中规律性的东西,因而遭到章氏的极力贬斥,他说:"郑君……不幸而与马端临之《文献通考》并称于时,而《通考》之疏陋,转不如是之甚。末学肤受,本无定识,从而抑扬其间,妄相拟议,遂与比

---

① 郑樵:《通志》卷七十一《校雠略·编次必谨类例论》,浙江古籍出版社,2000,第831页。
② 白寿彝:《马端临的史学思想》,《中国史学史论集》(二),上海人民出版社,1980,第365页。
③ 厦门大学历史系郑樵研究小组:《郑樵史学初探》,《中国史学史论集》(二),上海人民出版社,1980,第319页。
④ 杜佑:《通典》卷一,浙江古籍出版社,2000,第9页。
⑤ 马端临:《文献通考·自序》,浙江古籍出版社,2000,第3页。

类纂辑之业，同年而语……岂不诬哉？"① 即认为，马端临的《文献通考》实为保存资料之类书，毫无史识，却攀龙附凤，与《通志》比肩，妄僭"通"名，岂不大错特错！

一般来说，凡具通史体裁名实者，章氏皆持肯定态度。他说："夫通史人文，上下千年，然而义例所通，则隔代不嫌合撰。"② 为何章氏对通史体裁如此情有独钟呢？我们从他另一段话中可以得到某些启示："通之为名，盖取譬于道路，四冲八达，无不可至，谓之通也。亦取其心之所识，虽有高下、偏全、大小、广狭之不同，而皆可以达于大道，故曰通也。"③ 这里从"通"字的本义说明通史可达于大道，那么何谓"大道"呢？笔者以为，由通史而达于大道，只能是探求历史发展过程中的一般规律，即章氏所谓之"神以知来"和郑氏所谓之"极古今之变"，此外不可能有其他的解释。

四　史意与修志

作为史评家，章氏曾立志改写内容浩繁芜杂的《宋史》，以便将自己的史学理论，尤其是史意之说，贯穿进去，证明己说之不诬。惜其未成，留下终生遗憾。改写《宋史》宏愿虽未能实现，但其所修《湖北通志》《和州志》《永清志》和《亳州志》的部分内容，以及一些有关方志理论的文章得以传世，使我们今天有幸可以从他的方志理论及其修志实践中，考察其史意之说的具体运用情况。

《湖北通志》是章氏所修方志中较晚的一部，也是较为成熟的一部。该志在体例上的最大特点，即所谓"三书""四体"。"三书"，是就其整体结构而言的，因其由志、掌故和文征三大部分组成，故名；"四体"，是就三书之一——志的内部体例而言的，因其由外纪、年谱、考、传四种体例组成，故名。

清末著名学者梁启超曾对三书之间的主次关系进行了说明，并给予很高的评价："向来作志者皆将'著述'与'著述资料'混为一谈。……实斋'三书'之法，其通志一部分，纯为'词尚体要'，'成一家之言'之著述；

---

① 章学诚著，叶瑛校注《文史通义校注》卷五《申郑》，中华书局，1985，第464页。
② 章学诚著，叶瑛校注《文史通义校注》卷四《释通》，中华书局，1985，第377页。
③ 章学诚著，叶瑛校注《文史通义校注》卷四《横通》，中华书局，1985，第389页。

掌故、文征两部分，则专以保存著述所需之资料。既别有两书以保存资料，故'纯著述体'之通志，可以肃括闳深，文极简而不虞遗阙。其保存资料之书，有非徒堆积档案夸繁富而已，加以别裁，组织而整理之，驭资料使适于用。"① 可谓知言。

既然章氏《湖北通志》采用自己所创之"三书""四体"新体例，意在提高三书中"志"书的地位，以体现史意，成一家之言，那么他在所修《湖北通志》的"志"书部分中是怎样体现史意的呢？章氏曾撰写《方志辨体》一文，主要论述如何处理通志、府志、州志和县志之间的关系，从中我们可以得到一点启示。

当时地方上修志，在处理不同级别方志之间的关系时，普遍存在这样一种情况，即将若干县志相加而成州志，若干州志相加而成府志，若干府志相加而成通志；反之亦然，即通志可分成若干府志，府志可分成若干州志，州志可分成若干县志。以这种办法来处理各级方志之间的关系，显然是不合适的，因为多次重复相同的内容，实在没有必要。

针对这种情况，章氏在这篇文章中说："所贵乎通志者，为能合府、州、县志所不能合，则全书义例，自当详府、州、县志所不详。既已详人之所不详，势必略人之所不略。"② 那么何谓"详人之所不详""略人之所不略"呢？

为了说明这一问题，章氏举《湖北通志》"山川"一门为例，进行了具体明确的阐释：

> 湖广旧志《山川》一门，取各府、州、县志载山川名目，仍依府、州、县次排列，山川名下之注，亦照册排列，此亦世俗通例，未足深怪。但如此排写，占纸四五百番，实与府、州、县志毫无分别。余意此等只应详州、县志，府志已当稍裁繁注，况通志乎？因聘明于形家言者，俾叙湖北十一府州山川形势，上溯夔、陕，下接江西，盘旋数千里间，分合回互，曲直向背，为长篇总论，而山川名目，有当形势脉落起伏响应者，则大书以入文裁，仍加分注以详坐落，其文洒洒，凡三千余言，观者朗诵一过，则数千里间形势快如掌上观纹。至于无当形势脉落，支流断港、堆阜小丘，则但以小注记其总数于所隶州、

---

① 梁启超：《中国近三百年学术史》，东方出版社，1996，第 327 页。
② 章学诚：《章学诚遗书》卷十四《方志辨体》，文物出版社，1985，第 121 页。

县之下，且尽删其注文。前以所隶州、县为经，后以总论山川为纬，略仿《禹贡》《职方》义例，用纸不及三十番，而大势豁然，可谓意匠经营，极尽炉锤之工者矣。①

这就是说，湖广旧志《山川》一门，将所属各府、州、县志书记载的全部山川，乃至这些山川在原来所属府、州、县志书中排列的先后次序，山川名下注文，原封未动地照搬过来，不仅废纸四五百页，而且与所属府、州、县志书毫无区别，似此便当剪裁，即所谓"略人之所不略"。在重新撰写《湖北通志》山川门类时，首先应作长篇总论，重点将湖北由西向东大的山川走势写清楚。其次撰写山川的具体内容。在撰写这部分内容的过程中，无论某山某川，凡其规模足以影响大的山川走势者，则毅然写入志内，并可保留注文，以明其所在位置；其规模不足以影响大的山川走势者，则概不收入，其名下注文亦当全部略去，只将这些略去山川的总数以小注的形式，载于所隶州、县篇内便可。这样一来，湖北山川的走势，总的脉络，就会如掌上观纹，一目了然，即所谓"详人之所不详"。

由此可知，略人之所不略，详人之所不详；删去各府、州、县志书次要内容之枝叶，凸显湖北山川大的走势之主干，当为章氏撰写《山川》门类之主旨。而《山川》门类不过是《湖北通志》的冰山一角，以此推之，集中主要内容，便于人们掌握地方发展的一般规律性认识，应为章氏编纂《湖北通志》乃至在整个方志学理论与实践上的指导思想。

五 史意与校雠

除《文史通义》之外，章氏还有一部比较重要的著作——《校雠通义》。

"校雠"之意，一般指考订书籍，纠正讹误。然而章氏对此却有不同理解，他认为校雠除了这些基础性工作之外，更应注重辨章学术，考镜源流。

他说："古人著录，不徒为甲乙部次计。如徒为甲乙部次计，则一掌故令史足矣。"② 又说："后人著录，乃用之为甲乙计数而已矣，则校雠失职之

---

① 章学诚：《章学诚遗书》卷十四《方志辨体》，文物出版社，1985，第121页。
② 章学诚著，叶瑛校注《文史通义校注》，附《校雠通义》卷一《互著第三》，中华书局，1985，第966页。

故也。"① 即认为：古人编写校雠目录类著作之初，并非仅依据书籍的不同性质进行分类，若仅依据书籍的不同性质进行分类，只一名掌故令史官员即可办到。而后世之人迷踪忘本，编写校雠目录类著作仅依据书籍的不同性质进行分类，这便失去校雠目录类著作之本意。既然如此，编写校雠目录类著作又当如何去做呢？章氏又说："校雠之义，盖自刘向父子部次条别，将以辨章学术，考镜源流。"② 这就是说，编写校雠目录类著作应如汉朝刘向、刘歆父子一样，以辨章学术、考镜源流为主旨。

  章氏不仅是这样说的，而且在撰写这本书的过程中，也是这样做的。在校雠学上，他发明了著名的"互著法"和"裁别法"。关于互著法，章氏这样解释说："至理有互通，书有两用者，未尝不兼收并载，初不以重复为嫌；其于甲乙部次之下，但加互注，以便稽检而已。"③ 就是说，当一本书的内容在图书分类法上兼有两种性质，如经部的易家便与子部的五行阴阳家相通，可在经部的易家和子部的五行阴阳家之下分别加以著录。这样两相著录，不仅可避免读者在查阅某类内容图书时发生漏检现象，更重要在于"书之相资者，非重复互注④之法，无以究古人之源委"⑤。即令学术史上某一学术流派论著完完整整，从而搞清该学术流派的来龙去脉及其在学术史上的发展特点。关于"别裁法"，章氏这样解释说："盖古人著书，有采取成说，袭用故事者。其所采之书，别有本旨，或历时已久，不知所出；又或所著之篇，于全书之内，自为一类者，并得裁其篇章，补苴部次，别出门类，以辨著述源流。"⑥ 就是说，当一本书收录另外一本书时，就应当将另外这本书析出，归入到与其内容相宜的门类中去，而且无需与原书两相互注。此种方法虽与互著法不同，但目的都是一个，即辨章学术，考镜源流。

---

① 章学诚著，叶瑛校注《文史通义校注》，附《校雠通义》卷三《汉志六艺第十三》，中华书局，1985，第1024页。
② 章学诚著，叶瑛校注《文史通义校注》，附《校雠通义》卷一《叙》，中华书局，1985，第945页。
③ 章学诚著，叶瑛校注《文史通义校注》，附《校雠通义》卷一《互著第三》，中华书局，1985，第966页。
④ 同于"互著"。
⑤ 章学诚著，叶瑛校注《文史通义校注》，附《校雠通义》卷一《互著第三》，中华书局，1985，第966页。
⑥ 章学诚著，叶瑛校注《文史通义校注》，附《校雠通义》卷一《别裁第四》，中华书局，1985，第972页。

通过以上两例，可知章氏是非常注重辨清古往今来各种学术流派源流的，其实章氏在本书的叙文中便已开宗明义地说明了撰写本书之目的，即："今为折衷诸家，究其源委，作《校雠通义》，总若干篇，勒成一家，庶于学术渊源，有所厘别。知言君子，或有取于斯焉。"①

章氏不仅将辨章学术、考镜源流作为研究校雠学的主旨，而且也以此作为评价历代校雠目录类著作的重要标准。根据这一标准，他对刘歆所著《七略》予以充分肯定："刘歆《七略》……以博求古今之载籍，则著录部次，辨章流别，将以折衷六艺，宣明大道，不徒为甲乙纪数之需，亦已明矣。"②指出刘向之子刘歆所撰《七略》，广搜群书，辨明学术流派，上溯儒家经典六艺并尊之为祖，不以按类编次为能，诚为明道之书。对班固所撰《汉书·艺文志》亦予以充分肯定："《汉志》最重学术渊源……此叙述著录，所以有关于明道之要，而非后世仅计部目者之所及也。"③班固所撰《汉书》本为断代史，然其《艺文志》系刘歆《七略》要删，于学术典籍皆上溯周秦，下迄当代，可谓条贯古今，学术源流昭然，故为章氏称许，亦视为明道之书。《七略》《汉志》之外，于近世校雠著作中最为章氏所推重者，便是宋人郑樵《通志》中之《校雠略》。他说："自刘、班而后，艺文著录，仅知甲乙部次，用备稽检而已。郑樵氏兴，始为辨章学术，考竟源流，于是特著《校雠》之略；虽其说不能尽当，要为略见大意，为著录家所不可废矣。"④辨章学术，考镜源流，本为汉时以刘向、刘歆父子和班固为代表的校雠家所宗，遗憾的是后世校雠家却忘记了这一主旨，蜕变为甲乙部次之学。郑樵生千年之后，对校雠学之失，恍然有所顿悟，乃接续汉人传统，求本溯源，以体现古今学术发展大势为主旨，撰成《校雠略》。章氏以为，此种作为，实属难能可贵，故亦赞许有加。

从以上章氏的论述中我们还可以看到，他之所以称赞以上这几部校雠学著作，是因为它们秉承辨章学术、考镜源流的主旨，可以明道。章氏曾

---

① 章学诚著，叶瑛校注《文史通义校注》，附《校雠通义》卷一《叙》，中华书局，1985，第946页。
② 章学诚著，叶瑛校注《文史通义校注》，附《校雠通义》卷一《原道第一》，中华书局，1985，第952页。
③ 章学诚著，叶瑛校注《文史通义校注》，附《校雠通义》卷二《补校汉艺文志第十》，中华书局，1985，第994页。
④ 章学诚著，叶瑛校注《文史通义校注》，附《校雠通义》卷二《焦竑误校汉志第十二》，中华书局，1985，第1009页。

说：“形而上者谓之道，形而下者谓之器。善法具举，本末兼该，部次相从，有伦有脊，使求书者可以即器而明道，会偏而得全。”① 这就是说，在章氏看来，校雠学著作叙述的内容不过是器，而通过阅读这些内容，能够上升为对某种学术流派的发生发展乃至衰微的规律性认识，才是道。然而并不是所有的校雠学著作都能够即器明道的，只有于古今学术追本溯源，明其原委，才有可能上升到道的层面，因而章氏在校雠学上反复强调辨章学术、考镜源流的重要性，也就不难理解了。

章氏的校雠学思想显然是与其史学思想相联系的。章氏在史学思想上倡导通史体裁著作，企图借此探索社会历史发展过程中某种规律性的认识；章氏在校雠学上强调辨章学术，考镜源流，旨在明道。那么其道为何呢？只能是借助校雠学探索学术发展史上的某种规律性认识。对此，索慧先生在《章学诚的校雠理论及其方法》一文中说："这里的'名道'，就是要揭示图书性质，阐明图书发展规律，因此在他看来，校雠学家不仅要'部次甲乙'，而且要条别学术流派，阐明各类图书产生发展的规律。"② 可以说准确地探知到了章氏的真正用意。

六　史意论辩与最终结论

综上所述，章氏在历史编纂学上，拔高撰述（即史学著述）的地位，力主"知来"之学；在史评上，倡导通史体裁，借以探索出社会历史发展过程中规律性的认识；在方志学的理论与实践上，拔高"三书"中志书的地位，并通过"略人之所不略""详人之所不详"的别识心裁，以探索地方社会历史发展过程中规律性的认识；在校雠学上，强调辨章学术，考镜源流，以探索学术发展史上的某种规律性认识。由此推之，通过撰史修志，借以探索事物发展过程中规律性的认识，最终达到经世致用的目的，当为章氏史意特指内涵之核心内容。

章氏既以此为重，在平生治学上，当然也总结出一些规律性的认识，对此我们还可以从下面的例子中得到进一步的印证。

---

① 章学诚著，叶瑛校注《文史通义校注》，附《校雠通义》卷二《补校汉艺文志第十》，中华书局，1985，第994页。
② 索慧：《章学诚的校雠理论及其方法》，《学习与探索》1987年第6期。

如在社会史方面，他说：

> 人生有道，人不自知。三人居室，则必朝暮启闭其门户，饔飧取给于樵汲，既非一身，则必有分任者矣。或各司其事，或番易其班，所谓不得不然之势也，而均平秩序之义出矣。又恐交委而互争焉，则必推年之长者持其平，亦不得不然之势也，而长幼尊卑之别形矣。至于什伍千百，部别班分，亦必各长其什伍，而积至于千百，则人众而赖于干济，必推才之杰者理其繁，势纷而须于率俾，必推德之懋者司其化，是亦不得不然之势也，而作君作师，画野分州，井田封建学校之意著矣。故道者，非圣人智力之所能为，皆其事势自然，渐形渐著，不得已而出之，故曰天也。①

这就是说，人类之初，只要有三人一同居住，就一定有家务。而有家务，必然有分工，于是便产生了平均意识。又恐分配不公，必推年长者决断，于是便出现了人的地位差别。至人众之后，又必然会推立君主和师长，裂土分治，于是便有了诸侯、井田和学校。以上这些事物都是不得不如此的时势造成的，并非圣人的智力所能及。由此可见，章氏以上论述基本上是客观的，具有一定科学性的，尤其是他认为历史是由时势而非圣人主观臆断推动的思想，反映出朴素的唯物史观意识，在当时的封建社会里，实属难能可贵。

在学术史方面，他说：

> 历观古今学术，循环盛衰，互为其端。以一时风尚言之，有所近者必有所偏，亦其势也。学者祈向囿于时之所趋，莫不殚精竭智，攻索不遗余力，自以所得远过前人，圣人复生，不可易矣。及其风衰习变，后人又以时之所尚追议前人，未尝不如前人之视古昔，汉、唐、宋、明以迄昭代，作者递相祖述，亦递相訾议，终身遁于其中，而不自知其守器而忘道，岂有当哉！②

这就是说，纵观古今学术史，不同的学术流派，此消彼长，循环往复。就某一正值兴盛时期的学术流派而言，若有所崇尚，必有所忽略，此为客

---

① 章学诚著，叶瑛校注《文史通义校注》卷二《原道》上，中华书局，1985，第119页。
② 章学诚：《章学诚遗书》卷九《与朱沧湄中翰论学书》，文物出版社，1985，第84页。

观形势使然，非人力所能改变。当时之学者大都追随时风，以时尚之学而比较前人"过时"之学，自认为超越古人，岂知学风一变，后代之学者视当时之学者，亦犹当时之学者视前代之学者，于是古今学者们代代相传，亦代代相轻，终身如此，至死不明。章氏以上论述可谓颇具见地，宋明空言义理，清人以考据实证之学矫之，考据学又舍本逐末，为考据而考据。章氏在总结宋代以来学术发展史的经验教训基础上，提出以"史明道"之说，即将史实与史意紧密结合起来的治学方法，以持世救偏。可见章氏不仅在理论上认识到了这一点，而且已将这种理论指导他的史学实践了。

他又说：

> 神奇化臭腐，臭腐复化为神奇，解《庄》书者，以谓天地自有变化，人则从而奇腐云耳。事屡变而复初，文饰穷而反质，天下自然之理也。《尚书》圆而神，其于史也，可谓天之至矣。非其人不行，故折入左氏，而又合流于马、班。盖自刘知几以还，莫不以谓书教中绝，史官不得衍其绪矣。又自《隋·经籍志》著录，以纪传为正史，编年为古史，历代依之，遂分正附，莫不甲纪传而乙编年。则马、班之史，以支子而嗣《春秋》，荀悦、袁宏且以左氏大宗，而降为旁庶矣。司马《通鉴》病纪传之分，而合之以编年。袁枢《纪事本末》又病《通鉴》之合，而分之以事类。按本末之为体也，因事命篇，不为常格，非深知古今大体，天下经纶，不能网罗隐括，无遗无滥。文省于纪传，事豁乎编年，决断去取，体圆用神，斯真《尚书》之遗也。在袁氏初无其意，且其学亦未足与此，书亦不尽合于所称。故历代著录诸家，次其书于杂史，自属纂录之家，便观览耳。但即其成法，沉思冥索，加以神明变化，则古史之原，隐然可见。书有作者甚浅，而观者甚深，此类是也。故曰：神奇化臭腐，而臭腐复化为神奇，本一理耳。①

这就是说，从史的角度来看《尚书》，辞简而意达，堪称天下之至文。然而后世之史书体裁，一变为编年体之《左传》，再变为纪传体之《史记》和《汉书》，三变复归编年体之《资治通鉴》，四变为南宋袁枢之《通鉴纪事本末》。《通鉴纪事本末》因事命篇，既无纪传体内容重复之累，又无编年体内容割裂之弊，复得《尚书》之精髓，堪称《尚书》之遗绪。这便是：

---

① 章学诚著，叶瑛校注《文史通义校注》卷一《书教》下，中华书局，1985，第51~52页。

神奇化臭腐，而臭腐复化为神奇。

应当说，章氏"神奇化臭腐，而臭腐复化为神奇"这一命题，在一定程度上反映了中国史书体裁发展史上的某种规律，诚如瞿林东所说：它"触及到了中国史书体裁发展变化过程中某些规律，即所谓合之则分、分之复合，而在分合过程中走着一条肯定——否定——否定之否定的发展路线"。① 笔者以为，瞿林东对章学诚的评论基本上是正确的，但说章氏已经认识到了马克思主义的否定之否定规律，恐有拔高之嫌，章氏终究是封建文人，未必能够认识到那么高的程度。通读《文史通义》一书，我们还可以感受得到，章氏对上古典籍，尤其是六艺，是十分崇拜的，他曾不止一次地说过：学者应"窥乎天地之纯，识古人之大体"。② 将上古典籍六艺视为道之本真与本源。由此推知，章氏所谓之"神奇化臭腐，而臭腐复化为神奇"，不过是封建历史循环论在学术史上的另外一种表述而已。

由上而知，章氏平生倡导史意之说，力主以史明道之旨，探索得到一些具有朴素唯物论因素的规律性认识，同时我们也必须知道：章氏探索的这些具有朴素唯物论因素的规律性认识，与我们今天所说的总结历史经验、探索社会历史发展规律的含义是有区别的。今天我们所说的总结历史经验，探索社会历史的发展规律，已经具有特定的政治内容和时代色彩，两者切不可混为一谈。

回过头来，我们对史学界关于章氏史意的种种观点，进行一番必要的商榷。

第一，史学界有许多学者，甚至是史学前辈都认为章氏的史意，就是孔子作《春秋》所谓的"窃取之义"，即以"三纲五常"为主要内容的儒家礼制思想。考之《文史通义》一书，章氏确有一些相关言论，他曾说："孔子立人道之极。"③ 又说："盖天之生人，莫不赋之以仁、义、礼、智之性，天德也；莫不纳之于君臣、父子、夫妇、兄弟、朋友之伦，天位也。"④ 即认为孔子创立的儒家伦理道德规范和纲常思想是合乎天之大道的。众所周知，孔子的儒家学说是为封建政治统治服务的，而章氏亦主张学以致用，

---

① 瞿林东：《中国史学散论》，湖南教育出版社，1992，第106~107页。
② 章学诚著，叶瑛校注《文史通义校注》卷五《诗话》，中华书局，1985，第559页。
③ 章学诚著，叶瑛校注《文史通义校注》卷二《原道》中，中华书局，1985，第131页。
④ 章学诚著，叶瑛校注《文史通义校注》卷二《原学》上，中华书局，1985，第147页。

所以又说："天地间大节大义，纲常赖以扶持，世教赖以撑柱。"① 对孔孟之道建立的封建伦理道德思想及其在维护封建政治统治上的作用予以充分的肯定。在封建社会里，君主是国家的象征，为了维护国家的统一和社会的安定，他甚至认为："史臣不必心术偏私，但为君父大义，则于理自不容无所避就，夫子之于《春秋》，不容不为尊亲讳也。"② 就是说，史家虽应讲究史德，但当君主和父亲出现过错时，本着孔子《春秋》之义，亦应为其避讳。章氏不仅是这样说的，而且在修志实践中也是这样做的，如其所撰《永清志》中之《恩泽纪》《士族表》《烈女传》和《义门传》等许多门类，都以反映封建思想内容为主，这恐怕就是他所谓的"经世致用"吧！

章氏无疑是一位封建文人，也确实认为孔子的儒家学说是合乎天之大道的，但他不认为孔孟之道是圣人头脑中固有的。相反，他认为圣人之所以为圣人，是善于从社会实践中总结客观规律，是向众人学习的结果，他说："言圣人体道可也，言圣人与道同体不可也。"③ 又说："学于圣人，斯为贤人；学于贤人，斯为君子；学于众人，斯为圣人。"④ 既然圣人能够借学得道，那么他人亦无不可，又说："道，公也；学，私也。君子学以致其道，将尽人以达于天。"⑤ 道，不仅他人可学，而且道也不止孔孟之道一途，凡为客观规律者皆可谓之道。又说："文章学问，毋论偏全平奇，为所当然，而又知其所以然者，皆道也。……学问无有大小，皆期于道。"⑥ 这就是说：学者著书立说，虽不比孔孟之道在社会上影响大，但在其所属研究领域亦可明道。言下之意即为：章氏本人所撰《文史通义》一书，就是为探索史志理论和文学理论领域里的一般规律而作，从其书名之意中也可反映出这一点。由此可见，前文章氏所引"其义则孔子自谓有取乎尔"，不过是说应借鉴孔子以史明道的治学方法而已，至于明道之内容显然与孔子有别。孔子作《春秋》，意在书法褒贬；而章氏撰史修志，重在叙述事物原委。陈鹏鸣先生在《章学诚史学批评的目的与方法》一文中也发现了章氏

---

① 章学诚著，叶瑛校注《文史通义校注》卷八《答甄秀才论修志第一书》，中华书局，1985，第821页。
② 章学诚：《章学诚遗书》卷三十《丙辰札记》，文物出版社，1985，第390页。
③ 章学诚著，叶瑛校注《文史通义校注》卷二《原道》上，中华书局，1985，第120页。
④ 章学诚著，叶瑛校注《文史通义校注》卷二《原道》上，中华书局，1985，第120页。
⑤ 章学诚：《章学诚遗书》卷四《说林》，文物出版社，1985，第32页。
⑥ 章学诚：《章学诚遗书》卷九《与朱沧湄中翰论学书》，文物出版社，1985，第84页。

这一特点:"他(章学诚)在进行史学批评时,总是喜欢追溯源头。"① 其实章氏不仅喜欢追溯源头,也喜欢究其遗绪,以便从中把握事物发展的大势。而把握事物发展的大势,如前所述,当然只能是探索事物发展过程中规律性的认识了。

第二,有的学者认为"史'义'贵在创新"。通过对章氏整个史学体系进行一番总体考察之后,笔者发现,章氏最感兴趣的并不是我们所说的创新,而是是否能够或者是否有助于体现史意,即反映事物发展过程中的一般规律性认识。关于这一点,我们举出一些有关的例子便可明了。其一,众所周知,司马迁的《史记》是中国古代颇具创新性的史学名著,章氏对其评价是:"夫史迁绝学,《春秋》之后,一人而已。其范围千古、牢笼百家者,惟创例发凡,卓见绝识,有以追古作者之原,自具《春秋》家学耳。"② 这里虽然肯定了司马迁创立的纪传体,但更注重《史记》与上古孔子所编《春秋》的联系,称赞其具有《春秋》家学,是《春秋》之后第一人。而《春秋》家学,在章氏看来,就是讲究史学义旨,就是强调史意。其二,班固所撰《汉书》,创立了纪传体的断代史体裁,并为后世正史史书体裁所沿袭,可见是符合当时史书体裁客观需要的,这无疑是《汉书》的主要贡献之一。然而章氏对此从未加称赞,相反,对《汉书》中个别内容上溯至远古的门类,如《古今人表》和《艺文志》,则给予肯定和褒扬,他说:"班固《古今人表》,为世诟詈久矣。由今观之,断代之书,或可无需人表,通古之史,不可无人表也。"③ 又说:"《汉志》最重学术源流……此叙述著录,所以有关于明道之要,非后世仅记部目者之所及也。"④ 其三,如前所述,章氏平生最推崇的便是宋代史学家郑樵所著的《通志》。学界一般认为:该书的纪传体部分系删削旧史而成,唯独《二十略》为郑樵所独创,史学价值最高。其实《二十略》中的大部分内容也是依据旧史而成,只有《六书》《七音》和《昆虫草木》等略,才是郑樵通过学习研究的真正心得之作。章氏对其评论说:"若夫二十略中,《六书》《七音》《昆虫草

---

① 陈鹏鸣:《章学诚史学批评的目的与方法》,《史学理论研究》1995年第4期。
② 章学诚著,叶瑛校注《文史通义校注》卷五《申郑》,中华书局,1985,第464页。
③ 章学诚著,叶瑛校注《文史通义校注》卷七《亳州志人物表例议上》,中华书局,1985,第801页。
④ 章学诚著,叶瑛校注《文史通义校注》,附《校雠通义》卷二《补校汉艺文志第十》,中华书局,1985,第994页。

木》三略，所谓以史翼经，本非断代为书，可以递续不穷者比，诚所谓专门绝业，汉、唐诸儒，不可得闻者也。"① 与评论《史记》相似，在肯定三略为专门绝业的同时，更为称赞其通史体裁。其四，南宋袁枢的《通鉴纪事本末》创立了纪事本末体裁。该体裁以事件为中心，既消除了纪传体一事数记之弊，又避免了编年体一事数隔之虞，在中国古代史书体裁发展史具有十分重要的地位。章氏对纪事本末体的上述优点虽亦予以肯定，但其看问题的角度则与众不同，他说："《纪事本末》，不过纂录小书，亦不尽取以为史法，而特以义有所近，不得以辞害意也。"② 即认为袁枢所创纪事本末体，当初本人并未意识到要发明新的史书体裁，然而这种史书体裁得以集中史书的核心内容，易于体现史意，故应予以肯定。章氏既然从利于体现史意的角度肯定纪事本末体，当然不会认为这是创新。他对这种体裁的评价是："《尚书》之遗也"，"臭腐复化为神奇"③。即认为袁枢的《通鉴纪事本末》之所以获得成功，是因为继承了《尚书》的遗法，是《尚书》复古的回归。

第三，有的学者认为："'史意'一名，略当文化发展史的理论。"笔者认为，如此界定史意，显然意义不大。就"文化发展史"而言，章氏是史学理论家，史学理论当然包括在大文化的范畴之内；就"理论"二字而言，说史意是历史的理论观点，这是不争自明的问题，因而毫无探讨之必要。本文探讨的是章氏史意的特指内涵，即章氏的历史理论观点是什么，而不是史意就是历史理论观点这种简单的问题。

七 余论

通过以上探讨，至少我们对章氏史意之说的认识有所深化。章氏史意之说产生于乾嘉时代，当时正值考据学盛行，为考据而考据之风弥漫整个学界。在这种历史背景下，章氏能够提出旨在探索事物发展规律性认识的史意之说，可谓难能可贵。然而终清之世，章氏之说亦未能显。五四运动之后，"科学"与"民主"的口号深入人心，史家开始以科学的态度来研究

---

① 章学诚著，叶瑛校注《文史通义校注》卷五《申郑》，中华书局，1985，第463页。
② 章学诚著，叶瑛校注《文史通义校注》卷一《书教》下，中华书局，1985，第52页。
③ 章学诚著，叶瑛校注《文史通义校注》卷一《书教》下，中华书局，1985，第51～52页。

历史。民国九年,梁启超在《清代学术概论》中说:"会稽有章学诚,著《文史通义》,学识在刘知几、郑樵上。"① 章氏之说方引起学界的广泛关注。此后研究性史学论著如雨后春笋,纷纷问世,蔚为大观。马克思主义学说传入中国后,一批史学家开始在马克思主义理论的指导下研究历史和解释历史,将史学理论又推向一个新的高度,这种研究方法在大陆史学界至今盛而不衰。

在这样一种重视理论的学风背景下,章氏史意之说当然得到高度的评价,然而章氏史志理论在当代著史修志的实践中,却几乎没有得以实行。究其原因,大概有如下几点:其一,出于尽可能保存一定信息量的考虑。按照章氏的史意之说,史家著书立说,旨在探索事物规律性的认识。根据这一主旨,史家对搜集到的史料须进行大量的剪裁,凡是能够充分体现这一主旨的史料留之,未能充分体现这一主旨的史料弃之。就章氏本人而言,这应当是没有什么问题的,然而人们对事物的看法是有差别的,更何况后世之人,随着时代形势的发展变化,人们看问题的角度也会发生变化。前人以为无用的史料,后人可能认为十分珍贵;前人以为珍贵的史料,后人可能认为是糟粕。后之视今,亦犹今之视昔,因而作为史学工作者,我们应当把眼光放得更长远一些,在撰史修志的过程中,尽量保存一些必要的史料内容,以供后人裁择。其二,当代浮躁的学风。当代流行浮躁的学风,这已是不争的事实。浮躁学风有两大突出特点:一是求大。即书写得越厚越好。书只要写得厚,就会产生震撼力,人们就会认为有水平、有深度。至于是否果真如此?现代人生活节奏快,读者恐怕寥寥无几,所以就不得而知了。这显然与章氏"词尚体要"的要求相悖。二是求快。写厚书,毕竟耗时费力,现代学人急功近利,不加以思索而千言立就,这显然与章氏"贵专家之学"的要求相违。其三,众手成书的普遍模式。当代倡导集体攻关,盛行课题组招标。这种模式的优点是成书周期短,出书部头大;缺点是观点不一,甚至出现矛盾,这显然与章氏"成一家之言"的要求相左。

后世不能实践章氏史意之说,不等于说章氏史学理论没有进步意义。在当时考据学风十分盛行的时代,章氏提出史意之说,对持世救偏无疑起到了非常积极的作用。此外撰史修志,以史明道,作为常理,也是正确的。所以我们对章氏史意之说还是应当肯定的。

---

① 梁启超:《清代学术概论》,东方出版社,1996,第18页。

其他史论篇

两汉"任子"问题之探讨*

"任子"是两汉封建官吏子弟入仕途径之一,对此《史记》《汉书》和《后汉书》只是提出了通过这条道路做官的一些具体人物,《西汉会要》和《东汉会要》虽然把"任子"列为专目,但也仅仅举出了"任子"的一些事例和"任子"的类别,《通典》和《文献通考》亦无详细记载,因此要研究"任子"问题,必须通过史籍中的"任子"事例进行分析。

"任子"制产生于什么时代?史料没有明确的记载。据《史记·袁盎晁错列传》载:"孝文帝即位,盎兄哙任盎为郎。"这说明至少在汉文帝时已有"任子"制,即产生于文帝即位之前。如果产生于文帝之前,具体是什么时候?有人主张可以上溯到"商鞅变法后的秦国"[①]。这个说法缺乏史实依据,甚至与史实相矛盾:第一,"任子"制如果产生于商鞅变法时期,为什么直至汉文帝时才有明确的"任子"实施例证,难道秦国在颁布"任子"令后,经过一百多年,到汉文帝统治时期才加以实现吗?第二,虽说是汉承秦制,但也有不少变通的地方。如秦废分封制,汉却先后分封了异姓王和同姓王,秦朝有的制度,汉朝未必就有。第三,商鞅变法的主要内容之一,是奖励军功,废除世卿世禄制,如果与此同时颁布实行"任子"制,岂不是自相矛盾?在奖励军功的政策下,无论新旧贵族都没有世袭特权,都没有军功贵族可以任子弟为官的规定。

笔者认为"任子"制应该产生于汉初。汉初距离汉文帝时不过一二十年,文帝时出现这样的记载是很自然的。以前无此事例,显然是两汉的选官制度。汉初统治者,除了恢复分封制之外,又给予二千石以上高官以政

---

* 原载《辽宁大学学报》(哲学社会科学版)1983年第5期。
① 高敏:《关于汉代"任子"制的几个问题》,《秦汉史论集》,中州书画社,1982。

治特权，虽不能像王侯那样世袭，却可以"任子"为官，以后"任子"制发展成九品中正制和门荫制度。正如宋人马端临在《文献通考》中所说："任子法始于汉，而其法尤备于唐。"① 此说法大体符合历史实际。

关于"任子"的内容问题，史家大都引用《汉仪注》中所说"吏二千石以上视事满三年，得任同产若子一人为郎"。② 这里指出"任子"的条件有以下五条：第一，官阶必须是"二千石以上者"；第二，还必须"视事满三年"；第三，在符合以上两个条件下，可保任兄弟或儿子为官；第四，不论保任兄弟还是儿子，都以一人为限；第五，被保任的官职一般是郎官。

两汉"任子"者，大多具备"二千石以上"这个条件。如《汉书·张汤传》："（张）安世字子孺，以父任为郎。"其父张汤官至御史大夫。《后汉书·任李万邳刘耿列传》载，李忠"父为高密都尉。忠元始中以父任为郎"。又如《后汉书·儒林列传》所载："（高）翊以父任为郎中，世传鲁诗。"其父高容在哀、平间曾为光禄大夫。但也有少数不符合这种条件的，如《汉书·酷吏传》所载，义纵"尝与张次公俱攻剽，为群盗。纵有姊，以医幸王太后。太后问：'有子兄弟为官者乎？'姊曰：'有弟无行，不可。'太后乃告上。上拜义姁弟纵为中郎，补上党郡中令"。这是特例。

关于"视事满三年"这个条件，在史籍中无专门记载，所举事例也未说明父兄当二千石以上官吏的任期，可见这个条件在实行过程中并不严格。

关于保任子弟的条件问题从史籍记载上看，首先以保任自己儿子的为最多，如《汉书·公孙刘田王杨蔡陈郑传》："子（陈）成字子康，年十八，以万年任为郎"；《汉书·赵充国辛庆忌传》载，辛庆忌"少以父任为右校丞"，《后汉书·马援列传》："（马）廖字敬平，少以父任为郎。"其次保任弟兄为郎者也不少，如袁盎、霍光皆以兄故任为郎。除子弟外，保任其他亲属的也颇多。有以同族族父保任的，如《后汉书·伏侯宋蔡冯赵牟韦列传》载，侯霸"族父渊，以宦者有才辩，任职元帝时，佐石显等领中书，号曰大常侍。成帝时，任霸为太子舍人"。有以宗家保任的，如《文献通考》所载，"赵兼淮南王舅，子由以宗家任为郎。"③ 还有以太后姊被保任的，如《汉书·佞幸传》载，淳于长"少以太后姊子为黄门郎"。有以姊保

---

① 马端临：《文献通考》卷三十四《任子》，浙江古籍出版社，2000，第324页。
② 马端临：《文献通考》卷三十四《任子》，浙江古籍出版社，2000，第323页。
③ 马端临：《文献通考》卷三十四《任子》，浙江古籍出版社，2000，第324页。

任的，如前所引的义纵。

保任子弟的数目，按规定只限一人，但也有一些任多子的记载，如《汉书·李广传》："（李）广三子，曰当户、椒、敢，皆为郎。"又冯奉世子冯野王、冯立兄弟并为郎官。《汉书·苏武传》记载苏武"少以父任，兄弟并为郎"。《汉书·史丹传》载，史丹"九男皆以丹任，并为侍中诸曹"等。

关于被保任者的官职，一般皆为郎或郎中，但也有被任其他职务的。如汲黯以父任为太子洗马；辛庆忌以父任为右校丞；史丹九男皆以父任，并为侍中诸曹；淳于长以父任为黄门郎；董贤、侯霸、袁敞、黄琼俱以父任为太子舍人；刘向以父任为辇郎；黄琬以父任为童子郎等。

从上述对"任子"条件的分析，可见《汉仪注》只反映了最一般的情况，而"任子"内容远远不局限于此。在具体实行中，并未完全按照规定办事。

那么"任子"与其他仕途是什么关系？上文已列举"任子"可以得到的官职类别。这些官职都具有以下两个特点：第一，随从皇帝或太子左右；第二，它们的职位不高，但由于这类官职是皇帝或太子的侍从官，最容易为皇帝所擢拔。如：公孙敖，义渠人，以郎事景帝，至武帝立十二岁，为骑将军，①"郅都以郎事文帝，景帝时为中郎将"②。东汉时韦彪上疏指出："天下枢要，在于尚书，尚书之选，岂可不重？而闲者多从郎官超升此位，虽晚习文法，长于应对，然察察小慧，类无大能。"③东汉和帝时，"有司详选郎官宽博有谋才任典城者三十人"。④"任子"出身被保任为郎者后来绝大部分都当上了大官。由此可见，以郎为主的皇帝或太子的随从官员，其不高的职位，却都是晋升为大臣的起步阶梯。那么这个阶梯是否为"任子"出身者所垄断了呢？不是的，而且郎官的大部分不是由"任子"而来。

郎官的来源十分复杂，有以良家子入选为郎的，如武帝末年，"（冯）奉世以良家子选为郎"；⑤有以言词为皇帝采纳得任为郎的，如高帝时的娄敬；⑥有以纳资为郎的，如武帝时的司马相如；⑦有以郡国推荐而为郎的，

---

① 《汉书》卷五十五《卫青霍去病传》，中华书局，1962，第2491页。
② 《汉书》卷九十《酷吏传》，中华书局，1962，第3647页。
③ 《后汉书》卷二十六《韦彪传》，中华书局，1965，第918~919页。
④ 《后汉书》卷四《和帝纪》，中华书局，1965，第180页。
⑤ 《汉书》卷七十九《冯奉世传》，中华书局，1962，第3293页。
⑥ 《汉书》卷四十三《郦陆朱刘叔孙传》，中华书局，1962，第2119页。
⑦ 《汉书》卷五十七上《司马相如传》，中华书局，1962，第2529页。

如宣帝的王骏；有以揭发有功为郎的，如宣帝时的佐成；有以技能为郎的，如宣帝时的甘延寿："少以良家子善骑射为羽林，投石拔距绝于等伦……由是迁为郎"；① 有以战功为郎或太子舍人的，如献帝时的桓典："献帝即位，三公奏典前与何进谋诛宦阉官，功虽不遂，忠义炳著，诏拜家一人为郎，赐钱二十万"；② 又如和帝时窦宪伐北匈奴有功，诏令："其所将诸郡二千石子弟从征者，悉除太子舍人"；③ 有以娶公主而为黄门侍郎的，如和帝时的窦固："少以尚公主为黄门侍郎"；④ 有以被诬告，皇帝察觉后拜其子为郎的，如和帝时的梁懂；有以谦让爵位为郎的，如章帝时的刘恺；有因文章受皇帝欣赏为郎的，如和帝时的马融；有以擅长天文、历算为郎的，如安帝时的张衡；等等。

从上述事例不难发现：两汉时期，以郎官作为升迁高官阶梯的途径，远远不止于"任子"，为郎之途多而杂，皇帝对郎官的选拔是有很大机动性的。

"任子"是何性质，其作用及影响怎样？

"任子"不是两汉时期的经常制度，而是一种临时规定。宋人徐天麟编辑的《西汉会要》和《东汉会要》，把"任子"列入选举的内容。近人撰写的论文和讲义在涉及这个问题时也都把"任子"入仕看作是经常选举制度，称之为"任子制"。然而值得怀疑的是，对于这样重要的一项选举制度，为什么作为两汉史原始材料的《史记》《汉书》和《后汉书》（包括《续汉书》在内）却仅是记载了一些以"任子"起家的部分官僚，并未说明"任子"的具体内容和产生的年代？可见它不是一项如荐举、征辟等有明确记载的经常性的选举制度，而是汉初作为补充选举制度的一种临时规定。这种临时规定，后来一直沿袭下去，逐渐成为一种类似于"习惯法"或"不成文法"的法令，哀帝诏令中所说的"除任子令"就是表示要废除这种法令。

为了说明"任子"是两汉选举制度中的一种补充形式，并非经常性的正规选举制度，笔者将"任子"较盛的西汉时期的情况做了一个统计。根据《汉书·百官公卿表》所记载的三公九卿共529人，其中因"任子"入

---

① 《汉书》卷七十《傅常郑甘陈段传》，中华书局，1962，第3007页。
② 《后汉书》卷三十七《桓荣、丁洪列传》，中华书局，1982，第1965页。
③ 《后汉书》卷二十三《窦融列传》，中华书局，1965，第818页。
④ 《后汉书》卷二十三《窦融列传》，中华书局，1965，第809页。

仕的共17人，约占三公九卿总人数的3.2%。这一比例虽未能概括当时中央高级官吏的全部，亦足可反映大体情况。

　　以上可见，从"任子"起家的中央高级官吏，同从其他仕途出身的人比较，仅占极少数，说明"任子"在当时整个选举制度中只是一种补充的形式。然而无论"任子"是经常制度，还是临时规定的补充形式，它的阶级实质都是一样，同是两汉统治阶级维护官僚大地主政治特权地位的表现形式。

　　"任子"虽然在两汉选官制度中所占比例不大，但它的作用和影响不能低估。西汉的分封和"任子"，源于西周以来的分封制和世卿世禄制。秦自商鞅变法以来，废除了世卿世禄制，秦始皇时更进一步废除了分封制，以加强中央集权。汉朝建立之后，汉高祖"惩亡秦孤立之败"，错误地总结了秦朝灭亡的教训，在消灭异姓王之后，又大封宗室子弟为王、功臣为列侯，恢复了世袭的分封制；与此同时，为了拉拢王侯以外的官僚大官，巩固其封建统治，还颁布了公卿大臣得以"任子"的规定。"任子"比起西周春秋时期的世卿世禄制那种政权世袭的情况虽然有所不同，被保任的子弟最初只能担任小官，不能把持大权，但从给予政治特权来说是大同小异。由于战国以来官僚制度的形成，位于二千石以上的高官，即朝廷公卿和地方郡守在封建统治机构中的地位日趋重要，他们成为封建统治阶级中的骨干力量，构成了封建统治集团。封建帝王为了巩固自己的统治，不得不给予他们政治、经济特权，而这些公卿大臣当然也渴望得到和保持特权，甚至达到子孙世袭的王侯地位，因而西汉初年在恢复分封制的同时，又颁布了"任子"规定，而且颁布之后，相沿不变，逐渐成为类似于"习惯法"的法令。后来汉哀帝为了抑制贵族官僚权势，缓和阶级矛盾，宣布废除沿袭下来的"任子"令，却受到贵族官僚们的反对和抵制，以失败告终。

　　"任子"入仕是一条任人唯亲的组织路线。公卿郡守的子弟们凭借父兄余荫，不经过考试，不问才德如何，便可被任为官，官阶虽不高，但与皇帝亲近，是皇帝的侍从，很有希望当上大官。这些凭出身高贵得官的人，除极少数像苏武那样确可称为贤才外，大多数人由于席丰履厚而腐朽无能，如汉朝人王吉、董仲舒指出的："率多骄骜不通古今"，"未必贤也"。这些无能之人，当然是汉朝政治中不稳定的因素，这种人得势，容易导致朝廷的腐败。早在西汉时期，董仲舒就向汉武帝建议："愿陛下兴太学，置明师，以养天下之士，数考问以尽其才，则英俊宜可得矣。"① 王吉也建议宣帝："宜明选求贤，除'任子'之令。"② 继董仲舒和王吉之后，东汉的陈蕃、赵典也大声疾呼"任子"令的弊害。陈蕃上疏桓帝，指出不应靠父兄的微功"裂土莫纪其功"。后来陈蕃主管选举"不偏权富"，"而为势家郎所谮诉，坐免归"。③ 与陈蕃同时的赵典在对策中也向桓帝指出"任子"之害："夫无功而赏，劳者不劝，上忝下辱，乱象干度。"④ 他们的建议均未被采纳。

"任子"除不利于整顿吏治和容易导致朝政的腐败外，还容易导致官僚势力的加强和皇权的削弱。封建官僚机构是封建帝王进行专制主义统治的工具，封建皇帝需要依靠封建官僚为其维护统治，因而给予封建官僚一定的政治特权，或是世袭爵位，或是"任子"为郎，这样就加强了他们的权势。这些权势之家，不仅揽权纳贿，导致朝政的腐化，而且横行乡里，作威作福，影响政府政令的贯彻，从而削弱了中央集权。

同时，"任子"入仕还影响一般地主阶级知识分子的入仕，上书反对"任子"令的董仲舒、王吉、陈蕃、赵典等人以及赞助汉哀帝下诏"除'任子'令"的师丹等人，都是从荐举、征辟进入仕途的。可见"任子"之风的发展，还起到了加深封建统治阶级内部矛盾的作用。从其导致朝政腐败和中央集权削弱方面来说，则起了加剧阶级矛盾的作用。

总之，两汉时期"任子"之风的发生和发展，对于当时政治是起了消极作用的。但是由于"任子"入仕还只是当时选举制度的补充形式，未占主导地位，同魏晋时期九品中正制的"上品无寒门，下品无世族"以及士族门阀势力操纵中央、地方大权的情况相比，还仅是门阀势力形成的初级阶段，当时中央集权制度仍然是强而有力的。

"任子"入仕，不仅对两汉政治有较深影响，而且对后世也有着深远的影响。到了魏晋南北朝时期，"任子"入仕同"察举"制相结合，发展成为在当时选举制度中占主导地位的"九品中正制"。"九品中正制"是十分腐朽的选举制度，完全按照门第、出身选拔官吏，形成了长时期的士族门阀势力垄断政权的局面。《文献通考·任子》篇说明了这种情况："自魏晋以

---

① 《汉书》卷五十六《董仲舒传》，中华书局，1962，第2512页。
② 《汉书》卷七十二《王贡两龚鲍传》，中华书局，1962，第3065页。
③ 《后汉书》卷六十六《陈蕃传》，中华书局，1965，第2163页。
④ 《后汉书》卷二十七《赵典传》，中华书局，1965，第948页。

来,始以九品中正为取人之法,而九品所取,大概多以世家为主。所谓上品无寒门,下品无世族。……如南之王谢,北之崔卢,虽朝代推移,鼎迁物改,犹昂然以门地自负。上之人亦缘其门而用之,故当时南人有三公之子傲九棘之家,黄散之孙蔑令长之室之说;北人亦有以贵袭贵,以贱袭贱之说,举孝廉之人,则皆贵胄也。其起自单族、匹士而显贵者,盖所罕见,当时既皆尊世胄。"① 由此可见,从两汉时期的"任子"到魏晋南北朝时期的"九品中正制",其间发展线索历历可见,名称虽然不同,在实质上则同是官僚大族维护其特权的工具。魏晋南北朝时期的"九品中正制"不过是两汉"任子"制的恶性膨胀而已。隋唐以后,"九品中正制"虽然宣告废除,而门荫制度随之兴起,直到明清仍然盛行不衰。这说明封建特权与封建等级制度是封建社会的必然产物,它是与封建社会相终始的。

---

① 马端临:《文献通考》卷三十四《任子》,浙江古籍出版社,2000,第324页。

抗日战争的起点与抗日战争时期的上限应当分开[*]

关于抗日战争的起点问题,有关专家学者曾多次召开学术会议,反复进行商榷,各抒己见,发表了大量的论文,但迄今未能取得共识。久而久之,学者们似乎已经疲于这种无休止的争论,很多人不愿再涉足这个"老大难问题"了。

然而,笔者在研究抗日战争时期的其他问题上,总感到处处掣肘,难以深入下去,反思之后发现,问题还是出在对抗日战争起点的界定上面。因为这不仅仅是个单纯的时代断限问题,而且直接关系到对该历史阶段的主要矛盾的认识。如果对这一历史阶段的主要矛盾认识模糊,那就不可能对这一时期发生的一切重要历史事件和重要历史人物做出一个比较准确的判断和比较公允的评价。

鉴于此,笔者乃不揣学疏才浅,决意再啃一回这块"硬骨头",即使还是不能解决这个问题,亦有益于再次唤起史学界同人们的重视,庶几在不久的将来,最后能够彻底解决它。

一 对以往研究历程的回顾与问题症结的探索

各执一端,争论不休,这是时下学者们常易犯的通病,究其原因,还是片面的研究方法在起作用。为戒此弊,笔者在讨论正式问题之前,有必要对以往有关抗日战争起点问题的各家各派观点,做一番全面的梳理与回顾,并借此找出问题的症结,为深入研究这个问题,建立起一个良好的基础。

---

[*] 原载《东北沦陷史研究》1999年第1期。

抗日战争的起点与抗日战争时期的上限应当分开

史学界关于抗日战争起点的看法,有"七七"事变说、"九一八"事变说、"八一三"抗战说、华北事变说、"一二·九"运动说等等,其中比较有影响的是"九一八"事变说和"七七"事变说。本文拟对这两派的学术观点做重点的探讨。

"九一八"事变说是比较有代表性的新观点。20世纪80年代中后期,随着抗日战争史研究的深入和发展,国内一些学者,尤其是东北的学者,对传统的"八年抗日"说提出了异议,认为抗日战争时期的上限应从1937年的"七七"事变上移至1931年的"九一八"事变,即抗日战争不是八年,而是十四年。其主要理由如下:"九一八"事变后,中日民族矛盾成为中国社会的主要矛盾。持该说者主要通过对日本明治天皇的"大陆政策"和田中奏折内容的分析,指出日本军国主义发动的"九一八"事变是其"征服中国总战略计划的第一步骤"。[①] 而华北事变和"七七"事变则是其侵华的第二步骤和第三步骤。[②] "七七"事变以前的各抗日战场并非是"局部抗战"。持该说者主要从这一阶段的抗战性质、地域、参战者的各种不同身份等多方面加以论证。

"七七"事变说是迄今为止依然十分流行的传统观点。中国的许多正式出版物,甚至颇具权威的辞书,都一直沿用着这个观点。如《辞海》(上海辞书出版社1979年版)的第1546页"抗日战争"条说:"1937~1945年中国人民在中国共产党的领导下,为抗击日本帝国主义侵略而进行的伟大的民族革命战争。"再如《汉英词典》(商务印书馆1978年版)的第385页"抗日战争"条说:"the War of Resistance Against Japan(1937~1945)"等都把抗日战争起点定在发生"七七"事变的1937年。其主要理由如下:(1)"九一八"事变后,中国社会的主要矛盾仍然是国内的阶级矛盾。持该说者针对"九一八"说的观点,认为"事实胜于雄辩",从"九一八"事变到"七七"事变这六年中,"国民党的军事围剿和(共产党)保卫革命根据地"的战争,才是这一时期的"主要活动"。[③] (2)"九一八"事变后,国内各政权、各阶层和各界群众从事的抗日爱国活动都是小规模和十分有限度的。(3)"七七"事变后,整个中华民族意义上的抗战才真正开始。至

[①] 卞直甫:《试论从"九一八"到"七七"中国社会的主要矛盾——兼谈抗日战争的起点》,《辽宁师范大学学报》1988年第5期。

[②] 温永录:《抗日战争若干问题探析》,《社会科学辑刊》1989年第Z1期。

[③] 荣维木:《卢沟桥事变研究综述》,《抗日战争研究》1992年第3期。

于"九一八"事变，不过"只是中日民族矛盾上升，使中国社会基本矛盾的内容发生量变过程中的部分质变"。①

综上所述，双方手中都握有相当充足的论据。"九一八"说的日军发动"九一八"事变，是"征服中国总战略计划的第一步骤"的论据，前有档案史料做依托，后有日军行动做验证，铁证如山，确难撼摇；"七七"说的"七七"事变前，主要是国共两党"围剿"与反围剿的战争的论据，也是世人尽知的事实，毋庸置辩。争论至此，可谓旗鼓相当，两难相下，问题久久悬而未决。

在这种形势下，刘庭华先生发表了《关于中国抗日战争的起点和阶段划分问题》一文。他在该文中提出将抗日战争划分为两个时期的主张，具体来说就是："1931年'九一八'事变爆发至1937年'七七'事变前的局部抗战时期"和"卢沟桥事变爆发至1945年9月2日日本投降止的全国性抗战时期"。② 几乎与此同时，王桧林先生也发表了《有关抗日战争史的三个问题》一文，他在该文中提出了在叙述抗日战争这段历史时，不同体裁的书将选择不同的分期方法的主张，具体来说就是："作为专史，作为战争史的抗日战争史或中国人民抗日斗争史的着眼点是抗日战争或抗日斗争，从这里着眼，抗日战争可以从'九一八'事变开始"；"作为中国现代史一个特定时期的抗日战争史，作为中国通史一个阶段的抗日战争史……应从'七七'事变算起。"③ 由此可见，尽管刘庭华和王桧林二先生的主张在表面上似乎有所不同，前者可谓是"合二为一"，后者可谓是"一分为二"，但在解决问题的方法上可以说是基本一致的，就是都试图在综合"九一八"和"七七"二说的基础上，提出一种调和性的观点，也许这样做大家都易接受。

当然这种调和性的主张，如果确能达到补充、完善各家学术观点的目的，那也是一件令人欣慰的事，因为那正是史学界开展论战的宗旨所在。但若细加分析，就会发现情况并非如此。因为这二位先生依然没有回答在这一特殊历史阶段中，中国社会的主要矛盾是什么的根本问题，这一根本问题不解决，不做正面回答，牵涉这一时期的重大历史事件和重要历史人

---

① 《中国抗日战争史的开端问题综述》，《党史研究资料》1987年第6期。
② 荣维木：《卢沟桥事变研究综述》，《抗日战争研究》1992年第3期。
③ 王桧林：《有关抗日战争史的三个问题》，《史学史研究》1991年第2期。

抗日战争的起点与抗日战争时期的上限应当分开

物,都难以做出准确的判断和公允的评价,侈谈抗日战争时期的断限问题也就失去了实际意义。

二先生之论,虽不足以取得人们的共识,但还是有一定价值的。它不仅使人们更加明确了当时中国社会主要矛盾在这场讨论中的重要地位,同时也透过二先生具有"两面性"的观点,进一步显露了产生当时这一中国社会主要矛盾的问题所在,即 1931 年"九一八"事变后日军的全面侵华和迟至 1937 年"七七"事变后中华民族全面抗战的长达六年的脱节问题。

问题的症结既得,解决问题也就有了前提。

二 蒋介石的"攘外必先安内"政策与中国社会的主要矛盾

考之古今中外战争,一般都是由一方首先发动,另一方即刻应之。如中国近代史上的鸦片战争、美国的独立战争和南北战争等,都是如此。那么中国的抗日战争,为什么自 1931 年 9 月 18 日首先由日军发动,而迟至 1937 年 7 月 7 日后,中国全民族的抗战才真正开始,中间竟脱节长达六年之久呢?

经过细致的分析,笔者发现,蒋介石的"攘外必先安内"政策或"不抵抗"政策,显然在其中起着关键的作用。"九一八"事变后,东北军"不放一枪"地撤入关内和国民党军对革命根据地实行的五次大"围剿"二事,都无不与这一政策有关。

台湾学者至今仍持以下看法,即认为"九一八"事变后国内有"不抵抗"主义,但不是国民党当局,而是当时的东北地方当局负责人张学良,[①] 认为,"九一八"事变时东北军未做抵抗,张学良当负主要责任。

其实,台湾学者这种看法是不正确的。从当时各方面的有关资料进行分析,虽然张学良确实对其部下下达过这样的命令,但他背后还有幕后的指挥者。"九一八"事变发生前夕,日军侵华阴谋已露端倪。1931 年 9 月 12 日,张学良在石家庄附近的火车站上曾与蒋介石会面,蒋介石严肃地对张学良说:"最近获得可靠情报,日军在东北马上要动手,我们的力量不

[①] 蒋永敬:《从九一八事变到一二八事变中国对日政策之争议》,转引自李松林、史桂芳《论一二八事变前后蒋介石、胡汉民、汪精卫围绕对日政策之争》,《党史研究资料》1992 年第 9 期。

足，不能打。我考虑到只有提请国际联盟主持正义，和平解决。我这次和你见面，最主要的是要你严令东北全军，凡遇到日军进攻，一律不准抵抗，如果我们回击了，事情就不好办了，明明是日军先开衅的，他们可以硬说是我们先打他们，他们嘴大，我们嘴小，到那时就分辨不清了。"[1] 9月16日，蒋介石不放心，再次给张学良去铣电，内称："无论日本军队此后如何在东北寻衅，我方应不予反抗，力避冲突。"[2] 但蒋介石毕竟是一个精明的政治家，在"九一八"事变中，他虽然一再向张学良提警告、下密令，但在公开场合，从未对"九一八"事变做过任何"不抵抗"的明确表白，以至事变后群情激奋，竟有人要求蒋介石惩办张学良不抵抗之罪。结果如何呢？蒋介石不但没有处分张学良，反而在"事变后一二天，面临国家危亡的紧急关头，当张学良将军正在考虑如何采取对策的时候，接到蒋介石命令不抵抗的紧急密电：'沈阳日军行动，可做为地方事件，望力避冲突，以免事态扩大，一切交涉，听候中央处理可也。蒋中正'"[3]。那么国民党中央是要如何处理呢？蒋介石9月23日在对南京市国民党党员的训话时讲得明白："此刻必须上下一致。先以公理对强权，以和平对野蛮，忍痛含愤，暂取逆来顺受态度，以待国际公理之判决。"[4] 从蒋介石在"九一八"事变前后给张学良的电文或口令联系起来看，可以做如下判断：张学良虽是"不抵抗"命令的具体下达者，但不过是执行军令而已，真正幕后策划者还是时任国民政府陆海空三军总司令的蒋介石。冯玉祥在《我所认识的蒋介石》一书中曾说："日本人占了东北，蒋介石也没有什么办法。果然在'九一八'这天先把辽宁的北大营占了，接着又把辽宁省城占了。张学良的参谋长由辽宁打电话报告张学良，问张怎么办。张正在戏园子看戏，才打完了吗啡针，张回答他的参谋长说：'日本人要占什么地方，随日本人占，我们是不抵抗主义。'为什么这样说呢？因为张请示过蒋介石，蒋对张学良说：'无论日本人要占什么地方，都随日本人占，我们是不抵抗主义。'蒋说：'这话是我说的，但你不许对别人说。'当时的全国舆论，因为张学良说的

---

[1] 何柱国：《"九一八"沈阳事变前后》，《文史资料选辑》第七十六辑，文史资料出版社，1981，第66页。
[2] 复旦大学历史系中国近代史教研组编《中国近代对外关系史资料选辑》，上海人民出版社，1977，第212页。
[3] 温济泽主编《九一八和一二八时期抗日运动史》，中国工人出版社，1991，第38页。
[4] 李勇、张仲田编《蒋介石年谱》，中共党史出版社，1995，第195页。

抗日战争的起点与抗日战争时期的上限应当分开

不抵抗主义,大家都攻击张学良,但张学良有苦说不出来。"① 由此看来,张学良虽然下了"不抵抗"命令,但就其本志而言,也是十分不情愿的,那么他为什么最终下了这一命令?恐怕至少有两个原因:第一,蒋介石当时是集国民政府党政军大权于一身的最高领导人,用旧的说法就是"君父",张学良必须面对这个现实。第二,他对蒋介石当时的"让国联出面解决东北问题"的主张抱有幻想,错误地相信蒋介石可以运用外交手段把东北拿回来。

蒋介石真的认为,国联会有把日本人业已吞并的东北再拱手交回来的力量吗?笔者以为非也。作为老谋深算、极富反动统治经验的蒋介石,当时最关心的还不是"外来之敌",而是"心腹之患"。他所提出的"依靠国联出面干涉、解决东北问题"的主张,一则是为了搪塞国民,二则也是为了多少借用些许国际舆论的力量,有聊胜于无,并不指望它发挥多大作用。

"九一八"事变前夕,正是国共两党"围剿"与反"围剿"战争最为激烈和日军阴谋发动侵华行动一日紧于一日之际,当此历史的紧要关头,是继续"剿共",还是准备抵御外侮,蒋介石必须做出抉择。令人遗憾的是,他选择了前者。1931年7月23日,他在《告全国同胞书》中,表明了他的这种态度:"当此赤匪军阀叛徒,与帝国主义联合进攻,生死存亡,间不容发之秋,自应以卧薪尝胆之精神,作安内攘外之奋斗","惟攘外应先安内……不先剿平叛逆,完成国家之统一,即不能攘外。"② 于是便出现了如"七七"说在前文已经述及的那样的情况:"九一八"事变后,蒋介石"围剿"红军的计划不但没有停止,反而变本加厉,继前三次大"围剿"之后,于1932年7月、1933年10月又分别发动了更大规模的第四次、第五次大"围剿",终于把红军逼上了长征的道路。

由此可知,1931年日军悍然发动"九一八"事变后,东北军之所以不做任何抵抗而撤入关内,国民党军队之所以不全面抗日而投入主要力量去"围剿"红军,主要是执行了蒋介石"攘外必先安内"和"不抵抗"政策的结果。

其实认识这个道理并不难,毋庸讳言,实际上持"七七"说的有些学者已经论述过这个问题了。例如,曾景忠先生在其《关于抗日战争的起点问题》一文中曾说,抗日战争"应从整个中华民族与日本侵略者开战算起。

---

① 冯玉祥:《我所认识的蒋介石》,黑龙江人民出版社,1980,第27页。
② 《大公报》1937年7月27日。

九一八事变后，中国政府实行的是不抵抗政策，后来虽有抗日战事，但多半是局部的、自发的、不连续的，当时中国的总体形势是受日本的宰割而未进行全民族的反抗，因此怎么可以把屈辱的九一八当作神圣的中华民族抗日战争的开端呢？"[1] 还有一些持同一观点的人也说过："九一八事变后中国社会的主要矛盾由阶级矛盾转为民族矛盾，有一个转变过程。从理论上讲，'九一八事变只是中日矛盾上升，使中国社会基本矛盾的内容发生量变过程中的部分质变'；从实际去看，九一八事变后相当长的时间里，蒋介石并没有放弃'攘外必先安内'的方针……如果说西安事变是中国社会主要矛盾转变的关键，那么卢沟桥事变则彻底完成了这个转变，使中日民族矛盾上升到支配地位。"[2] 以上引文都曾提及蒋介石的"攘外必先安内"或"不抵抗"政策，不过如对这两段引文细加品味，便可发现，这两段引文的著者都把蒋介石的"不抵抗"或"攘外必先安内"政策，自觉不自觉地看成了国家的意志，这可就大有商榷之处了。

历史唯物主义认为：人民群众是历史的创造者，他们不但创造了世界的物质财富，也创造了世界的精神财富。他们是国家的根本，国家是由他们组成的。历史唯物主义在肯定人民群众创造历史的前提下，也承认个人在历史上的作用。因为人民群众往往具有分散的、不集中、不系统等特点，这就需要从他们中产生出一位领袖人物，以便能够集中他们的智慧，总结他们的经验，指导他们更有效地去创造历史。可见，人民群众在创造历史的同时，也创造了自己的领袖人物。[3] 领袖人物既为人民群众所推举、所创造，他在制定方针、政策时，就必须从人民的根本利益出发，充分体现人民群众的意志，成为他们真正的代言人。如此方可以说他代表国家，反之就不能代表国家，甚至会成为人民的公敌、国家的罪人。

根据历史唯物主义这一原理，判断蒋介石的"攘外必先安内"或"不抵抗"政策是不是能够代表国家意志，就要看它是不是真正能够反映全国人民的意愿了。那么"九一八"事变后，全国人民的真正意愿如何呢？

首先让我们看一看各界人民群众的态度。

---

[1] 荣维木：《卢沟桥事变研究综述》，《抗日战争研究》1992 年第 3 期。
[2] 荣维木：《卢沟桥事变研究综述》，《抗日战争研究》1992 年第 3 期。
[3] 吉林省《马克思主义哲学原理》编写组：《马克思主义哲学原理》，吉林人民出版社，第 482 页。

抗日战争的起点与抗日战争时期的上限应当分开

"九一八"事变的消息传到关内后,举国上下一片悲愤,一场汹涌澎湃的抗日救亡运动随之迅速在全国展开。

像以往的爱国运动一样,学生总是站在前列。"九一八"事变后的第二天,上海、北京、天津、杭州、武汉、南昌、青岛等地的学生,便纷纷组成了"请愿团""示威团",要求国民党南京政府"出兵抗日,一致对外"。9月28日,学生因请愿得不到结果,愤怒之下捣毁了外交部,殴打了外长王正廷。

工人阶级是爱国运动的主力军。"九一八"事变后,上海市工界举行代表大会,大会通过了"请南京政府立即出兵抗日"等决议,几乎全国所有大城市的工人都举行了大罢工,同时还开展了抵制日货、不在日厂做工等活动。

9月28日,上海市商会召开各业会议。会上通电要求国民政府出兵东北,还为在东北抗战的马占山将军募捐。

此外寓居世界各地的华侨同胞,亦纷纷来电来函,捐款捐物,积极支持祖国人民打败日本侵略者。

其次让我们看一看中国共产党的态度。

"九一八"事变发生后不久,中国共产党便发表了《为帝国主义强暴占领东三省事件宣言》等一系列文告,深刻揭露了日本帝国主义发动"九一八"事变的罪恶目的和反动本质;严厉谴责了蒋介石国民党政府的卖国、辱国的"不抵抗"政策;提出了以武装民众的民族革命战争,反对日本帝国主义的侵略,保卫中国的独立、统一和领土完整的抗日救国主张。表明了中国共产党人坚决要求抗日的态度。

"九一八"事变发生后,不仅全国各界群众和共产党积极主张抗日,即使是国民党内部也不是铁板一块,许多爱国官兵、国民党左派,甚至国民党的一些上层人物,也是主张或同情抗日的。

在上海"一·二八"抗战中,国民党第十九路军、第五路军毅然拿起武器,重创日军,使其三易主帅。战役历时月余,有4268名将士为国捐躯。

"一·二八"抗战时,国民党左派领袖宋庆龄、何香凝二位女士,不顾个人安危,曾不止一次地去前线慰问正在作战的爱国官兵,并为他们募捐,送去棉衣和药品等。

1936年12月12日,张学良、杨虎城将军发动了震惊中外的"西安事变",实行"兵谏"。这是"九一八"事变后国民党内部抵抗派与不抵抗派的斗争最激烈的表现形式。在中共代表的积极斡旋下，蒋介石被迫放弃了"攘外必先安内"的反动政策，建立起了最为广泛的抗日统一战线。

综上所述，"九一八"事变后，不但全国人民要求抗日，共产党要求抗日，就是国民党军队中的部分爱国官兵、国民党左派，甚至国民党某些上层人物也是要求或同情抗日的，可以说抗日是人心所向，民意所在，大势所趋。蒋介石为一党私利，冒天下之大不韪，推行其"攘外必先安内"或"不抵抗"政策，不但代表不了民意、代表不了国家，反而招致"朝野"上下的一片反对，大失天下人之所望，后来虽然在张、杨二位将军的"兵谏"胁迫下，同意与中国共产党建立抗日统一战线，但实际上依然推行的是"一面抗日，一面反共"的方针，于是逐渐丧失人心。在八年抗战的过程中，国民党的力量由强变弱，共产党的力量由弱变强。至解放战争时期，人民解放军终于彻底击溃士气低落的国民党军队，蒋介石狼狈逃往孤岛台湾，可谓聪明反被聪明误矣！其实这一切皆非偶然，乃是"九一八"事变后中日民族矛盾上升为主要矛盾后产生的全国上下一致要求抗日的历史潮流，在背后发挥根本作用的结果。

三 结论

以上用较多的笔墨，说明了"九一八"事变后，中日之间的民族矛盾已上升到了当时中国社会的主要矛盾。它不仅回答了"九一八"和"七七"等说在抗日战争时期断限认识上的核心问题，同时也可以说为判断这一时期的重要历史事件和评价这一时期的重要历史人物找到了一个标尺。然而论述至此，笔者发现，它并不足以成为确立抗日战争时期上限的主要依据。

假使我们依据当时中国社会的主要矛盾，将"九一八"事变定为中国抗日战争时期的开端，那么此后在编写或讲授这段历史时，就应该主要反映这一时期的抗日战争或抗日斗争的内容，然而历史的实际情况是自"九一八"事变至"七七"事变这六年中，中国大地上主要展开的是国共两党两军的"围剿"与反"围剿"的战争，将这段历史定为抗日战争时期显然名实不符。

如前所述，无论是中国的鸦片战争，还是美国的独立战争或南北战

抗日战争的起点与抗日战争时期的上限应当分开

争,大都一方首先发动,另一方即刻应之,因此其战争发动之日,即是当时社会主要矛盾的产生之时,问题并不复杂。但中国的抗日战争不同,该战争由日军自1931年9月18日首先发动,作为全民族意义上的中国抗战,却迟至1937年7月7日之后方才应之,这就是它的特别之处,也是引发许多学者在抗日战争时期断限问题上多年争论不休的根本原因。

为了解决抗日战争时期断限的问题,笔者以为在社会主要矛盾这个标准之外,有必要再立一个新的标准,可名之曰:"人们实际所从事的主要活动内容"。在大多数情况下,一定历史时期的"社会主要矛盾"和"人们实际所从事的主要活动内容"两项标准是统一的,但也有特殊的情况,如"文化大革命"时期就是如此。在1966~1976年这十年中,社会的主要矛盾本应是人民群众日益增长的物质财富与精神文化的巨大需求同生产力水平相对落后之间的矛盾,可是在这段时间里,人们实际所从事的主要活动内容是所谓的同党内"走资本主义道路的当权派"作斗争、大批"唯生产力论"。在这种特殊情况下,如果还用社会主要矛盾这一标准去为这一历史阶段命名,显然是不合适的,唯一合适的办法就是尊重那一特殊历史阶段中,人们实际所从事的主要活动内容,使其名实相副,故名之曰:"文化大革命"时期。由此可以得出这样一个结论:在"社会主要矛盾"与"人们实际所从事的主要活动内容"两个判定历史时期上下限的标准脱节时,还须以"人们实际所从事的主要活动内容"这一标准为之。

从某种角度上说,从"九一八"事变到"七七"事变这六年,与"文化大革命"时期的情况颇为相似,即这两个历史时期同属于社会主要矛盾同人们实际所从事的主要活动内容脱节的特殊情况。具体来说,从"九一八"事变到"七七"事变这六年间,中国的社会主要矛盾虽然是中日之间的民族矛盾,但从整个中国的大环境来看,当时人们实际所从事的主要活动内容还不是抗日战争或抗日斗争,而是国共两党间的"围剿"与反"围剿"的战争,其规模之大、范围之广、参与人数之多,世人尽知,此处无需再一一罗列。由此可见,在这六年中,国共两党之间的阶级斗争才是当时中国人实际所从事的主要活动内容,虽然此时中日之间的民族矛盾确已成为中国社会的主要矛盾。据此笔者以为,把中国抗日战争时期的上限定在1937年的"七七"事变,似更为允当。至于中国抗日战争的起点,则是一个相对单纯得多的问题，因为它既不牵涉这一时期的社会主要矛盾、人们实际所从事的主要活动内容，也不影响对这一时期的重大历史事件的判断和对这一时期的重要历史人物的评价，故应将两者相区别。据此笔者认为，中国抗日战争的起点应取自然意义，即其具体的发生日期为 1931 年 9 月 18 日。

"不抵抗"政策是蒋家王朝走向衰亡的重要原因之一[*]

关于"九一八"事变后国民党政府实行"不抵抗"政策的论文可谓多矣,国民党政府实行"不抵抗"政策的影响如何,却很少有人撰专文论及。诚如许多学者所言,蒋介石是一位颇为精明的政治家,不过笔者以为,蒋介石在"九一八"之后采取"不抵抗"政策,考察其影响,实际上是机关算尽,聪明反被聪明误,最终成为蒋家王朝走向衰亡的重要原因之一。

一 蒋介石是"不抵抗"政策的制定者

有些学者至今仍持以下看法,即认为"九一八"事变后国内有"不抵抗"主义,但不是国民党当局,而是当时的东北地方当局负责人张学良[①]。他们主要是基于以下理由。当"九一八"事变正在发生时,东北边防司令长官公署参谋长荣臻,立即给身在北平的张学良打电话,请示该如何应对,张学良当即表示不要抵抗,并在协和医院召集于学忠、万福麟等将领开会,示令:"日本图谋东北,由来已久,这次挑衅的举动,来势很大,可能要兴起大的战争。我们军人的天职,守土有责,本应和他们一拼,不过日军不仅是一个联队,它全国的兵力可源源而来,绝非我一人及东北一隅之力所能应付……我们是主张抗日的,但须全国抗战,如能全国抗战,东北军在第一线作战,是义不容辞的。"[②] 即以此认为,"九一八"事变时东北军未做

---

[*] 原载"九一八"历史博物馆编《"九·一八"研究》第四辑,吉林文史出版社,2003。
[①] 蒋永敬:《从九一八事变到一二八事变中国对日政策之争议》,转引自李松林、史桂芳《一二八事变前后蒋介石、胡汉民、汪精卫围绕对日政策之争》,《党史研究资料》1992年第9期。
[②] 洪钫:《九一八事变时的张学良》,中国人民政治协商会议全国委员会文史资料研究委员会编《文史资料选集》第六辑,中华书局,1960。

抵抗，张学良当负主要责任。

其实这些学者的看法是不正确的。从当时各方面的有关资料进行分析，虽然张学良确实对其部下下达过这样的命令，但他背后还有幕后的指挥者。"九一八"事变发生前夕，日军侵华阴谋已露端倪。1931年9月12日，张学良在石家庄附近的火车站曾与蒋介石会面，蒋介石严肃地对张学良说："最近获得可靠情报，日军在东北马上要动手，我们的力量不足，不能打。我考虑到只有提请国际联盟主持正义，和平解决。我这次和你见面，最主要的是要你严令东北全军，凡遇到日军进攻，一律不准抵抗，如果我们回击了，事情就不好办了，明明是日军先开衅的，他们可以硬说是我们先打他们，他们嘴大，我们嘴小，到那时就分辨不清了。"① 9月16日，蒋介石不放心，再次给张学良去铣电，内称："无论日本军队此后如何在东北寻衅，我方应不予反抗，力避冲突。"② 但蒋介石毕竟是一位精明的政治家，在"九一八"事变中，他虽然一再向张学良提警告，下密令，但在公开场合，从未对"九一八"事变做过任何"不抵抗"的明确表白，以至事后群情激奋，竟有人要求蒋介石惩办张学良不抵抗之罪。结果如何呢？蒋介石没有处分张学良，而张学良在"事变后一二天，面临国家危亡的紧急关头，当张学良将军正在考虑如何采取对策的时候，接到蒋介石命令不抵抗的紧急密电：'沈阳日军行动，可作为地方事件，望力避冲突，以免事态扩大，一切交涉，听候中央处理可也。蒋中正'"③ 那么中央要如何处理呢？蒋介石9月23日在对南京市国民党党员的训话时讲得明白："此刻必须上下一致。先以公理对强权，以和平对野蛮，忍痛含愤，暂取逆来顺受态度，以待国际公理之判决。"④ 把蒋介石在"九一八"事变前后给张学良的电文或口令联系起来看，可以做如下判断：张学良虽是"不抵抗"命令的具体下达者，但不过是执行军令而已，真正幕后策划者还是时任国民政府陆海空三军总司令的蒋介石。

蒋介石真的认为，国联会有把日本人业已吞并的东北再拱手交回来的

---

① 何柱国：《"九一八"沈阳事变前后》，《文史资料选辑》第七十六辑，文史资料出版社，1981，第66页。
② 复旦大学历史系中国近代史教研组编《中国近代对外关系史资料选辑》，上海人民出版社，1977，第212页。
③ 温济泽主编《九一八和一二八时期抗日运动史》，中国工人出版社，1991，第38页。
④ 李勇、张仲田编《蒋介石年谱》，中共党史出版社，1995，第195页。

"不抵抗"政策是蒋家王朝走向衰亡的重要原因之一

力量吗？笔者以为非也。作为老谋深算、极富反动统治经验的蒋介石，当时最关心的不是"外来之敌"，而是"心腹之患"，他所提出的"依靠国联出面干涉、解决东北问题"的主张，一则是为了搪塞国民，二则也是为了多少借用些许国际舆论的力量，有聊胜于无，并不指望它发挥多大作用。

"九一八"事变前夕，正是国共两党"围剿"与反"围剿"战争最为激烈和日军阴谋发动侵华行动一日紧于一日之际，当此历史的紧要关头，是继续"剿共"，还是准备抵御外侮，蒋介石必须做出抉择。令人遗憾的是，他选择了前者。1931年7月23日，他在《告全国同胞书》中，表明了他这样的态度："当此赤匪军阀叛徒，与帝国主义联合进攻，生死存亡，间不容发之秋，自应以卧薪尝胆之精神，作安内攘外之奋斗"，"惟攘外应先安内……不先剿平叛逆，完成国家之统一，即不能攘外"。[①] 于是"九一八"事变后，蒋介石"围剿"红军的计划不但没有停止，反而变本加厉，继前三次大"围剿"之后，于1932年7月、1933年10月又分别发动了更大规模的第四次、第五次"围剿"，终于把红军逼上了长征的道路。

由此可知，1931年日军悍然发动"九一八"事变后，东北军之所以不做任何抵抗而撤入关内，国民党军队之所以不全面抗日而投入主要力量去"围剿"红军，主要是执行了蒋介石"攘外必先安内"和"不抵抗"政策。

二 "不抵抗"政策使蒋介石逐渐失去了民心

由于蒋介石的"不抵抗"命令，日军很快占领沈阳，同时对南满铁路和安奉铁路沿线及其附近地区的重要城市实施占领。9月19日日军占领长春；11月19日日军占领黑龙江省城齐齐哈尔；1932年1月3日日军占领锦州；1932年2月5日日军占领哈尔滨。至此，整个东北几乎全部被日军控制。

面对日本侵略军以武力悍然强占中国东北的强盗行径，以蒋介石为代表的国民党政府竟然采取所谓"攘外必先安内"的"不抵抗"政策，激起全国各界人民的强烈愤慨。当此民族与国家生死存亡之际，中国共产党旗帜鲜明地表明了自己的坚决抗击日本侵略者的态度。1931年9月20日，中

---

① 《大公报》1937年7月27日。

共中央发表《为日本帝国主义强暴占领东三省事件宣言》,宣言号召:"中日两国工农民众团结起来,反对日本帝国主义强占东三省!"正告:"日本的海陆空军滚出中国去!"9月22日,中共中央发表了《关于日本帝国主义强占满洲事变的决议》,该决议除了再次重申坚决抗战的立场外,对以蒋介石"不抵抗"政策的反动实质亦予以无情的揭露,指出国民政府:

> 命令自己的军队无条件的缴械与投降,将千百万的劳动群众给日本帝国主义者踩蹦、虐杀、奸淫与剥削。而事后亦只有空口的抗议,"镇静的"外交,向强盗机关(国联)乞求,希望美国主持公道,或者在纪念周上大哭一次,而实际上更加加紧对于群众的民族自觉和反帝国主义斗争的残酷压迫。国民党政府的投降帝国主义与无耻出卖民族利益,给日本帝国主义的殖民政策与武装占领作开头先锋。①

中国共产党一方面对以蒋介石为代表的国民政府"不抵抗"政策的反动实质予以揭露,一方面提出要以武力来打击日本侵略者,指出:

> 特别在满洲更应该加紧的组织群众的反帝运动,发动群众(北宁路、中东路、哈尔滨等),来反抗日本帝国主义的侵略,加紧在北满军队中的工作,组织它的兵变与游击战争,直接给日本帝国主义以严重的打击。②

在中国共产党的号召下,全国各界人民的反日浪潮更加高涨,同时对以蒋介石为代表的国民政府"不抵抗"政策的反动本质也看得愈加清楚。同以往的爱国运动一样,青年学生首先投入到了抗日救亡运动中来。从"九一八"事变发生第二天起,北平、天津、上海、西安、广州、武汉、长沙、杭州、太原、福州、南京、南昌等全国各大城市的大中学生便纷纷上街游行,发表通电,组织抗日救亡团体,向政府请愿等,要求国民政府停止内战,一致对外,领导全民武装抗战,以挽救民族危亡,表现出高度的爱国热忱。

北京大学学生通电全国云:

---

① 中央档案馆编《中央关于日本帝国主义强占满洲事变的决议》,1931年9月22日。《中共中央文件选集》,第7册,中央党校出版社,第442页。
② 《六大以来党内秘密文件》,人民出版社,1981,第144~154页。

"不抵抗"政策是蒋家王朝走向衰亡的重要原因之一

南京中央党部国民政府钧鉴,各省市政府党部、各报馆、各学校学生自治会,转全国民众钧鉴:日本帝国主义者,屡向我国挑衅,原欲藉故出兵,强占满蒙,今果悍然不顾,大肆武力侵略,使南满铁路日本驻军,自行炸毁铁道,狡赖我军所为,藉此向我北大营施行轰击,继即占领我沈阳、长春、抚顺、吉林等处,又在营口袭击我国军队,血肉横飞,惨不忍闻,焚杀劫掠极其残酷,致使我国人民生命财产损失无数。犹复掳我官吏,毁我公署,缴我军械,更占我葫芦岛,直逼平津。华北一带,危在旦夕,事机迫切,国亡无日,是而可忍,孰不可忍?为今之计,唯有速息内战,一致抗日,并望我国民众实行武装,誓作政府后盾,临电涕零,不胜迫切待命之至。①

北平师范大学9月25日召开全校大会,就日军悍然发动"九一八"事变再次致电南京国民政府,电文如下:

南京国民政府公鉴:国家养兵,原以抵御外侮,我国兵额之多,冠于全球。而一遇外敌,辄取不抵抗政策,洵属奇耻。此次日本入寇东省,如入无人之境,辽吉既已沦陷,平津又受威胁,似此情势,尚能持不抵抗主义乎?我贤明当局,拟如何积极准备,以安人心,而定国是,恳请明示于国人。②

在上海,各大学校长于9月28日召开联席会议,通电欧美各大学,宣布日军暴行,最后成立抗日救国联合会。当日晚,上海各高校学生乘车赴南京,向国民政府请愿。12月24日,上海大中学生再次赴南京,向政府请愿。学生头上缠着白布,上书"督促政府立即出兵,民众速起共作后盾"。要求和当局对话,请愿要点为:督促政府出兵,对日宣战,援助马占山,惩办失地长官,武力夺回失地,实行革命外交,退出国联,联合被压迫民族,拒绝国联调查团,民众武装起来。

全国各地青年学生声讨日军悍然侵占中国东北、敦促南京政府放弃"不抵抗"政策、以武力收回失地的爱国行动,有力地推动了全国抗日救亡运动的到来。

---

① 陈觉:《九一八后国难痛史》上册,辽宁教育出版社,1991,第907~908页。
② 陈觉:《九一八后国难痛史》上册,辽宁教育出版社,1991,第90页。

工人阶级是爱国运动的主力军。在上海，9月21日，虹口区的三菱、日邮等日商码头工人拒绝装卸日货。同日，邮务职工抗日救国会成立，两天之后，召开职工全体大会，会议决定通电全国邮工团结起来，不买日货。9月26日，同兴、大康、日华等日商纱厂工人成立上海市日商纱厂工人抗日救国会。10月1日，150多个工会的代表召开全市工界抗日救国大会，会议发表《告世界各国工人书》，并致电国民政府，要求迅速出兵，收复东北失地，通电全国工界，与日本断绝一切经济往来。10月2日，上海报界工会发表宣言，提出"反对不抵抗的亡国政策"，并号召全国人民拿起刀枪，对日宣战。在北平，10月18日，全市20万工人成立抗日救国联合会，要求国民政府"蒋张总副司令，率领将士对日宣战"。又向张学良请愿，要求对日宣战，抗击日本侵略者。在天津，10月初，英商自来水厂工人举行反日罢工。12月13日，成立天津各业工会救国联合会，会议宣告全国人民团结起来，积极开展抗日救国运动。此外，南京、汉口、广州、长沙、青岛、桂林、汕头、济南等许多大中城市的工人成立了抗日救亡团体，纷纷发表宣言，并以集会、游行、通电、罢工、抵制日货、向政府请愿、征集爱国募捐等多种形式，开展抗日救亡运动。

　　全国爱国工商业者亦积极投身到抗日救亡运动中来。9月28日，上海市商会召开临时会员代表大会，共有同行业165个工会代表参加，会议通过与日断绝经济关系的七条决议。北平商会亦召开会议，决定"将本市各商所存日货，一律封锁"，同时"提倡国货"。此外，武汉、南京、天津、长沙、汕头等地的工商业者也纷纷表示抵制日货，与日断绝经济关系，在经济上对日本帝国主义侵略者予以沉重打击。

　　文化界人士素有"天下兴亡，匹夫有责"的传统爱国思想，当此日军悍然侵略东北之时，亦积极参加到抗日救亡运动中来。"九一八"事变爆发后不久，上海《申报》即发表文章，号召民众奋起反抗，并反对国民政府采取的"不抵抗"政策。《生活周刊》社为援助东北义勇军对日作战，积极募捐，并发表文章说："暴日侵我东北，为亡我国家，灭我民族之开始。军政当局坐视国土沦亡，毫无抵抗，而东北民众组织之义勇军血战抗日，义声远震，惟以经济支绌，恐难持久。现在极可亲信之东北同志来沪求援，我国人能将款项接济东北作战，义军即可继续奋斗。"[①] 文中不但号召大家

[①] 《申报》1932年1月15日。

"不抵抗"政策是蒋家王朝走向衰亡的重要原因之一

积极为东北义勇军募捐,而且对国民政府的"不抵抗"政策,亦深表不满。天津《大公报》大量刊出历史上倭寇侵华资料,以警示国人,放弃幻想,拿起武器,把日寇赶出国门。1932年12月19日,上海文化界在四川路青年会食堂召集会议,宣布成立上海市文化界反帝抗日联盟。会议决议,联盟的任务是:"为团结全国文化界,作为反帝抗日之文化的运动及联络国际反帝组织。"① 此外,中国左翼作家联盟还在《晨报》《东方杂志》《申报月刊》《大众生活》和《文艺新闻》等报刊上发表许多颇具影响力和战斗力的文章,强烈抗议日本帝国主义侵略东北,并对国民政府的"不抵抗"政策予以猛烈抨击。

在国难当头之际,广大妇女亦挺身而出,积极参加到抗日救亡运动中来,"九一八"事变和东北陷落的消息传到上海之后,1931年10月1日,由妇女共鸣社、妇女救济会和中华妇女节制会发起,成立了上海妇女救国大同盟会。大会决议,致电国民政府请求对日开战,同时号召全国妇女团结起来,不用日货,组织义勇军看护队。会后组织了声讨日本帝国主义悍然侵略东北,并敦促国民政府对日宣战的大游行。10月1日,杭州市召开各界妇女抗日救国大会,会后举行了示威大游行。10月17日,由北平女一中校长孙荪荃等人发起,成立了北平女界抗日救国会。12月3日,张学良夫人于凤至发起华北妇女救国会,指出国难当头,全国女同胞亦应一致动员,从事救国运动。南京吴木兰、王信芳、李志明、黎音等女士,发起中华国民救国女子军。三日内应征者1300多人,分为救国队、宣传队和决死队三部。宋庆龄女士在国民党政府屠杀爱国学生后,发表《国民党已不再是一个政治力量》一文,指出:"新的统一的政府是由日、法、英、美等帝国主义的代理人组成的,是服务于这群利害冲突的主子的,它将继续接受帝国主义者的命令,镇压中国民族求解放的任何一种形式的群众运动。"② 揭露国民党政府"不抵抗"政策的反动实质,就是对内镇压对外妥协,已沦为帝国主义的走狗。

身居国外的华侨往往更能体会祖国在自己心中的地位。当祖国受到侵略时,他们义愤填膺,毅然投入到抗日救亡的运动中来。1931年9月29

---

① 《文化人的大联盟》,《文艺新闻》1932年12月28日。
② 上海社会科学院历史研究所编《九·一八——一·二八上海军民抗日运动史料》,上海社会科学院出版社,1986,第90页。

日，留日学生 200 余人来到中国驻日使馆，提出与日断绝外交关系，并对日宣战的请求。嗣后，留日学生和华侨大批回国，直接投身于抗日救国的斗争中来。"九一八"事变发生的两个月内，留日学生和华侨先后共有 7000 余人回国。旅美华侨，组织各种抗日团体，声援祖国的抗日斗争。旧金山旅美中国战事救济联合会，联合华侨各社团积极开展民间外交活动，以争取美国人民的同情与支持，并请求美国总统罗斯福停止向日本运送军火。纽约的华侨商会、华侨商人协会、华侨爱国会等发表宣言，断绝对日本的永久经济往来。美国克利夫兰华侨购买 31 架飞机，运回祖国，以作抗日之用。加拿大华侨得知"九一八"噩耗后，立即集合，决心一致抗日，抵制日货，募捐支援祖国，并表示如祖国对日宣战，则旅居加拿大的华侨准备回国服役，直接参加到祖国的抗日斗争中去，同时将大批日本茶叶和丝绸等物付之一炬。1931 年 10 月 4 日，英国伦敦华侨各团体总会发表宣言书，呼吁全世界人民责令日本政府立即停止在中国的军事行动。10 月 5 日，法国巴黎旅欧反日救国会致电天津《大公报》，要求借以向全国人民转达他们的要求，"希望全国民众武装抗日，打倒卖国外交，以挽危亡"。① 古巴华侨抗日总会汇来 5 万元，秘鲁抗日筹饷会汇来 2 万元美金，新加坡华侨胡文虎为祖国募捐 100 余万元，捐助飞机 3 架。印度尼西亚华侨捐法币 500 多万元、港币 20 多万元，以支持祖国的抗日斗争。旅居世界各地的华侨充分表达了海外游子对祖国的一片赤诚之心和对日寇的义愤之情。

中国有句古语说："兄弟阋于墙，外御其侮。""九一八"事变发生后，由于以蒋介石为首的国民政府置国难于不顾，仍热衷于追剿红军，采取"不抵抗"日军的政策，致使一些有良知的国民党官兵内心颇为反感，因而国民党内要求主战的呼声日渐加强，甚至有的国民党将领拒不执行蒋介石的命令，而投身到武力抗日的斗争中来。首先拿起武器的是黑龙江省代主席马占山。马占山原任黑河警备司令兼东北军步兵第三旅旅长，后任黑龙江省军队总指挥。1931 年 11 月 4 日，马占山组织领导了著名的江桥抗战。在这次战斗中，日、伪军死伤惨重，使日寇遭受重挫。江桥抗战，是东北军首先冲破蒋介石"不抵抗"政策的英勇行动，毛泽东高度评价了这次战役，他说："马占山在东三省的抗日行动，也是统治者营垒中的一个分裂。"

---

① 《申报》1931 年 12 月 7 日。

"不抵抗"政策是蒋家王朝走向衰亡的重要原因之一

"一·二八"事变后,国民党内要求抗日的呼声更加强烈。爱国将领冯玉祥在南京国民党中央全会上,曾当着蒋介石的面说:"自从'九一八'那天起,我就说,非抗日不可,非收复失地不可,谁要是阻碍抗日,谁就是卖国贼。我想大家都听见过我说的这话,今天我再说,就是19路军陈铭枢、蔡廷锴等几位将军正在那里拼命杀敌,他们为什么这样干?他们为了救国、救人民。我们若不赶快决定派出多数的军队援助他们,那就是害国殃民,那就是要把19路军的官兵性命送掉了,这种贪生怕死的办法顶不对的。"① 结果蒋介石面对责问,一言不发。国民党左派领袖宋庆龄、何香凝力主抗战,并用实际行动支援抗战。国民党军韩复榘部、何键部、鲁涤平部、孙连仲部、陈济棠部、白崇禧部、黄埔军校革命同志会以及各省市国民党党部等都纷纷通电,主张抗日,不赞成"不抵抗"政策,声援19路军对日作战的英雄壮举,甚至正在执行"剿共"任务的国民党军队将领也表示声援19路军,希望放弃"剿共",加入到抗日的队伍中来,可见蒋介石的"不抵抗"政策在国民党内部也是不得人心的。

三 西安事变表明蒋介石"不抵抗"政策的破产

日本帝国主义发动"九一八"事变,悍然侵占中国东北,从而激起全国各界民众的义愤,以各种形式纷纷投入到抗日救亡运动中来。国难当头,以蒋介石为代表的国民政府竟然采取"不抵抗"的政策,令全国人民颇感失望。随着日寇向中国本土的不断渗透和深入,蒋介石为一党之私,继续执行追剿红军、拒不抗日的卖国丑恶嘴脸,愈加暴露无遗。

"九一八"事变后,蒋介石采取"不抵抗"政策,助长了日本帝国主义的侵略野心。1932年1月28日,日军先后在上海的闸北、江湾和吴淞等地再次发动大规模进攻。企图占领上海后,以此作为侵略全中国的战略基地,并借此强迫国民政府承认占领东北的既成事实。

面对日军的猖狂进攻,驻守上海的第19路军违背蒋介石的意愿,奋起反抗,击毙日军千余名,夺回天通庵、北站等地,给日军以重创。日军于是增兵10万、军舰60余艘、飞机100余架,而蒋介石不许支援上海前线抗日的第19路军,并下令:"各军将士非得军政部令而自由动作者,虽意出

---

① 冯玉祥:《我所认识的蒋介石》,黑龙江人民出版社,1980,第31~32页。

爱国，亦须受抗命处分。"最终与日本帝国主义签订了屈辱的《淞沪停战协定》，允许日军永久驻守在淞沪、闸北、江湾等地，撤离19路军，调往福建"剿共"。《淞沪停战协定》的签订，是"九一八"事变后蒋介石执行"不抵抗"政策的继续和发展，不仅遭到全国各界救亡人士的反对，而且加剧了国民党内一些有良知的爱国官兵的不满。

蒋介石之所以执行"不抵抗"政策，其目的就是为了对付他所谓"心腹之患"的共产党。如前所述，从1930年10月到1934年10月，国民党军队调重兵对苏区进行了五次大"围剿"。在前四次大"围剿"中，红军在毛泽东、朱德和周恩来的领导下，运用游击战术，成功地取得了反"围剿"的胜利，然而在第五次大"围剿"中，由于党内"左"倾机会主义路线的严重干扰，反"围剿"遭到了失败，红军被迫走上了长征的道路。在长征途中，红军爬雪山，过草地，突破敌军的重重封锁线和围追堵截，行军2.5万里，终于在1935年10月到达陕北吴起镇，与陕北红军会合，完成了史诗般的伟大长征。

蒋介石"围剿"红军，更助长了日本帝国主义的侵华嚣张气焰。1935年，日本帝国主义一方面从关外调集大批军队入关，以威胁平津；一方面积极策动亲日派汉奸在华北公然发动所谓的"五省自治运动"，企图将华北五省变为"第二个东北"，成为"华北国"。

在整个华北日趋危急的形势下，全国再次掀起了抗日民主运动的新高潮。1935年12月9日，北平国立、私立15所大学的学生和中学生共万余人，上街游行，提出的口号是："停止内战，一致对外"，"反对华北反共自治"，"打倒日本帝国主义！"结果遭到了国民党军警棍棒、皮鞭的殴打和水龙的猛烈喷射，受伤学生无数。镇压愈烈而反抗愈强，北平学生发动的"一二·九"运动很快扩大成了全国范围内的抗日民主运动。

在全国上下要求"停止内战，一致对外"的呼声中，蒋介石冒天下之大不韪，于1935年2月，调东北军、西北军及陕甘其他国民党军队围攻延安。

东北军和西北军数十万将士绝大多数都愿抗日，都赞成"中国人不打中国人"的口号，尤其是东北军更希望"打回老家去"，因而在被调到西北"围剿"红军不久便停止了与红军的作战，还与红军互派代表，秘密建立了在抗日救国基础上的友好关系。

1936年冬，蒋介石见东北军、西北军"围剿"红军不力，便再次调动260个团聚集陕甘，准备进一步发动对红军的大围攻。尤其发觉东北军首领

"不抵抗"政策是蒋家王朝走向衰亡的重要原因之一

张学良和西北军首领杨虎城有联共抗日倾向,蒋介石本人于12月初亲临西安,一方面督促张、杨继续积极推进"剿共",一方面准备在适当之时撤换张、杨,形势十分紧张。

"一二·九"运动周年纪念日,西北各界救国联合会组织万余名学生群众向张学良、杨虎城请愿,要求停止围攻延安,共同对外。游行学生由西安向临潼行进,欲请求时住临潼的蒋介石答应抗日主张。而蒋介石已布置好军队,架好机关枪,并指示张、杨对游行前来的学生可"格杀勿论"。张学良得令,忙驱车至十里铺迎接正游行前来的学生群众,劝阻他们不要再往前行。学生群众高呼:"我们愿意为救国而死!"言罢悲愤哭号之声响天震地,张学良亦为之感动而拭泪,同时促使他下定逼蒋抗日的决心,乃诚恳地向游行学生和群众许诺:"在一星期内,我准有满足你们心愿的事实答复你们!"游行队伍方回。

12月12日清晨,张学良、杨虎城下令拘蒋。东北军按计划包围了华清池,继而解除了蒋介石侍卫的武装。蒋介石越墙逃跑,至骊山半腰虎畔石躲藏,结果被搜出。捉到蒋介石后,张、杨通电全国,提出抗日救国的八项主张,并致电中共中央,邀请中共派代表团来西安共商抗日救国大计。西安事变的发生,从一定意义上来说,是蒋介石在"九一八"事变后一直奉行的"攘外必先安内"政策导致富有爱国意识的东北军与西北军的一场军事政变。

消息传到南京后,国民党亲日派何应钦力主讨伐张、杨,派飞机炸平西安,同时电召赴欧养病的亲日派头子汪精卫回国主政,并在日本支持下扩大内战,而亲英美派的宋美龄和宋子文则力主和平解决西安事变。

这时,中国共产党冷静分析了当时的国内外形势,为了防止亲日派扩大内战的阴谋得逞,亦主张和平解决西安事变,于是派周恩来为代表,促成了西安事变的和平解决。

西安事变的和平解决,终于实现了"逼蒋抗日"的目标,从而形成国共的第二次合作,抗日民族统一战线终于建立起来。

西安事变之后,蒋介石被迫同意联共抗日,这标志着他自"九一八"事变以来一直坚持执行的"攘外必先安内"政策的彻底失败。从"九一八"事变到西安事变这五年中,蒋介石倒行逆施,失去了民心,甚至国民党内许多具有良知的爱国官兵对其也十分不满,从而采取了极端的行动,最终使他在政治上处于十分被动的局面。

四 水可载舟，亦可覆舟

与蒋介石代表的国民政府态度相反，自"九一八"事变发生后，中国共产党便积极主张抗日，在蒋介石"不抵抗"政策遭到人们唾弃的时候，中国共产党的威望却不断增强。

抗日民族统一战线建立后不久，毛泽东同志撰写了《反对日本进攻的方针、办法和前途》一文，指出今后我们的方针就是坚决抗战，而坚决抗战的办法一定是依靠群众。根据这一指示精神，八路军迅速东进，在华北敌后建立了晋察冀、晋冀鲁豫、晋绥和山东四个抗日根据地，新四军在华中敌后建立了华中抗日根据地，后来又建立了华南抗日根据地。在敌后抗日根据地中，共产党放手发动群众，扩大自己的力量，组织行之有效的游击战与日寇周旋。

从1937年7月全面抗战开始到1940年，中国共产党领导下的人民抗日武装力量迅速发展，人民军队从4.5万多人发展到近50万，共产党员从4万人发展到80万，根据地人口包括中心区和游击区大约1亿。

至抗日战争胜利前夕，中国共产党由于一贯主张抗日，并在建立敌后抗日根据地的过程中能够放手发动群众和组织行之有效的游击战争，有力地打击了日本侵略者，因而在全中国人民心中的威望越来越高，力量又有了新的巨大发展。这时人民军队已发展到91万人，民兵220万人、自卫军1000万人，共建立了19个解放区，解放区总人口9550万人。

与此相反，国民党顽固派在抗日战争时期，发动三次反共高潮，使其在全国人民心目中的地位进一步下滑，政治上更加被动。加之在战场上与日军作战不利，损兵折将，节节败退，力量日趋缩小。所有这一切都是蒋介石轻视人民，在抗日战争中执行"不抵抗"政策，失去民心的结果。

日本帝国主义投降后，蒋介石继续坚持反共反人民的反动立场，再次违背全国人民的意愿，公然挑起内战，最后被中国共产党领导的人民军队彻底打败。

水可载舟，亦可覆舟。蒋家王朝最终走向灭亡，其原因固然很多，但笔者以为，其根本原因在于轻视人民。轻视人民最初便是从违背全国人民的抗日要求，从"九一八"事变后采取的"不抵抗"政策开始的，因而可以说自"九一八"事变后，蒋介石执行的"不抵抗"政策是其走向衰亡的重要原因之一。

沈阳审判与纽伦堡、东京、南京审判比较研究*

"二战"结束后，同盟国对德国、日本法西斯战犯进行审判，其中在国际上重要的审判有德国纽伦堡审判和日本东京审判，在中国重要的审判有南京审判和沈阳审判。这几次审判都很重要，尤其是其深远的历史意义至今仍影响着我们。近年来，有关上述几次审判的论文和纪实性著作开始问世，但大都限于对某一次审判的个案研究，其实它们之间的关系十分密切。鉴于此，本文拟以沈阳审判为主，将沈阳审判与其他几次主要审判进行比较研究，力图推动对这一问题的深入研究，并祈教方家。

一 纽伦堡审判

纽伦堡系德国南部的一个工业城市。1945年11月20日，由美、英、法、苏四国组建的国际军事法庭在这里对德国纳粹战犯进行了公开的审判，即纽伦堡审判。

纽伦堡审判是"二战"后对德国纳粹战犯的首次审判，在此之前，不仅无例可循，而且同盟国之间在是否采取审判方式处理战犯的问题上，尚存在不同意见，具体来说，苏联和英国认为：对于举世皆知的德国纳粹战犯，无需审判，直接判刑即可，然而美国陆军部长亨利·史汀生（Henry Stimson）反对这种做法，他对总统罗斯福说："以庄严的态度对这些人施以惩罚，才与文明的进步协调一致，也才能对后世产生更大的影响……我坚信我们至少应该参与组建一个国际法庭，来审判主要的纳粹官员。"[①] 最终

---
* 原载《辽宁大学学报》（哲学社会科学版）2009年第6期。该文系笔者与赵朗、张强合作。
① Bradley F. Smith, *Reaching Judgment at Nuremberg*, Basic . Inc. Publishers New York, 1977, PP. 24, 156.

美国说服了苏联和英国，三国在这一问题上达成了共识。三国首脑虽然取得了一致意见，但在如何审判德国纳粹战犯的问题上，还存在许多法律上的盲点，甚至是麻烦，其中遇到最大的问题是法律上的"不溯及既往"，所谓"不溯及既往"，乃是国际公认的刑法裁判的一项基本原则，简言之，即"法无明文规定者不罚"。而德军在对他国实施侵略期间，其方式之独特、手段之残忍，堪称史无前例，当时的法律尚未对这类重大行为犯罪做出惩罚的规定，被告便可据此钻法律的空子，以逃避自己的罪责。

鉴于此，四国法官本着对受害国人民和历史负责的精神，对法律的理论与实践进行深入细致的研究之后，大胆提出了针对审判纳粹战犯的几项法律罪名，即破坏和平罪、战争罪和反人道罪。

破坏和平罪，指策划、准备、发动或进行侵略战争，或违反国际条约、协定及保证的战争，或为实现上述行为参与的共同计划或共谋。这样一来，不仅把侵略国的首脑包括进去，而且也将侵略国的大小官员全部纳入到审判的范围中来。侵略国首脑既不能以国家统一意志为由逃避法律的惩罚，侵略国首脑以下大小官员也不能以执行上级命令为由推卸个人的罪责。

战争罪，指违反战争法规或惯例，如屠杀、虐待、奴役、流放占领区平民，或屠杀、虐待战俘，掠夺占领区平民财产，破坏城镇乡村设施等罪行。此项罪名之意，早已有之，本次乃明确提出。

反人道罪，实际上是对战争罪的一种补充。它不但包括战争罪的全部内容，而且包括借口政治、种族或宗教异端等理由对占领区平民进行诸如种族灭绝或施放毒气等极端的迫害。

纽伦堡审判不仅在法律上攻克了不少难关，针对德国纳粹在战争期间的犯罪行为新创了破坏和平罪和反人道罪等罪名，而且在开庭审判之前还做了大量调查取证工作，搜集到的纳粹文件、记录、信札和日记等档案资料，重逾千吨，将这些档案资料整理遴选后又分别译成了英、法、俄文，以便法庭取用，同时还找到一批证人，其中包括一些纳粹分子。

由于纽伦堡审判做了大量卓有成效的开创性工作和深入细致的调查取证工作，最终使纳粹的主要战犯都受到了应有的惩罚。这次审判的意义不仅仅在于它本身的成功，更重要的是突破了以往法律上的理论桎梏，针对"二战"战犯制定了新的法律原则，为后来各国处理日本战犯创造了一个可资借鉴的模式，最终向世人昭示正义必胜、邪恶必败这样一个人类历史发展规律。

二　东京审判

纽伦堡审判不久，由美国、苏联、英国、法国和中国等 11 国组成的远东国际军事法庭，于 1946 年 5 月 3 日在日本东京开庭，公开审判日本法西斯战犯，即东京审判。

东京审判基本上继承了纽伦堡审判的模式，首先，投入大量精力和时间做好深入细致的调查取证工作。据统计，从开庭到审判，共历时两年零七个月，其间共开庭 818 次，有 419 人出庭作证，779 人出具证词，庭审记录 48412 页，判决书 1231 页。其次，用"破坏和平罪"和"反人道罪"等纽伦堡审判中新创的罪名，起诉日本战犯。值得一说的是，当时中国政府派遣著名法学家梅汝璈，参加了这次具有特殊历史意义的审判。梅汝璈等中国法官从日军档案里搜集出了大量侵华罪证，写入起诉书中，并促使首席检察官基南等赴中国调查，就日军实行大屠杀、毒气战和细菌战等问题搜集证据，询问证人，为起诉和惩处侵华主要日本战犯起到了有力的推动作用。在众法官的努力之下，通过这次审判，东条英机等 7 名甲级战犯最终被判绞刑，木户幸一等 16 名甲级战犯被判无期徒刑，2 名甲级战犯分别被判 20 年和 7 年有期徒刑。可以说，东京审判伸张了正义，基本上是成功的。

然而这次审判还留下很大遗憾。在纽伦堡审判的法庭人员构成上，美、英、法和苏联四国的法官地位是平等的，故而能做出比较公允客观的审判，而东京审判因美国居主导地位，由此带来一些弊病。首先，在是否将日本天皇作为战犯进行审判的问题上，美国持否定态度。众所周知，天皇虽在立宪的名义下行事，却拥有国家宣战与媾和等至高无上的权力，故应是头号战犯。美国之所以主张不起诉天皇和仍然保留天皇制，主要考虑的是"二战"后尽量减少维持日本社会秩序的美军人数。1945 年 9 月 22 日，美国政府曾在《战后初期的对日政策》一文中说："鉴于日本社会当前的性质以及美国希望使用最低限度的军队和资源达到占领目的，在能够达到满足美国目的的限度内，最高统帅将通过包括天皇在内的日本政府机关团体行使权力。"[1] 由此不难看出美国保留天皇及天皇制的真实意图。由于日本最

---

[1] 日本外务省特别调查部：《日本占领及管理重要文件集》，第 1 卷，1949，第 92～108 页。

大战犯天皇免于起诉，这次审判最终虎头蛇尾，一些甲级战犯也随之逃脱了法律的惩罚，如甲级战犯岸信介不仅获释，而且当年便被选为众议员，并于1957年出任日本首相，侵华战争中曾任日本外相兼大东亚大臣的甲级战犯重光葵于1950年获释后，4年之后再次就任日本外相。东京审判的这些缺憾，不仅使一些甲级战犯没有受到应有的惩罚，而且严重地影响了日本国民对这场战争所带来危害的认识，最终导致日本右翼势力在近世的逐渐抬头。其次，"二战"结束后，美苏争霸的态势已露端倪，冷战气氛开始酝酿，为了抢占先机，美国开始着手调整在远东的战略，将支持重心从国民党政权转向日本，希望把日本建成西方在远东遏制以苏联为代表的共产主义国家的桥头堡。1948年，美国国务院制定的NSCB/2号文件，其主要精神便是在政治上放宽对日本的管制，在经济上尽快帮助日本复苏，并要求正在进行着的东京审判，"应当促使尽早定出结束甲级战犯审判的最后期限，并应立即着手审查乙级和丙级嫌疑犯，以解脱那些不准备提起公诉的人员，其他人员则应尽速依法处理"，[①] 致使东京审判出现了虎头蛇尾的遗憾结局。

三　南京审判

根据国际法准则和由美国、英国、苏联和中国等11个国家组成的远东委员会关于处理日本战犯的决议，犯有"破坏和平罪"的甲级战犯在日本东京审理，而犯有"战争罪"和"反人道罪"的乙、丙级战犯则直接由受害国家的军事法庭审理。据此，中国国民党政府战争罪犯处理委员会分别在南京、上海、北平、汉口、广州、沈阳、徐州、济南、太原和台北10个地点设立了军事法庭。其中规模和影响最大的是在南京设立的"国防部审判战犯军事法庭"，南京法庭成立于1946年2月15日，1949年1月底事毕结束。

从南京审判的前后过程来看，同样基本沿用了纽伦堡和东京审判的模式。首先，在审判前期，法庭做了大量的调查取证工作。早在1944年，国民政府便成立了"敌人罪行调查委员会"，该会设立13个具体调查项目，分门别类地详细调查取证。1945年9月，国民政府又颁布了《敌人罪行调查办法（修正案）》，使调查工作愈趋法制化和规范化。1947年，国民政府

[①] 于群：《美国对日政策研究（1945~1972）》，东北师范大学出版社，1996，第105页。

又拨出了亿元专款,[①] 用于对日本战犯的调查工作。其次,严格按照法律程式办事。为了使审判更具有法律的权威性,国民政府颁布了《战争罪犯审判条例》,详细规定了审判的范围、法庭组成、审判程序和适用法律等,完全依法办事,使战犯心服口服,体现正义与公平。

南京审判的重点是下令进行南京大屠杀的日军第6师团师团长谷寿夫。在法庭上,谷寿夫百般狡辩,拒不认罪。时任庭长的石美瑜即令搬上部分被害人头骨,法医当庭宣布皆系枪杀或铁器所伤致死,慈善团体人士又介绍了他们掩埋这些尸体的详细过程,谷寿夫最终理屈词穷,只好低头认罪。

以"刀劈百人竞赛"取乐的片桐部队两少尉向井敏明和野田毅,在进攻南京的路上分别创下了砍杀中国平民106人和105人的记录,被当年日本《东京日日新闻》作为辉煌战绩宣传报道。更有甚者,当年在南京大屠杀中,曾以"助广"军刀斩杀300多名中国人的田中军吉,创下更高的记录。3名罪大恶极的战犯,虽然官阶较低,但民愤极大,也同谷寿夫一样,被公审后判处死刑。

应当说,南京审判基本上惩治了日本主要战犯,在审判过程中,也严格按照法律程序进行,体现了纽伦堡和东京审判的精神。然而这次审判也有令人遗憾之处,在蒋介石"以德报怨""宽大迅速"的审判方针指导下,曾任日本驻华派遣军总司令的冈村宁次竟被宣判无罪释放。当时国内舆论普遍认为他是"中国战区天字第一号战犯,就是不要审问,也可以判处极刑"。[②] 但冈村宁次是日本有名的中国通,日本投降时,他主动投靠蒋介石,"拒缴武器给国军以外的任何军队"。[③] 当冈村宁次的辩护律师请求判其无罪时,"旁听席上有轻微的嘘声数起"。[④]

1950年,蒋介石邀请冈村宁次为秘密军事顾问,冈村宁次乃召集旧部,组成日本军事顾问团,秘密来到台湾,帮助蒋介石重建旨在反攻大陆的军队。

由此可知,尽管南京审判依照国际法对日本战犯在中国所犯下的罪行做了基本清算,但在蒋介石"以德报怨"方针的影响下,冈村宁次这样重要的战犯得以逃脱法律的惩罚,留下了历史的遗憾。

---

① 中华民国外交问题研究会编《中日外交史料丛编》(七),《日本投降与我国对日态度及对俄交涉》,台北中正书局,1962,第445页。
② 《大公报》1948年8月24日。
③ 《大公报》1948年8月24日。
④ 《申报》1948年8月24日。

四　沈阳审判

1950年7月18日，苏联将其俘获的969名日本战犯，在边境城市绥芬河移交给中国政府。双方在办完交接手续后，苏联政府代表科雷阔夫少校特别向中国官员嘱咐说："这些战犯，都是极端反动、顽固不化的坏家伙！根本无法改造，只有杀掉。"① 运送日本战犯的列车于7月21日凌晨3时安全抵达辽宁省抚顺站，关押在抚顺战犯管理所。

然而中国政府认为日本战犯还是可以改造的。日本战犯一踏上中国的领土，便感到了人道主义的关怀。据当时担任日本战犯护理工作的赵毓英老人回忆：1950年7月，刚满20岁的我即将从中国医科大学高级护理专业毕业。一天上级突然委派给我一项特殊任务——去绥芬河接收从苏联引渡的日本战犯。7月18日，我和其他20多人来到了绥芬河。苏联人用装货的闷罐车运来了900多名战犯。中方则准备好了干净整洁的绿色客车，为了保密，窗户全部用报纸糊上。我在车厢里巡回负责护理，途中有几名战犯突发心绞痛、急性阑尾炎。我从小受够了日本人的气，见到战犯成为我们的阶下囚，真是十分解气。不过，作为医护人员，我还是细心地照顾每一个发病的战犯，把他们顺利地送到了抚顺战犯管理所。② 由上可知，苏联押送战犯用的是闷罐车，而中方则用的是绿色客车，并且车上还配备了医护人员。医护人员虽然对这些日本战犯很痛恨，但出于人道主义，对患病的日本战犯照顾是颇为周到的。

日本战犯刚走进抚顺战犯管理所大门，见到"战犯"二字，情绪十分激动，因为他们深知战犯同战俘是不同的，战俘迟早要释放回国的，而战犯则很有可能要被判死刑。他们撕下贴在墙上的《管理条例》，用脚践踏，并高唱日本军歌，一名日军师团长甚至咆哮道："我和我的部下不是战犯，而是战俘，必须被无条件释放！"③ 可见，这些日本战犯最初的抵触情绪是十分强烈的。

与此同时，周恩来总理就改造日本战犯专门做出了指示，其要点是：

---

①　王和利、张家安、赵兴文：《特别军事法庭在沈阳审判日战犯始末》，《江淮文史》2001年第1期。
②　赵毓英口述，李宏伟整理《改造"魔鬼"的两千个日夜》，《中国成功改造千名战犯》，《环球时报》2006年6月30日。
③　周烁：《中国成功改造千名日本战犯》，《环球时报》2006年6月30日。

要把战犯改造活,不是改造死;要严加管理,但要尊重每个人的人格,绝不能殴打、谩骂和侮辱;不允许一个战犯死亡或逃跑;要从思想上进行教育和改造。根据周总理的指示,抚顺战犯管理所的同志们强压住内心对日本战犯的仇恨,从国家大局出发,用革命的人道主义来感化他们,这体现在各个方面:如在生活上,管理人员吃粗粮,而让战犯吃细粮,此外还有日本风味的"甜不辣"、"四喜饭"、打糕和病号饭等。在卫生方面,为他们医治疾病,关心他们身体健康。在人格上,不打不骂,不搜身,为他们保管私人物品,但从不没收一文钱。就是这许许多多看似平常的小事,经过数年之后,却使昔日杀人如麻的恶魔逐渐受到感动,开始反省自己曾经对中国人所犯下的罪行。

在感化日本战犯的同时,更重要的是要用证据说话。为此,中央于1954年初成立了专门侦讯日本战犯的东北工作团。辽宁省检察院原副检察长郭春来老人当年曾是这个工作团的一员,据郭春来回忆:

> 调查取证工作极其艰苦繁重,又丝毫马虎不得。从东北各地调取的罪证材料非常多,种类庞杂,有伪满报纸、各种档案、行政文书、会议记录和决策记录等等。最后屋子里都装不下,只好在外面搭起布帐篷放材料。从浩如烟海的材料中找到了很多确凿的证据,当时会议的参加者,谁下的命令,逮捕的是什么人,谁执行的,都有文字记录。[1]

审判初期的调查取证工作不仅量大、覆盖面广,而且在使用这些证据时,也十分规范。又据郭春来回忆:

> 每一项犯罪事实必须有五个方面共同佐证。一是审讯笔录;二是战犯的罪行交代材料;三是经过确认的证人材料;四是档案材料;五是同案犯的检举揭发。这五个方面缺一不可。目的是使日本战犯的罪行板上钉钉,无可辩驳。[2]

待一切准备就绪之后,1956年4月25日,第一届全国人民代表大会常务委员会第34次会议通过了《关于处理在押日本侵略中国战争中战争犯罪

---

[1] 徐扬:《用证据让他们低头》,《深圳晚报》2005年8月14日。
[2] 徐扬:《用证据让他们低头》,《深圳晚报》2005年8月14日。

分子的决定》，该决定由中华人民共和国主席毛泽东签署发布：

> 现在在我国关押的日本战争犯罪分子，在日本帝国主义侵略我国的战争期间，公然违背国际法准则和人道原则，对我国人民犯了各种罪行，使我国人民遭受了极其严重的损害。按照他们所犯的罪行本应该予以严惩，但是，鉴于日本投降后十年来情况的变化和现在的处境，鉴于近年来中日两国人民友好关系的发展，鉴于这些战争犯罪分子在关押期间绝大多数已有不同程度的悔罪表现，因此，决定对于这些战争犯罪分子按照宽大政策分别予以处理。现在将处理在押日本战争犯罪分子的原则和有关事项规定如下：
>
> （一）对于次要的或者悔罪表现较好的日本战争犯罪分子，可以从宽处理，免予起诉。
>
> 对于罪行严重的日本战争犯罪分子，按照各犯罪分子所犯的罪行和在关押期间的表现分别从宽处刑。
>
> 在日本投降后又在中国领土内犯有其他罪行的日本战争犯罪分子，对于他们所犯的罪行，合并论处。
>
> （二）对于日本战争犯罪分子的审判，由最高人民法院组织特别军事法庭进行。
>
> （三）特别军事法庭使用的语言和文件，应该用被告人所了解的语言文字进行翻译。
>
> （四）被告人可以自行辩护，或者聘请中华人民共和国司法机关登记的律师为他辩护。特别军事法庭认为有必要的时候，也可以指定辩护人为他辩护。
>
> （五）特别军事法庭的判决是终审判决。
>
> （六）处刑的罪犯在服刑期间如果表现良好，可以提前释放。[①]

由毛泽东主席签发的这份《决定》正式向国内外宣告了中国政府对日本战犯将采取宽大的审判政策，体现了中国人民以德报怨的博大胸怀。

1956年6月9日，最高人民法院特别军事法庭在沈阳的原中国科学院东北分院俱乐部，也就是今天的黑龙江街北陵电影院开庭。据时任审判长

[①]《关于处理在押日本侵略中国战争中战争罪犯分子的决定》，王战平主编《最高人民法院特别军事法庭审判日本战犯纪实》，人民法院出版社、法律出版社，2005，第2页。

的袁光在《中国特别军事法庭审判日本战犯始末》一文中回忆说："我们最初曾计划把抚顺作为东北的一个审判地点，以后又根据中央指示迁往沈阳。因为日本帝国主义首先在沈阳制造'九一八'事变，打响了侵华战争的第一枪。在沈阳审判日本战犯，更有特殊意义。"同年6月12日，最高人民法院特别军事法庭在太原又开始对另一部分侵华日本战犯进行审判。

沈阳共审判铃木启久、武部六藏、古海忠之、藤田茂、三宅秀也和神原秀夫等36名日本主要战犯，这是从抚顺战犯管理所近千名的日本战犯中挑选出来的。铃木启久系日军第117师中将师团长，武部六藏系伪满洲国国务总务厅长官，古海忠之系总务厅次长，藤田茂系日军第59师中将师团长，三宅秀也系伪满洲国北安省、奉天省警务厅厅长兼地方保安局局长。有必要一说的是，东北抗联第1路总司令杨靖宇将军就是在三宅秀也指挥下杀害的。神原秀夫系关东军"第七三一细菌部队"162支队少佐军医，曾用中国人做活体实验。以上这36人都是双手沾满中国人民鲜血的日本主要战犯。然而这些昔日曾猖獗一时的杀人恶魔，在铁证如山的证据面前，也不得不低头认罪。

根据中央政府对日本战犯实行宽大处理的政策，法庭最终没有宣判一个日本战犯死刑或无期徒刑，仅判这些主要战犯有期徒刑12~20年不等，而且服刑期不是从审判之日算起，而是从他们1945年8月被苏军俘虏时算起。至于这36名以外的933名日本一般战犯，经报最高人民检察院核准，法庭决定免予起诉。

应当说，这样的判决结果是与中国政府对日本战犯实行的宽大政策相一致的。

然而由于日本战犯在侵华期间欠下的血债太多，犯罪时手段之残忍令人发指，因而不要说老百姓，就是参与这次审判的中国法官也一时不能理解。笔者曾采访过当时参与修改判决书的冯荆育老人，他说："当时我想不通。1940年我哥哥在重庆大轰炸中被日本飞机炸死，全家4口人分3处逃难，家破人亡；再想想日本侵略中国，半壁河山惨遭践踏，我觉得就是把这些战犯处以极刑，也对不起死去的中国同胞。"王和利先生曾采访过抚顺战犯管理所的张家安和赵兴文两位警官，并联合撰写了《特别军事法庭在沈阳审判日本战犯始末》一文，据该文披露："工作团几乎所有的干部……对这些十恶不赦的杀人恶魔却要网开一面，宽大处理，他们从思想上和感情上都深感难以接受！……周总理严肃耐心而又语重心长地说：

'我看恐怕不只是下面的思想不通吧？首先是你们这些做领导工作的同志思想上还有不通的地方。中央决定对日本战犯给予宽大处理，这是一个具有远见卓识的战略决策，对促进中日友好和维护世界和平，将起到极其重要的积极作用。20 年以后，你们会看到中央的决定是正确的。'"[1] 从周恩来总理这段话来看，中国政府之所以对这些日本战犯实行重改造、轻判刑的宽大政策，主要是从中日人民长久友谊这个战略高度来着眼的，可谓高瞻远瞩！

中国政府对日本战犯实行的这种宽大政策，不仅有些中国老百姓和审判人员一时不能理解，就是日本战犯也完全没有想到，如铃木启久说："在进行判决时，我按照我过去的罪行来判断……当然要从严处断，处以极刑。但是，结果，我只被判处 20 年徒刑，而且可以用被关押的时间折抵。这种宽大政策是从哪里产生出来的呢？我认为，这是由中国的真正和平的政策产生出来的。只有和平，人类才能幸福。我过去走过的道路完全是破坏人类幸福的道路，我认为，将来绝对不应该再对世界采取这种方式。"[2] 由此可知，铃木启久自知罪恶深重，原以为必判死刑，结果法庭只判其 20 年，还可以用关押的时间折抵，不仅觉得意外，而且同时也被感化了，深悔自己的往日所为，表示今生绝不再做对不起世界人民的事了。古海忠之说："我深深地认识到我是一个公然违反国际法和人道原则，对中国人民犯下了重大罪行的战争犯罪分子，我真诚向中国人民谢罪。"[3] 藤田茂说："我现在认识到对中国进行的残暴的侵略战争，对中国人民犯下了滔天的罪行。今天，通过代表六亿中国人民意志的法庭向中国人民特别是被害者表示痛改前非，真诚接受法庭的裁决。"[4] 从古海忠之和藤田茂这两段话中可以看出，在中国政府人道主义政策的感召之下，二人在审判之前即已认识到自己的罪行，并真诚地向中国人民表示谢罪。

日本战犯在思想认识上的根本转变，正是抚顺战犯管理所的同志们对他们实行革命人道主义的结果，正是中国人民政府对他们实行宽大政策的巨大成功。

---

[1] 王和利、张家安、赵兴文：《特别军事法庭在沈阳审判日本战犯始末》，《江淮文史》2001 年第 1 期。
[2] 中央档案馆案卷，全宗号 119，目录号 1，卷号 584。
[3] 王和利、张家安、赵兴文：《特别军事法庭在沈阳审判日本战犯始末》，《江淮文史》2001 年第 1 期。
[4] 王和利、张家安、赵兴文：《特别军事法庭在沈阳审判日本战犯始末》，《江淮文史》2001 年第 1 期。

五　余论

　　与纽伦堡审判、东京审判和南京审判相较，沈阳审判最突出的特点便是所有日本战犯皆诚心悔过、低头认罪，并表示今后要为中日人民长久友好贡献自己的余生，这是以往的审判不曾有的。

　　沈阳审判之所以取得如此巨大的成功，除了中国政府的英明决策之外，也与中国法官积极总结借鉴纽伦堡审判、东京审判和南京审判的宝贵经验有密切的关系。

　　如前所述，"二战"结束后，在处理战犯的问题上是否采取审判的方式，同盟国之间意见尚未统一，由于美国的极力主张，方才取得共识，决定采取公开审判的方式。应当说，纽伦堡审判开创了以审判方式处理战犯的先例。不仅如此，纽伦堡审判还大胆地突破以往法律上的过时成说，首次提出了"破坏和平罪"和"反人道罪"法律原则，将企图以执行国家统一意志为由的侵略国首脑和企图以执行上级命令为由的纳粹大小官员，全部纳入到战犯的审判范围之内，从而使德国的主要战犯都受到了应有的惩罚。此外，纽伦堡审判还十分注重搜集证据，严格按法律程序办事，尽力做到公开、公正。

　　东京审判基本上继承了纽伦堡审判的模式。这主要体现在：注重证据，公正公开，并使用纽伦堡审判制定的"破坏和平罪"和"反人道罪"等罪名将主要日本战犯绳之以法。但由于东京审判，美国居主导地位，它从本国的利益出发，希望减少"二战"后维持日本秩序的美军人数，并在未来的"冷战"时期将日本纳入到自己的军事战略体系中来，因而免于起诉日本的头号战犯裕仁天皇，并保留了天皇制。这样一来，日本国人当中的军国主义观念便未能得到彻底的清算，个别甲级战犯也乘机逃脱了法律的惩罚。这种以政治干预法律判决的行为，对后来中国审判日本战犯产生了一定的影响。

　　南京审判也基本继承了纽伦堡和东京审判的模式。审判前搜集到大量的人证物证，审判中依照纽伦堡确立的法律新原则，将日本战犯，尤其是参与南京大屠杀的罪魁祸首进行了严惩。但主持审判的国民政府出于国民党一党私利，不顾共产党和国人的反对，竟将侵华日军头号战犯之一的冈村宁次宣判无罪，其后来成为国民党准备反攻大陆的帮凶。从法律的层面上看，这是继东京审判之后，以政治干预法律行为的进一步扩大。

沈阳审判是继纽伦堡审判、东京审判和南京审判之后的第四次重要审判，因而深受前三次审判的影响。这主要表现在以下几个方面：第一，沈阳审判就其本身的形式而言，完全借鉴了前三次审判的模式。如前所述，纽伦堡审判开创了处理"二战"战犯的审判模式，而后东京审判、南京审判和沈阳审判相继采用了这种模式，如无纽伦堡审判的开创之功，沈阳审判就失去了存在的前提。第二，沈阳审判继承了前三次审判的优良传统，完全依法办事，靠证据说话。沈阳审判在开庭之前，同前三次审判一样，做了大量艰苦细致的准备工作，搜集到很多人证物证。同时还为日本战犯提供了日文版本的起诉书，并为他们安排了辩护律师，给予罪犯充分申诉自己意见的权利。然而在铁的事实面前，战犯们又不能不低头认罪，并且是心服口服。第三，沈阳审判充分利用纽伦堡审判开创和制定的破坏和平罪和反人道罪的法律原则，为日本战犯定罪。在沈阳审判中，日本战犯亦提出所犯罪行不过是奉上级命令行事这样的理由，企图逃避法律的制裁，而纽伦堡审判制定的破坏和平罪，早已把战犯中的大小官员犯罪皆视为共谋，因而日本战犯未能钻到法律的空子。第四，沈阳审判既遵守国际关于审判战犯的一般法律原则，又结合本国国情，制定了对日本战犯宽大处理的审判政策。如前所述，除了纽伦堡审判之外，东京审判因美国居主导地位，最终形成有利于美国意图的决定，即免于起诉裕仁天皇，并保留天皇制。作为交换条件，日本甘愿将自己纳入到美国的军事体系中去，成为美国在远东遏制以苏联为代表的共产主义国家的桥头堡和马前卒。南京审判亦因国民政府居领导地位，冒天下之大不韪，将日本侵华头号战犯之一的冈村宁次宣判无罪释放。所有这一切，都说明法律界也并非是净土一块，在法律审判中，也存在阶级性和民族性，政治干预法律已成为不争的事实。据此，沈阳审判在尽可能遵守国际关于惩办战犯一般法律原则的基础上，又考虑到正确处理中日两国关系的实际情况，毅然制定了对日本战犯实行宽大处理的审判政策，结果未判一例死刑或无期徒刑，主要日本战犯也仅判 12～20 年不等的有期徒刑，服刑日期还可以从被苏联红军俘获关押时算起折抵。这一决策当时便收到了预期的效果，在沈阳受审的日本战犯个个诚心悔过，表示痛改前非，重新做人，在今后的余生中努力为中日人民的长久友谊贡献自己的一分力量，坚决同日本的右翼势力做斗争。由此可见，尽管沈阳审判受到东京审判和南京审判的影响，对法律进行了政治干预，实行对日本战犯的宽大处理政策，但其目的和结果与主导东京审判的美国政府和主导南京审判的国民党当局截然相反。美国和国民党政府为的是本国利益和一党私利，中国政府为的是中日两国人民的长久友谊，同时也有利于世界的和平与稳定，形同而实异。这就是沈阳审判不同以往其他审判的最显著特点。

日本在东北地区实施的鸦片侵略政策[*]

——以抚顺千金寨地区鸦片毒品贩卖活动为中心

在对东北的早期经济掠夺过程中，日本曾采取一种特殊形式，即仿效老牌英国殖民主义者的做法，实施罪恶的鸦片侵略政策。在长达40年的鸦片侵略活动中，抚顺的千金寨地区烟毒泛滥最烈，百姓受害程度最深，成为当时奉天地区，乃至整个东北地区臭名昭著的毒窟，可以说是日本在东北实施鸦片侵略的一个缩影。在以往的史学界，鸦片侵略问题虽曾有所提及，但远不如南京大屠杀、活体细菌实验、毒气弹和慰安妇等问题有比较深入的研究。鉴于此，笔者近年来专门搜集该方面的史料，尤其是千金寨地区的史料，借以揭露日本军国主义者在千金寨乃至整个东北实施鸦片侵略的罪行，向世人进一步披露日本军国主义者的丑恶本性，以昭示国际社会，打击目前的日本右翼势力，遏止日本军国主义复活的必要性。

一 日本鸦片侵略政策的制定和初步实施

1905年日本从沙俄手中攫取了辽宁的旅大地区、南满铁路及其附属地，翌年在旅顺设立了统治机构关东都督府（1919年改称关东厅），为了管理南满铁路（包括安奉铁路）及其附属地，又设立了南满洲铁道株式会社，简称"满铁"。此外，还开辟辽阳、沈阳、铁岭、新民屯、凤凰城、海城、营口等16城为商埠。

在对东北的早期经济掠夺过程中，日本曾采取一种特殊形式，即仿效老牌英国殖民主义者的做法，实施罪恶的鸦片侵略政策。由于20世纪初，

---

[*] 原载《社会科学战线》2014年第4期。笔者与赵朗合作。

日本在东北地区实施的鸦片侵略政策

对他国进行鸦片侵略早已臭名昭著,日本当局在对东北实施鸦片侵略的初期便采取了一种隐蔽的方式,也就是以禁止生产和贩卖鸦片毒品为名,而行垄断生产和贩卖鸦片毒品之实。

最初提出这一想法的是曾经在台湾做过鸦片生意的日本人石本贯太郎。石本向时任关东州都督大岛义昌提出:"统一烟馆,既可使中国人麻木不仁,又可为我大日本帝国广致财富,是一举而两得。"① 大岛义昌接受了石本的建议,决定实行鸦片专卖特许制,即由关东厅特许的个人经营鸦片的专卖业务,日本当局从中提成。1906年,为了掩人耳目,先是特许华人潘国忠专卖鸦片,旋即改为石本专营此务。由于鸦片是暴利行业,石本迅速致富,居所之华丽甚至超过关东州都督的官邸,本人也因此做了大连市知事。

1914年12月,日本当局感到私人特许经营鸦片制度偏离了发展方向,变成了个人发财的工具,不仅没有达到预期目的,还影响了日本殖民当局的形象,乃取消个人经营鸦片的特许制度,转而利用大连宏济善堂进行鸦片专卖经营活动。大连宏济善堂系慈善机构,由中国人经营,其业务范围有恤募、抚孤、育婴、养老、施棺、义葬、济困等。日本当局为了挽回从事毒品贩卖所带来的不良声誉,便假借"慈善"为名,在该慈善机构内部设立一个"宏济善堂戒烟部"。事实上,它完全是一个独立于宏济善堂之外的一个关东厅所属的特殊机关。此后在宏济善堂的合法外衣掩护下,日本当局从波斯、土耳其等国大量购入鸦片,从事毒品买卖生意,独享高额利润。如此一来,大连很快成为日本人向中国内地走私毒品的基地和中心。每年关东都督府的财政收入,仅从贩卖鸦片一项中,攫取的高额利润达四五百万元以上,最高时达上千万元。日本律师大井静雄在一项当时有关关东厅鸦片案件的报告中曾说:"自我国(指日本)租借关东州及青岛以来,依照欧美各国的鸦片政策,租借地内的财政预算,大部分仰赖于鸦片收益。"② 日本学者山田豪一在《满洲国的鸦片专卖》一书中曾做过统计,自1915年至1930年,日本殖民当局从在东北地区进行贩毒活动中所获利润是33739109元。③

---

① 顾明义:《日本统治大连时期推行鸦片政策专卖制度的始末》,《大连文史资料》第二辑,内部出版,1985,第50页。
② 大井静雄:《鸦片事件之真相》,东京中外印刷株式会社印刷,1923,第22页。
③ 山田豪一:《满洲国的鸦片专卖》,日本汲古书院,2002,第11页。

日本所获取的这些利润，绝大多数都是从东北的满铁附属地进行走私贩卖、销售鸦片得来的。日俄战争后，日本政府从沙俄手中接收过来的铁路用地包括旅大租借地合计149.71平方公里。满铁成立后，日本当局以大连为中心，以南满、安奉两铁路沿线为基础，采取兼并、商租，甚至强行霸占等各种手段加以扩充。至1931年为482.9平方公里，至1936年底为524.3平方公里。[①] 在满铁附属地内，日本当局拥有治外法权，不仅驻扎守备队，还设置了行政机构、警务署和警务支署等。日本警察可以在附属地内任意逮捕、惩罚和处决中国公民。此外，还利用日本浪人、商人以及朝鲜人广开烟馆、药店，公开从事贩卖毒品，破坏中国禁烟政策，日本的满铁附属地俨然成为贩运和吸食毒品的据点。当时，抚顺是日本最大的附属地，而其所属的千金寨就成为日本贩卖鸦片和人们吸食毒品最猖獗的地方。

二　日本在千金寨的早期贩毒活动

千金寨位于抚顺南部，在清末民初时，蕴藏着丰富的优质煤炭资源。经探测，地下煤层带长达30里，储存量近10亿立方米，是当时极具开发潜力的大矿藏。

1904年，日本帝国主义与沙皇俄国为争夺中国东北的权益，发生了日俄战争。在战争中，俄军节节败退，1905年2月23日，日本之"鸭绿江军"由本溪湖的清河城出发，进军抚顺。经过近20天的战斗，日军终于攻下抚顺城，从此日本从沙皇俄国的手中夺得了抚顺地区包括千金寨的统治权。

当时的千金寨是一个仅有十几户人家的小村庄，为掠夺这里丰富的煤炭资源，日本接管千金寨后，便开始强征土地，扩大开采煤矿的规模。在南满洲株式会社策划下，一方面从华北、山东、青岛、济南、南京、北京、天津、山海关、朝阳、凌源、奉天、锦州、营口、吉林等地招来大批的矿工，另一方面从日本国内调来大批采煤专业技术人员。据有关资料统计：至1910年，千金寨的人口发展到"有中、日居民约一万一百五十四人（宣

[①] 苏崇民：《满铁史》，中华书局，1990，第364页。

统二年统计数字），及流动采煤华工约数千人的新兴矿山集镇"。① 至1928年，"千金寨居住的中国人有5万，而日本留民却逐渐增加到71311人"。② 与此同时，自1907年至1911年五年间，"南满铁道株式会社共从千金寨掠夺煤炭363万吨，年平均掠夺煤炭72.6万吨"③。

由于外来人口的不断增多，日本开始在这里扩建街区。以千金寨火车站为中心，开始规划和建造商业区、住宅、学校、寺庙、邮局、医院和游乐园（也称欢乐园）等，另外还在千金寨的西南角，即千金寨满铁附属地特别开辟出"新市街"，作为日本人的专有生活区。据史料记载："千金寨日本人所建市街，占地面积达991710平方米。"④ 此后，千金寨成为在日本当局统治下的殖民地城市。

如前所述，日本制定和实施的鸦片侵略政策始于关东州，而其毒品的主要销售地则在满洲附属地的抚顺千金寨。1905年日本占领千金寨后不久，即有大批日本商人、浪人、地痞流氓和朝鲜人等来到这里。他们与当地警察勾结在一起，在千金寨及其周边地区，公开开设鸦片销售店、鸦片馆、吗啡馆等，即使是药店、旅店、商店、妓院和饭店等也都代卖毒品。当时千金寨的铁道南是毒品泛滥最集中的地带，这里吗啡馆林立，生意十分火爆。

毒品吸食者大多为贫苦的矿工，由于他们劳动强度大、工作时间长，当体力实在难以支撑的时候，就不得不寻找一种方法，寻求刺激，麻醉自己，图一时的慰藉。在毒品之中，因为海洛因和吗啡价格相对便宜，所以吸食海洛因和扎吗啡针的人较多，时人称吸食海洛因的人为"白面书生"，扎吗啡针的人为"银针秀士"。然而贩卖和吸食毒品，是中国政府明令禁止的，日本人尚不敢明目张胆地贩卖毒品，乃暗中从事贩毒的违法活动。据日本人大内丑助秘件《支那鸦片问题解决办法》中记载，这些日本人"敢于冒险，肯入腹地，熟悉当地情况。……所谓下流行业经营者多数属卖药

---

① 秦广忱：《日帝烟毒侵华片段及其在千金寨贩毒罪行纪实》，《抚顺文史资料选辑》第十一辑《千金寨欢乐园专辑》，政协抚顺市委员会文史委员会，1988，第143页。
② 姚云鹏、魏丹、杨尚清整理《千金寨历史考》，《抚顺文史资料选辑》第十一辑《千金寨欢乐园专辑》，政协抚顺市委员会文史委员会，1988，第45页。
③ 姚云鹏、魏丹、杨尚清整理《千金寨历史考》，《抚顺文史资料选辑》第十一辑《千金寨欢乐园专辑》，政协抚顺市委员会文史委员会，1988，第56页。
④ 姚云鹏、魏丹、杨尚清整理《千金寨历史考》，《抚顺文史资料选辑》第十一辑《千金寨欢乐园专辑》，政协抚顺市委员会文史委员会，1988，第57页。

行商，他们几乎无一不是吗啡和可卡因的零售者，此等违禁品由于利润极大，操此业者又多伪装成姿态坦然，又能潜入满洲内地神出鬼没，因此中国当局很难查获"。① 中国历史上总会出现一些民族败类，见日本人贩毒来钱快，千金寨的个别中国官吏见利忘义，竟然也做起毒品买卖，据当时《盛京时报》记载："千金寨华界某官长，目下勾串多人，设有同和烟局、洪发烟局、日发烟局等十余处，合伙渔利，声言官立，日以招来嗜食鸦片者为事，置煌煌之诏令于脑后，是亦奇闻也。"②

1914年5月，中国政府内务部颁布了禁运、禁吸、禁种、禁贩烟毒令，抚顺县亦发文"禁种罂粟"。千金寨"县知事昨奉奉天省行政公署训令，内开迭奉中央政府电谓：禁烟公令，对外限期迫促，如不严加查禁，关系国权匪轻。现值播种之际，而私种一项，前已报告禁绝，诚恐无知愚氓，处深山偏僻之区，希图渔利，违禁私种。特饬该知事，剀切布告周知，一面派警搜查。为此仰阖邑人等，须知禁烟公令，极为森严，倘敢故违，一经查出，定予拘禁，从重惩办，并将烟地入官，以儆效云云"。③ 然而，因有日本人从中作梗，禁毒令在千金寨很难落实。又据《盛京时报》报道："本埠（千金寨）人烟稠密，良莠不齐。守法者虽属不少，违法者亦不乏人，即如禁烟一事，迭经县知事、警长三令五申，明察暗访，仍然根株未除，且有谋利之徒，经常贩卖烟膏，虽开灯情事，而其流毒，一时倘难除绝也。"④ 如前所述之贩毒中心区铁道南依然我行我素，于禁令置若罔闻，据载："铁道南某商号之卖烟泡，现更公行无忌。……六日晚，有张某来买烟泡，虽经某报载，然来吸烟者，俱属有声色之人，是以无恐。即屡登之报端，其奈吾何？"⑤

由于千金寨烟毒难禁，故因吸毒而死者时有发生。据载："近日来饿莩满路，细加检视，均系打吗啡针者。盖因天气冷，衣服不温，饭食不饱，而又逼之以烟瘾，故冻死者藉藉。前日抚顺路又冻死无名男子一名，其身上衣服已不知被何人剥去，赤条条躺在路上，殊觉惨然。"⑥ 又载：

---

① 大内丑助秘件：《支那鸦片问题解决办法》，大正六年，第200页，转引自苏智良《中国毒品史》，上海人民出版社，1997，第244页。
② 《盛京时报》1909年3月25日。
③ 《盛京时报》1914年5月28日。
④ 《盛京时报》1914年7月15日。
⑤ 《盛京时报》1914年4月19日。
⑥ 《盛京时报》1915年12月16日。

"寨埠吗啡盛行，警察无法惩戒，其注射吗啡，均系穷苦之人，以吗啡能增长精神，可御寒冷，故逃生于一时者趋之若鹜。不意天气不正，乍寒乍暖，近又春气上升，吗啡毒发，遍身溃烂。由三月一日起至今毙命五十余名。均由警察所给棺掩埋，闻者无不惨恻。"[1] 由此可知，死于吸毒者多为矿工，他们收入微薄，衣不蔽体，食不果腹，又染上毒瘾，尤其到了冬春之季，为了御寒，打吗啡以壮精神，然而这无异于饮鸩止渴，最终遍体溃烂，毒发身亡。死后又无钱下葬，由警察所给棺掩埋，命运十分悲惨。

三 "九一八"事变后烟毒弥漫的千金寨

1931年"九一八"事变后，日本帝国主义很快占领了东北三省，不久建立了傀儡政权伪满洲国，日本既定的鸦片侵略政策开始进一步加强。1932年9月日伪当局成立了鸦片专卖筹备委员会，11月3日设立了鸦片专卖公署，11月18日，伪满政府又以伪财政部的名义，颁布了第13号令，在鸦片专卖公署之下设置了5个专卖支署，即奉天专卖支署、吉林专卖支署、滨江专卖支署、龙江专卖支署和承德专卖支署，支署之下又设置了11个专卖分署，其中奉天支署下辖6个专卖分署，即辽阳分署、营口分署、锦县分署、彰武分署、辽源分署和安东分署，建立了旨在推行鸦片侵略政策的层层官僚体系。11月30日，为了对这种鸦片专卖体系的"合理性"予以理论上的说明，伪满政府颁布了《鸦片法》，该法虽然规定："鸦片不得吸食"，但又说："已成年而有瘾，在救治上有必要者不在此限。"实际上吸食鸦片的瘾者大多数是成年人，所谓鸦片不得吸食，不过是欺骗社会舆论而已。又说："出售鸦片以及制造鸦片烟膏与药用鸦片，均由政府专行之。"[2] 由此可见，该法令颁布之后鸦片买卖并未断绝，与前不同的只是鸦片由民间买卖转为政府垄断经营。因而可以这样说，《鸦片法》的颁布标志着伪满政府实行鸦片垄断经营制度的正式形成。众所周知，伪满政府是日本侵略者的傀儡，垄断经营鸦片的大权，当然最终经营权还是掌握在日本人手里。日本人之所以这样做，就是既要掩人耳目，避免名誉受损，又要垄断这种暴

---

[1] 《盛京时报》1916年3月23日。
[2] 中共河北省委党史研究室编《日本鸦片侵华资料集（1895~1945）》，冀出内刊第1085号，2002，第724页。

利行业，掠夺大笔资财，坐收一石二鸟之利，可谓用心良苦。

抚顺属于奉天专卖支署管辖，同东北其他地方一样，也设立了鸦片专卖局，各县、乡、镇设立了鸦片零卖所。按照伪满政府在东北划定的批发鸦片人之贩卖区域，抚顺属奉天批发区域，至1933年5月末，抚顺被批准有鸦片零售执照8家，而千金寨就有6家，即振兴玉、雅集轩、人和长、新桃源、小赢洲和永聚祥。① 如此一来，千金寨的贩毒活动便由秘密转为公开，此后日伪政府和军警非但不管，反而到处开设烟馆，为招揽烟客，还编写了一首吸烟好处歌。歌词说道："烟泡儿葫芦，烟泡儿香……吸一口气味香，吸两口精神爽，治病的功效胜医方，吸烟快乐上天堂，啊啊……"② 宣传这是一种"飘飘欲仙的神奇疗法"。由此可见，抚顺千金寨的烟毒泛滥完全是日本人一手造成的。

这一时期，烟馆、吗啡馆等贩毒场所较"九一八"事变前迅速增多。在千金寨的这些贩毒场所中，当时最著名的有"别有天""雅聚轩""新桃园""登仙阁"和"小瀛洲"等，这些毒窟不仅设施豪华，而且配有花枝招展的女招待。她们一面与烟客们面对面卧在烟榻上，为烟客"打大烟"，侍候瘾者；一面与烟客说说笑笑，勾勾搭搭，甚至发生其他越轨行为。在此消费者大都是有钱人，他们吸食的也是价格较高的鸦片烟，被视为"比较高级文明"的瘾者。当时有歌谣说：

别有天，别有天，别有天地非人间。喷云吐雾迷魂药，无忧无虑赛神仙。

赛神仙，赛神仙，神仙齐聚雅聚轩。吸进一口精神爽，如入仙境新桃园。

新桃园，新桃园，新桃园里会群仙。如柴瘦骨窈窕甚，神态悠然赴九泉。③

在千金寨的欢乐园中，"同乐楼""永盛楼"和"广发成"三个烟馆也很著名，其老板因与日本宪兵和警察相勾结，在生意场上很吃得开，来这

---

① 抚顺县公署总务科编《抚顺县统计汇刊》，1936年发行。
② 刘畅：《日本侵略者利用鸦片等毒品毒害煤城同胞的罪行》，《抚顺文史资料选辑》第十一辑《千金寨欢乐园专辑》，政协抚顺市委员会文史委员会，1988，第143页。
③ 方觉、姚云鹏：《日本侵略者用毒品残害抚顺人民罪行考》，《抚顺文史资料选辑》，第9辑，内部出版，1987，第323页。

里吸食毒品的瘾者也不少,当时亦有歌谣说:

> 同乐楼,同乐楼,同乐楼上会烟友。喷云吐雾真隐士,不是隐士也风流。
>
> 广发成,广发成,抽上几口瘾就成。怀抱烟枪入迷阵,人生如梦一场空。①

如前所述,千金寨的铁道南乃是贩毒场所最为集中的地方,"九一八"事变后这里的毒品生意更加火爆,不仅吗啡馆又有增加,而且与艳春院和花花世界等妓院比邻相处,至此妓院和吗啡馆已基本合流,妓院中可以吸毒,吗啡馆也配备了女招待。每家吗啡馆均有6~7名女招待,以色相诱人,尤其是引诱青年人,故当时老百姓曾称之为"花烟馆"。妓院和吗啡馆整日烟客满堂,非常兴盛,瘾君子络绎不绝,来往如织,室中烟气氤氲,充溢宇角,真有招待不暇之势,时人谓之曰:"香巢和毒窟并存,粉气与烟味横飞。"② 为了把烟客的血汗钱彻底吸干,有些烟馆还规定,现钱可以买,没现钱时可拿衣服、帽子来换,甚至一把伞,也可以换吗啡,真是阎王不嫌鬼瘦!这样一来,千金寨很快成为奉天地区臭名昭著的烟毒城市。

千金寨吸毒的人越来越多,尤其是生活在这里的大部分矿工受害最深。他们收入很低,一旦染上烟瘾便不能自拔,如不吸食就流鼻涕,打哈欠,浑身无力,萎靡不振,心神紊乱,不得不一再吸食,不少矿工吸大烟后,就把所有的钱全都投进了烟馆,宁可不吃不喝,也要花钱吸烟,大烟吸不起了,就扎吗啡,结果两手空空,倾家荡产,不仅血汗钱被搜刮一空,而且严重损害了身体健康,骨瘦如柴,再也无力干活,最终不是沿街乞讨,就是冻饿而死。当时突然倒毙在街上的瘾者时有发生,人们已见怪不怪,称之为"路倒"。

千金寨欢乐园的西南角,当年有个大官桥,桥下有一个大桥旅馆,大桥旅馆并非一般意义上的旅客过夜之处,而是为那些因吸毒成瘾,穷困潦倒,无家可归者所设。大官桥东岸有长长一排高矮不齐的小平房,其中有十余家海洛因馆和吗啡馆。其中有一位名叫金太根的老板,后台最硬,不

---

① 姚云鹏、魏丹、杨尚清:《大烟馆》,《抚顺文史资料选辑》第十一辑《千金寨欢乐园专辑》,政协抚顺市委员会文史委员会,1988,第143页。
② 秦广忱:《日帝烟毒侵华片段及其在千金寨贩毒罪行纪实》,《抚顺文史资料选辑》第十一辑《千金寨欢乐园专辑》,政协抚顺市委员会文史委员会,1988,第166页。

但娶了一位日本夫人,还与日本宪兵队的黑田队长多有往来,因而行商畅通无阻,生意十分火爆,许多矿工都愿意到这里吸食毒品。结果过了一段时间,大都骨瘦如柴,弱不禁风,躲过了酷暑,躲不过严冬,最后惨死于大官桥下。一具具尸体冻得龇牙咧嘴,最后如同装白条猪一样,一个个被扔上千金寨第十五号监狱派出的大木箱车中,由戴着脚镣的犯人一批又一批地运到乱坟岗上。由于冬季地冻,挖坑甚浅,薄薄盖上一层土,狼吃狗啃,惨不忍睹。① 当时流传这样一首歌谣:"桥底为顶冰为地,两垛(南北)死尸当墙壁。大桥旅馆不要钱,能住进来出不去。"② 可以说是当时吸毒者最终悲惨下场的真实写照。

看到千金寨吸毒者如此悲惨的下场,当时在欢乐园说数来宝的艺人曾做《吸毒叹》一首,以劝诫瘾者,歌曰:

一颗烟枪怀里抱,喷云吐雾乐逍遥。

没钱买眼泡,吗啡扎上了。

只要能过瘾,怎好就怎好。

没钱去扎抽,想法去偷盗。

失主紧紧追,小偷嗷嗷叫。

偷点儿破烂换吗啡,"银针秀士"当上了。

"白面书生"吸两口,眼睛发亮伸懒腰。

扎够喝足了,冻死当路倒。

脚镣咣当响,"十五号"车装白条。

触目惊心,吸毒没个好。

悬崖早勒马,戒毒方为高③。

然而在日本当局的诱导下,吸毒的人群不但没有减少,反而日益增加。据当时统计:1934 年,整个抚顺的鸦片瘾者为 218 人,1938 年便上升至 4946 人,在短短的 4 年间竟增加 21.7 倍!④ 吸毒者增多,又导致烟价上涨,

---

① 中共河北省委党史研究室编《日本鸦片侵华资料集(1895~1945)》,冀出内刊第 1085 号,2002,第 428 页。
② 方觉、姚云鹏:《日本侵略者用毒品残害抚顺人民罪行考》,《抚顺文史资料选辑》,第 9 辑,内部出版,1987,第 325 页。
③ 姚云鹏、魏丹、杨尚清:《大桥旅馆》,《抚顺文史资料选辑》第十一辑《千金寨欢乐园专辑》,政协抚顺市委员会文史委员会,辽出内登文第 237 号,1988,第 32 页。
④ 秦广忧:《日帝烟毒侵华片段及其在千金寨贩毒罪行纪实》,《抚顺文史资料选辑》第 11 辑,《千金寨欢乐园专辑》,政协抚顺市委员会文史委员会,1988,第 189 页。

使伪满政府在东北地区的鸦片利润大幅度增加。据日本伪满洲国史编纂刊行会编纂的《满洲国史分论》一书统计：1932年约为370000元，1934年约为5465000元，两年增加近14倍。[①] 1937年卢沟桥事变后，日本将侵略战争扩大到全中国，为了筹措军费，增加财政收入，贩毒活动更加猖獗，据统计，1937年决算利润为26436000元[②]。鸦片的收益在伪满财政收入中所占比例不断提高。

由此可见，"九一八"事变后因为日本在东北公开实行了鸦片政策，在各地建立了鸦片专卖机构，并组织了鸦片毒品贩卖网，从中牟取暴利，使千金寨的烟毒泛滥比以前更加严重。

四 日本实施鸦片侵略政策的主要目的

日本自1905年从沙俄手中攫取了辽宁的旅大地区、南满铁路及其附属地后，便以旅大地区为出发点，以南满铁路及其附属地为网络，逐步推行和实施鸦片侵略政策，使毒品像瘟疫一样在东北地区四处泛滥。日本实施鸦片侵略政策的目的，主要有以下几点。

第一，筹措侵华军费。日俄战争中，日本曾消耗了巨额军费，战后日本当局在旅大地区及其满铁附属地实行殖民统治，建立行政机构和维持驻守军队的开销，又需要数目不小的经费。日本侵略者认为，若要在东北站稳脚跟，亟待寻求一种快捷而稳定的财源，受老牌英国殖民主义者的启发，日本便看好实施鸦片侵略这一卑劣做法。为了避免遭到国际舆论的谴责，日本实施鸦片侵略政策大致经历了三个阶段：（1）日俄战争后，采取了贩卖鸦片的个人特许和假借慈善名义贩卖鸦片的政策。（2）"九一八"事变后，颁布了一系列鸦片专卖法规，成立了鸦片专卖机构，采取了假借禁烟名义而实行垄断鸦片经营的政策。（3）"七七"事变后，终于扯下了遮羞布，走上了公开种植、制作和贩卖鸦片的罪恶道路。纵观日本实施鸦片政策的发展历程，其主要目的就是筹措军费，"以毒养战"，从而扩大对华的侵略战争。

第二，摧残中国人的身心健康，削弱中国人的抵抗意志。从日本占领

[①] 〔日〕伪满洲国史编纂刊行会：《满洲国史分论》，日本第一法规出版社，1971，第448页。
[②] 王金香：《日本鸦片侵华政策述论》，《抗日战争研究》1993年第2期。

中国东北土地的那一天起，东北各族人民就不断地进行反抗日本侵略者的斗争，尤其是"九一八"事变后，东北各地的民众不断掀起了反日风潮。日本为了控制东北，一方面采用武力镇压的手段，另一方面实施鸦片毒化政策，使中国人在体能和精神上备受摧毁，逐渐失去反抗意志。正如日本战犯古海忠之后来所供："鸦片专卖制度起到了使国民身心颓废，削弱反日本帝国主义力量的作用。"[1] 曾任伪满洲国国务厅次长的谷次亨后来也供称，鸦片政策主要有两大作用："一面毒害中国人民，一面由此获取高额利润，以供给日本侵略战争。"[2] 使中国人民都成为俯首听命、任人摆布的亡国奴。

第三，作为在日本统治下的煤矿市镇，千金寨很容易成为烟毒肆虐的地方。南满州铁道株式会社这个特殊机构，既是一个国家垄断的资本主义企业，又是一个对华进行侵略扩张的殖民统治机构，由于千金寨蕴藏着丰富的煤炭资源，出于经济掠夺的需要，日本便加强了对这一地方的统治。日本在这里拥有警察权、教育权、司法权、课税权等治外法权，不受中国的制裁，结果许多日本浪人、朝鲜人、商人以及地痞流氓等来到了千金寨，在日本当局的有意怂恿和暗中支持之下，大都做起了贩毒的投机生意。从千金寨的居民身份来看，如前所述，他们大多来自各地，往往因家境贫寒而流落异乡，加之很少受到过教育，很容易沾染上吸毒的不良习惯，客观上为日本实施鸦片侵略政策提供了比较合适的生长土壤。

---

[1] 中央档案馆等编《日本帝国主义侵华档案资料选编·东北经济掠夺·古海忠之笔供》，中华书局，1991，第813页。

[2] 孙邦主编《经济掠夺》，吉林人民出版社，1993，第687页。

辽海文化之我见[*]

一 关于"辽海"文化符号的概念

改革开放以来,随着全国经济的发展和文化的复兴,在关内相继出现了中原文化、齐鲁文化、三秦文化、三晋文化、燕赵文化、吴越文化、巴蜀文化、岭南文化和楚文化等具有地方特色的文化称谓,在这种形势下,21世纪初辽宁的学术界为振兴地方经济,也开始寻求自己的文化符号。在学术讨论中,先后出现了辽海文化、辽河文化、东北文化、关东文化等称谓。

笔者认为辽海文化的称谓比较合适,理由有三:其一,"辽海"一词,历史文化积淀甚深,在中国古代文献中曾多次出现。如《后汉书·公孙瓒列传》记载,汉献帝初平年间,公孙瓒在易水之滨"盛修营垒,楼观数十。临易河,通辽海"。可知至少在东汉末年就有了辽海的说法。其二,辽海并非专指辽宁,也涵盖整个东北的广袤地域。时下有些学者以为辽海特指辽宁,其实误矣。清代以前东北尚无辽宁、吉林、黑龙江之间的区划,所谓辽海,就是概指整个东北地区。对此,近人金毓黻经过缜密的考证,在《辽海丛书·缘起》中说:"称辽海而赅吉、黑亦可也。"所以金毓黻将其编辑的《东北丛书》改为《辽海丛书》,《辽海丛书》中所收录的内容亦包括吉林和黑龙江的史籍。就笔者的粗浅理解,金毓黻将吉、黑涵盖在辽海之中,不仅仅由于古人曾有辽海的说法,更重要的是东北人在历史上有着十分相似的生产和生活方式,以及由此产生的十分相似的心

---

[*] 原载《中国社会科学报》2014年1月8日。

理和思想意识。其三，辽海文化与上述关内诸文化称谓相对应。地域文化的称谓是具有对应性的，如称辽河文化，其对应词为黄河文化或长江文化等，这显然不合适，应为辽河文明，而辽河文明的对应词为古埃及文明和两河文明等，为人类世界的层次，两者不具有可比性。从辽河文化的范围上看，仅指辽宁，这便人为地割裂了辽宁与吉林、黑龙江两省在文化上千丝万缕的内在联系，潜意识里还是以行政地区作为文化形态的划分基础，政治与文化毕竟是有区别的。至于东北文化和关东文化，在内涵上虽然包括整个东北，但前者历史文化意味不浓，后者具有殖民地色彩，都不是最佳选择。

二　关于辽海文化的特征

如上所述，东北人在历史上有着十分相似的生产和生活方式，以及由此产生的十分相似的心理和思想意识。具体来说，东北是一个少数民族众多的边疆地区。历史上主要少数民族有满族、蒙古族、契丹族、锡伯族、朝鲜族、鲜卑族、鄂伦春族、赫哲族、达斡尔族、鄂温克族、回族和俄罗斯族等。这些少数民族的生产和生活方式虽然十分相似，但也不尽相同，约略说来可分为两大类：即东北东部的山地渔猎文化和东北西部的草原游牧文化。

满族是东北东部的山地渔猎文化的典型代表。商、周之际，满族的先人名曰肃慎，居住在今黑龙江东部以及吉林的东北部一代。据《国语·鲁语下》云："武王克商……肃慎氏贡楛矢石砮。"可知，自古以来满族的先人便以射箭见长。唐朝时称靺鞨，在今松花江中上游和牡丹江流域，建立渤海王国；宋朝时称女真，建立金国；明末建立清朝，改称满洲，在东北影响至深。契丹族是东北西部草原游牧文化的典型代表，宋朝时在潢河流域建立了辽。辽实行颇具游牧特点的"捺钵"制度。据《辽史·游幸表》记载："以畜牧射猎为业，犹汉人之劭农，生生之资，于是乎出。"也就是说契丹人逐水草而居，主要以游牧为生，同时也有射猎活动。契丹人建立的辽朝兴盛时十分强大，在东北历史上的影响仅次于满族。

尽管东北东部的山地渔猎文化和东北西部的草原游牧文化在生活和生产方式上略有区别，但皆属于马背上的民族，善于骑射，弓箭不但是战斗武器，也是生产工具。唯物史观认为：社会存在决定社会意识。从文化学的层面来看，民族心理、性格和思想等意识形态乃是决定文化特征的主要因素和标志。以此来观照辽海文化的特征，在气质上，东北人剽悍勇武；在性格上，粗犷豪爽；在思想和行为方式上，由于东北大部分少数民族至明末尚处于奴隶社会的军事民主制阶段，因而习惯于听命长官，较少有独立的自主意识和从商创业精神，这种思想观念在东北人中至今尚有残余。

东北人观念落后的历史成因[*]

在当今的经济大潮中,东北人与南方人比较,观念保守,缺乏独立自主的精神和开拓市场的能力,业已显露无遗,并逐渐成为国人的共识。

一个特定区域人们思想观念和风俗习惯的形成,是长期的,而非一蹴而就。东北人保守观念的形成有其深刻的历史文化原因。

从历史上看,东北是一个少数民族众多的边疆地区。其主要少数民族有满族、蒙古族、契丹族、锡伯族、朝鲜族、鲜卑族、鄂伦春族、赫哲族、达斡尔族、鄂温克族、回族和俄罗斯族等。上述少数民族的生产生活方式虽各具特点,但也有很多相似之处,约略说来可分为两大类,即东北东部的山地渔猎文化和东北西部的草原游牧文化。

满族是东北东部的山地渔猎文化的典型代表。据史书记载,满族的历史颇为久远。

商、周之际,满族的先人名曰肃慎,居住在今黑龙江东部以及吉林的东北部一代。据《国语·鲁语下》云:"武王克商……肃慎氏贡楛矢石砮。"也就是说,周武王灭亡商朝之后,肃慎人遣使至周朝进贡楛矢石砮。所谓"楛矢",即以北方的楛木制成的箭杆;所谓"石砮",即以砮石制成的箭镞。

汉朝时,肃慎人与中原王朝联系的更加密切。据《后汉书》记载,肃慎人"种众虽少,而多勇力。处山险,又善射,发能入人目。弓长四尺,力如弩;矢用楛,长一尺八寸;青石为镞,镞皆施毒,中人便死"。也就是说,肃慎人不仅弓良箭利,而且性情勇猛,身强力壮。

唐朝时,肃慎称靺鞨。靺鞨首领大祚荣,于公元698年在今松花江中上

---

[*] 原载《读点史志》2014年第1期。

游和牡丹江流域,建立了渤海王国。据《北史·勿吉传》记载,靺鞨"人皆善射,以射猎为业",可见,继承了祖先肃慎人的尚武传统。渤海国共历经十五王,享国228年,公元926年为契丹所灭。

契丹族是东北西部草原游牧文化的典型代表。公元916年,契丹族首领耶律阿保机建立了辽。辽国皇帝实行颇具游牧特点的"捺钵"制度。捺钵为契丹语,意为"行营"。具体来说,一年四季辽帝居无定所,所在行营不断迁徙。春捺钵,主要在今吉林省大安县月亮泡一带;夏捺钵,或者在今内蒙古巴林右旗一带,或者在今河北省独石口一带;秋捺钵,主要在甘肃省庆阳市一带;冬捺钵,主要在今赤峰市东北的老哈河与西拉木伦河的交汇处。契丹人不断迁徙是与其生产方式相联系的,据《辽史·游幸表》记载:"以畜牧射猎为业,犹汉人之劭农,生生之资,于是乎出。"也就是说,他们逐水草而居,主要以游牧为生,同时也有射猎活动。辽国疆域较渤海国更加辽阔,共经历九个皇帝,享国208年。公元1125年为金国所灭。

满族在辽金时代称为女真族。女真族首领阿骨打于公元1115年建立金国。十年后灭亡辽国,尽有其国土。金国实行猛安谋克制度,据《金史·兵制》记载:"金之初年,诸部之民无它徭役,壮者皆兵,平民则听以佃渔射猎习为劳事,有警则下令部内,及遣使诣诸孛堇征兵,凡步骑之仗糗粮皆取备焉,其部长曰孛堇,行兵则称曰猛安、谋克,从其多寡以为号,猛安者千夫长也,谋克者百夫长也。"也就是说,猛安谋克是一种兵民合一的制度,平时生产,即打渔狩猎,战时身体强壮者皆为士兵,自备武器和军粮,编入猛安、谋克。猛安即千夫长,谋克即百夫长。由此可知:其一,女真继承了他们祖先的传统生产方式,以渔猎为生;其二,这种兵民合一的组织,虽然颇具战斗力,但兵民没有分工,在社会形态上处于初级阶段,即奴隶制社会阶段;其三,此后东北的统治者又由以草原游牧文化为主,回归到以渔猎文化为主的生产方式中来。金国于公元1234年为蒙古和北宋所灭,共历十帝,享国120年。

明朝末年,女真族中的一支建州女真再度兴起。首领努尔哈赤逐渐统一女真各部,1615年创建八旗制度。与猛安谋克制度相似,八旗制度亦采取兵民合一的组织形式,即人们平时渔猎生产,战时自备武器和军粮,充当士兵。八旗的基层组织是牛录,牛录为女真语,意为"大箭",是由狩猎组织转化而来。每牛录统辖300名男丁,五牛录组成一甲喇,五甲喇组成一固山,固山即"旗主"之意。当时共有八旗,即正黄旗、镶黄旗、正白旗、镶白旗、正蓝旗、镶蓝旗、正红旗和镶红旗。

建州女真也与其祖先金国女真相似，十分喜爱射猎。据《朝鲜李朝仁祖实录》记载，女真人"自十岁习弓马，日事驰逐田猎"，也就是说，建州女真自幼便练习骑射。又据《建州见闻录》记载："女人之执鞭驰马，不异于男。"也就是说，女人的骑射本领也十分高超，不逊于男子。建州女真不但善于骑射，而且生性好斗，据《朝鲜李朝成宗实录》记载："其俗勇于战斗，喜于报复，一与作隙，累世不忘。"部落间流行血亲复仇。女真族这种习俗的养成，不仅有传统的因素、地域的因素，而且是与其社会发展阶段相适应的，当时女真族正处于奴隶制社会，女真人称奴隶为"阿哈"。

1616年，努尔哈赤称汗建国，国号"金"，为了与前面的金国相区别，史称"后金"。1636年皇太极改国号为"清"，改女真族名为满洲，即满族。清朝在官制上重武轻文，士兵在作战上十分勇猛，先后取得萨尔浒和松锦大战的胜利，基本歼灭了明军的主力。皇太极在总结胜利的原因时曾说："我国士卒初有几何？因娴于骑射，所以野战则克，攻城则取。"

1644年清朝定鼎北京，此后在关内实行行省制，在东北则实行以军事化管理为主的将军制。在辽宁设置盛京将军和奉天府尹，盛京将军主管军事，为盛京地区最高长官，奉天府尹主管民事，为盛京将军之副贰。吉林设吉林将军，黑龙江设黑龙江将军。清朝入关之后，满族逐渐汉化。为了使本民族的文化不至湮灭，康熙帝以下的清朝历代皇帝都十分强调要重视"国语骑射"，所谓"国语"，即指满语；所谓"骑射"，即指满族八旗军的骑马射箭。应当说，清朝旨在保护本民族特色的这一努力在关内效果不佳，在关外却做得较好。

由于清朝长期实行封建的闭关锁国的政策，至1840年鸦片战争之后，清朝开始走下坡路，清末已积贫积弱，处于风雨飘摇之中。1904年日俄战争在东北大地爆发，最终以日本获胜而告结束。此后日本从俄国人的手中夺取了南满铁路的特权以及旅顺口和大连的租借权。1931年日军在沈阳悍然发动了"九一八"事变，旋即占领了整个东北。此后在日伪的统治下，东北人民开始了14年的苦难生活。在政治地位上，东北人民是亡国奴，在经济上日本实行所谓的"统制经济"政策，即对占领区的人财物进行严格的行政干预和统一管理，并在战时需要的时候无偿征收，达到以战养战的目的。

新中国成立后，建立了社会主义的计划经济体制。计划经济又称指令性经济,其主要特征是:对生产、资源分配以及产品消费预先进行计划。这种计划指令均由政府发出,不受市场的左右。新中国成立之初,由于东北工业基础较好,许多国有大中型企业都集中在这里,尤其是集中在辽宁及其省城沈阳,因而辽沈地区的计划经济程度最高,素有共和国长子之称。

综上所述,似可得出如下结论。

第一,由于古代东北的少数民族大都以渔猎或游牧为生,颇善骑射,因而勇力有余而文化稍逊。

第二,由于东北地区的少数民族至清初仍处于奴隶制社会阶段,因而作为个人虽然胆大好斗,但对于上司则唯命是从,不敢稍有违拗。

第三,在东北沦陷14年期间,东北人民政治上受到日伪政权的非人奴役,经济上受到日伪政权的残酷剥削,亡国奴思想加重,个人意识几近泯灭。

第四,新中国成立后人民当家作主,但在高度集中的计划经济体制下,政府是指导经济行为的主体,百姓在客观上早已习惯了听命于上级领导的指示,在思维上疏于动脑,安于现状,得过且过。即使偶发从商意识,也因无从商经验和从商环境而疑虑重重,不敢轻易涉足商海。

于此相反的是,南方人独立自主意识较强,勇于涉足商海一搏。这也是有其历史传统的,例如,我国古代最早出现资本主义萌芽的是明末苏杭一带;近代中英鸦片战争最初发生在广东一带。需要说明的是尽管鸦片战争给中国人民带来了深重的灾难,但在客观上也促使广东商民开创意识的积淀。

书评篇

中国区域史的一部扛鼎之作*

——评《中国东北史》

《中国东北史》(吉林文史出版社1998年版)的问世,是中国学术史上的一件大事。该书凡六巨册,420万字,由东北著名历史学家佟冬先生任主编,吉林省社会科学院历史所集体编撰,历时16个寒暑方告完成。该书的出版,具有重要的学术价值和一定的现实意义。该书有如下几个特点。

第一,材料系统,内容丰富。该书部头之大,为中国地方区域史著作所少见,然而这仅就其文字数量而言的。从时间跨度上讲,它自原始社会始,经过奴隶社会、封建社会、半封建半殖民地社会,至1949年新中国成立前夕止,涵括东北地区四五十万年的历史;从空间跨度上讲,它不但包括东北地区的政治史、经济史,还包括民族史、文化史,内容系统丰富,横断面较同类其他书籍宽大,巨大的包容量的优势是十分明显的。当然,《中国东北史》取得的成就也是在继承前人研究成果的基础上发展而来的。此前东北史论著已经出版了许多,其中比较重要的有曹廷杰的《东北边防辑要》《西伯利东偏纪要》《东三省舆地图说》,傅斯年等人的《东北史纲》,国立四川学校出版的《东北史》以及金毓黻的《东北通史》等。上述这些书籍大都是从某一角度对东北史进行研究,以今日的眼光来看,它们或是过于简略,或是观点有些陈旧,皆难如人意。正是在这种情况下,学术界呼唤一部集大成式的东北史著作出现,而由佟冬主编的《中国东北史》便应运而生了。

第二,宏观把握得当,微观挖掘深入。历史学是一门科学,它需要正

---

* 原载《社会科学辑刊》1999年第1期。

确的理论做指导。《中国东北史》一书也不例外。需要说明的是，该书由于内容丰富，材料广泛，因此从理论上驾驭会更难一些。不过该书在这些问题的把握和处理上还是基本正确的，例如在历史分期的问题上，鉴于东北地区各地各族社会发展的不平衡性，便采取了主导与个别相结合的方法来解决。具体来说，在整个东北地区的社会发展阶段问题上，主要参照处于东北政治文化中心、经济发达、人口密度大的地区的社会发展阶段来划分，而在东北地区的个别地方和个别民族，则根据其具体情况来划分，笔者认为这还是比较合适的。又如在少数民族的问题上，能够辩证地看待汉族与少数民族以及各少数民族之间的关系。该书认为东北的某些少数民族，"自全国视之其为'少数'，自东北视之又往往并非少数。在东北历史上占有十分重要的地位"。因此该书在比例上增加了反映少数民族历史的篇幅，对于存在历史较长、影响较大的民族，还辟出专章或专节加以阐述。又如在对待东北地理区域界定的问题上，鉴于历史上多次变动的情况，亦采取了两种方式划分相结合的办法。具体来说，原则上东北地区的疆界是以今日辽宁、吉林、黑龙江三省为中心，最大范围包括西起河北省东北部、内蒙古东部及贝加尔湖地区，东至库页岛及日本海西海岸之间的广大区域。但在各个具体历史时期中，则视当时疆域管理、机构设置、民族居地及文化分布等情况，所涉及的地理区域也相应有所变化。总之，作者在重大理论和基本问题上，首先是以历史唯物主义观点为出发点，来分析和处理问题。其次在个别问题上，又能够具体问题具体对待，不搞教条主义和一刀切，因而能够比较好地把握宏观问题。

《中国东北史》不但在宏观上把握得较好，而且在微观挖掘上也十分深入和细腻。如前所述，该书部头大，内容含量多，因此对许多问题的探讨都能够深入下去，尤其可贵的是填补了东北史研究中的某些空白。由于历史文献资料的缺乏和"文化大革命"时期受"以阶级斗争为纲"错误路线的影响，在东北地区的经济与文化研究方面存在许多尚待开发的领域，本书作者有效地利用了新中国成立后大量的最新考古成果，基本上弥补了这一缺憾，使东北史研究不但趋向全面和系统，而且内容也更加新颖，结论也较为精确。

第三，编纂精审，体例完备。《中国东北史》一书不但具有较强的思想性，而且在历史编纂学上，也能够充分借鉴前人的研究成果，找到一种最适合表现自我的史书体例。这主要体现以下几个方面。一是采用通史体裁，

中国区域史的一部扛鼎之作

有利于探索和揭示东北历史发展的规律。撰写通史体裁的最大益处,是有利于体现历史发展规律,使其能够为现实服务。《中国东北史》虽未冠以通史之名,但它上自原始社会,下至1949年新中国成立前夕,是一部实实在在的通史著作。对于探索和把握古往今来的东北历史发展大势,具有十分重要的现实意义与历史意义。二是采取"大事记"体例,把大置分散的史实贯穿起来。"大事记"是现代史学用语,它实际上是从纪传体史书的"纪"体例演变而来。纪传体史书善于表现历史的横断面,但短于表现历史纵向的发展大势。鉴于此,纪传体史书大都以纪的形式把分散的史实贯穿起来,补充其不足。《中国东北史》虽然不是旧日的纪传体体裁史书,但它的内容含量巨大,采用大事记体例,也是十分必要的。三是采用"历史纪年对照表"体例,划一东北地区历史上汉族与各主要少数民族政权的纪年。东北是一个多民族的地区,历史上发生的同样一件大事,在涉及的各个少数民族历史文献中,就会出现各自不同的纪年方法,这无疑会给研究者和读者带来诸多麻烦。该书每卷在末尾附上一张《历史纪事对照表》,便轻而易举地解决了这个问题。这是一个富有创见性的好办法。四是采用"图"的体例,使全书不但文字更加简洁,而且图文并茂,增加了可读性。图作为中国上古史书的一种体例,有其特殊的作用。例如,史书在记载天文、地理、服饰、机械等内容时,如果以图说明,就会使人一目了然,否则,不但颇费文墨,还不一定使人理解。清代著名史学理论家章学诚在其著名的《文史通义》一书中说:"天象地形、舆服仪器,非可本末该之,且亦难以文字著者,别绘为图,以表明之。"《中国东北史》在编纂过程中,大量采用了插图和照片,这无疑是个进步,不仅可以节省许多不必要的文字,使读者一目了然,而且以图配文,以文配图,图文并茂,也能够增强其直观性、形象性和可读性。

第四,服务现实,意义重大。《中国东北史》出版的现实意义在于:其一,它对当地政府制定方针政策,起到一种资政的重要作用。一方之史,便是一方的百科全书,它不但反映了当地的历史,同时与现实联系也非常紧密。因此当政者在制定方针政策时,就要首先了解当地的历史,从当地的实际情况出发,有针对性地解决当地在发展中的问题,做到心中有数,有的放矢。其二,《中国东北史》的出版,对本地区的人民来说,是一部宣传爱祖国、爱家乡和弘扬正气、抵制邪气的良好教材。东北人民尤其是东北的青少年朋友在阅读该书后,不但可以增加不少区域历史知识,而且可以从中受到爱国主义教育，培养民族自豪感，为建设家乡肩负起时代赋予的历史使命。其三，《中国东北史》一书的学术价值和影响是十分巨大的。该书的问世，用事实回答了地方社会科学院如何突出地方特色、明确发展方向的问题，因此《中国东北史》的问世，其价值已经超过了书本身。

清代东北满族史的一部拓荒之作[*]

——《清代东北边疆的满族》评介

最近,张杰、张丹卉合撰的《清代东北边疆的满族》一书问世了。全书38万字,由辽宁民族出版社出版。

张杰先生是我尊重的学长,张丹卉女士是我多年的同道,我们之间可谓相知相契甚深。张杰先生早年即矢志清史、满学,曾师从李燕光、徐恒缙、孙文良、戴逸和郭成康等国内著名清史学者,具有深厚的学术功底。平时澄心绝虑,严谨治学,取斋名为北陵水滴石斋,尝以振兴辽宁清史、满学为己任,先后出版了《清代科举家族》《满蒙联姻》《满族要论》《乾隆帝》《1644年中国社会大震荡》等多部有影响的清史和满族史著作。张丹卉女士作为年轻学者,颇具活力与潜力,是辽宁清史、满学界的一颗新星,日后必有更大的建树。

如名所示,该书是一部关于清代中前期(1644~1840)东北满族史的学术专著。清史、满学界的学者周知,自1644年清朝迁都北京入主中原之后,按区域满族大体上可以分为东北满族、北京满族和驻防满族三大部分。关于北京满族,已有一些学术力作出版,如金启孮先生的《北京郊区的满族》和《北京城区的满族》等。关于驻防满族,亦有一些学术力作出版,如定宜庄女士的《清代八旗驻防制度研究》和韩国任桂淳女士的《清代八旗驻防兴衰史》等。然而关于东北满族的状况,一直无人做较为全面系统的研究,《清代东北边疆的满族》的问世,堪称该研究领域里的一部拓荒之作。

该书共分14章、61节。14章的篇目依次是:内忧外患、驱除沙俄、编新满洲、修驻防城、开垦旗地、奉调出征、巡查边界、善待流人、招徕流

---

[*] 原载《满族研究》2006年第4期。

民、满语满文、日常生活、风俗时尚、礼仪节庆和萨满祭神，可谓条目分明、具体，内容丰富、新颖。

阐述清代中前期（1644~1840）留守东北故土的满族人民在保卫和开发东北边疆的过程中所做出的巨大贡献，是作者撰写本书的主要意旨。为了说明这一主旨，书中提出了许多引人注意的新学术观点，归纳起来，主要有以下八个方面。

第一，清代东北满族在抵御沙俄侵略军的历次战役中充当了主力军。17世纪初，沙俄崛起于欧洲，不久派遣军队多次侵入中国黑龙江和松花江流域。以满族为主体的东北军民在宁古塔昂邦章京沙尔虎达、巴海父子的领导下，经过多次艰苦的战斗，击溃了沙俄侵略军，遏止了侵略军南下的势头。黑龙江将军萨布素率领东北军民在黑龙江两岸筑城运粮，在雅克萨战役中英勇奋战，终将沙俄侵略者赶出了黑龙江流域，使他们不敢再犯。

第二，清代东北满族在守卫东北边疆的历史过程中发挥了很大作用。为了巩固和建设东北边疆，清政府在东北推行"招新满洲"政策，即将东北各民族组织起来，形成以东北满族为主体的"新满洲"八旗。据有关史料记载，顺治末年，开原以北地区仅宁古塔城驻防八旗兵即有430人。雍正末年，吉林和黑龙江地区驻防八旗兵近两万人。康熙十七年，一次迁移到盛京地区的新满洲人口即达11180人，他们在雍正朝官修《八旗通志初集》中被写成"新满洲兵""苦雅拉兵""席北兵"和"卦尔察兵"，然而到乾隆末年所修《盛京通志》时，则一律称为"满洲马兵"。这些满洲共同体的新成员连同他们的家属，根据东北边防的需要，驻守战略要地。八旗官兵和满族群众到达指定驻地后，冒严寒，顶酷暑，上自将军、副都统，下至普通士兵，入山伐木，就地取石，修建起了城防、公廨、营房和居室等。在这些城防、公廨、营房和居室之间，又设置了诸多驿站相连接，从而组成了十分完备的防御体系。总之在鸦片战争之前，以满族为主体的东北军民年复一年地巡逻在高高的兴安岭和长白山上，日复一日地守卫在东海之滨和图们江、鸭绿江畔，为守卫东北边疆立下了不朽功勋。

第三，清代东北满族为开发东北边疆做出了很大贡献。在以往学者的论著中，当谈到清代东北边疆的开发与建设时，总是或多或少地夸大外来流人和流民的作用，然而事实上并非如此。康、雍、乾时期，东北地区的满族人民开垦了上千万亩的旗地，其数量远远超过民地，使东北地区成为名副其实的北大仓，东北人民不仅自给自足，还将粮食大批支援关内。日

清代东北满族史的一部拓荒之作

本伪满史会编写的《满洲开发四十年》一书,将1905年以前的东北说成"名副其实的塞北荒原",更是无稽之谈。由东北满族人民创造的盛京、牛庄、宁古塔、吉林乌拉和齐齐哈尔等城市,早在乾隆以前便已成为著名的商埠。日本人此说的目的无非是想贪天功为己有,其不良用心昭然若揭。

第四,清代东北满族保持和发展了灿烂的满族文化。以往学者在谈到这个问题时,常常过多地强调满族文化的汉化趋势,完全忽视了东北地区少数民族的满化事实。满族的文化教育始于努尔哈赤攻占沈阳、辽阳之后。康熙时,为了培养管理东北地区的人才,陆续在盛京、吉林和黑龙江将军管辖区域建立起供八旗子弟读书的满文学校。鸦片战争前,盛京地区的八旗学校,出于满族人科举的需要,既学满文也学汉文,吉林和黑龙江地区的八旗学校则专门学习满文。东北满文学校的建立和发展,不仅满足了本民族子弟学习的需要,而且这一区域的其他民族子弟也慕名前来,所以还培养了许多达斡尔、赫哲、索伦和锡伯等少数民族的知识分子。在东北地区,犹以黑龙江地区学习满文的热潮最盛,即使是原本使用汉文的汉军和使用蒙古文的蒙古八旗人士,也都改学或兼学满文,被纳入到满文化系统。

第五,清代东北满族善待和尊重关内发配到东北地区的流人。东北是清代流放罪犯的主要地区,尤其是宁古塔更是流人的集中之处。在当时关内汉族文人的眼里,一旦被发配到东北,便面临着生不如死的悲惨命运,然而从流传到今天的汉族流人著作中,时常记载有东北满族人民对他们的关怀与信任,字里行间都流露出对东北满族人民的感激之情。如关内著名文人吴兆骞流放到宁古塔,该地驻防八旗将领为他妥善安排了住房和家属,他不仅受到了八旗官员和满族群众的尊重,还成为将军巴海的座上客。常年的塞外生活使他对东北边疆产生了深深的眷恋之情,写下了许多描绘北疆秀丽山川和与八旗将领深厚友谊的诗篇。可以这样说,在东北满族人民的关怀和帮助下,来到这里的流人也参与了东北边疆的建设,为开发东北边疆贡献了自己的一分力量。

第六,清代东北满族具有吃苦耐劳、宽厚质朴的优良民风。广阔无垠的东北大地,土壤肥沃,水草丰美,山深林密,天气寒冷。清军入关后留守东北地区的满族,此时虽然以农业为主,但仍保留着本民族渔猎的传统。在这样一种地理环境和生产方式下,他们长期养成了吃苦耐劳、宽厚质朴的品格。东北地区的满族人民尊重知识,尊重老人。见到士大夫,骑必下马,行必让道;见到老人,即刻下拜,过后方起。善良好客,无偿为客人提供食宿。民风质朴，路不拾遗，夜不闭户。乐于助人，急人所难，不图回报，以斤斤计较为耻。东北满族人民这样一种朴实的民风，不仅是满族自己民族的精神财富，同时也时刻影响着这一地区的其他各族人民。

第七，清代东北满族多次奉调入关，出征西南、西北，为维护祖国的统一做出了牺牲。清军入主中原后不久，西北和西南地区曾相继多次发生叛乱，如三藩之乱、准噶尔叛乱、阿睦尔撒纳叛乱、回部叛乱等，此外清廷为了加强对边疆的管理和维护祖国的统一，还多次发兵远征，如出兵西藏、平定大小金川、远征缅甸和廓尔喀等。在这些战役中，清廷几乎每次都征调东北满族八旗兵入关平叛，并将东北旗兵作为精锐部队担任重要任务，使其成为清军克敌制胜的生力军和突击队。他们建功业于天山南北，洒热血于西南边陲，涌现了塔尔岱、海兰察这样的名将。可以这样说，康乾盛世的繁荣和乾隆帝"十全武功"的威名，是与东北满族八旗兵付出的巨大牺牲分不开的。东北满族人民不仅为保卫和建设东北边疆尽到了自己的责任，也为维护祖国的统一做出了很大贡献。

第八，本书提出了清代东北实际上并未能真正实现封禁的新观点。清朝皇帝入关后，曾多次颁布旨在阻止关内汉人进入东北的封禁令，学术界也基本上认为清廷确实实施了封禁东北的政策。本书作者经过深入发掘史料和多年研究之后指出，清政府虽曾多次颁布过封禁令，但并未能真正阻止中原汉人闯关东、走边外的潮流，并举出学术界公认封禁东北最为严厉的乾隆朝例子说：乾隆五年，清政府错误地推行东北封禁政策，阻止关内流民垦荒种田，但是满族官员不仅不执行封禁令，而且以流民聚族相安，难以驱赶为由，将他们安置在州、县落户，取得了合法的居住身份。另据当时人阿桂等所修《盛京通志》统计，自1741年至1781年的40年间，奉天府的人口数量增加了三倍多，这正是关内流民大量涌入东北的必然结果。关内流民之所以能够大量涌入东北，除了满族地方官员不认真执行封禁令之外，还由于东北满族人民希望招徕流民。招徕关内大量流民不仅可以帮助他们分担兵役，满族地主还可以雇用这些流民为其垦荒致富。据有关史料记载，乾隆时盛京地区满族地主雇用汉人耕种的土地就有30多万垧，当时收纳汉族农民数量之多，于此可见一斑。由此可见，东北边疆的开发与建设，不仅有满族人民的功劳，同时也离不开汉族流民的参与。

本书在阐述清代东北地区满族的历史贡献的过程中，不仅提出了许多引人注意的学术新观点，而且在写作方法上，文辞优美，语言流畅，深入浅出；在治学态度上，论之有据，言之有物，不虚美，不掩恶，颇为严谨；在搜集史料上，首重一手资料，同时兼顾今人相关论著。总计参考原始资料118种，今人论文17篇，今人著作31部。旁征博引，史论结合，颇能令人信服。在当今有些浮躁的学术界，本书堪称是一部难能可贵的沉潜之作，故推荐于史学界之同人和学子，望有暇一读。

一部亚文化专题史的填补空白之作[*]

——评曲彦斌著《中国乞丐史》

2008年曲彦斌先生赠我《中国乞丐史》一书,并嘱撰评,一时之间,顿感几分惶恐,当然还有几分荣幸。

时下学者大致可分为两类:一部分偏重于学术,在象牙塔里做学问;一部分偏重于应用,为政府和社会提供咨询服务。而彦斌先生一贯主张为学既要以学理做支撑,得到学界同人的认可,又要通俗易懂,深入浅出,得到老百姓的欢迎,力求做到雅俗共赏。

《中国乞丐史》便是这样一部典型的雅俗共赏之作,该书不但写作态度严谨,不戏说,不杜撰;而且可读性强,贴近生活,贴近社会。具体来说,该书有以下几个特点。

一 《中国乞丐史》是该领域一部填补空白之作

在此之前,除了一些文艺作品之外,从未闻有为乞丐立史者,有之,则自彦斌先生始。中国素以幅员辽阔、历史悠久著称于世,史籍流传于今者可谓浩如烟海、汗牛充栋,然而中国封建社会长达二千年之久,在封建独裁政治体制下,文化不过是其奴仆,史学专为"资治"服务,一部二十四史实为一部帝王将相家族史。五四运动以其彻底的、毫不妥协的姿态,高举反帝反封建的大旗,提出了"打到孔家店""倡导白话文"等革命口号,掀起一场新文化运动。资产阶级政治改革家、著名学者梁启超认为:历史乃是人类共同进步之文明史,率先倡导要撰写文化史。史学家柳诒徵将理论付诸实践,出版了第一部《中国文化史》,从而在20世纪的二三十

---

[*] 原载《文化学刊》2009年第5期。

一部亚文化专题史的填补空白之作

年代,掀起了一场研究文化史的热潮。现代文化革命主将鲁迅先生对此投入了很高的热情,他在 1933 年 6 月 18 日致曹聚仁的信中说:"中国学问,待从新整理者甚多,即如历史,就该另编一部。古人告诉我们唐如何盛,明如何佳,其实唐室大有胡气,明则无赖儿郎,此种物件。都须褫其华衮,示人本相,庶青年不再乌烟瘴气,莫名其妙。其他如社会史,艺术史,赌博史,娼妓史,文祸史,……都未有人着手。"由此可见,鲁迅先生不但非常赞同开展社会史、艺术史和文化史的研究,而且在这里特别指出了要开展赌博史、娼妓史、文祸史等亚文化专题史的研究。然而非常遗憾的是新中国成立之后,尤其是"文化大革命"期间,在"以阶级斗争为纲"错误方针的指导下,将史学仅仅说成是一部阶级斗争史、农民起义史和儒法斗争史,从此文化史研究再次走入低谷。直到改革开放以后,思想领域才得到真正的解放,与此同时史学领域里又掀起了第二次撰写文化史的热潮,并由此引起了 20 世纪 80 年代社会上的文化热。此后文化史著作如雨后春笋般大量出现,既有全国性的文化史著作,还有断代性的和区域性的文化史著作。这一时期的文化史著作出版虽多,但属于亚文化史领域里的研究尚少。

彦斌先生正是在这种背景下,开始着手亚文化史的学习和写作的,遂在 1990 年首次出版了这部《中国乞丐史》,并在 2007 年增订再版。《中国乞丐史》是第一部研究乞丐问题的中国通史著作,堪称填补空白之作。由于彦斌先生的选题十分新颖,故其内容和体例也别开生面,为使读者能够对该书有进一步的了解,现将其主要章目胪列如下。

> 第一章　乞丐是什么;第二章　帝王、名将与乞丐;第三章　雅士与乞丐;第四章　中国丐帮;第五章　乞丐与公案;第六章　乞丐与江湖诸流;第七章　古今行乞诸生相;第八章　乞丐现象与习俗风尚;第九章　乞丐与中国文化——对中国乞丐历史的反思;附录:上海七百个乞丐的社会调查

由此可知,该书无论在内容上还是体例上均颇具原创性。具体来说,该书在内容上所叙所论乞丐阶层的方方面面,皆为发前人所未发,论前人所未论,这在以往的史书上是见不到的;在体例上则以乞丐这一阶层为经,以与乞丐这一阶层关系密切的其他阶层或历史现象为纬,设为九章分别加以叙述,从而形成一部纵横交错、上下贯通的立体式专史。彦斌先生在谈

到撰写该书的动机时曾说："我之进行本选题研究的初衷，在于从专门史的微观视点切入社会文化的深层结构——民间文化和亚文化之中，探析社会文化的本源、发生、发展以及流变的轨迹。因而，在此前后我曾经陆续涉猎了典当史、行会史、保安史、经纪史、拍卖史、生肖史、隐语行话史、招幌和招徕市声史、俗语史乃至流氓文化等等，多属拾遗补阙之作。"一览本书，信哉斯言！

二 贴近生活，可读性强，深受百姓欢迎

该书不仅在内容和体例上十分新颖，而且所写有关乞丐的话题，非常贴近生活，颇具市井和乡土气息，因而深受百姓欢迎。关于乞丐的话题，人们可以说既熟悉又陌生。说熟悉，无人不曾见过乞丐，即俗称"要饭的"；说不熟悉，何人知晓他们究竟生活怎样？他们行乞究竟是因穷困所致，还是好逸恶劳？他们行乞的理由究竟是真，还是假？总之这是一个鱼龙混杂、隐秘难知的社会特殊群体。通过阅读本书，我们就可以探秘这一未知世界。其实当代街头出现的许多行乞把戏，早在明清时期便以见诸江湖隐语行话之中了，例如，讨饭行乞称"挂爎""碎山"，瘫痪行乞称"披街"，伪作落难行乞称"搭相""沐猴"，书写悲情行乞称"磨街党"，携带妇女行乞称"观音党"，戴孝行乞称"丧门党"，作揖行乞称"丢圈党"，哭诉行乞称"诉冤党"，耍蛇行乞称"扯溜"，耍猴行乞称"耍老子"等。由此我们便可以窥见，乞丐是有着极其细致分工的，并且这种分工早已相当成熟，自古以来便有了这一"传统文化"。据作者的多年研究，乞丐不仅分工细致，而且还有一定的组织形式。既然有组织形式，就有领导者与成员的等级差别，就有秘密活动行规、秘密活动领地，甚至还有自己特殊的信仰和价值观等。在他们的行乞过程中，每日所遇所闻，更是形形色色、离奇古怪，活脱脱地勾画出一幅异趣横生的社会风俗史画卷。

由于该书具有以上的新颖性、亲民性和神秘性，因而颇受广大读者欢迎。关于这一点，该书的反复再版和大量的印数便是最好的说明。如前所述，该书第一版早在1990年即已问世，次年台湾云龙出版社出版了本书的繁体字版，旋即编入《中国社会民俗史丛书》第一辑，更名为《乞丐史》，并于1993年再版；1994年，辽宁古籍出版社将该书连同彦斌先生的其他四种著作一起编为《雅俗轩选集》出版；2004年末，台湾华成出版社又将该

一部亚文化专题史的填补空白之作

书连同彦斌先生的另一部著作《典当史》一同再版；本次，也就是2007年，增订本《中国乞丐史》又第五次再版。除了以上五次再版之外，社会上还发现了不少的盗版书，为此作者在上海《文汇读书周报》发表了一篇题为《想起了鲁迅的〈大小骗〉——从拙著〈中国乞丐史〉等数书屡遭盗用、抄袭侵权谈起》的维权文章。至于印量，该书的正版图书为三万册，盗版图书约为两万本以上，共计五万余册。由以上这几组统计数字，便可以知道该书的读者之广和受欢迎程度之深，确实非同一般。

当然，该书的可读性与大量印行并非为了哗众取宠，或者借此获利，而是为了推动学术发展，尤其是为了最终消灭乞丐这一丑陋的社会现象，诚如作者在该书的《导言》中所说："如果简括言之，则在于乞丐是人类社会的一种理应消灭的历史现象，一种亚文化群体，与文明相悖却长期共存。为了消灭这一充满丑陋及罪恶的社会现象，让文明来净化社会，则必须搞清其来龙去脉，打开其神秘而肮脏的洞穴，从而寻求根治这一社会顽症的途径。"

三 充分借鉴和利用《上海七百个乞丐的社会调查》的珍贵稿本

记得彦斌先生在赠予我这本书时，曾说："这本书曾借鉴过《上海七百个乞丐的社会调查》的珍贵资料，而这部资料十分难得，是在上海图书馆浩如烟海的史籍中，经过爬罗剔抉有幸碰到的，故该书并非一般东拼西凑之作。"待我经过一段时间坐下来，为彦斌先生撰写书评而翻阅此书时，才真正认识到这部调查报告资料在彦斌先生心目中有多么重要。众所周知，对于乞丐这一社会最底层的特殊群体，无论古代还是现代，都鲜有人进行研究，因而有关资料十分稀缺。俗话说："巧妇难为无米之炊。"做饭是这样，写书也是同样道理，概莫能外。然而功夫不负有心人，经过彦斌先生的冥求苦索，幸运之神终于降临在他的头上。据彦斌先生介绍，该资料系1933年上海沪江大学社会学系即将毕业的两位女生吴元淑和蒋思壹，在导师指导下所作。虽然这两位女生都还很年轻，但这一调查报告的学术价值不容低估。该调查报告近十万字，共三编十三章，其主要内容为：中国乞丐史略、上海乞丐的概况、上海乞丐的种类、上海乞丐的组织、上海乞丐本人状况的分析、上海乞丐主要社会关系状况的分析、上海乞丐形成的原因、上海乞丐的个人愿望及其未来的打算、上海乞丐的救济工作和解决乞丐问题的根本方法等。由此可见，该资料不但勾勒出了中国历史上乞丐阶层发展的基本线索，而且还通过对上海地区七百名乞丐的实地调查，掌握了有关乞丐方方面面的第一手资料，为后来学者对这个问题的进一步深入研究奠定了坚实的基础。

为了感谢这部珍贵资料对自己的帮助，彦斌先生特别将这部至今尚未发表的《上海七百个乞丐的社会调查》附于自己所著《中国乞丐史》一书的篇后，并在该书的《后记》中深情地说："为这项研究，两位女生广搜古今中外各种文献。严肃认真地作调查前的准备，充满了科学精神，令人肃然起敬。"

说到这里，彦斌先生这种不掠人美、不偷人功的治学道德精神和治学谨严态度，亦令我起敬和感动。唯其如此，彦斌先生方能尽自己平生所学，展自己平生所能，复假之以前辈所遗，而成就这部内容生动、学理坚实和令人折服的《中国乞丐史》开山之作。

人书俱老　德艺双馨[*]

——记我的书法老师祁毓麟先生

先生日前嘱我撰写书评，方知辽宁省书法家协会（辽宁书协）要为先生举办个展了。我既十分高兴，又有一些感慨。高兴的是，辽宁书协能够为先生举办个展，若非书艺至一定境界，岂能获此殊荣？感慨的是，先生今年已七十有五，此次个展也许是对先生一生书艺的总结。想到这里，先生当年收我为徒的情景不禁浮现在眼前。

一

那是1991年初冬的一个上午，先生时任辽宁书协副主席，我怀着崇敬的心情随介绍人来到沈河区文化馆先生的办公室。一进门，便见先生正在书案旁俯身挥毫练功，屋之四壁，挂满了形式不同的大小书法作品。介绍人说："这就是一个书法世界呀！"随后把我的情况和来意进行了说明，先生说："研究生毕业，我愿意收，学书法最好有较高的文化素质。"真是快言快语，从此我便与先生结下了师徒之缘。我把自己的习作拿给先生看，先生在指出一些具体毛病后说："学书要首重笔法，你今后应在笔法上多下功夫。"自那时起，我便按照先生的教诲，在临帖的过程中着重研读古人之笔法，同时加强字外功夫，还撰写了一些书法理论方面的论著，这样一干就是20年。尽管自己天资愚钝，未能取得太大的成绩，但面对目前颇重形式的浮躁书风，庆幸自己还是走上了一条学传统的健康之路，而这一切都得益于当初先生的教导。

自拜师之后，每个星期五的下午5点到8点，我便来到沈河区文化馆向

---

[*] 原载《忙种》2011年第6期。

先生学习书法。除我之外先生还有许多弟子，常来者约有七八位。按照先生的要求，每个弟子到此，皆须带来习作。于是开课之后，弟子们将习作或挂在墙上，或置于地下，先生对这些习作逐一进行点评，指出其毛病，有时亲自操笔在习作上批改。下课之后，天色已晚，我们几位弟子与先生骑车回家，由于一天的工作和学习，加上腹中空空，大家多少有些疲惫，路灯之下，默默无语，先生便讲起了他学书的经历：先生早年被错划右派下放到法库农村，先生的老师是当时辽沈地区知名书家李光远先生，为求取真经，先生时常骑车往来沈阳和法库间。见先生不以授课为累，还要开导我们这些年轻人，真的觉得很惭愧。

古人论书，常好虚语，如形容王羲之书法为"龙跳天门，虎卧凤阙"。今人论书亦谓"龙飞凤舞""铁画银钩"和"笔走龙蛇"等，听者固觉玄妙，却不知从何下笔。窃以为，此等论者，或故为高论，其实不知书法；或虽知书法，但不愿道出其中真谛，故如此敷衍。先生攻书之余，亦兼修书论，然从不为此迂阔之说。先生授课时曾言："一日我无意间逆锋行笔，结果发现线条能够入木三分，甚为有力。"又言："线条两边有毛刺最好，笔画切不可太轻滑。"又言："书法美学最重要的问题是对立统一，如润燥、浓淡、大小、远近、疏密等，这些都是美的因素。理论上说一幅书法作品美的因素越多越好。"这些语言虽然朴实无华，却易懂，十分有利于弟子们学习和提高。师母说："你们的老师毫无保留地把他学书中的体会和甘苦都告诉你们了。"确非虚语。

有些书法爱好者慕先生之名，求我介绍，并问学费多少，我说先生义务教书，但我不轻易给人介绍，因为先生最不喜无恒心者，如能保证坚持不懈，我方能予以介绍。那人当即表示了决心，可数月之后却不辞而别，从此我再无颜承揽这类事了。先生书艺高超，索书求字者不绝。一日师兄弟求字，言为某某高官所托，先生不语。该师兄弟走后，先生说："高官与我何干？若说平民百姓倒是可以考虑。"

许多书家成名之后，便热衷于走市场和四处题字，所以书风长期不变。先生则不然，他积极参加辽宁书协的活动，坚决支持书协学传统的发展战略。先生不仅是这样主张的，也是这样身体力行的。在其斗室之中，整日埋头练功，与古人对话，与大师对话，还把书法实践与书论结合起来，彼此启迪，相互发明，故书风屡变，日新月异。1996年，荣获全国第二届楹联书法展铜奖，先生时年六十有一，在这个年龄段获此奖项已是凤毛麟角。

二

据先生说，他幼年上私塾，从何文梨先生学写魏碑，此时尚看不出书法天分。青年时代，心仪文学，"抒青"笔名便是由此而起，然而在1957年反右运动中，先生蒙冤，从此毁灭了少年文学梦，只好平时以写字自慰。1964年，先生又从徐长文学写赵体楷书和王字《圣教序》行书。1970年，先生再遭劫难，全家下放到法库农村。不幸中有幸的是，此处正是当时辽沈地区著名书家李光远先生的故乡，遂由光远之弟介绍，得从李先生学写隶书《张迁碑》和邓石如《隶书诗册》等。1979年，拨乱反正，先生回到沈阳，曾得到沈延毅和杨仁恺等前辈的指教。1980年正式调到沈河区文化馆主持书法活动，此后先生的书法研究和创作进入正轨。一方面，以行草书体为主，出碑入帖，广泛涉猎；另一方面，兼攻书论，追本溯源，犹以浸淫《易》《老》为深。书法的理论与实践彼此滋养，交相推进，书艺水平有了飞速的提高，逐渐形成了自己的风格，1989年先生当选为辽宁书协副主席。1995年退休后，受聘为辽宁书协顾问。晚年更是笔耕不辍，主攻书体也由行草转为草书，近年来其草书已入化境，同时又有近30万字的《书道今诠》问世，可谓"苦心人，天不负"，终有所成矣。

综上所述，窃以为先生之书法大致可以分为三阶段：第一阶段，自幼年接触书法至1979年回城之前。本阶段的主要特点是打基础。由上述简历可知，先生学书起步较早，最初接触魏碑，后来又先后学过楷书、行书和隶书，期间转益多师，可以说书路宽广，基础雄厚。第二阶段，自1979年回城至1995年退休前。本阶段的主要特点是书艺已趋成熟。由上述简历可知，此时先生主攻行草，兼习书论，两相滋养，从而形成了自己的面目。第三阶段，自1995年退休后至今。本阶段的主要特点是由行草转入草书，书艺已至化境。

笔者撰写这篇小文之时，适逢先生《书法集》问世，该《书法集》包括先生平生所习各种书体，其早年所习之隶书、楷书和行书诸体，虽非曩时原作，然亦可窥见当年旧影。现就各阶段书体分述如下。

先生隶书，用笔多逆入涩进，故能有如刀刻，颇具金石之气；在笔形上有意淡化蚕头燕尾，故无俗女矫揉之态而具丈夫气概。结体中宫紧收，疏朗明快；笔画舒展，豪迈奔放，颇得《曹全》之三昧。在章法上，字略右敲，形势飞动；行间上下疏阔，左右紧窄，自是《乙瑛》《石门》《礼器》等诸碑之遗法。总体风格疏秀野逸，空灵凝重，宛如敦煌飞天，舞姿曼妙，仪态万方，却不失节律。

先生楷书，用笔凝重而灵动，笔画屈曲而纵逸，其活脱可爱之处，若与褚遂良《倪宽赞》相较，谓之有出蓝之妙，盖无不可。结体疏朗空灵，逸气游动。点画之间略带行意，流美而自然；布局之处计白当黑，密不容针，疏可走马，收放得当。自是匠心独运，看似平常，其中皆具深意焉。章法工整而生动。楷者，法式也。书写楷书力求工整，乃楷书自身属性之要求。先生所书楷体李贺《天上谣》一诗，不仅字体工整，且有乌丝栏界格。然而观者并不觉得呆板，究其原因，若细察之，便可明了。该书行间微有敲侧，前者数字右倾，后者数字必左倾，在敲侧中求平衡，于动态处寻工稳，也许这就是先生辩证书论在书法实践中的具体运用吧？唯其如此，故能似敲反正，行间跌宕，字中势生。由是可知，楷书虽为行书之基础，若要写好楷书，亦须行书之反哺。总体风格疏朗秀逸，清丽出尘。若嫦娥下凡，步履轻盈而舒展；似侠客出剑，身形飘忽而矫健，若非得褚、虞之神髓，焉能至此！

先生行草书，用笔迟涩屈曲，若百炼钢而化成绕指柔，力聚其中，劲发于外，锐不可当。此种功力，显然与早年临习魏碑、中年专攻何绍基有关。至中晚年，先生则出碑入帖，博采众长，浑然天成，故能臻此境界。结体中宫紧收，四面开张。似神龙出水，骏逸矫健；如老猿飞树，转危为安。考之古人，似无此形。章法敲侧幅度明显较楷书加大，或左敲，或右侧。时而似空中雁阵，由近及远；时而如怒狮转身，左右搏杀；时又风暴骤止，明月晴空，万籁俱寂。行间激情，震撼人心，难以名状。总体风格：瘦劲清健，疏秀纵逸。若公孙娘子舞剑，出手时身形矫健，柔中带刚；回旋时趋右而左顾，趋左而右盼；收招时戛然而止，稳如泰山，气定神闲。所有这一系列技击动作串联起来，就好似一曲波澜起伏的优美旋律，令人心动，令人陶醉，这恐怕便是行草书善于表情达意的魅力所在吧！

先生草书，乃是陶铸古今、融合百家、自成一体之代表书作。它倾注了一位老人平生的心血，体现着先生心底对这个世界真善美的理解、认识和追求，传达出先生夜伴孤灯，与古人对话，与大师对话的丝丝心语。总之，为先生精魄所依，真情所系。观其作品，即如见其人也。先生晚年，用功愈勤，草书创作犹多，概言之，用笔成熟老到，富有篆意，笔画若千里阵云,不见起止,浑然天成,颇得颜真卿《祭侄稿》之遗法。结体疏密对比更加强烈,密如虎踞龙盘,固若金汤;疏似大鹏展翅,伸展自如。唯其能密,故而能疏。疏则枝干易显,笔意易见。转如折钗,画在字外,力聚其中;横竖敛迹,龙飞蛇舞,满纸云烟。与古求之,则徐渭草书多有此意。在章法上,行间欹侧幅度较行草愈为加大,左冲右突,起伏跌宕。此种技法,虽易增加横势因素,但先生草书,形随势生,势因形起,老笔纵横,左右逢源,故能字势贯通而化险为夷。世人皆谓今书不及古人,余则以为,笔法、结体固不敢问,章法必过而胜之。先生笔法、结体借鉴古人为多,章法则毅然采用今法。除了大胆夸张的行气之外,整个谋篇布局皆具深意。字与字之间,大小相伴,如祖孙相扶,情真意切;远近相随,如鸳鸯戏水,若即若离;润燥相形,如老树着花,枯木逢春;浓淡相宜,如白云出岫,薄雾过山;刚柔相济,如棉里裹铁,绒中藏针;疏密相间,如散僧参佛,众星拱月。先生章法之如此生动,除了学习今人之外,与其素所主张之辩证书论亦不无关系。先生草书的总体风格似可归纳为三句话二十四个字,即:笔力劲健,活脱洗练;神完气足,其势如虹;节奏明快,一气呵成。

宋人米芾自谓早年学书曾"集古字",与彼相较,先生学书可谓"百衲衣"。综上所述,在先生的学书历程中,早年先后学过魏碑、楷书、行书和隶书,中年主攻行草,晚年由行草转入草书。由此可知,先生不仅学书时间长,而且兼善诸体,转益多师,所受传统书法滋养深矣!在此基础上,先生博采众长,并结合自己的气质性情,最终选择了草书这种形式,作为晚年实现书法蜕变之载体,可谓厚积薄发,绝非时下书界急功近利者可比。时光荏苒,屈指而算,先生自攻习草书始,迄今亦已阅十六寒暑。常言说:十年磨一剑。经过十六载的苦心孤诣,上下求索,先生草书无疑早已自成面目,堪称一家。若置之中国书法史的大背景下进行观照,先生草书中的传统痕迹则有之,先生草书中的传统面目则无之。关于这一点,作为先生的弟子,不便多言,然而余则相信,先生在中国书法史上的地位,后人自有评说。

先生平时不写榜书,此次个展,为求形式多样化,特别创作了数幅,其中《千字文》长卷共360米,每字1.3尺见方,可谓鸿篇巨制,极具视觉冲击力与震撼力。该作品不仅在形式上不同凡响,而且在书风和技法等上亦与前迥异。今观其书,用笔浑厚稚拙,结体宽博外拓,风格雍容肃穆,古拙朴茂。似如来下凡，佛光普照；老君说道，大智若愚。先生榜书之所以有此风格，盖由早年浸淫北碑、篆隶，碑学功力深厚，加之临场小试，熟极而生，生极而拙，毫无一丝媚骨与俗态，董文敏云："书须熟后生。"正此之谓也。

三

先生在习书的同时，还十分重视书论。1989年当选为辽宁书协副主席，分管理论工作。此后在挥毫练功之余，时常去图书馆借阅有关书籍，如饥似渴地攻读。数十年来，先生就是这样，以理论指导实践，以实践丰富理论，两者相辅相成，如车之两轮、鸟之双翼，共同推进书艺的向前发展。

随着书艺水平的不断提高，先生在书论方面也取得了比较丰硕的成果。出版了《书法改错》《书道今诠》等著作多部，发表了有关学术论文多篇。其中《书道今诠》乃晚年所撰，集中体现了先生的书学思想，为其代表作。

如名所示，该书主要是研究书法之道的。先生的书法思想基本上有如下几个要点。

第一，书法与书道不同。书法是指书艺的技法，书道是指书艺的一般规律。

第二，书法是在中华民族传统文化的大背景下，尤其是在中国古代哲学思想的直接影响下，催生发展起来的。

第三，同自然之道一样，书道亦包括阴阳两端，如润燥、浓淡、干湿、大小、远近、长短、欹正、方圆、曲直、纵横等。这些矛盾都是对立统一的关系，即相互依存，相互制约，相辅相成，相反相成。在矛盾双方的交感过程中，还须有度。度的把握，比较玄妙，总之在于一心。度的成功把握，从哲学的角度讲，便会阴阳冲和；从书法美学的角度讲，便会成为美的因素。度的把握不佳，书法作品便会出现种种毛病。作为一名书家，如果知道这一点，便会按照规律办事，努力在度的问题上下功夫，并且举一反三，发现更多美的因素；如果不知道这一点，便会过犹不及，虽习书多年，却总是难以进入书法之堂奥。以上便是先生论书思想之梗概，我们在了解先生书学思想的基础上，便会对其书法作品有一个更加深刻的理解和认识。

先生一生献身书法艺术，他不仅勤于临池，而且也注重读书，因而在其晚年既成就了书法，也成就了书论。他曾作《感怀》诗一首，对自己近十六年以来努力专研古代书论的心路和甘苦进行了总结，诗曰："花甲闭门十六春，幽深书道苦追寻。通灵感物通天路，循理抒青启玄门。"

  先生虽已年迈，但身体尚健，这是最值得祝福的。愿先生在有生之年，在书法领域里继续耕耘，取得更大成绩。如此，先生幸甚！弟子幸甚！辽宁书法事业幸甚！